百合若大臣
鷹と鍛冶の文化を拓く

福田晃
金賛會
百田弥栄子
編

三弥井書店

【目次】鷹と鍛冶の文化を拓く　百合若大臣

日本の「百合若大臣」の伝承資料

韓国の「百合若大臣」の伝承資料

中国・アジアの「百合若大臣」伝承資料

序　論

「百合若大臣」の原風景——宇佐八幡の鷹と鍛冶——

福田　晃

はじめに——中世神話「百合若大臣」——

一　「百合若大臣」の原風景

八幡神の本地物語

室町時代に盛行した幸若舞曲のなかに、百合若を主人公とする英雄物語、「百合若大臣」が含まれている。それは観音の申し子として誕生した百合若が、「蒙古《むくり》」の大軍を黒金の弓矢で討ち亡ぼしながら、家臣の裏切によって絶海の孤島に幽閉され、やがて愛鷹・緑丸の助力によって帰国、裏切り者たちを成敗して、めでたく日本の将軍に任ぜられたという物語である。しかもその百合若の輝やかしい「蒙古《むくり》」退治や壮絶な苦難克服は、すべて八幡神の加護によると説く。そして幸若舞曲は、そのように叙するのであるが、元来、それは神仏習合・本地垂迹思想にもとづいた八幡神の前生を語る本地物語であったと推される。しかも幸若舞曲の結末にも、その残影はうかがえるし、同材による壹岐の「百合若説経」には、確かに八幡の本地を明かして結んでいる。わたくしどもは、この世に選ばれた人間の異常なる活躍と苦難とをもって叙する神明の前生の物語を古代の神話と類別して中世神話と称して論じてきた。（拙稿「中世文学と古代文学——「中世神話論」をめぐって——」）。そしてそれは、『日本書紀』の神代巻を大きく飛躍させた「中世日本紀」と響き合って成立したもので、幸若舞曲「百合若大臣」の叙述もまた、その中世日本紀に準ずることは、かつて阿部泰郎氏が「八幡縁起と中世日本紀――「百合若大臣の世界から」――」で説かれたことである。

さて本稿は、「百合若大臣」の中世神話としての意義を確認しつつ、その叙述の主要モチーフに「鷹」と「鉄」をもつことを注目する。ちなみに柳田国男氏は、はやく「炭焼小五郎の事」(『海南小記』)の論において、炭焼小五郎の物語、つまり炭焼長者譚の起源は、「宇佐の大神の最も古い神話」であったと想定されている。それは宇佐の八幡が鍛冶の翁をもって示現される縁起にもとづく発想と言えるが、鍛冶の翁以前に、聖なる「鷹」に示現されたことにふれることはない。しかし「鍛冶と鳥」「鍛冶と鷹」とが、きわめて関係の深いことは、やや詳しく別稿「『二荒山縁起』成立考――放鷹文化とかかわって――」で論じてきた。しかもそれはわが国に留まらない、民族を超えた文明社会の普遍的テーマであることも、はやくに説かれている(松本信広氏『日本の神話』)。

さて本稿は、宇佐八幡の草創の縁起伝承に、「鷹と鍛冶」のモチーフを確認し、そこに八幡神の中世神話なる「百合若大臣」の原風景を迹るものである。

一　宇佐八幡宮の成立史

宇佐八幡の信仰についての研究は、多岐にわたり、その生成の過程も複雑である。本稿はその研究を目的とするものではないので、今日、その信仰史について、もっとも精力的に研究を進められた中野幡能氏の『八幡信仰史の研究』上巻・下巻〔増補版〕を主とし、その他の論攷も参考にして、その成立史を概略しておこう。

3　「百合若大臣」の原風景

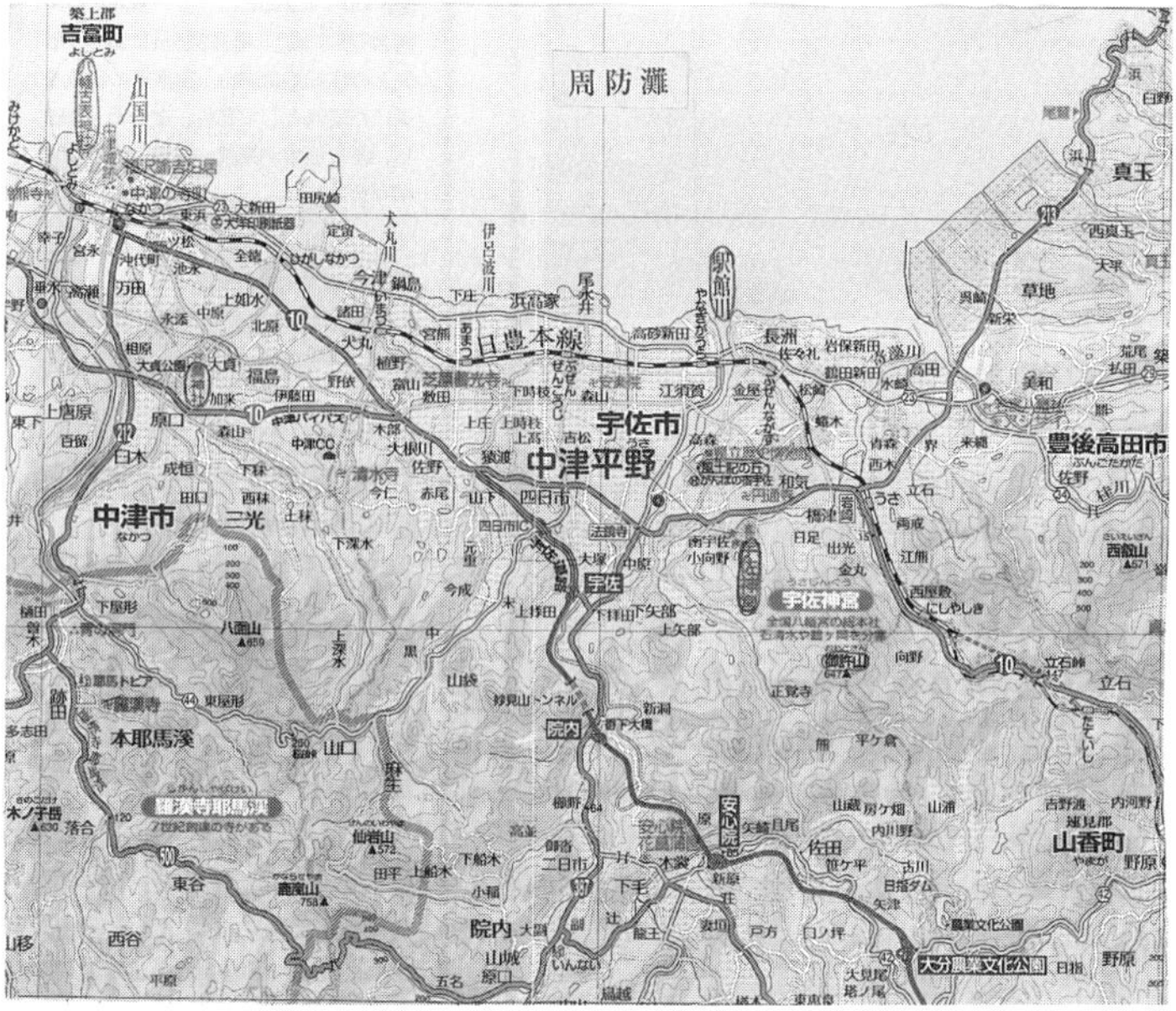

宇佐神宮周縁地図

宇佐神宮より望む御許山

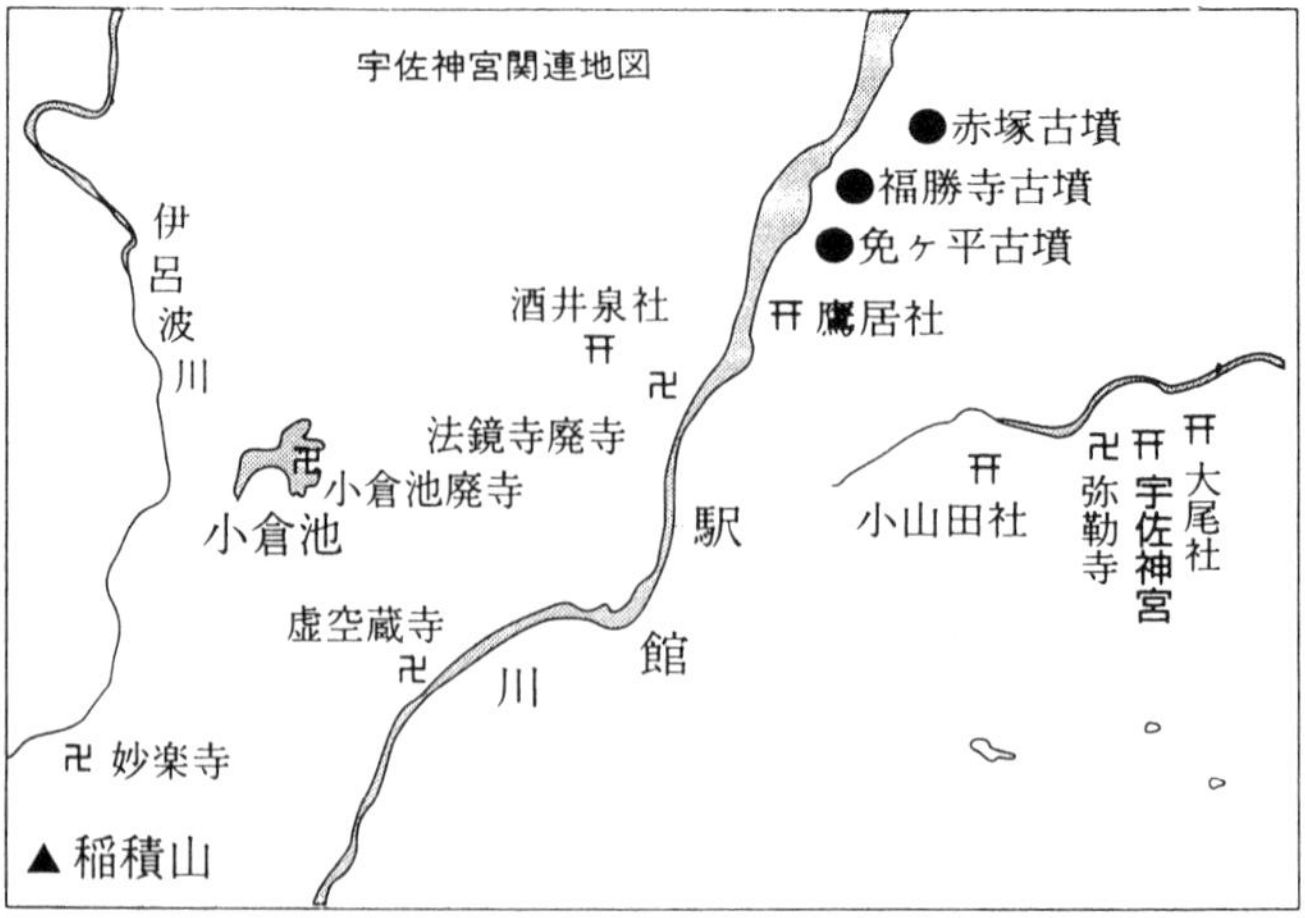

『八幡信仰事典』より転載

原宇佐宮

宇佐における原初の信仰は、菟狭津彦《うさつひこ》・菟狭津媛《うさつひめ》（『日本書紀』神武天皇即位前紀）を先祖と仰ぐ宇佐国造の宇佐氏の祀る馬城峯（御許山）にあったと推される。宇佐氏は駅館川《やっかんがわ》上流の安心院《あじむ》盆地に発祥したようで、その後、勢力を拡大して宇佐平野を領有し、駅館川右岸の川部・高森古墳群（現、宇佐風土記の立）のあたりを拠点としたのである。その古墳群は四世紀初頭から六世紀までの前方後円墳（赤塚古墳、以下）で、宇佐国造の奥津城とされている。その南に位置するのが御許山で、頂上部には三個の巨大な霊石があり、磐境《いわさか》形式による祭祀遺跡である。その御許山の北麓——現宇佐神宮上宮社殿のある小倉山周辺——に「椎宮《しいのみや》」「桙《ほこ》立宮《たてのみや》」「阿良礼《あられの》宮」「御霊水」があり、御許山信仰の祭祀跡と推されている。しかもそこには、宇佐氏の祖神と考えられる比咩神が鎮座していたのである。

その宇佐国造は、六世紀に入ると、突然に姿を消してしまう。継体天皇二十一年に、いわゆる磐井の乱が起きる。宇佐国造は、これに味方して、没落の道を辿ったと推される。が、その勢力は、原八幡を創祀した秦氏（辛嶋氏）に習合して、八幡の祭祀権を獲得していったのである。

原始八幡宮

一方、原八幡とみられる信仰には二つの系統がみられる。その一つは豊前国香春岳《かはらだけ》を中心とする銅山神の信仰であり、もう一つは同国の南方である宇佐・上毛・下毛三郡を中心とする海神の信仰である。その前者に祭神は「辛国息《からくにおき》長大姫大目命《ながおおひめおおめのみこと》」（延喜式）であり、「新羅国神」（豊前国風土記）を祀るもので、秦氏支配下の祭祀集団の辛嶋氏の属するものであった。この辛嶋氏は、その銅山採掘の技術によって政治・経済力によって勢力を拡大、豊前（福岡県）田川郡から京都郡、仲津郡へ支配圏をひろげ、いわゆる豊《とよ》の国を形成した。他方、豊前国南平（大分県）の上毛・下毛二郡には海神を祀る海《あま》氏が盤居、宇佐郡には宇佐水沼《みぬま》氏があって比咩神を祖神としていたが、水沼氏は次第に海氏に圧倒され、海氏が作った下毛郡諫山郷の三角池に出現した大貞神（宇佐田神）を祀るウサヤマの信仰勢力に統合された。宇佐宮二大行事の一つである行幸会には、三角池（薦社）の薦によって枕を調進し、六年ごとに宇佐宮へ納める儀式は、その両氏の統合の象徴である。しかして五世紀頃に、辛嶋氏は海氏を支配下に入れる。その象徴が、隼人征伐を記念する放生会である。この祭儀は、田川郡採銅所の祀る銅鏡を奉仕し、豊前国宇佐郡和間の浜で蜷貝を流すもので、この時、この和間の浜の屯宮で、八幡宮に銅鏡を納め、祭儀が終わると神輿は銅鏡を

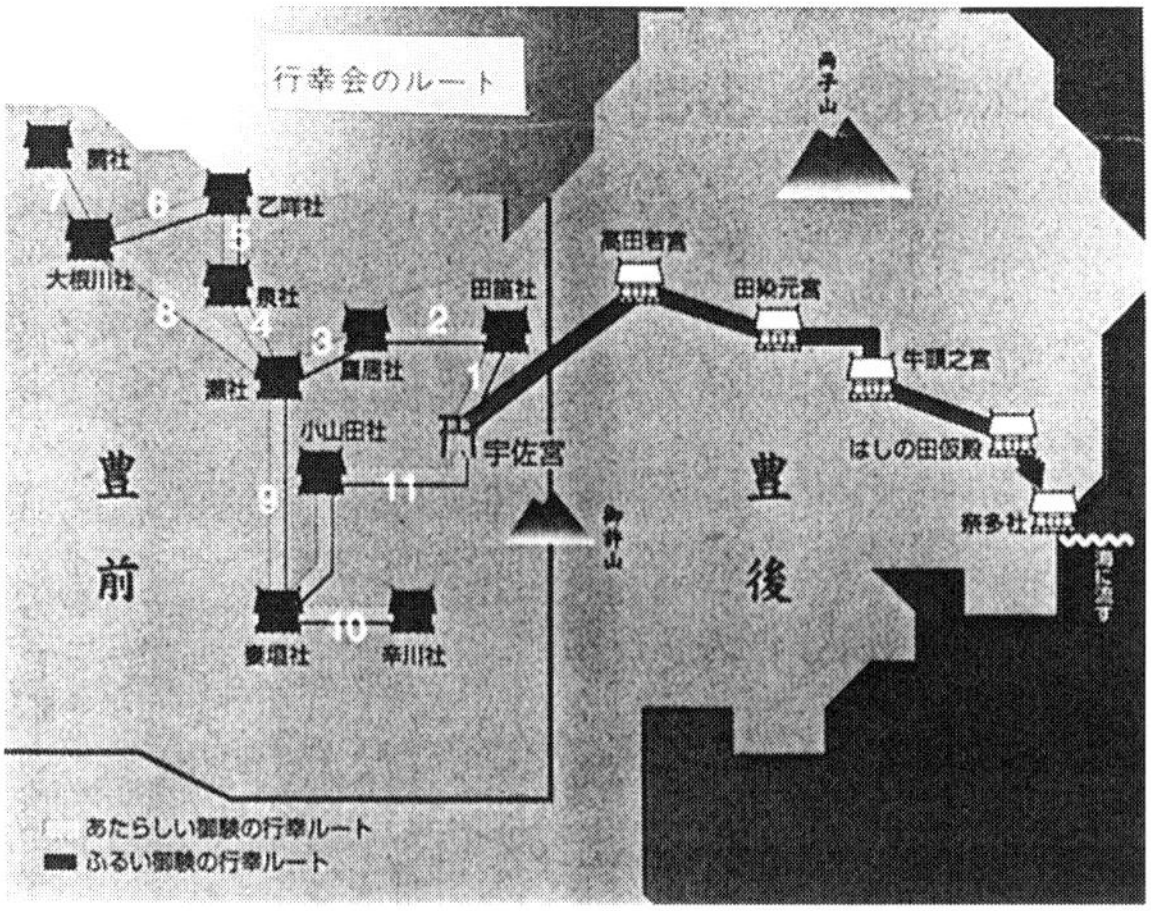

「大分県立歴史博物館・総合案内」転載

宇佐宮放生会巡路

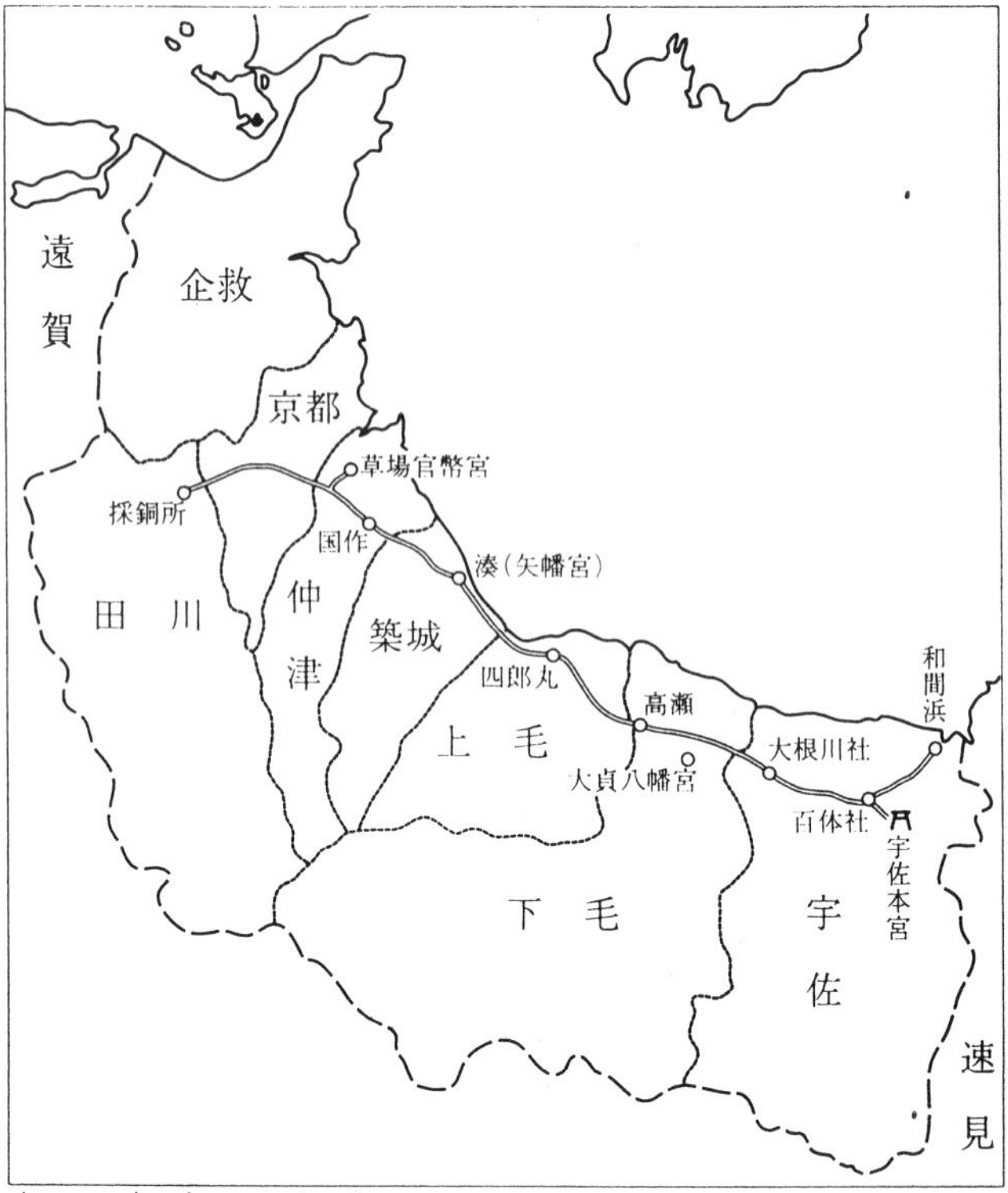

中野幡龍氏『八幡信仰史の研究』より転載

奉じて宇佐本宮へ帰るものであった。

この辛嶋氏が奉仕した祭神が八幡神の原型となったと推されており、その創祀は豊前国（福岡県）筑上郡綾幡郷（椎田町大字湊）に鎮座する矢幡八幡宮（金富八幡）が当てられる。当社に残る榊山神幸の行事は、八幡神創祀の原始形態を留めた神事と言える。この原始八幡宮の信仰は、容易に拡大し、辛嶋氏は下毛郡から宇佐郡辛嶋郷（駅館川流域）に入る。しかし六世紀末において大神比義《おおがのひぎ》の奉ずる応神八幡と衝突することとなったのである。

応神八幡宮

後に引く『承和縁起』によると、大《おお》神比義《がのひぎ》は欽明天皇二十九年（五六九）に鷹居社を建立して大御神を祭祀する。この大御神は応神天皇の神霊であり、大神比義はその司祭者になったという。ちなみに「石清水文書」によると、敏達十二年（五八四）に八幡神の祝となっている。(ただし『承和縁起』Ⅱ②〈鷹神祭祀〉においては辛嶋氏の鷹居社祭祀は、崇峻天皇三年~五年(五八九~五九二)を主張している)。その大神比義の出自は不明である。大方は大和の大三輪氏の氏人であり、その氏族の勢威によっての侵入と解せられている。しかし、なぜ「おおが」と称するのか、秦氏とは異なる渡来氏族と考えるべきではないかなど、問題は残る。が、ともかく、およそ数十年に及んで辛嶋氏のヤハタ神に、応神天皇の神格を賦与するために辛嶋氏と大神氏とが激しく争い、比義の政治的勢力が強く、辛嶋氏が屈伏したものと推される。こうしてヤハタ神が応神天皇の神格をもって、宇佐地方に広がったと言える。

宇佐八幡宮

さて大神《おおが》氏が辛嶋氏の協力を得て、律令制官社として、鷹居社が建造されたのは、元明天皇の和銅五年(七一二)であったと推される。次いで五年後の霊亀二年(七一六)に、神託によって宇佐国造の聖地・宇佐盆地の南側の小山田に遷る。養老四年(七二〇)には、大隅日向の反乱が起こり、朝廷からの祈請を受けた八幡の神軍が南九州に赴き、反乱鎮圧に協力する。これによって始められたのが、先にふれた放生会である。またこの時期に、宇佐国造一族の出自とされる法蓮の三親等の人々に、「宇佐君」の姓が贈られた。これによって宇佐一族が官社・八幡社の祀りの一角を担うこととなった。すなわち大神氏を中心とし、これを辛嶋氏と宇佐氏とが支えるという宇佐宮祭祀の体制は、法蓮の力に負うところが大であったと推される。

神亀二年(七二五)には、大宝元年(七〇一)に辛嶋氏が初めて北辰神を祀った小倉山社地に八幡宮が建立された。また同年、法蓮には弥勒禅院と称する一種の神宮寺の建立が許された。天平三年(七三一)に初めて官幣を受け、そのときに宇佐氏の祖神といわれてきた天三降命《あまつみくだりのみこと》(三女神)が、比売神として、初めて祭神の座に加わった。ここ

宇佐宮模型（主要部）

『八幡信仰事典』より転載

宇佐宮模型（図解）

『八幡信仰事典』より転載

でようやく宇佐国造の宇佐氏が、大神氏・辛嶋氏に伍して、ほぼ同等の立場に立ち、宇佐八幡宮の祭祀組織は整ったと言えるのである。

二　宇佐八幡の草創縁起

弥勒寺の『承和縁起』

まずあげるのは、承和十一年（八四四）六月十七日に記された『宇佐八幡宮弥勒寺建立縁起』（略称『承和縁起』）である。その弥勒寺は、かつては八幡宮境内にあった当社の神宮寺（弥勒之禅院）で、その初代別当は宇佐氏一族とされる法蓮が任じられている。それは次のように叙されている。漢文体を書き下し文により段落名を添えてあげる（以下、本稿はこれに準じている）。また小文字の注記は、一部を残しておよそは省略して示す。

宇佐八幡宮弥勒寺建立縁起

大神《ヲヲカノ》朝臣、宇佐公《ウサノキミ》両氏ヲ定テ、大少宮司ニ任ジ、辛嶋勝氏ヲ祝《ハウリ》祢宜《ネキ》トナス。

Ⅰ　右大御神《ヲオンカミ》（菩薩）ハ、是レ品太天皇御霊《ホンダノスヘラキノミタマ》ナリ。磯城嶋金刺宮《シキシマノカナザシノミヤ》ノ御宇天国排開広庭天皇《アメノシタシロシメスアマクニヲシヒラクヒロニワノスヘラキノ》欽明天皇也、御《ミ》世《ヨ》、豊前国《トヨノサキツクニ》宇佐《ウサノ》郡御許《ヲモト》山馬城嶺《ムマキノミネ》ニシテ、是嶺在リ。今坐ニ反ノ歌ノ宮ノ南方ニ、始テ顕ハレ坐《マシマ》ス。コノ時大神《オホカノ》比義《ヒキ》、歳次戊子《トシヤトルツチノヘノネ》、始テ鷹居《タカイノ》社ヲ建テテコレ祝《イハ》イ奉ル。即チ其レ祝《ハウリ》ニ供（任）ス。孫多シ。更ニ改《アラタ》メテ菱形ノ小椋山ノ社ヲ移建ス。

〈馬城峯示現、鷹居社、小椋山祭祀〉

Ⅱ①　一ニ曰ク、大御神ハ初メ天国排開広庭天皇ノ御世、宇佐郡辛国《カラクニ》ノ宇豆《ウツノ》高島ニ天降《アマクダ》リ坐《マシマ》ス。彼ヨリ大和国膽吹嶺ニ移リ坐《マシマ》ス。彼ヨリ紀伊国名草《ナクサ》海嶋ニ移リ坐ス。彼ヨリ吉備宮神島へ移リ坐ス。彼ヨリ豊前国宇佐郡馬城嶺ニ始テ現ハレ坐ス。是レ大菩薩ハ、比志方《ヒシカタ》ノ荒《アラ》キ 潮《ウシホ》ノ 辺《ホトリ》ニ移リ坐ス。ソノ時家主《イヘヌシ》カ 遠祖《トヲツヲヤ》、辛嶋勝乙目《カツノヲトメ》、大御神ノ御許《ミモト》ニ参《マイ》リ向《ムカ》ヒ、長跪《ヒサマツ》キ其 命《ソレミコトノリ》 ヲ候《マ》ツ。爰ニ大御神託宣ヲ成ス。遂に御命ヲ請ク。〈遊幸祭祀〉

② 一二曰ク、神祇官被ル。大御神 潮《ウシホ》ノ 辺《ホトリ》ニ泉水《イツミ》ヲ堀リ出シ御浴《ミユア》ヒ玉フ。郡ノ西北《イヌイ》角ニ在リ。大御神其ノ処ニ坐《マシマ》 シテ、御口手足《ミクチミテミアシ》ヲ洗《アラ》ヒ浴《ユア》ヒ玉フ。ソノ時、豊前国ニ特《モト》ヨリ坐《イマ》ス神《カミ》、嵩志津比咩《タカシツヒメノ》神ヲ以テ酒《ミキ》ヲ奉ルナリ。茲《コレ》ニ因テ今酒井 泉《サカイイツミノ》 社ト号ク。彼ヨリ宇佐河ノ渡《ワタリ》ニ有ル社ニ移リ 坐《マシマ》ス。同郡ノ東北《ウシトラ》角ナリ。〈聖泉遊行〉

③ 彼ヨリ鷹居社ニ移リ坐ス。ソノ時、大御神其ノ処《トコロ》ニシテ、鷹ト化《ナ》リ玉ヒテ、御心荒畏《ミコヽロアレヲソロ》シク坐《マシマ》シテ、五人行《ユ》ケハ三人《ミタリ》ハ殺《コロ》シ二人《フタリ》ハ生《イ》ケ、十人《トタリ》行ケバ五人《イトリ》ハ殺《コロ》シ五人ハ生ケ給フ。爰ニ辛嶋勝乙目《カラシマカツノオトヒ（メ）》倉橋 宮《クラハシノミヤノ》崇峻天皇也、御宇天《スヘ》皇《ラキ》ノ御世、庚戌《カノヘイヌ》ヨリ壬子《ミツノヘネ》迄、并《ナラビ》ニ三歳《ミトセ》ノ間 祈《アイダイノリ》奉リテ大御神ノ心命《ミココロ》ヲ和《ヤハ》ラゲ、宮柱ヲ立テ斎《イツ》キ 敬《ウヤマ》ヒ奉ル。因テ以テ鷹居《タカイノ》社ト名ク。辛嶋勝乙日《オトヒ》即チ其ノ祝《ハフリ》タリ。同シ時、辛嶋勝意布売《イフメ》ヲ以テ祢宜トナス。〈鷹神祭祀〉

④ 次ニ祢宜近江《アフミ》ノ大津朝庭《オホツノミカド》ノ御世《ミヨ》天智天皇也、鷹居ノ社ヨリ小山田《ヲヤマタノ》社ニ移リ坐ス。即チ祢宜辛嶋勝波豆米《ハツメ》（意布売ノ次ナリ）宮柱ヲ立テ 斎《イツキ》 敬《ウヤマ》ヒ奉ルナリ。元正天皇、養老四年、大隅・日向両国征罰ノ事有リ。大御神波豆米《ハツメ》ニ詑《ツイ》テ、宣《ノタ》マハク、隼人《ハヤトノラ》等多ク殺シル報ヒニ、年毎ニ放生会之ヲ修スベシトカヤ。又大御神波豆米ニ詑《ツイ》テ 宣《ノタマ》ハク、吾今坐マス小山田社《タノ》ハ、其地《トコロ》狭ク溢《アフレ》タリ、我菱形ノ小椋山《コクラヤマ》ニ移リナントカヤ。茲ニ因リテ天璽国押《アマシルシクニオシ》開 豊 桜 彦 尊《ヒラクトヨサクラヒコノト》聖武天皇是也。ノ御世、神亀二年正月廿七日、菱形小椋山ヲ切揆《キリハラ》イ、大御神宮ヲ造リ奉リ、即チコレヲ移シ奉ル。辛嶋勝波豆米《ハツメ》ヲ以テ祢宜トナス。〈小山田遷宮・八幡の神託・小椋山遷宮〉

又創《ハシ》メテ大寺《オホンテラ》ヲ造リ奉ル。弥勒足禅院ト号ス。菱形宮《カタノミヤ》ノ東《ヒガシ》ノ足材ニ在ルナリ。同シキ御世、天平三年正月廿七日、神ノ験《シルシ》ヲ陳《ノ》ベ 顕《アラハ》シテ、官幣ニ預リ奉ル。同九年四月七日、大御神ノ発願ニ依《ヨ》テ五月十五日ヨリ始メテ、足禅院ヲ移《ウツ》シ来《キタ》リテ、宮ノ西ニ建立ス。則チ今ノ弥勒寺是レナリ。同十五年、三重ノ塔一基ヲ立ツ。

〈弥勒寺建立〉

Ⅳ

同十八年、天皇聖武皇帝也、不豫ニ坐《マシマ》シテ祈祷《イノリ》玉フニ験《シルシ》有り。即チ三位ニ叙シ封戸四百戸《コ》、度僧《トソウ》五十口、水田二十町ヲ奉ラル。（中略）称徳天皇天平神護元年三月廿三日ヲ以テ官符ヲ下ス。菱形《ヒシカタ》ノ宮《ミヤ》ノ東大尾山《ヲオヲノ》ヲ切《キ》リ掃《ハラ》ヒ、宇佐公池守《イケモリ》ヲ以テ造宮ノ押領使ニ差テ、大御神ノ宮ヲ造リ奉ル。同シキ御宇神護元年月日ヲ以テ、大御神ヲ移シ奉ル。即チ辛嶋勝志志奈布女《ノシシナフメ》ヲ以テ祢宜トナシ、同キ龍麿ヲ以テ祝トナス。（後略）

〈大尾山遷宮〉

Ⅴ

抑官符ニ依テ、十五歳之間大尾社ニ仕ヘ奉ル。爰ニ大御神祢宜与曽女ニ詑《ツキ》テ宣ク、吾前《サキ》ニ坐《マシマ》ス菱形宮《ノ》ハ、神ノ名始メテ顕ハレ、位《クライ》封転《ウタタタカ》高シ、是《ココ》ヲ以テ願クハ此ノ旧《フル》キ宮処《ミヤトコロ》ニ住《マシ》マシテ、身《ミ》ニ冑鎧《カフトヨロイ》ヲ着《キ》テ、朝庭及《ミカトヲヨ》ヒ国家ヲ守ラントカヤ。光仁天皇宝亀十一年ヨリ天応元年至ルマテ二箇年ノ間、改メテ菱形宮ヲ造リ、翌年桓武天皇延暦元年ヲ以テ、小椋山宮ニ還リ成リ奉ルル。

〈菱形小倉山帰宮〉

Ⅵ

同二年五月四日、詑宣ニ曰ク、吾無量劫ノ中ニ三界ニ化生シテ、善ノ方便ヲ修メ衆生ヲ導《ミチビ》キ済《スク》フ、吾《ワレ》是大自在王菩薩ナリ。宜《ヨロシ》ク今号《ミナ》ヲ加ヘテ、護国霊験威力神通大自在王菩薩ト曰フヘシ。者《テイ》レバ此《カク》ノ如キ霊験勝計スベカラス。前《サキ》ニハ広幡《ノ》八幡大御神ト名ツケ、今ハ護国霊験威力神通大自在王菩薩ト名《ナツ》ケ奉ル。今坐《マシマ》ス宮ハ菱形小椋山ト号ス。此咩大御神前《サキ》ニハ国加都玉依比咩命《クニカツタマヨリヒメノミコト》ト名《ナツ》ケ、今ハ都麻垣比咩《ツマカキノヒメ》大御神《ヲ、ミカミ》ト曰《マフ》ス。本ハ宇佐郡安心別倉東方高岳ニ坐《マシマ》ス。大帯姫ハ気長足姫尊《ヲキナカタラシヒメノ》誉田天皇御母也、御霊《ミタマ》ナリ。

〈小椋山の八幡三所〉

Ⅶ

延暦九年八月廿二日ノ符ニ依テ、大神朝臣《ノ》種麻呂《タネマロ》ヲ以テ大宮司ニ任シ、雄黒麻呂《ヲクロマロ》ヲ以テ祝《ハウリ》ニ補ス。然《カレ》則チ大神朝臣田麿《タマロ》ノ時、始メテ神徳ヲ顕ハシ奉リ、祝《ハウリ》、神主《カンヌシ》ヲ置キ、大少宮司《クウシ》ヲ補《フ》ス。宇佐公池守《ノキミイケモリ》ノ胤ヲ以テハ、少宮司ト為ス。辛嶋勝乙日《ヲトヒ》カ氏《ウヂ》ヲ以テ祢宜《ネキ》・祝《ハウリ》トナス。是祖考《コレソカウ》ノ労《ラウ》ノ致《イタ》ス所ノ恩《ヲン》ナリ。

〈後略〉

〈宮司・祢宜ノ任命〉

『承和縁起』創祀伝承の異同

右は、宇佐八幡宮および弥勒寺の建立縁起であり、その副題のごとく、大神・宇佐・辛嶋三氏による八幡神祭祀の由来を説くものである。が、今日、それについて、いろいろ考察することは省き、その八幡創祀《よつか》の経緯について、大神氏の主張と辛嶋氏のそれとに異同のあることを注目する。

すなわちⅠの〈馬城峯示現～小椋山祭祀〉は、大神氏の伝承によるものと推される。それは欽明天皇の御世に、応神天皇の御霊なる八幡大御神が御許山馬城峯に降臨、これを大神比義が鷹居社を建立して勧請し、祝となって祭り申し上げた。その祝を比義の子孫がつとめ、やがて改めて菱形の小椋山の社を建立し、当地にお祀り申し上げたとする。ちなみに御許山降臨の大御神は、元来宇佐国造の創祀するものであったと推されるが、それには触れない。また鷹居社における八幡神祭祀は、次にあげる辛嶋氏が先行すると推される。しかるにこの伝承は、両者をもしりぞけて、大神比義の創祀を主張する。したがってこの伝承は、大神氏がわのものと判じられる。

これに対してⅡの叙述は、辛嶋氏がわの伝承によるものである。まず①〈遊幸祭祀〉においては、同じく欽明天皇の御世に大御神は馬城峯降臨に先立ち、まず「辛国《カラクニ》ノ宇豆《ウツノ》高島」に天降り、「膽吹嶺」「名草海嶋」「吉備宮神島」を遊幸して、始めて「馬城嶺」に示現したとする。その神明の遊幸伝説は、神仏習合思想のもとに誕生した垂迹縁起にしばしばみるもので、これはその先鞭をなす叙述と言える。しかして大御神は、「比志方《シシカタ》ノ荒キ潮ノ辺リ」（宇佐郡西北岸、旧八幡村乙咩社）において、辛嶋氏の先祖、勝乙目《カツノヲトメ》の祭祀をお受けになったとする。次の②〈聖泉遊行〉は、「潮ノ辺リ」の禊ぎ、酒井泉社の御酒奉仕の後「宇佐河ノ渡《ワタリ》」（瀬社）への神幸を叙する。それは辛嶋氏の領する辛

13 「百合若大臣」の原風景

上乙女の八幡社（旧乙咩社）

辛島の泉神社（旧酒井泉）の泉

駅館川東岸の鷹居八幡神社（旧鷹居瀬社）

嶋郷内の遊行であることが注目される。③〈鷹神祭祀〉も、Ⅰの〈鷹居社祭祀〉の叙述とは大きく異なる。それは、大御神を瀬社から鷹居社にお移し申し上げると、鷹と化して「心荒畏《コヽロアレヲソロ》シク」ましまして、「五人行ケハ三人」「十人行ケバ五人」を殺しなさるほどの恐ろしさであった。その意義は後に述べるが、元来、八幡神が保持されている猛々しい神格を示すものであることは言うまでもない。この恐ろしい大御神を祭り申し上げる者は、只ごとではない。崇峻天皇の御世、三年の年月を重ねて、大御神の「心命《ミココロ》」を和らげ申し上げ、鷹居社を建立して斎き敬い申し上げたのが、辛嶋勝乙目《カツノオトメ》であり、それが祝となり、辛嶋勝意布売が祢宜となって奉仕したという。④の〈小山田遷宮〜小椋山遷宮〉も、辛嶋氏の力によることを主張する。天智天皇の御世の小山田社遷宮は、祢宜の辛嶋勝波豆米《ハツメ》の奉仕によるもの、元正天皇の御世の放生会の始まりも、また聖武天皇の御世の小椋山遷宮も大御神が波豆米に託されてのものであったと主張する。

右のように、八幡創祀をあげるⅠの叙述とⅡの叙述は、相当に異同する。その大神氏がわの伝承と推されるⅠの叙述は、比較的簡素である。それに対して辛嶋氏がわの伝承と推されるⅡの叙述は、詳細で執拗とさえ感じられる。編者は、辛嶋氏に対して大いなる心配りを施していると思われる。

なお『東大寺要録』巻第四「諸神社」の〈八幡宮〉の項には、弘仁十二年（八二一）八月十五日の「大政官符」（『弘仁解状』）が収載されている。弘仁六年（八一五）に大神清麿等の上申書「解」に対するものである。しかしてその冒頭は、右の『承和縁起』(Ⅰ)〈馬城峯示現～小椋山祭祀〉をほぼ同文で掲げ、以下、天平三年（七三一）以降の大神氏、宇佐氏、および辛嶋氏の神職としての経緯をあげている。勿論、大神氏を中心とした叙述となっている。

『扶桑略記』の「縁起」

本書は、平安末期、堀河天皇時代（一〇八六～一一〇七）、僧皇円の編になる史書である。その第三、欽明天皇卅二年の条に、八幡大明神の示現のことが収められている。最後に「已上、彼縁起文ニ出ヅ」と注しているので、それは先行の「縁起文」（旧縁起）によったものと推される。同じく書き下し文で、段落に分けてあげる。

(1) 卅二年辛卯（中略）又同ジ比、八幡大明神ガ筑紫ニ顕ハル。〈筑紫来臨〉

(2) 豊前国厩峯菱潟池ノ間ニ、鍛冶ノ翁有リ。甚ダ奇異ナリ。〈鍛冶翁の化現〉

(3) コレニ因テ大神比義、穀ヲ絶チテ三年籠居シ、即チ御幣ヲ捧ゲテ祈リテ言ハク、「若シ汝、神ナレバ、我ガ前ニ顕ハル、ベシ」ト。〈大神比義の祭祀〉

(4) 即チ三歳ノ小児ト現ハレ、竹ノ葉ヲ以テ託宣シテ云ハク、「我是ハ日本人皇第十六代誉田天皇広幡八幡麿ナリ。我ガ名ハ護国霊験威身神大自在王菩薩、国々所々ニ神明トシテ跡ヲ垂レ、初メテ顕ハレテ坐スナリ」ト。

〈小児神示現・八幡の神託〉

(5) 一ニ云ハク、八幡大菩薩、初メ豊前国宇佐郡馬城嶺ニ顕ハレ、其後、菱形小倉山ニ移ル。今ノ宇佐宮是也。

〈別伝、馬城嶺降臨・小倉山祭祀〉

右のごとく、この八幡創祀由来の叙述は、先の「承和縁起」とは大分に異同する。(1)〈筑紫来臨〉を欽明天皇とするのは、先に準じている。しかしその顕現の地は「鷹居社」ではなく小倉山の麓の「菱形池」であり、鷹神ではなく、(2)〈鍛冶翁の化現〉とする。しかし(3)〈大神比義の祭祀〉は、「承和縁起」のII③「(辛嶋)鷹神祭祀」に準ずるものとも言えよう。しかし④「小児神示現」は「承和縁起」には全く見えない。その「小児」の意義は後に考える。それはやはり八幡神の神格を示すもので、辛嶋氏の伝承が、鷹神の猛々しさによって示されたことの裏返しの表現とも言える。しかして(5)〈別伝、馬城嶺降臨・小倉山祭祀〉は、大神氏の伝承によった「承和縁起」I〈馬城峯示現～小椋山祭祀〉に拠ったものと推されるが、ともあれ、この旧縁起によった『扶桑略記』の叙述は、『承和縁起』とは大いに異にすると言わねばならぬ。あるいはそれは「承和縁起」に対して、むしろ新しく誕生した縁起と言うべきかも知れない。

ちなみに先にあげた『東大寺要録』巻第四の〈八幡宮〉には、次のように見えている。

(2)筑紫豊前国宇佐郡、厩峯菱潟池ノ間ニ鍛冶ノ翁有リ。(3)コレニ因ッテ大神比義、穀ヲ絶チテ三年籠居精進シ、即チ御幣ヲ捧ゲテ祈リテ言ハク、若シ汝、神ナレバ我前ニ顕ハル、ベシ、ト。(4)即チ三歳ノ小児ト現ハレ、竹ノ葉ニ立チ、詫宣シテ云ハク、我是ハ日本人皇第十六代誉田天皇広幡八幡麿ナリ。我ガ名ハ諸国霊験威力神通大自在王菩薩、国々所々ニ神明トシテ垂迹シ、是初メテ顕ハレ御坐《マシマ》スナリ。是即チ欽明天皇ノ御時ナリ。

すなわち、傍点部分にいささかの異同はあるが、『扶桑略記』の「縁起文」による叙述、(2)〈鍛冶翁の化現〉(3)

〈大神比義の祭祀〉(4)〈小児神示現・八幡の神託〉とほぼ同文と言える。当『東大寺要録』は、元永元年（一一一八）頃の成立と推されるので、『扶桑略記』に相準ずる記述と云える。つまり『扶桑略記』が収載する八幡の鍛冶神・小児神誕生の縁起は、平安末期には世に知られつつあったと言えるのである。

『八幡御託宣集』

次に『八幡宇佐宮御託宣集』をあげる。これは時代は下り、花園天皇の正和二年（一三一三）に、祝大神《おおが》氏の庶流に属した僧神吽《じんうん》によって成ったものである。およそ本書は先行の文書が元暦元年（一一八四）に緒方氏によって焼失された後に、改めて宇佐宮の由緒記録を収集したもので、それは十六巻に及ぶ。そのなかで、祭祀の社殿における「御託宣」は、巻四から巻十四までであり、そのなかで、八幡神示現の由緒をあげるのは、巻五が中心である。したがって、ここでは、その部分を抄出してあげる。

Ⅰ　菱形池辺部　大尾山

人王第十六代ノ応神天皇ハ、四十一年庚午二月十五日ニ百十一歳ニシテ崩御、（中略）千変万化シ、冥顕テ御利生シタマフナリ。但シ未ダ宿生ノ尊号ヲ挙ゲズ、未ダ先帝ノ霊タルヲ顕ハサザルカ。

(1)　金刺ノ宮　御宇《アメノシタシロシメス》　二十九代戊子《つちのえね》ニ、筑紫豊前国宇佐郡ノ菱形池ノ辺リ、小倉山ノ麓ニ鍛冶ノ翁有リ。奇異ノ瑞ヲ帯ビ、一身タリテ八頭ヲ現ズ。〈鍛冶翁ノ化現〉

(2)　人コレヲ聞キ、実見ノ為ニ行ク時、五人行ケバ即チ三人ヲ死《コロ》ス。十人行ケバ即チ五人ヲ殺《コロ》ス。故ニ恐怖ヲ成シテ行ク人ナシ。是ニ大神《おおがの》比《ひ》義《ぎ》行キテコレヲ見ルニ、更ニ人ハ無シ。但シ金色ノ鷹林上ニ在リ。丹祈ノ誠ヲ致シ、根本ヲ問フテ云ハク、「誰ノ変ジテ成ルヤ、君ノ為ス所カ」ト。忽チニ金色ノ鳩（鴿イ）ト化シ、飛来シ

小椋山麓の菱形池

テ袂ノ上ニ居ス。爰ニ神変シテ人中ヲ利スヘシト知リヌ。　〈鷹神変化〉

(3)　然ル間比義ハ五穀ヲ断チ、三年ヲ経ルノ後、同天皇三十二年辛卯《かのとう》二月十日癸卯《みづのとう》、幣ヲ捧ゲ首《こうべ》ヲ傾ケテ申サク、「若シ神タルニ於テハ、我ガ前ニ顕ハル、ベシ」ト。　〈大神比義の祭祀〉

(4)　即チ三歳ノ小児ニ現ジテ竹葉ノ上ニ宣ハク、ア「辛国ノ城ニ始メテ八流ノ幡ガ天降リテ、吾ハ日本ノ神ト成レリ。一切衆生、トニモカクニモ心ノ任《ママ》タリ。イ釈迦菩薩ノ化身、一切衆生ヲ度サムト念ジテ、神道ト現ハルルナリ」ト。「我ハ是レ、日本人皇第十六代誉田《ほんだ》天皇広幡八幡麻呂ナリ。我カ名ヲハ護国霊験威力神通大自在王菩薩ト曰ク。国々所々ニ跡ヲ神道ニ垂ル」ト。

〈小児神示現・八幡の神託〉

右のごとく、それはほぼ『扶桑略記』にしたがいながら、先の『承和縁起』の叙述を導入、一部、独自の詞章を含み、それらを複合したものとなっている。すなわち(1)〈鍛冶翁の化現〉は、『扶桑略記』の叙述にしたがいながら、奇異なる「八頭」を添えている。(2)〈鷹神変化〉は、『承和縁起』のⅡ・③〈鷹神祭祀〉に準ずるものであるが、その祭祀の主を辛嶋氏から大神氏にかえている。しかもその鷹神は、まずは「金色ノ鷹」と現われ「金色ノ鳩」に変化したという独自の叙述を加えている。(3)〈大神比義の祭祀〉は、ほぼ『扶桑略記』の叙述にしたがうものであるが、(4)〈小児神示現〉は『扶桑略記』に準じながら、〈八幡の神託〉は『承和縁起』Ⅱ・④〈八幡の神託〉を引き継ぐ『扶桑略記』を受けるのみならず、傍線アの「辛国」から「八流ノ幡」による降臨をあげ、傍線イの「釈迦菩薩ノ化身」としての衆生済度の誓言を加えている。その後者の叙述は、和光同塵・本地垂迹の思想にしたがう新しい趣向と言える。

Ⅱ　鷹居瀬社部　此社八ヶ年、和銅五・六・七年。霊亀元・二年。

敏達天皇元年 壬辰《つちのえたつ》ヨリ元明天皇二年和銅二年 己酉《つちのととり》迄、（中略）猶又国々を潜通シ、処々ニ瑞ヲ留メ、奇異有リトイヘドモ、未ダ霊社ヲ造ラズ。

(1) 四十三代元明天皇和銅元年 戊申《つちのえさる》、豊前国宇佐ノ郡ノ内、大河ノ流ル今宇佐河ト号ス。西岸ニ勝地有リ。東ノ峯ニ松ノ木有リ。変形多ク端タリ。鷹ト化シテ瑞ヲ顕ハシ、瀬ヲ渡リテ此ノ池ニ遊ブ。空ヲ飛ビテ彼ノ松ニ居ス。

〈鷹神示現〉

(2) 是御神ノ御心荒レ畏ミテマシマス。往還ノ類遠近ノ輩、五人行ケバ即チ三人殺シ、十人行ケバ即チ五人殺ス。時ニ大神比義又来タリ、辛嶋勝乙目ト両人、穀ヲ絶チテ三箇年精進スルコト一千日、祈リ奉ルニヨリ、御心ヲ和ゲシメ給フ。

〈大神・辛嶋両氏の鷹神祭祀〉

(3) 和銅三年、其ノ躰ハ見エズ。只霊音有リテ、夜来リテ言ハク、「我レ霊神ト成リテ後、虚空ヲ飛ビ翔《カケ》ル。棲《すむ》息《ところ》無ク、其ノ心荒レタリ」ト。此ハ是レ、前ニ顕ハレシ大御神ナリ。和銅三年 庚戌《かのえいぬ》ヨリ同五年 壬子《みつのえね》迄、祈

リ鎮メ奉ル。初メテ宮柱ヲ立テテ、コレヲ斎敬シ神事ヲ勤ム。即チ鷹居瀬ノ社是ナリ、　〈鷹居瀬社の神託〉

(4) 渟《ぬ》名倉《なくら》大珠敷《おほたましき》天皇（世一代敏達天皇ナリ）ノ御世、辛嶋勝乙目ガ祝トナル。爰ニ乙目ノ妹黒比売、采女并ビニ御戸代《みとしろ》トシテ、己カ私ノ治田《ちでん》二段、コレヲ進ラス。辛嶋勝波豆米今ノ祢宜タリ。　〈辛嶋氏の奉仕〉

右は、八幡神の小椋山祭祀に先行した鷹居社（鷹居瀬社）の祭祀をあげるものである。それは『承和縁起』が、やや詳しくあげたものであれば、これもおよそそれに準じて叙されていると言える。しかも『承和縁起』は、大神氏を祭祀の中心とし、辛嶋氏がこれを助けるものとして叙しながら、Ⅱ③〈鷹神祭祀〉の叙述においては鷹居社祭祀は辛嶋氏が先行することを主張するものであった。右の叙述も、それに準ずる叙述がみられて興味深い。すなわち(1)〈鷹神示現〉は独自の叙述と言えるが、(2)〈大神・辛嶋の鷹神祭祀〉は、『承和縁起』の意図にしたがって、両氏の和合を試みた叙述と言える。しかしながら、(3)〈鷹居瀬社の神託〉および(4)〈辛嶋氏の奉仕〉の叙述は、『承和縁起』Ⅱ③〈鷹神祭祀〉を継承・展開するもので、あくまでも辛嶋氏の「祝」「祢宜」としての祭祀権を主張するものと言える。

三　宇佐八幡の鷹と鍛冶

原八幡の鷹神祭祀

辛嶋氏による原八幡の成立は、辛嶋郷に鷹居社の鷹神祭祀に示されている。それは『承和縁起』Ⅱ③には、

大御神其ノ処《トコロ》ニシテ、鷹ト化《ナ》リ玉ヒテ、御心荒畏シク坐シテ、五人行ケバ三人ハ殺シ二人ハ生ケ、十人行ケバ五人ハ殺シ五人ハ生ケ給フ。

と叙されている。その猛々しい鷹は、鍛冶神を象徴するものであり、その行く人間をも殺す荒々しい行為は、火焔の燃えさかる鍛冶場（タタラ）そのものの表現と言える。

しかしてその鷹神の故郷は、豊前国田川郡の香春岳鷹巣森の元八幡宮（現、古宮《こみや》八幡神社）にある。ちなみにその田川郡は鷹羽郡（鷹の羽の落ちる聖域）とも称されていた。先の『承和縁起』Ⅱ①〈遊幸祭祀〉においては、その大御神は、まず「辛国《カラクニ》ノ宇豆《ウツノ》高島」に天降りなさったという。そしてその韓国《から》の聖地が田川郡の「鹿春郷」と推される。『豊前国風土記』（逸文）には、それは次のように叙されている。

> 田河《たかは》の郡。鹿春《かはる》の郷《さと》郡《こほり》の東北《うしとら》のかたにあり。此の郷《さと》の中に河あり。年魚《あゆ》あり。其の源《みなもと》は郡《こほり》の東北《うしとら》のかた杉坂山《すぎさかやま》より出でて、直《すぐ》に正西《まにし》を指《さ》して流れ下《くだ》りて、真漏川《まろがは》に湊《つど》ひ会《あ》へり。此河の瀬清浄《きよ》し。因《よ》りて清河原《きよかはら》の村と号《なつ》けき。今、鹿春《かはる》の郷《さと》と謂《い》ふは訛《よこなま》れるなり。昔者《むかし》、新羅《しらぎ》の国の神、自《みづか》ら渡《わた》り到来《きた》りて、此の河原《かはら》に住《す》みき。便即《すなは》ち、名づけて鹿春《かはる》の神と曰ふ。又、郷《さと》の北に峯あり。頂《いただき》に沼あり、周り卅六歩《あし》ばかりなり。黄楊樹《つげのき》生《お》ひ、兼《また》、龍骨《たつのほね》あり、第二の峯には銅并びに黄楊、龍骨等あり。第三の峯には龍の骨あり。

その「辛国」とは、「新羅の国の神」を祀る地で、朝鮮半島の新羅から渡来する人々の住する所であった。その新

採銅の香春岳（福岡県香春町）

御神鏡鋳造の清祀殿（福岡県香春町）

23 「百合若大臣」の原風景

鷹巣森の古宮八幡宮（福岡県香春町）

古宮八幡宮摂社の白鳥神社（鷹巣森の元宮）

羅系の人々は、秦氏に属するものであり、その中心に辛嶋氏のあったことが明らかにされている。しかもその香春岳に祀られる神について、『延喜式』（神名）には、豊前国六座のうち「田川郡三座並小」として

辛国息長《カラクニオキナガ》大姫大目命神社
忍骨《オシホネノ》命神社
豊《トヨ》比《ヒ》咩《メノ》命神社

の三社をあげている。また『香春社縁起』には、

息長大姫尊ハ唐土経営ニ渡リ給ヒ、師木水垣宮、崇神天皇ノ御宇《アメノシタシロスメス》、本郷トシ帰リ坐《マシマ》シテ、第一岳ニ静リ給フ。忍骨命ハ天津日大御神ノ子ニテ、和魂ハ南山ニ鎮リ、荒魂ハ第二岳ニ示現シ、豊比咩命ハ第三岳ニ静リ給ヒテ、三所三峯ニ鎮座シ、香春三所大明神ト崇メ奉ル。

とある。そしてその銅を産出するのは、『豊前国風土記』によると、忍骨命を祀る第二の岳である。が、銅山の守護神なる鷹神を擁する古宮《こみや》八幡宮は、古くは採銅の三の岳東麓にあり、慶長四年に採銅所の入口の鷹巣森（現鎮座地）に遷座したとする。その採銅所（清祀殿）で造成された銅鏡が、放生会に際して、八幡神の依代として祭祀されてきたことは、すでにあげている。なお弥勒寺の法蓮は、この香春山から彦山を往来して、宗教活動をおこなっているが、その彦山も鷹神を祀り、鉱山師の活動をしのばせている。

ところで、先の『承和縁起』Ⅱによると、辛嶋氏の鷹居社における③〈鷹神祭祀〉に先立って、①〈遊幸祭祀〉をあげている。それは大御神が、「辛国」から天降った後に、日本本土の聖地を巡幸されたことを説くものである。しかる後に、②の〈聖泉遊行〉を叙している。それは「比志方《ヒシカタ》ノ荒き潮ノ辺《ホトリ》」（比咩社）においてみそぎをなさり、「今酒井泉《イツミ》社」において奉仕を受けなさっている。この泉八幡社こそは、辛嶋氏の辛嶋郷における第一の聖地で、宇

神輿・鳥居の神紋（鷹羽）

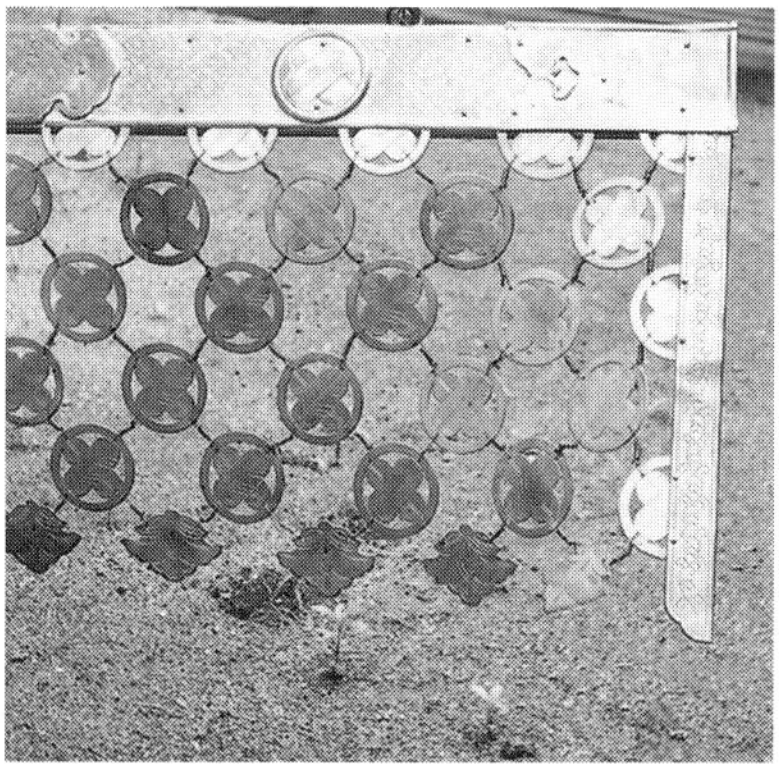

神輿・飾りの神紋（鷹羽）

佐国最初の鍛冶場であったと推される。それは勿論、香春岳の採銅のわざを引き継ぐもので、宇佐における最初の製銅の聖地であったと推される。それがさらに鷹居社の③〈鷹神祭祀〉に展開したのである。

つまり辛嶋氏による原八幡社の成立には、辛嶋氏が維持した鷹神信仰にもとづく製銅文化が深くかかわっていたと推定されるのである。

宇佐八幡の鍛冶神祭祀

『承和縁起』Ⅰ〈馬城峯示現～小椋山祭祀〉によると、大神比義が現われるのは、欽明天皇二十九年（五六九）で、この年に比義は大御神を鷹居社に祀り申し上げたとする。しかしすでにふれたごとく、その鷹居社は、辛嶋氏が先行して奉仕する所であった。したがってその叙述は、大神比義がそれまで辛嶋氏が拠っていた鷹居社の祭祀権を収奪したことを意味することである。『承和縁起』によれば、それは六世紀末となる。その大神比義とはいかなる人物かが問題となる。ちなみに『大神氏系図』によると、「大己貴命孫、吾田片隅命苗裔」とあり、

欽明天皇廿九年辛卯《(マヽ)》二月十日癸卯 大尾峯ニ於テ祈リ奉リ、八幡大菩薩ヲ顕ハス。直チニ宝号ヲ奉ル。次デ元明天皇和銅五年壬子、勅ヲ奉ジテ斎殿ヲ造リ奉リ、之ヲ祝ヒ崇ル。今鷹居社ヲ号スルハ是ナリ。其徳一々

勝計ニ遑アラズ。委キ記録ハ別紙ニ有リ。

とあるのみである。「大己貴命孫」とは、中央の天皇家系統とは異にすることになる。中野幡能氏は、大和政権とつながる「大神氏《おおみわ》」の出自を説かれ、あるいは中央から派遣された蘇我氏とつながる氏族とする説もある。それは今のところ明らかではないが、製銅文化に支えられた辛嶋氏の勢力をしのぐものとしては、それを越える製鉄文化のわざを有する氏族が考えられるであろう。その製鉄文化も早く朝鮮からの渡来の人々によってもたらされたものである。その製鉄のわざは、まずは鉄鋌《てってい》が移入されて営まれたのであるが、やがて七世紀に入ると、わが国にも鉄山・砂鉄が発見され、その原材による製鉄・タタラが営まれることになった。しかして、その製鉄のわざの先進国は、かつては「任那日本府」と称された金官加耶国（大伽耶）であった。その金官加耶国の製鉄は、四世紀から六世紀半ばに及んで繁栄する。いまだ十分な証拠は用意されていないが、六世紀末に応神八幡を誕生せしめた大神氏は辛嶋氏の精銅文化を駆逐して、宇佐地方に製鉄文化を将来した金官加耶系の渡来人の流れを汲む者であったと推測されるであろう。（本書〈韓国の「百合若大臣」を考える〉所収、金賛会氏「韓国の鷹と鍛冶」参照）

そこで改めて『扶桑略記』所収の「縁起文」をみてみよう。時代は大神氏中心の祭祀組織から宇佐氏優位のそれに代りつつあった。しかるにこれは、大神氏の祭祀権を主張するもので、その先行の「縁起」の出自は、大神氏であるにちがいない。しかもその叙述は、先の『承和縁起』にも、『東大寺要録』の「弘仁解状」にも全く見えない内容である。

まず(2)〈鍛冶翁の化現〉である。その鍛冶神は鷹によるものではなくて尊い翁として化現する。その示現の聖地は、鷹居社ではなく宇佐宮上宮の小倉山々麓の菱形の池である。すなわち当地は、宇佐宮の「お鍛冶場」と称されてきた。ちなみに『諸国鍛冶寄』には、宇佐宮神官である「神息」の名が、史上有名な刀工として記されている。

次は(4)〈小児神示現〉である。笹の葉にのっての化現は、雷神なる鍛冶神の姿によるものである。雷神が「小さ子」として示現することは、はやく柳田国男氏が『一目小僧・その他』と説かれたことである。例えば、『日本霊異記』上巻第三「雷《いかづち》の憙《ムガシビ》を得て生ま令《し》めし子の強き力ある縁」において雷は「小子《ちひさこ》」となって人の前に堕《お》ちる。菅原道真は雷神と示現するのであったが、『北野天神縁起』（根本縁起）における「菅公化現」は、「五六歳ばかりなるおさなき小児《こちご》」であった。しかも鍛冶神が雷神であり、「小さ子」として示現することは、わが国のみならず、世界各地に伝承されることであった。

つまりこの八幡神の〈鍛冶翁の化現〉〈小児神示現〉は、大神氏を中心とする宇佐八幡宮祭祀のなかで、新たに誕生していた製鉄の鍛冶神神話と言えるものである。しかもその鍛冶神信仰は、小倉山の「菱形の池」にのみとどまってはいなかったと推される。たとえば、辛嶋氏の旧地なる駅館《やっかん》川の東岸、川部高森古墳群の北方、旧金屋村・旧西堀村には八世紀以降の製鉄遺跡があり、鎌倉時代にも金屋鋳物師が住し、藤原姓南氏を名乗って、宇佐宮の御社鋳物職に任じられていたのである。

鷹神・鍛冶神祭祀の複合叙述

およそ宇佐八幡宮の祭祀は、平安末期には、それまでの大神氏中心から宇佐家中心のそれに変じていった。それは緒方惟栄の宇佐宮攻撃で一旦頓座するが、鎌倉政権は宇佐氏の大宮司職を安堵して、以来、その祭祀は宇佐氏を中心として営まれていた。やがて文永・弘安の役を迎えるが、その結果は、依然、宇佐宮の経営は、宇佐氏を中心に進められていたと言える。

そのなかで、鎌倉末期に大神氏の流れを汲む僧神吽によって編集されたのが『八幡宮託宣記』であった。その大部分は、先行する文献記録からの採録であり、あるいは「古老伝曰」として口頭伝承によるものもある。しかも自らの体験を通した新たな記述を加えている。前章であげたのは、そのなかの草創縁起とかかわる祭祀由来である。すなわち巻五・Ⅰの「菱形池辺部」は、大御神が小倉山山麓に示現、これに対する大神比義の祭祀を説くもので、宇佐八幡の祭祀の起源が大神氏にあることを主張するものである。また次のⅡの「鷹居瀬社」は、はじめに大御神は鷹居社に示現、これに対する大神比義・辛嶋勝乙目の祭祀を説くもので、鷹居社の八幡祭祀の起源を大神氏・辛嶋氏にあることを主張するものである。つまり宇佐宮の祭祀の中心が宇佐氏にある時代に、その祭祀の起源が、大神・辛嶋両氏にあったことを説いて、その祭祀権を主張したものと言える。

それはすでに述べたことであるが、ここでは、前者のⅠの「菱形池辺部」の叙述の方法をあえて繰り返してあげる。それは古い『承和縁起』と新しい『扶桑略記』の「縁起文」を巧みに複合し、さらにそれらとはちがった趣向を取り込んで、独自の伝承叙述を創成するのである。

すなわち(1)〈鍛冶翁の化現〉は、『扶桑略記』の叙述によりながら、「八頭」なる趣向を持ち込んで、その神秘的奇異を強調する。が、これは(4)〈小児神示現〉に「八流ノ幡」の趣向と響き合って、新たに感動を生み出し、後の縁起にも影響を与えている。次の(2)〈鷹神変化〉における、「五人行ケバ即チ三人ヲ死《コロ》ス、云々」の鷹神の猛々しさを示す表現は、『承和縁起』のⅡ〈鷹神祭祀〉の辛嶋氏の伝承を大神比義のそれにすりかえて叙したものである。しかもその鷹が「金色」なるという新しい趣向を導入するのみならず、さらに「金色ノ鳩」に変化したとする趣向まで用意する。その感動的表現は後の縁起にも影響を与えている。おそらくその「金色の鷹」は「黄金の神宝」とかかわる発想であろう。またさらなる「金色の鳩」は、石清水の信仰が逆輸入されたものとも言える。ちなみに石清水八幡宮の宇佐宮圏への侵出は、平安末期に遡る。その石清水八幡宮は、神宝「鳩屋の鈴」で知られるように八幡神の化現する姿を聖なる鳩と観ていたのである。次いで(4)〈小児神示現・八幡の神託〉の趣向についてはすでにあげた。八幡を「釈迦菩薩ノ化身」とする叙述は、当代の本地垂迹思想にみごとに応じた趣向と言える。

四　『八幡御託宣集』前後の八幡祭祀伝承

右であげたように、『八幡宇佐宮御託宣集』における八幡祭祀草創の叙述は、先の『承和縁起』と後の『扶桑略記』の「縁起文」による〈鍛冶神祭祀〉を大神比義にもとづくものとして、みごとに縫合するものであった。しかもそれはいちだんと説得力ある縁起に創りあげられていると言えるものであった。

そこでここでは、この『御託宣集』と前後する縁起類における宇佐八幡祭祀起源の叙述を検しておくこととする。

『八幡宮寺巡拝記』の叙述

『八幡御託宣集』の前後に成ったものとして、まずあげるべきは、『巡拝記』である。その成立は不明であるが、そのなかに弘長年間（一二六一～一二六四）の記事が見え、文永十一年（一二七一）弘安四年（一二八一）の蒙古来襲にふれることがないので、あるいはその間に成ったものかとも推される。その上巻の〔七〕「宇佐宮の事」が見えているので、それをあげる。

一、宇佐宮第三十代欽明天皇位ニツキ給テ、第十六代（季歟年）アタリテ始テ神明トアラハレ給フ、大宮司補任帳ニハ、僧聴三年ト云ヘリ、其ノ由来ヲ尋ヌレハ、豊前国宇佐郡蓮台寺（山イ）ノフモトノ谷オクニカチスル翁アリ、其相皃甚奇異也、大神ノ比顕《ナミヨシ》コレヲ見ツケテ、タ、人ニアラスト思テ、五穀ヲタチテ、三年間給仕シテ、後ニ御幣ヲ捧テ祈請シテ云、我三季マテキウシ、ツル事ハ、ソノ相貞ハ頭八アリ、タ、人ニアラサルニヨリテ也、若神ナラハ我マヘニアラハレ給ヘト、此時ウセテ三歳ノ小児トアラハレテ、竹ノ葉ニ立給テ託宣シテノ給ク、我ハ日本ノ人王十六代ノ誉田ノ天皇也、国々所跡ヲ神明ニ垂ル、始テアラハレマシマス也。

右のごとく、それは『御託宣集』に比べると簡略である。しかも［鷹神変化］にふれることがないので、『扶桑略記』の記述に近いと言える。が、「相貞ハ頭八」とする奇異は、『御託宣集』に準ずるものである。『大宮司補任帳』によったとも推されるが、その書は不明である。

『八幡愚童訓』の叙述

次に石清水八幡宮の祠官の著作と推される『八幡愚童訓』（甲本）をあげる。およそ『八幡宮御託宣集』と同時代の花園天皇期の成立と推される。その宇佐八幡の祭祀由来を次のようにあげている。

第三十代欽明天皇十二年正月ニ至テ、大神比義ガ五穀ヲ断チ精進シテ、御幣ヲ捧ゲテ祈リ申シシ時、三歳ノ小児ト顕ハレテ、竹葉ノ上ニ立チ賜ヒテ、「我ハ日本人王十六代誉田《ほむだ》天皇也。護国霊験威力神通大自在王菩薩ナリ」ト告ゲ給ヒシヨリ、百王鎮護三韓降服ノ神明第二ノ宗廟ト祝レ給フナリ。

それは、およそ『扶桑略記』の叙述に準じ〈大神比義の祭祀〉と〈小児神示現・八幡の神託〉をあげ、それに傍線部分の「百王鎮護三韓降服ノ神明、云々」を加えている。しかし〈鍛冶翁の化現〉にはふれず、『承和縁起』以来の〈鷹神祭祀〉をあげることもない。ところが、この甲本と一連のものとして製作された乙本の「垂迹事」の項には、「抑《そもそも》鍛冶する翁にてまし〳〵ける事は、衆生の麁悪《そあく》は鉱石《クワウセキ》の如《ごとく》して真金をあらはさず、焼《ヤウ》冶鍵冶《ヤチヤウチ》して器用をなすためしをかりて、悪業の垢塵《クゲン》をはらひさけて、大内鏡智の明徳をあらはし、一念の信心をこらして破邪帰正とすれば、除災与楽の巨益にあづかるべき表示なり」とあり、〈鍛冶翁の化現〉を含んでいると言える。

『神道集』の叙述

次に鎌倉末期の各地の垂跡縁起を収載した安居院作の『神道集』をあげる。それは、およそ南北朝期の文和三年（一三五四）延文三年（一三五八）ごろの成立と推される。その巻一「宇佐八幡事」には、「人王ノ治天第十二年己未年ナリ、（中略）又大神宮司補佐ノ帳ニ云ク、僧聴三年云々」とあり、「宇佐ノ由来記ニ云ハク」としてその祭祀由来を次のようにあげている。

豊前ノ国宇佐郡山谷ノ辺リニ、八頭ノ老翁ニテ化現シ玉ヘリ。皆人、此ノ化翁ハ只人ニハ非ズト云フ。時ニ大神比義ト云ヘル人、信心ヲ正クシテ、五穀ヲ断チテ、御奉幣ヲ奉ル。此ノ化翁ヲ貴シトテ、若シ神ニテ御在セバ、我ガ前ニ顕ハレテ名乗リ給へ、云々。此時八頭ノ翁、立チ処ニ形ヲ陰シツ、二三歳ノ小児ト成リテ、竹ノ葉ニ乗リツ、託宣シ給ヘリ。我ハ是レ日本国ノ人王十六代、誉田ノ天王トハ是ナリ。是応神ノ異名ナリ。我ハ護国霊験威力神通大自在菩薩ト号ス。諸国ノ内ニハ在々所々ニ垂迹シ玉フベキナリトカヤ。

およそ『扶桑略記』に準じているが、『御託宣集』に通じるところがある。すなわち〈老翁の化現〉〈小児神示現〉は、『扶桑略記』に準じながら、老翁を「鍛冶の翁」とすることはない。しかもその老翁を「八頭」として『御託宣集』に準じている。が、〈鷹神祭祀〉にふれることはない。しかも〈八幡の神託〉は、『扶桑略記』の叙述に留まって、本地を「釈迦如来」とする『託宣集』にはしたがっていない。

『宇佐八幡宮縁起』の叙述

次に『宇佐八幡宮縁起』をあげる。一名、「宇佐大神宮縁起」とも称されている。黒川本の下巻の奥書に、「本云建武二年乙亥十一月三日書畢右筆宇佐重栄」とある。その宇佐重栄は、宇佐宮摂社鷹社の社司と推される。また奈多本の奥書には、「初云、建武元年乙（甲）亥（戌）七月五日乙酉贖之」とある。およそ建武元年（一三三四）同二年（一三三六）ごろの成立と推される。その上巻の「初顕㆓神道㆒坐事」に、次のように叙述がうかがえる。

(1)第三十代欽明天皇御宇廿九年戊子ニ、筑紫豊前国宇佐郡ノ菱形池ノ畔、小倉山ノ辺ニ鍛冶ノ翁有リ。奇異ノ瑞ヲ帯ビ、一身タリテ八頭ヲ現ズ。(2)人コレヲ聞キ、実見スレバ、五人行ケバ則チ三人死《コロ》シ、十人行ケバ五人死《コロ》ス。他人死サズ、人々ニ於テ心ヲ失ヒテ死ス。故ニ恐怖ヲ成シテ行ク人無シ。是ニ大神比義トイフ者有リ。行キテコレヲ見ルニ、更ニ人ハ無シ。但シ金色ノ鷹林上ニ在リ。丹祈之誠ヲ致シ、根本ヲ問ヒテ云ハク、誰ノ変ジテ成ルヤ、君ノ為ス所カ、ト。忽チ金色ノ鳩ト化シ、飛来シテ袂ノ上ニ居ス。爰ニ神変ジテ人中ヲ利スベシト知ル。(3)然ル間比義ハ五穀ヲ断チ三年ヲ経ルノ後、同天皇三十二年辛卯二月十日癸卯、幣ヲ捧ゲ首ヲ傾ケ申サク、若シ神タルニ於テハ、我ガ前ニ顕ハル、ベシト。(4)此語リイマダ訖ラザルニ、三歳ノ小児ニ現ジテ、竹葉ノ上ニ於テ宣ハク、辛国ノ城ニ始メテ八流ノ幡ガ天降リ、吾ハ日本ノ神ト成レリ、一切衆生トニモカクニモ心ニ任セタリ、釈迦菩薩ノ化身、一切衆生済度セムト念ジテ、神道ト現ハル、ナリ、ト。我ハ是レ、日本人皇第十六代誉田天皇広幡八幡麻呂也、我名ヲハ護国霊験威力神通大自在王菩薩ト曰フ、国々所々ニ神道ニ迹ヲ垂スル、ト。

右のように、(1)〈鍛冶翁の化現〉、(2)〈鷹神変化〉、(3)〈大神比義の祭祀〉、(4)〈小児神示現・八幡の神託〉の叙述は、一部、傍線部の語句が加わるのみで、ほとんど『八幡宮御託宣集』と同文と言える。『御託宣集』によっていることは疑いを得ないのである。

八幡神、鷹となつて現れ、八幡が天から降る
（新修・絵巻物全集『八幡縁起』角川書店より転載）

なお本書は続けて右の祭祀に中心的役割を果した大神比義の素姓についてふれている。すなわち大神比義という人物は、常に八幡大御神と物語をして、そのことを朝廷に奏聞していたという。それによって朝廷は比義を祝の職に任ぜられた。たとえば公家より御願があると、比義自らが神躰となり、神の勅を答えたという。つまりシャーマン的審神《さに》者《わ》の役にあたっていたことになる。その出自は、「何国ノ人カ知ラズ、誰ノ家ノ子カモ弁ヘズ」であって、霊威神妙にして仙翁のごとくであった。その容貌も玄冥なる神のごと

くである。それゆえに、「大神ヲ以テ姓ト為スベシ」「比義ヲ以テ名タルベシ」と、群議によって勅定せられたというのである。きわめて神秘的に大神比義なる人物像を伝えている。

『八幡大菩薩御縁起』絵巻

最後に『八幡大菩薩御縁起』（八幡縁起絵巻）をあげる。これは石清水の別宮でもあった箱崎八幡宮とかかわる縁起と推される。宮次男氏「八幡縁起絵巻」（日本絵巻物全集・別巻2）に詳しいが、これには甲本と乙本その二種があり、ここでは甲本のサンフランシスコ・アジア美術館蔵によってあげる。康応元年（一三八九）の奥書がある。およそ南北朝末期の頃のものである。その宇佐八幡の祭祀草創の叙述は、第八段、第九段にうかがえる。その部分の本文をあげてみる。

〈第八〉

又皇子、七十ノ御歳即位、四十一年ナリ。都、大和国高市郡后八人、男女ノ御子九人、今ノ八幡大菩薩ハ此御門ノ御事ナリ。（中略）其後、応神天皇ホナミノ郡宮浦ト申ス所ニ暫ク渡セ給ヒテ、豊前国宇佐郡の内、本山ト申ス山ノ上ニテ御カサリヲヲロシテ、其山ノフモトニテ、此ノ分段ノ身ヲステズシテ、正覚ヲ成リ給ウ所ヲバ、正覚寺ト名付ケタリ。其時ノ御言ニ言ハク、我ヲハ石躰権現トイワ、ルベシト仰セラレテ正覚成リ給ヒテ後、彼ノ山ノ頂ニ三ノ石ト成リ給ヘリ。其ノ石ノ上ヨリ金色ノ光リミヤコニサシタリシヲ、仁徳天王是ヲアヤシムデ、勅使ヲ立テラレテタヅネサセ給フ程ニ、彼ノ山ニ尋ネ行キテヲガミ奉レバ、金ノ鷹ニテアラハレ給フニ、勅使、其山ノフモトニテ宝殿ヲ造リテ崇ミ奉ル。其時ヨリ宇佐八幡大菩薩トアラハレ給ヘリ。（中略）本地釈迦多宝ナリ。而ニ八幡ト顕ハレ給ウ事ハ、此八ノ幡ノフリタリシニヨツテ、八幡大菩薩ト現ジテ百王守護ノ神ト成リ給ハ

鍛冶する翁となり、また三歳の小児となつて現る
（新修・絵巻物全集『八幡縁起』角川書店より転載）

ムト御託宣アリキ。大菩薩ノ
本地自在王菩薩ナリトイヒテ、
金泥ノ自在王経一巻、石塔ノ
中ニヲサメ給ヘリ。

すなわちこれは、宇佐八幡の「本山（本宮）」とも観じられた馬城峯・御許山への八幡神の降臨を伝えるものである。その八幡神がまずは馬城峯に示現されたことは、『承和縁起』I、「弘仁解状」などもあげている。しかもかの縁起は続けて大神比義による鷹居社の祭祀を叙する。が、これはそれにふれることはない。まずはその麓における天皇の正覚をあげる。つまりこれは正覚寺（前・霊山寺）の由来を説くものである。しかる後に馬城峯山上に石躰権現と顕はれ

なさったとする。この「三ノ石」については、『御託宣集』が第三巻の「馬城峯」の項に、「三神石躰ト現ハレ、三鉢霊水ヲ出ダス」と叙している。また『八幡宮寺巡拝記』は、「則相ツヽキテ馬城《マキ》ノ峰ニ石体権現トアラハレ給フ、大《オヽ》足姫《タラキヒメ》比咩大神モロトモニ三所ナラヒマシマス也、（中略）四五町ヲ去リテ寺アリ。正覚寺ト号ス、大菩薩正覚ヲ成給ヘル所也、（中略）石躰権現ノ御前スコシサカリ南ヨリニ、正像末ノ三ノ石ノ鉢アリ、広サハ六寸ハカリ、深サハ四寸ハカリ也。大大菩薩ノ始テ神明トアラハレ給シ時、此三鉢ノ霊水ニカケヲウツシ給フ」と詳述する。『八幡愚童訓』乙本も、「御許山に正像末《しょうぞうマツ》の三の石の鉢あり。ひろさ六寸、ふかさ四寸計也。神明とあらはれ給し時、此の三の鉢、霊水に御影をうつさせ給しかば光り内裏をかゞやかす」とある。あるいは『神道集』は、「即チ又同ジ此馬城峯ニ石体権現ト顕ハルル。大足姫ヤラン。比義大神下リテ、三所ト顕ハレ玉フ。高サ一丈五尺、広サ一丈計りの石ノ体ナリ」と叙し、御殿の建造から御託宣のさまを説いている。その「三ノ石」より金色の光りを発し「金ノ鷹」と示現されたというが、これは『御託宣集』⑵〈鷹神変化〉に準ずる叙述である。が、それの「金色ノ鳩」への変化はあげていない。先にあげた『八幡宮御縁起』は、『御託宣集』と同文的に叙するものであるが、その下巻の「御許山石体権現事」には、改めて「昔、馬城峯ニ、朝々光明ヲ放ツシムルノ間、（中略）大神朝臣波知大神比義分身、其寿八百歳子細を申スルノ間、攀登シテコレヲ見ル処、翁ノ申スル如ク、金色ノ鷹、三柱霊石ノ上ニ、飛ビ渡ラシムル光明ナリ」などと叙している。

さて、右の「八幡縁起絵巻」〈第八〉は続いて「八ノ幡フリタリシ」こと、「本地釈迦多宝」たること、百王守護ノ神として「八幡大菩薩」と示現したること、その本地はまた「自在王菩薩」なることなどをあげる。が、その叙述は、およそは『御託宣集』のそれにしたがうものと言える。なお（中略）の部分は、箱崎宮とのかかわりを主張する叙述に当る。

〈第九〉

人皇第三十代欽明天皇位ニ付給テ十二年ニアタリテ、始メテ神明トアラハレ給フ。大宮司補任帳ニハ、僧聴三年トモ云フ。豊前国宇佐郡蓮台寺ノフモトニ、谷ノヲクニカチスル翁アリ。ソノ相貌ハ甚ダ奇異ナリ。大神比義《ヲ、ガノヒギ》是ヲミツケテ、只人ニアラスト思ヒテ、五穀タチ三年ノ間給仕シテ後、御幣ヲ以テ祈祷シテ云ク、我三年アテ五穀タチ籠居シテ給仕シツル、其相貌只人ニアラサルニヨテ、若シ神ナラバ我前ニアラハレ給ヘ、ト。此時翁失セテ三歳ノ小児トアラハレテ、竹ノ葉ニ立給テ託宣シテノ給ハク、我ハ日本人王十六代ノ誉田《ホムタノ》天王ナリ。我ヲハ護国霊験威力神通大自在王菩薩ト云フナリ。国々所々ニ、跡ヲ神明ニ垂レ、始テアラハレマシマスナリ。

右のごとく、この叙述は傍線部分が独自表現で、それを除くと、『御託宣集』よりも『扶桑略記』の(2)〈鍛冶翁の化現〉、(3)〈大神比義の祭祀〉、(4)〈小児神示現・八幡の神託〉のそれに近い。つまり箱崎八幡宮とかかわる編者は、幾つかの原拠を重ね合わせて本文を叙しているのである。

以上、『八幡宮御託宣集』編集の前後には、あるいは『承和縁起』『弘仁解状』『扶桑略記』などを踏まえ、また『御託宣集』の直接的間接的に影響を受けながら、宇佐八幡の信仰の〈鷹神祭祀〉〈鍛冶神祭祀〉がさまざまに伝承されていたことを確認したのである。しかもこれらの伝承が、やがて宇佐八幡の垂跡縁起としての「百合若大臣」成立に刺戟を与えたと推するのである。

蒙古の軍船、博多湾を襲う
（新修・日本絵巻物全集『蒙古襲来絵詞』角川書店より転載）

おわりに——蒙古襲来と「八幡縁起」

蒙古襲来

文永十一年（一二七四）十月、蒙古軍が北九州を襲う。文永五年以来、蒙古は再三にわたって、わが国に国書を送ってきた。これに対して鎌倉幕府は、蒙古の威嚇と解した。朝廷においては、諸社寺における異国降伏の祈祷、二十二社への奉幣、伊勢神宮への公卿勅使の派遣等々、これに対しておこなわれた。幕府においても、蒙古の国使の来朝が重なるなかで、除々に、異国の防禦を整えてゆく。当年十月十五日、二万の元軍と一万数千の高麗軍は、多数の軍船をもって、対馬・壹岐を襲撃、同二十日、筑前の博多湾に入って上陸する。幕府軍も激しく応戦するが、勢いに押されて水城《みずき》へ退いた。武士の撤退した博多には元軍が入り、箱崎の八幡宮も焼かれ、在地の人々も多くの被害を受けた。しかし元軍は博多には留まらず、翌朝、二十一日の朝には、その船団は、忽然と海上から姿を消す。それは高麗軍と元軍との作戦に対する意見の相異から起こったとも言われるが、わが国のがわでは、二〇日夜半におこった大暴風雨のためと解し、いわゆる「神風」とされてきた。

弘安四年（一二八一）七月、蒙古軍は再び北九州を襲う。幕府は文永の役の体験から、再度の襲撃を予想し、いちだんと防禦の体勢を固め、鎮西北部の海岸には石築地《いしついじ》を築く。また朝廷においては、伊勢・石清水はじめ、主な寺社に奉幣を重ね、異賊降伏を祈願させていた。そんななか幕府は、再度わが国宣撫のために、来朝した元の国使、五人の首を刎ねた。元軍の再襲はもはや必至であった。当年、七月二十七日、元の江南軍一〇万人・三五〇〇艘と、高麗の東路軍四万人・九〇〇艘は、対馬、壹岐を襲撃、一部は長門を襲い、博多湾にも入ったが、一旦、平戸に大集結し、肥前の鷹島を占領した。防備の武士たちも果敢に敵船を襲い、志賀島・能古島では蒙古軍を打ち破っている。しかるに七月三十日から「大風」が吹き始め、蒙古の大船団は翻弄され、その多くが破壊された。特に船の構造の弱かった江南軍のうけた被害は惨憺《さんたん》たるものがあった。累々たる死骸が西北九州の浦々に打ち寄せられたという。

右が蒙古来襲、世にいう文永・弘安の役の概要である。その後も、戦時体制は続き、幕府は高麗出兵さえ同意する。しかもその蒙古再襲を怖れ、「大風」を「神風」と崇め、主なる寺社は「神戦」、すなわち異国降伏の祈祷を繰り返すこととなった。それは石清水、宇佐の八幡宮においても当然のことであった。そのような政情のなかで、「八幡縁起」は制作された。それは、蒙古襲来以前のそれとは違って、その主題は「異国降伏」になったと言える。

『八幡御託集』の「異国退治」

まず『八幡宇佐宮御託宣集』をみる。本書は、正応三年（一二九〇）二月十日頃に起筆され正和二年（一三一三）八月頃に稿了されたものである。その起筆の年は、元寇の終熄した十年目に当っている。しかし全十六巻中、第五巻から十二巻までの八巻は、託宣の編年を整理し、その十二巻の巻末には自らの「託宣」受託の事まで記している。それによると、著者の神吽は、文永十一年の三月八日弥勒寺に参籠、十三日の寅の刻に「神力に依って眠る」と、夢うつつの状態のなかで、法蓮〈初代別当〉が現われ、「無上の道心を発《おこ》すべし」「大菩薩の御教言なり」と勅をする。文永の役の発《おこ》る直前のことであった。しかして建治二年（一二七三）閏三月十七日にも神前にて高僧（法蓮）を通して神託を受けたのである。そのときから史料の収集が始められたと推される。したがって本書の中心は、まずは当八巻にあったにちがいない。が、それは元寇の乱の前後である。そこに元寇にふれる記事は見出せないが、その主題は「異国降伏」にあったにちがいない。ちなみに本書は巻一〈御因位部〉、巻二〈三国御修行部〉、巻三〈序並に日本国御遊化部〉を第一部として、八幡神の誕生、修行、示現を叙するものであるが、その冒頭は、神功皇后の新羅征伐をあげるのである。しかして巻四から巻十四までが第二部として、八幡祭祀の各社殿における御神託の数々をあげ、八幡神の霊異を明らかにする。しかして巻十五、巻十六は第三部として、〈異国降伏事〉と題しており、巻十五においては、神々、諸天皇、諸将軍の異国征伐をあげ、巻十六においては、隼人鎮圧から放生会の由来、さらに敵国降伏的な八幡神の霊異に及んで終わっているのである。

『八幡愚童訓』の「異国降伏」

次に『八幡愚童訓』〈甲本〉をみる。これは、蒙古襲来を具体的に叙している。すなわちその上巻は、はじめに異国からの襲来の沿革をあげ、神功皇后の三韓征討の物語を詳しく述べる。ついで文永の役となる。まず蒙古牒状を掲げ、石清水における怪異の出現と内裏焼失、それに対する祈謝宣命をあげる。次いで対馬・壱岐における戦闘と九州の軍勢と蒙古軍との決戦、菊地・小弐などの奮戦、水城への退却、筥崎宮の神体の移転などを叙している。その下巻は、蒙古船の一斉退却をあげ筥崎宮の故事・風光を叙し、敵の退却が筥崎宮を舞台とした大菩薩の霊威の発動によると説く。次いで弘安の役の状況を述べる。まず参戦の兵卒たち、草野・河野らのめざましい活躍をあげ、石清水における異国降伏のための盛大な法会を語る。特にその法会における思円上人（叡尊）の修法と弁説のみごとさをあげ、御宝殿よりの一声鳴るという奇瑞が現われ、まもなく大風が吹いて九州から蒙古軍が退却したとの知らせが届く。これは思円上人の法味によって八幡大菩薩が大風を吹かせて異賊を退散せしめ給うとの託宣があったとする。弘安四年八月十一日、異国降伏の御悦びに、石清水の御幸あり、思円上人を導師として結願の大法会が営まれ、このたびの八幡大菩薩の神力による蒙古退散は、上人の祈祷によるものと賞せられたという。以下、異国退散における八幡の霊験の先例をあげ、それが朝敵退散にも及んだ事例をあげて終わる。それは叡尊称揚の片寄りはあるが、主題が八幡神の「異国降伏」にあることは明らかである。

『八幡御縁起』絵巻の「異国降伏」

最後に『八幡大菩薩御縁起』絵巻をみてみよう。今はその本文をみると、右の二書とはやや違った叙述がみえる。それは、序として

夫レ我朝秋津嶋豊葦原中津国ハ、天神七代地神五代、已上十二代ハ皆神ノ御代、彼地神第五帝彦波瀲武鸕草葺不合尊ノ第二御子、神武天王ト申ハ人代ノ始ナリ。

と叙す。しかもその結びは、

抑八幡三所権現ハ、中御前御垂跡、本地ハ是大日本国人皇第十六代誉田天皇ノ御霊、当初ノ宝号ハ広幡ノ八幡大神ナリ。（中略）本地ハ阿弥陀如来。中御前ノ御垂迹ハ、人皇第一代ノ神日本磐余彦《ヤマトハカシヒコノ》天皇ノ御母、玉依姫ノ（尊ナリ。本地ハ大勢至菩薩。東御前ハ御垂跡ハ人皇第十五代気長足姫《イキナカタラヒメ》ノ）天皇開花天皇ノ五世ノ孫、仲哀天皇ノ后、誉

神功皇后、新羅を攻める
（新修・絵巻物全集『八幡縁起』角川書店より転載）

田天皇ノ御母、神宮皇后、本地ハ観世音菩薩。（中略）武内ノ本地ハ阿弥陀仏、因幡国上宮ハ武内本社也。（中略）其ノフタノ銘ニハ、法蔵比丘豈異人者ナリ、阿弥陀如来即チ是ナリ。

とある。すなわちこれは、『神道集』所収の垂跡縁起などに準ずる叙述の構成によっている。しかしその本文は、これまでの「八幡縁起」により、それに箱崎八幡宮の由来を添えた叙述をもっている。その叙述の要旨を先にあげた宮次男氏の「八幡縁起絵巻」（解説）においては、次のように箇条書きで紹介されている（サンフランシスコ・アジア美術館蔵本）。

第一段　神功皇后、（三韓征罰）出発、翁姿の住吉明神に出会う。（詞なし）

第二段　備前の泊りで、住吉明神、牛を海中に投げ込む。

（絵）

第三段　(1)門司関の大江崎で住吉明神、浅瀬の船を沖に押し出す。(2)舟木山の木で船を造る。(3)住吉明神、大岩を弓で射通す。（絵）

第四段　香椎の浜で、住吉明神がせいのうの舞を舞い、安曇

の磯童を召し寄せる。（絵）
第五段　⑴磯童、旱満の二珠を龍宮から借りて来る。⑵皇后、対馬において白石で腹を冷やし出産をのばす。⑶旱満二種を用いて異国の軍勢を征圧する。（絵）
第六段　⑴異国の王、皇后に降伏す。⑵皇后、凱旋し、筑前で産屋を造り、応神天皇を出産す。⑶皇后は都へ向い、皇子は武内宿弥と紀伊に上陸。
第七段　⑴応神天皇即位、出家。⑵廻国、飯岡山に鎮座。（絵）
第八段　⑴神功皇后即位。⑵応神天皇譲位、⑶戒定恵の箱を埋める。⑷石躰権現、金鷹として現わる。⑸八幡、社に降る。（絵）
第九段　⑴蓮台寺山に鍛冶の翁として現わる。⑵三歳の小児になり、託宣。（絵）
第十段　和気清麻呂、宇佐八幡の神託を受く。
第十一段　⑴八幡神、物言うことを止む。⑵行教、石清水に八幡神を移す。（絵）
第十二段　太宰大弐平時平、箱崎八幡宮を造営す。

すなわち、第一段から第七段までは、神功皇后の「異国降伏」である。それは『八幡御託宣集』巻一の冒頭部における皇后の「新羅征伐」に準じており、『八幡愚童訓』甲本・上巻冒頭における皇后の「異国征伐」の叙述を引き継ぐものである。続く第七段から第十二段までは、すでに論じたごとく、宇佐八幡の草創縁起を引用し、およそは『八幡愚童訓』乙本の叙述によりながら、箱崎八幡宮の縁起に仕立てたものと言える。右のごとくこの縁起は、石清水八幡宮の有力な末社であった博多の箱崎八幡宮の由来を叙するものである。が、その主題は、『八幡御託宣集』『八幡愚童訓』に準じて、「異国降伏」にあったと言える。ただしその叙述の構造は、本地垂跡思想にもとづき、八幡垂迹縁起と仕立てているところは、「百合若大臣」の原拠に近いとも言える。

『百合若大臣』の「異国降伏」

さてそれならば、「百合若大臣」の主題はいかがであろうか。たしかにこの物語は、百合若大臣の異国（蒙古《むくり》）退治を叙するものである。すなわち幸若舞曲の『百合若大臣』によると、まず観音の申し子として誕生した百合若殿を紹介した後、それは次のように叙される。

そも我朝と申は、国常立尊よりも始め、さて伊弉諾と伊弉冊とて、彼国に天降り、二はしらの神と成て、第一に日をうみ給ふ。伊勢の神明にて御座有。其次に月をうむ。高野のにうの御神、月よみみこ是なり。其次に海をうむ。摂津の国に立給ふ。蛭子尊恵美須三郎殿にておはします。其次に神を産。出雲の国素盞烏は大社にておはします。（中略）そも我朝と申は、欲界よりはまさしく、魔王の国と有へきを、じんみつからひらき、仏法鍛地の国となす。大魔王たけじざい天に腰をかけ種々の方便めぐらして、如何もして我朝を魔王の国となさんと工むによりて、則天下に不思議おほかりき。

（毛利家本）

そも我が朝《てう》と申は、国常より始めて、さて伊弉諾《いざなぎ》と伊弉冉《いざなみ》は、彼国《かのくに》に天降り、二柱の神と成て、第一に日を産み給ふ。伊勢の神明にて御座《ござ》ある。その次に月を産む。高野の丹生《にう》の明神月読の御子、これなり。その次に海を産む。摂津の国に御立ちある蛭子の宮、夷《えびす》三郎殿にておはします。その次に神を産む。出雲の国素戔嗚《すさのお》は、大社《おほやしろ》にておはします。（中略）そも我朝と申は、欲界よりまさしく魔王の国となるべきを、神自ら開き、仏法護持の国となす。大魔王、他化自在天に腰を掛け、種々の方便をめぐらして、いかにもして我朝を魔王の国となさんと巧《たく》むによりて、則《すなはち》天下に不思議多かりき。

（『舞の本』）

それは、いわゆる「日本紀注」ふうの中世神道説により、その第六天魔王の巧みによって蒙古《むくり》襲来は起こったとする。さらに次のように続ける。

此度のふしぎには、むこくのむくりが蜂起し、責入とこそ聞へけれ。国に有会弓取達、防き戦ひけれ共、彼等か放す毒の矢は、降春さめの如くにて、四方鉄砲放しかけ、天地を動し責けれは、叶ふへきやうあらすして、皆中国さして引退く。（毛利家本）

此度の不思議には、む国の蒙古《むくり》が蜂起して四万艘の船どもに、多くの蒙古《むくり》取り乗り、りやうさう（綾糟）とくわすい（魁帥）、飛ぶ雲と走る雲、彼四人が大将にて、筑紫の博多に船を寄せ、攻め入《いる》とこそ聞えけれ。国に有《あり》あふ弓取、防ぎ戦ひけれども、彼らが放つ毒矢は、降る春雨のごとくにて、四方に鉄砲《てつぽう》放ちかけ、天地を動かし攻め入れば、叶ふべきやうあらずして、みな中国さして引き退く。（『舞の本』）

蒙古軍の勢いは、想像を絶するもので、これを防ぐわが国の武士たちは忽ちに退却を余儀なくされたという。かくして登場するのが、百合若大臣で、みごとに蒙古の大軍を追伐するのである。それならば、この物語の主題は、先の「八幡縁起」に準じて「異国降伏」とすべきであろうか。しかしこの物語の叙述の眼目は、むしろその後の思いがけぬ苦難――家臣の裏切りによって絶海の孤島にひとり残されるという――それの克服にある。つまりこの物語は百合若大臣が、苦難克服の果てに、八幡神に祀られたと説くものであったと推される。それは神功皇后でもなく応神天皇でもない。百合若大臣という英雄が、やがて八幡神に誕生したという八幡の中世神話と称すべきものである。しかしそれは「異国征伐」を含んだ百合若の苦難克服のめでたさを主題とするものと言うべきであろう。

さて本稿は、八幡大菩薩の示現を語る草創縁起、さらに「異国降伏」を主題とする八幡諸縁起を通して、そこに

「百合若大臣」の原風景を求めたものである。しかしてそれが、先行の八幡縁起を踏まえながら、本地垂迹・和光同塵思想のなかで、新しい八幡縁起（中世神話）なる「百合若大臣物語」を成立せしめたと想定するのである。そしてそのなかから、幸若舞曲・説経節・古浄瑠璃・神楽の祈祷祭文などの「百合若大臣」が展開したと推察する。それは、次の「百合若大臣への招待」における「日本の「百合若大臣―幸若・説経・古浄瑠璃―」で考察することとしている。

一方、この「百合若大臣」は、韓国・中国からユーラシアにおける英雄叙事譚のなかで考察されなければなるまい。本書は、それをもめざすものでもある。

主な参考文献

柳田国男『海南小記』（大岡山書店、一九二五年）（『定本柳田国男集』第一巻、筑摩書房、一九六三年）
柳田国男『一目小僧その他』（小山書店、一九三四年）（『定本柳田国男集』第五巻、筑摩書房、一九六二年）
松本信広『日本の神話』（至文堂、一九五六年）
百田弥栄子『中国の伝承曼陀羅』（三弥井書店、一九九九年）
中野幡能『八幡信仰史の研究』〔増補版〕上巻・下巻（吉川弘文館、一九七五年）
村山修一『本地垂跡』（吉川弘文館、一九七四年）
谷川健一『青銅の神の足跡』（集英社、一九七九年）
谷川健一『白鳥伝説』（集英社、一九八五年）
谷川健一『四天王寺の鷹』（河出書房新社、二〇〇六年）
大和岩雄『秦氏の研究』（大和書房、一九九三年）
大和岩雄『日本にあった朝鮮王国』（白水社、二〇〇九年）
逵　日出典『八幡宮寺成立史の研究』（続群書類従完成会、二〇〇三年）
東　潮『倭と加耶の国際環境』（吉川弘文館、二〇〇六年）

朴　天秀『加耶と倭』（講談社、二〇〇七年）
鈴木靖民『倭国史の展開と東アジア』（岩波書店、二〇一二年）
網野善彦『蒙古襲来』（『日本の歴史』第10巻、小学館、一九七四年）
森　浩一・編『稲と鉄』（『日本民俗文化大系』8、小学館、一九八三年）
中野幡能・編『八幡信仰』（『民衆宗教史叢書』2、雄山閣、一九八三年）
中野幡能・編『八幡信仰事典』（戎光祥出版、二〇〇二年）
福田　晃「中世文学と古代文学――「中世神話論」をめぐって――」（『古代文学講座』第一巻『古代文学とは何か』勉誠社、一九九三年）（『神話の中世』三弥井書店、一九九七年）
福田　晃「『二荒山縁起』成立考――放鷹文化とかかわって――」（『唱導文学研究』第八集、三弥井書店、二〇一一年）
福田　晃「白鳥・鷹と鍛冶――二荒山縁起の「朝日の里」を尋ねる――」（『立命館文学』第六三八号、二〇一四年七月）
阿部泰郎「八幡縁起と中世日本紀――『百合若大臣』の世界から――」（右掲書『八幡信仰事典』所収）
宮　次男「八幡縁起絵巻」（『新修・日本絵巻物語集』別巻2、角川書店、一九八一年）
宮　次男「八幡大菩薩御縁起と八幡宮縁起」（右掲書「八幡信仰事典」所収）
熊谷隆之「モンゴル襲来と鎌倉幕府」（岩波講座『日本歴史』第7巻〔中世2〕、岩波書店、二〇一四年）
日本歴史地名大系41『福岡県の地名』（平凡社、二〇〇四年）
日本歴史地名大系45『大分県の地名』（平凡社、一九九五年）
『大分県立歴史博物館〔総合案内〕』（大分県立歴史博物館、二〇〇〇年）
『宇佐八幡宮弥勒寺建立縁起』（神道大系、神社編・四七『宇佐』神道大系編纂会、一九八九年）
『扶桑略記』（新訂増補、国史大系、第12巻、吉川弘文館、二〇〇七年）
『東大寺要録』（国書刊行会、一九七一年）

『八幡宇佐宮御託宣集』（右掲、神道大系『宇佐』）
『八幡愚童訓』（日本思想大系20『寺社縁起』岩波書店、一九七五年）
『神道集』（神道大系・文学編一、神道大系編纂会、一九八八）
『宇佐八幡宮縁起』（右掲、神道大系『宇佐』）
『八幡大菩薩御縁起（絵巻）』（新修・日本絵巻物全集・別巻2　角川書店、一九八一年）
『蒙古襲来絵詞』（新修・日本絵巻物全集・10、角川書店、一九七五年）
『大宰府管内志』（日本歴史地理学会、一九〇九年）（文献出版、一九八九年）
『香春社縁起』（『古宮八幡宮と宇佐神宮の御鏡』、御神鏡奉納保存会、一九七八年）
『彦山流記』〔元亀三年（一五七九）〕（五来重編、山岳宗教史研究叢書18『修験道史料集』Ⅱ、名著出版、一九八四）
『諸国鍛冶寄』（続群書類従、第三十二輯上、続群書類従完成会、一九二六年）
『毛利家本・舞の本』（横山重・村上学・編）（角川書店、一九八〇年）
『幸若舞曲（舞の本）』〔麻原美子・北原保雄校注〕（新日本古典文学大系59、岩波書店、一九九四年）

「百合若大臣」への招待

日本の「百合若大臣」
——幸若・説経・古浄瑠璃——

福田晃

はじめに

幸若舞曲の分類

およそ幸若舞曲（舞の本）は、総じて五十番余があげられるが、その分類については、はやく昭和二年の新潮社『日本文学講座』の「幸若舞曲研究」において、高野辰之氏が、次のように示されている。

〈平治物〉（右大将物）　鎌田・伊吹・伏見常盤・常盤問答・夢合・馬揃・浜出
〈平曲物〉硫黄が島・文覚・木曽願書・敦盛・那須与市・築島・景清
〈判官物〉伏見落（伏見常盤）・常盤問答（山中常盤）・笛の巻・未来記・鞍馬出（東下り）・烏帽子折・腰越・堀河夜討・四国落・静・富樫（安宅）・笈捜し・八島・清重・和泉が城・高館
〈曽我物〉切兼曽我・元服曽我・和田酒盛・小袖曽我・剣讃歎・夜討曽我
〈太平記物〉新曲
〈特有物〉入鹿・大職冠・百合若大臣・信田・満仲・日本記・張良

この分類は、「山中常盤」を「常盤問答」の別名とするなどの誤りがあるが、まずは全体の分類をはじめて試みたものとして注目される。特に最後に「百合若大臣」を含む七番を〈特有物〉として添えられるが、高野氏によれば、それ以前の〈平治物〉から〈太平記物〉が幸若舞曲の本流に属するものということになる。

これに対して、はやくより幸若舞曲の諸本の収集につとめられた笹野堅氏は、昭和十八年に『幸若舞曲集』〔序説〕と同〔本文〕とを上梓されたが、その本文編の配列は、「大体詩材の年代により、その性質によって、（1）王代の史伝に取材したもの、（2）源平両氏に関する史伝に取材したもの、（3）義経に関する史伝に取材したもの、（4）曽我兄弟に関する史伝に取材したもの、（5）それら以外の特殊な取材のもの並に新作ものの順序をとった」とされる。その本文編の掲載を繁をいとわずあげると、次のようになる。

（1）〈王代物〉日本記・いるか・たいしょくくわむ・大臣・信太・満仲

（2）〈源平物〉鎌田・いふき・伏見常盤・築島・硫黄之嶋・文学・夢あはせ・馬揃・木曽願書・敦盛・なすの与市・景清附籠破・はま出・九けつのかい

（3）〈判官物〉常盤問答・笛巻・未来記・くらま出・烏帽子折・山中常盤・靡常盤・腰越・ほり川・四国落・しつか・とかし・笈さかし・屋嶋軍・岡山・和泉が城・清重・高館・含状

（4）〈曽我物〉一満箱王・元服曽我・和田宴・小袖乞・つるき讃談・夜討曽我・十番斬

（5）〈特殊・新作物〉張良・新曲・三木・本能寺

この本文編は、諸本のなかから精選し、その原文を忠実に翻刻されたものとして注目されるが、その分類・配列も穏当なものと言える。しかもわたくしが注目するのは、先の高野氏の分類が、最後に〈特有物〉としてあげられた多くを、冒頭に〈王代物〉としてあげておられることである。すなわちそこには、高野氏と違って、〈王代物〉重視の分類、・配列の姿勢がうかがうのである。

さて、この幸若舞曲の分類案については、近年、北川忠彦氏が、「舞曲の曲目と分類」（「幸若舞曲研究」第八巻）において、やや詳しくその後の経過を紹介されているので、今はあらためてあげない。ただ右の〈特有物〉〈王代物〉について麻原美子氏は、〈軍記物系〉に対する〈説話・物語系〉をあげて、日本記・張良・入鹿・大職冠・百合若大臣・信太・満仲を示されている。また村上学氏は、あえて〈祝言用競曲・物尽し〉に、日本記・浜出・九穴の貝・馬揃・夢合・都入をあげ、〈古代説話〉として入鹿・大職冠・百合若大臣を示されている。それなりに腐心された分類案と言える。

ところで、これらの分類案は、必ずしもその曲目の成立時期にふれるものではないが、室木弥太郎氏の『語り物（舞・説経・古浄瑠璃）の研究』に連動して、中世後期の語り物の考察を進められた荒木繁氏は、「幸若舞曲論ノート――曲舞の語り物と幸若舞――」（『語り物と近世の劇文学』）において、軍記物語系の曲目に対して、「信田」「百合若」などを中心に唱導系をあげ、その唱導系の曲目が、幸若太夫の「舞曲」に先行して各地の唱門師たちによって演じられてきたことを説かれた。その唱導系の曲目として具体的にあげられるのは、「満仲」「築島」「信田」「景清」「大職冠」などである。そして、この荒木氏の唱導系の曲目の指摘にしたがうと、先の笹野氏の分類案の〈王代物〉の曲目は、「日本記」を除いて「いるか」から「満仲」までは、唱導系に属することになり注目されるであろう。そしてそのなかに、「百合若大臣」の含まれていることを今は注目しておきたい。

幸若舞曲の生成

麻原美子氏は、大著『幸若舞曲考』のなかの、第一章・幸若舞曲の芸脈において、これまでの研究史に沿いながら、

「白拍子舞」から「曲舞の成立」を説かれ、その曲舞から「幸若舞の成立」を明らめられた。きわめて精力的な考察であり、たいへんに説得力のある叙述であれば、今日そのいちいちを論評することはしない。

しかるに山路興造氏は、「中世芸能の変質――「道」の芸能から「手」の芸能者へ――」(「芸能史研究」90号)において、右の麻原氏の曲舞から幸若舞の成立を批判して、曲舞は専門の徒の「道」の芸能に属するもので、後の唱門師たちなどの「手」の芸能には直接つながらないと説かれた。つまり「道の芸能」であり、「国の芸能」でもある曲舞は、世阿弥がいうごとく室町初期には既に大部分が絶えたのであり、これに対する散所民なる唱門師の芸能は、キヨメを本業とする彼等が、季節ごとの千秋万歳などを演じ、やがて猿楽や曲舞などをとり込むこととなったもので、専門的な「道の芸能」に対する素人的「手の芸能」として判別すべきものと言われる。しかもその「唱門師が曲舞を演じるのは中央より地方の方が熱心」で、応永三十年(一四二三)には、京都の近郷の唱門師たちが、六角堂をはじめとする京の各寺社において、「クセ舞」を共演している。このように諸国の唱門師が「舞々」と称され、しばしば京洛などの寺社において勧進興行を営んでいたという。そしてその「諸国の舞々」のなかで、越前の舞々が新しい曲舞を誕生させたとある。

きわめて注目すべき論考で、山路興造氏はその後、「被差別芸能の変遷」(『芸能史研究』98号)「舞々考――地方の舞々を中心に――」(『芸能史研究』141号)において、右の論考を補っておられる。そこで、この山路氏の論考によって、先にあげた荒木繁氏の唱導的曲目、つまり〈王代物〉唱導系の曲目の多くは、この散所民なる唱門師の「手の芸能」のなかで育成されたことになるであろう。そしてそれは、やがて散所民の説経へとつながることになると推される。

幸若舞曲「百合若大臣」の成立

さて川崎剛志は、「曲舞と幸若大夫」（『幸若舞曲研究』第七巻）において、天文年間以前の唱門師なる舞々が語っていた曲目を想定する方法として、舞々としては抜群な格を備えていた幸若大夫の嘉吉二年（一四四二）以来の上演記録を通覧し、「応仁の乱勃発期から曲舞の徒は、武家や公家の興亡に取材した曲を語って」いたと論じられた。それは永正四年（一五〇八）の奥書をもつ『旅宿問答』の多武峯の源瑜僧正が保元平治の争いに取材した双紙に、因縁舞上手の久児丸が曲節を付け語り始めたとする説、また寛正二年（一四六一）から応仁元年（一四六八）の間に成立されたと推される『自戒集』の「後深草院ノ御代ニ時人唱門士ニ命シテ史ヲヨマシム宣旨ナリクタレハ人コレヲ口宣舞ト云」説を踏まえてのことであり、幸若太夫が京の貴族邸にて、あるいは京洛や南都の寺社の勧進興行において、格別な芸能者として遇せられていたことから、その曲目はまず幸若太夫の手にかかり、それが他の舞々の徒が追随して語り、その「傾向が京のなかで広がり、定着することにより、演目の共有化が進められた」と説かれる。

きわめて注目すべき論考である。が、その「武家や公家の興亡に取材した曲」とは、幸若舞曲のどれに引き継がれたかが問題である。それについては、はやく指摘された『鹿苑日録』の明応八年（一四九九）二月二十九日の条に「摂州優者両人来、演二多田満仲并奥州佐藤兄弟事一。恵二三百銭二百扇一」が知られるのみである。勿論、蓋然性として、川崎氏説は肯定できる。また幸若太夫の抜群の力倆も理解される。そしてそれは、「双紙」にもとづくとは言え、「曲目」（上演台本）の制作にも大いに示されたものと推される。今日の「幸若舞曲」の台本には並々ならぬ改作力・創作力を認めなければなるまい。そのなかに唱導系の曲目、「王代物」の「百合若大臣」のあったことが思われる。
ちなみに小林健二氏は「『山鹿物語』と舞曲「信夫」「百合若大臣」――説話モチーフの共有性を構造の比較の考察――」（『説話の講座』2）において、「『山鹿物語』や「信太」「百合若大臣」のように地方を舞台とした同類の物語が、舞曲など様式化される以前に」「生な形の語り物として多く語られていたのであろう」と論じられている。『山鹿物語』と「信太」「百合若大臣」などの共通モチーフ・類型表現から構造上の一致に及んだ結論である。きわめて注目すべき考察である。

幸若舞曲「百合若大臣」の上演

さて幸若「百合若大臣」の本文をしのばせる詞章が、永正十一年（一五一四）の奥書をもつ『雲玉和歌抄』にみえる。四七九の「陸にたに君ししつめは天かけるみとりも浪の淡ときゆめり」の詞書に

　百合草大臣嶋にすてられておはしけるにみとり丸といふ鷹御夢にみえし

とある。その奥書が信じ得れば、すでに当代には「百合若大臣」の本文が世に知られておりそれが幸若太夫によって演じられていた可能性もあると言える。しかしてそれより二十年後の天文六年（一五三七）頃の成立かとされる『東勝寺鼡物語』には、「ユリワカダイシン」の曲名が見える。またその幸若「百合若大臣」の上演記録を市古貞次氏の「幸若舞、曲舞年表」（『中世小説とその周辺』）によってみると、次の二例が見出せる。

・天文二十年（一五五一）

　正月五日、自禁裏千秋万歳に可参由有之間、午時参内。……今日北畠之千秋万歳参曲舞、和田酒盛、次こし越、次にゆり若少等也。（『言継卿記』）

・天文二十三年（一五五四）

　四月十一日　久世舞幸若大夫昭護寺下也六十近者也来。舞度之由内々望之頼資披露之間、即於亭令舞之。頼若太郎、たかだち、景清上　、新曲、こしごえ以上五番也。座敷七人也。音曲面白相聞也。……大夫二三百疋、同子悉皆脇ヲスル百疋、座者六人

中三百疋遣之。　　　　　　　　　　　　　　　　　　　（『証如上人日記』）

前者は京の北畠の千秋万才、つまり北畠散所の唱門師が曲舞を三番演じ、そのなかに「ゆり若少」（百合若大臣）があったとする。後者は、越前の幸若大夫のことで、すでに「六十近者」とある。五番を舞い、その最初に「頼若太郎」（百合若大臣）を演じる。演者一行は父の幸若大夫と脇をつとめる息男、そして座者六人であったとする。

右によると、「百合若大臣」はあまり人気がなかった曲目かと言えばそうではあるまい。ちなみに、横山重・村上学両氏編の『毛利家本・舞の本』に添えられた「現存確認されている揃物の曲名一覧」によると、「百合若大臣」は、越前幸若系の⑴毛利毛本⑵内閣文庫本⑶越前本⑷大道寺本⑸東大本⑼伝小八郎本、また大頭系の⑽左兵衛本⑾上山系久本⒁秋月本・寛永絵入整版⒄慶大本⒅霞亭文庫本⒇世六番本、そして十行古活字版に含まれている。大曲であり、上演には相当の時間を要したものと思われる。が、室町末期から江戸初期において、それなりの人気を博して、盛んに上演されていたと推されるのである。

幸若舞曲「百合若大臣」その後

幸若舞曲の盛行は、室町中期から江戸初期に及ぶのであり、それに代るようにして登場するのがサヽラ説経から発展した説経浄瑠璃であった。新しい音曲（三味線）と繰人形を伴う説経節は、江戸初期、慶長から寛永・万治・寛文（一六六一～一六七三）頃に最盛期を迎える。そのなかで幸若舞曲「百合若大臣」によった曲目も上演されており、その正本としては、京都・四条磧の日暮小太夫の「ゆりわか大じん」（八文字屋八左衛門版）、江戸の天満八太夫のものと推される「ゆり若大じん」（うろこがたや孫兵衛版）があり、はやく横山重氏の『説経正本集』（第二・第三）に、その本文が紹介されている。

一方、浄瑠璃姫と牛若丸の恋物語を語る「浄瑠璃十二段草子」は、文明六年（一四六四）にはすでに語り物として語られ、その曲節から生まれた浄瑠璃節は、伴奏楽器を琵琶から三味線にかえ、それに繰人形を加えた人形浄瑠璃として展開した。そしてこれも江戸初期には隆盛をみせはじめ、万治から延宝・天和に至る約三十年（一六五八～一六八四）に大盛況を迎える。古浄瑠璃全盛時代である。そしてその演目のなかには、上方の井上播磨掾の「百合麿」、同じく山本土佐掾（角太夫）の「動稚高麗責《ゆりわか》」がある。いずれも幸若舞曲「百合若大臣」にもとづくものである。後者の「動稚高麗責」の初演は元禄六年（一六九三）に、京の山本土佐掾座におけるものであったが、元禄十三年（一七〇〇）には大阪の竹島座で「今用百合若」、同じくの亀屋座で「百合若唐船」が上演されており、まさに元禄時代は「百合若ばやり」となったと言われる。

江戸時代の人形浄瑠璃は、井上播磨掾の後に襲うようにして登場した竹本義太夫によって大成期を迎えた。その竹本座の座附作者となった近松門左衛門には、正徳二年（一七一二）初秋以前（推定）上演の『百合若大臣野守鏡』がある。古浄瑠璃の六段物（後に上方は五段となる）の「百合若大臣」に準じて、幸若舞曲「百合若大臣」にもとづくものであるが、それは五段仕立てで、いちだん変化の富んだ内容となっている。この「百合若大臣野守鏡」を改作したのが、寛保二年（一七四二）三月、豊竹座初演の「百合稚高麗軍記」である。為永太郎兵衛作である。

以上が幸若以来の「百合若大臣」上演の概況であるが、それはそれぞれのジャンルの盛行期のものである。しかしそれぞれのジャンルは盛行期を過ぎても各自、その語りは生き続けていたのである。たとえば幸若についても、盛行期の室町・江戸初期のみならず、それ以降も、その「舞々」の活動は盛んで、各地に及んでおり、それは近代にまで続いている。あるいはそれは説経節にも古浄瑠璃にも言えることである。つまり新浄瑠璃の時代を迎えても、先行の幸若舞曲・説経節・古浄瑠璃は、しぶとく生き続けていたのである。「百合若大臣」の伝承世界は、そのような複合した語りのなかにあったと言わねばならないのである。

① コトバ

② ツメ

③ フシ

幸若保存会「大江の幸若舞」より転載

一　幸若舞曲の「百合若大臣」

幸若の叙述本文

およそ幸若舞曲は、舞と語りによって演じられ、鼓のハヤシによって進行する。そしてその「百合若大臣」の語りは、まずは次のようにはじめられる。

抑昔《そもそも》我朝に、嵯峨の帝の御時、左大臣公光《きんみつ》と申て、其比双ひなき賢人一人おはします。然に彼きんみつに御代を継へき御子なし。角ていかゝ有へきとて、大和国に聞へたる泊瀬の寺に詣して、悲願つきせぬ観音の利生をあふき、三十三度のあゆみをかけ、申し子こそし給ひけれ。（毛利家本）

抑むかし我朝《てう》に、嵯峨の帝の御時《とき》、左大臣きんみつと申し、並《なら》びなき臣下一人おはします。しかれ共、きんみつに御代を継ぐべき御子なし。かくてはいかゞ有べきと、大和《やまと》の国初瀬の寺《てら》に詣《まふ》でして、悲願《ひぐわん》尽きせぬ観音の利生《りしやう》を仰《あふ》ぎ、三十三度の歩《あゆ》みを運《はこ》び、申子をこそし給《たま》ひけれ。（舞の本）

次に、その叙述内容（梗概）をあげるが、それは英雄物語の一つであれば、その基本構成は、〈英雄の誕生〉〈英雄の婚姻〉〈英雄の活躍〉〈英雄の苦難〉〈英雄の苦難克服〉〈英雄の報復〉〈英雄の栄華〉〈神明示現〉のモチーフに沿って紹介することとする。

序・大臣の誕生

嵯峨帝の時代、左大臣公光公には、御代を継ぐべき御子がなく、大和国泊瀬寺の観音に申し子の祈願をなさる。その甲斐あって、ほどなく男子が誕生する。夏の半ばのことなれば、花にふまえて育てよとの観音のことばに従

い、百合若殿と名付けられる。〈申し子誕生〉

Ⅰ、大臣の婚姻

百合若殿は七歳の御袴着、十三歳の初冠にて四位少将に任じられる。十七歳にて右大臣に昇進、百合若大臣と称され、三条壬生の大納言顕時《あきとき》卿の姫君を御台所として迎えられる。〈顕時卿の姫君・婚姻〉

Ⅱ、大臣の蒙古《むくり》退治

(1) たまたま欲界の大魔王の企みにより、蒙古《むくり》の大軍が、筑紫の国に押し寄せ、我が国は危うくなる。時に内侍所の託宣により、大臣に蒙古退治の勅定がくだる。〈蒙古退治の勅定〉

(2) 大臣は、鍛冶の上手に鉄《くろがね》の弓矢を作らせ、一騎当千の兵を率い、弘仁七年二月八日に都を立つ。その軍勢は百万余騎に及ぶ。また日本の神たちは、わが国を守らんと、神風を吹かせなさる。そこで筑紫に陣を取る蒙古の軍勢は、一旦、蒙古国へ引きあげる。〈鉄の弓矢、蒙古の退却〉

(3) 大臣は、このたびの勧賞として筑紫の国司に任ぜられる。国の守りのため在国せよと勅使があり、大臣は御台所を引き具して、筑紫に下り豊後の国府に都を立て住みなさる。〈豊後国府着任〉

(4) 再び蒙古退治の勅使を承り、大臣は筑紫より八万艘を率いて出航、唐と日本の潮境、千倉の沖において、四万艘の蒙古《むくり》の勢と決戦を交える。蒙古の大将りやうさう・くわすいは、霧降らせの術で百日百夜霧を降らせる。それを伊勢の嵐が追い払う。大臣は十八人を引き具して迫め立て、鉄《くろがね》の弓矢をもって敵将軍を討ち果し、蒙古軍を敗退させる。〈蒙古撃退〉

Ⅲ、大臣の苦難

(1) 大臣は、疲れた身体を休めるため、玄海の小島に舟より降り、三日三晩まどろみなさる。〈玄海島の休眠〉

(2)　重臣の別府兄弟は、大臣の勲功を横取りせんとはかる。弟は大臣を殺せと迫るが兄はそれを押し留め、ともども眠る大臣を島に置き去りにして舟を出す。〈別府兄弟の裏切り〉

(3)　やがて大臣は目を醒まし、別府の船を追うが果せず、悲しみのうちに独り島で過ごす。〈大臣の孤島滞留〉

(4)　別府兄弟は豊後の国府に参り、大臣が蒙古の将軍ともどもに海底に沈んで亡くなられた由を御台所へ伝え、遺品として、鎧と御剣を渡す。御台所はそれを疑い拷問してでも尋ねたいと思うが、女の身とてそれもならず、ひたすら嘆き悲しむ。〈別府の豊後帰着〉

(5)　やがて別府兄弟は、都に上り、蒙古退治を奏上する。大臣帰朝なれば、日本国の将軍にするはずであったとて、兄弟には筑紫の国司の任を与えられ、大臣の供養を命じられる。〈別府の蒙古退治報告〉

Ⅳ、大臣の苦難克服㈠

(1)　別府兄弟は、天下一の美人である大臣の御台所に懸想して文を送る。御台所は乳母の女房のはからいで、宇佐の宮への大願が終わるまで待たれよと答える。〈別府の横恋慕〉

(2)　豊後の国府にある御台所は、かねて大臣が寵愛なさっていた大鷹の緑丸を天に放すと、緑丸は大臣のおられる玄海島に飛び着く。大臣は喜んで、指を食い切り、楢の柏葉に文を書き緑丸の鈴に付け、虚空に放つ。〈愛鷹の文使い〉

(3)　緑丸は三日三夜かかって豊後の御所に参る。御台所は喜んで、女房たちともども文を書き、文に硯、墨、筆を添えて緑丸を放つ。緑丸は、その重みに耐えかねて、大臣の待つ小島の海岸に流れ着く。大臣は、緑丸のむくろを抱いて嘆き悲しむ。〈愛鷹の横死〉

(4)　豊後の国府にある御台所は、宇佐の宮に詣で、七日籠りの願書を書き、大臣帰朝の祈願を尽くす。

〈御台所の宇佐宮祈願〉

(5) たまたま壱岐の釣り人が、玄海島に流れ着き、変り果てた大臣を発見する。大臣は、先の蒙古退治の折、船に乗り遅れた者と語って助けを求める。壱岐の釣り人が大臣を船に乗せると、日本の仏神から上界・下界の竜神まで、帆先に立って船を進め、夜日三日で筑紫の博多に着く。

〈壱岐の釣人の大臣救助〉

Ⅴ、大臣の苦難克服㈡

(1) 釣人の要求で、大臣はならわぬ業を強いられる。別府はこれを聞き、苔丸と化した大臣を屋形に召し留め、かつて大臣に仕えていた門脇の翁に預ける。門脇の翁は、それがかつての主君とは知らぬまま、大臣を養う。

〈門脇の翁、苔丸養育〉

(2) 門脇の翁は、祖母の寝物語に、甥の忠太より御台所が別府に靡かぬ故にまんのふが池に柴漬けになる由を聞き、御台所の同年である娘を説得して、身替りとしてまんのふが池に沈めたと語って聞かせる。大臣、苔丸は、これを立聞き、やる方ない思いで、時節の到来を待つ。

〈門脇の娘の身替り〉

Ⅵ、大臣の報復

(1) 次の年の始め、九国の在庁らが、別府を祝うために、弓の頭を催す。大臣の苔丸は、弓の頭役の武士たちをさんざんに罵倒する。別府がそれを聞き、苔丸に頭役を命ずる。苔丸は、宇佐八幡に蔵された自らの鉄《くろがね》の弓矢を所望、これを取って自らの素性を明かし、鉄の弓矢の的を別府の目と定める。かくして大臣は、松浦党に命じて、別府を捕らえ、七日七夜の挽き首に処し、弟の別府は流罪として壱岐の浦に流す。

〈別府兄弟への所刑〉

(2) 大臣は、壱岐の釣人を召し、壱岐と対馬両国を下賜される。門脇の翁には、筑紫惣政所を与え、姫のためには、まんなうが池のあたりに御寺を建て、一万町の寺領を寄進される。愛鷹・緑丸のため、後に都の乾に神護寺を建

て、鷹のためとて今の世に鷹尾山と申し上げる。〈功臣への恩賞〉

結び・大臣の栄華（神明示現）

大臣は、七千余騎を率いて都へ上る。まず父母に対面し、やがて参内する。御門は、大臣の不思議な命の長らへを賞で、日の本の将軍に任じられる。かくて天下太平の世を迎える。〈日本国の将軍〉

幸若舞曲の趣向

ここでは、この幸若「百合若大臣」の注目すべき趣向をとりあげる。

まず気づくことは、これは文永・弘安の蒙古襲来を踏まえての叙述である。しかし百合若大臣の出生は嵯峨天皇の御代とし、それに応じて、その二度目の出征を「弘仁七年」として、時代を平安時代の「中むかし」に遡らせていることである。

次はそれが宇佐八幡の信仰に支えられていることである。それにいくつかの矛盾のあることは後にあげる。その大臣の愛用の弓矢の「鉄《くろがね》」、緑丸なる「鷹」は、宇佐八幡と深くかかわることである。前者はⅡ「大臣の蒙古退治」(2)〈鉄の弓矢、蒙古の退却〉(4)〈蒙古撃退〉に示されており、Ⅴ「大臣の苦難克服」(二)の(3)〈別府兄弟への報復〉に叙されるところである。後者は、説明するまでもないが、Ⅴ「大臣の苦難克服」(二)の(2)〈愛鷹の文使い〉であり、同じく(3)〈愛鷹の横死〉に示される。その宇佐宮の信仰が具体的に示されるのが、Ⅲ「大臣の苦難克服」(一)における(2)〈別府の横恋慕〉に対する(4)〈御台所の宇佐宮祈願〉であり、重ねて指摘するが、Ⅴ「大臣の苦難克服」(二)の(3)〈別府兄弟への報復〉における大臣の鉄の弓矢が、宇佐八幡の宮殿に収められていたとする叙述にうかがえる。

三つ目は、右にあげたごとく、宇佐八幡とのかかわりを主張しながら、物語の舞台をまずは豊後としていることである。それはⅡ「大臣の蒙古退治」の(3)〈豊後国府着任〉に示されており、Ⅳ「大臣の苦難克服」㈠における(1)〈別府の横恋慕〉から(4)〈御台所の宇佐宮〉に及ぶ叙述は、豊後の国府を舞台とするものである。しかも物語は、いつしか舞台を筑紫の国府に移している。これは叙述の矛盾で、その原拠の伝承（縁起）が豊後にあったことを露《あら》わにするものと言える。ちなみにⅤ「大臣の苦難克服」㈡の(2)〈門脇の娘の身替り〉は、いわゆる代受苦の思想にもとづく叙述であり、幸若「満仲」の幸寿丸の趣向に準ずるものであるが、その原拠の伝承が豊後に見出されることは、別稿であげる。

四つ目にあげるのは、大臣の出生を申し子によってはじめることである。序「大臣の誕生」〈申し子誕生〉の叙述で、長谷観音の申し子とする。およそ申し子は、神仏の種子を宿したことを意味するもので、その最後の神仏に帰することを予想させるものである。本地物語が、これを常套とするのも、そのためである。本地物なる縁起物語も説経節の多くもこれによるのである。勿論幸若は、祝言の曲に仕立てるもので、百合若大臣の栄華をもって収めている。しかしその原拠の物語は、元来大臣夫妻の神明示現を結びとしたものと推されよう。Ⅴ「大臣の苦難克服」㈡の(4)〈功臣の恩賞〉における愛鷹・緑丸のために鷹尾山神護寺を建立したと叙するのは、幸若作者の単なる偽作と判すべきではないのである。その原拠の寺院が豊後に存することは別稿に述べる。しかも、壱岐・対馬の「百合若説経」においては大臣夫妻を八幡神に示現せしめている。その「百合若説経」は、幸若以降の語り物と響き合って成立したものではあるが、その伝承の古態を留めていることも注目しなければならないと思う。

二　説経節の「百合若大臣」

説経節の語り

およそ散所の人々の芸能として発生したのが、サヽラ説経であり、門説経である。その歴史はかならずしも明らかではないが、その説経はやがて浄瑠璃に準じて、操人形と三味線を伴うカタリによって、都市の劇場で興行する人々があらわれた。大阪の興行は伊勢出身の与八郎に始まり、江戸の草分けは佐渡七大夫と天満八太夫であったという。また京都は与八郎から始まるというが不明である。

この人形を操って演じるカタリの芸能は、世に説経浄瑠璃とも称され、その曲節から説経節とも呼ばれる。その盛行は江戸初期から江戸中期に及ぶ頃で、その演目は、およそ横山重氏編『説経正本集』第一・第二・第三で知られるが、そのなかで代表されるものを五説経という。『苅萱』『山椒太夫』『信徳丸』『梵天国』『小栗判官』があげられるが、あとの三つを『愛護若』『信太妻』『梅若』とすることもある。そのカタリは、本来、仏の前生（本地）を語る叙述形式によるもので、本地物語に準ずるものである。

幸若と説経節「百合若大臣」

さて説経節の『百合若大臣』は、およそ幸若舞曲を引き継ぐもので、村上学氏の「幸若舞曲から説経浄瑠璃へ〈その一〉」（『幸若舞曲研究』第八巻）によると、大頭系（特に版本系）によると判じられる。その正本としては、日暮小太夫本と天満八太夫本が知られている。前者は寛文二年（一六六二）刊で、正本としては最も古い。そのカタリの本文は、幸若舞曲を六段に仕立てて、その叙述構成は、およそ幸若舞曲に準ずるものである。その幸若の対応する叙述本文を要約してあげてみる。なおそれは、日暮小太夫本によるが、Ⅵ・大臣の報復(1)〈別府兄弟の所刑〉は、本文が欠くので、天満八太夫本で補っている。

幸若舞曲「百合若大臣」の構成	説経節「百合若大臣」の本文叙述（要約）
序・大臣の誕生 〈申し子誕生〉	第一 嵯峨天皇の御代、公光卿は、大和の長谷観音に申し子して一子を得る。夏の半ばの生まれ子なれば、百合若殿と名づける。〈申し子誕生〉
Ⅰ・大臣の婚姻 〈顕時卿姫君・婚姻〉	十七才にて、壬生大納言顕時卿の姫君を御台所と迎える。〈顕時卿姫君・婚姻〉
Ⅱ・大臣の蒙古退治 (1)〈蒙古退治の勅定〉 (2)〈鉄の弓矢・蒙古の退却〉 (3)〈豊後国府着任〉	(1) たまたま蒙古《むくり》が、わが国を魔王の国となさんと蜂起する。公卿僉議のなかで、源融の主張によって、伊勢太神宮に勅使が立てられる。その神託によって、百合若大臣に蒙古退治の大将に任じられ、勅定が豊後に伝えられる。〈蒙古退治の勅定〉 (2) 神託にしたがって、伯耆の鍛冶の上手が招き、特別な鉄《くろがね》の弓矢を作らせ、大臣はそれをもって豊後を立ち、八万余艘を率いて弘仁七年卯月半ばに船出する。〈鉄の弓矢、豊後出征〉 (3) 大臣は、九州の国司に任ぜられ、豊後の国に御所を建て、夫妻はそこに住

	みなさる。〈大臣夫妻の豊後国府着任〉
(4)〈蒙古撃退〉	第二（むくりのりやうそうゆり若大臣に打る、事） 蒙古の大将のりやうそう（くわすい）は、四万艘の船で、千倉の沖に押し寄せる。大臣がそこへ押し寄せると、りやうそうは霧を降らする法で、百日百夜、降り続けさせる。そのとき急に神風が吹いて、その霧を払い退ける。大臣は、十八人の輩下を率いて、蒙古を襲い、鉄の弓矢でりやうそう（くわすい）に迫る。と、どこからともなく白羽の矢が飛んできて、その眉間に立って、狂い死にさせる。〈蒙古撃退〉
Ⅲ・大臣の苦難	第三（へつふ兄弟大じんを嶋ずて帰国の事）
(1)〈玄界島の休眠〉	(1) 大臣は、別府兄弟を従え、近くの玄界嶋に上陸、一人睡眠するに三日に及ぶ。〈玄界島の休眠〉
(2)〈別府兄弟の裏切〉	(2) 別府兄弟は、大臣の勲功を横取りせんとはかる。弟の貞貫《さだつら》は大臣を殺せと迫るが、兄の貞純《さだずみ》はそれを押し留め、ともども眠る大臣を島に捨て舟を出す。〈別府兄弟の裏切り〉
(3)〈大臣の孤島滞留〉	(3) やがて大臣は目を醒まし、別府兄弟の心替りを察知し、その船を追うが果せず、悲しみのうちにひとり島で過ごす。〈大臣の孤島滞留〉
(4)〈別府の豊後帰着〉	(4) 別府兄弟は、豊後の国府に参り、乳母を介して御台所に、大臣の海底に沈

(5)〈別府の蒙古退治報告〉

Ⅳ・大臣の苦難克服㈠

(1)〈別府の横恋慕〉

(2)〈愛鷹の文使い〉

(3)〈愛鷹の横死〉

んで亡くなられた由を伝え、その遺品を渡す。御台所はそれを疑い、拷問してでも尋ねようと思うが、それもならず、泣き悲しむ。〈別府の豊後帰着〉

(5) 別府兄弟は都へ上り、大臣が海底に沈み、われわれが詰めの戦さをして蒙古を退治した由を奏聞する。帝の宣旨には、兄弟を九国の国司と預け置くとされ、大臣の供養のため、筑紫に下れと命じられる。〈別府の蒙古退治報告〉

第四（みどり丸しする并大臣嶋にて御なげき）

(2) 御台所は、大臣の鎧と鉄の弓矢を宇佐八幡に籠めなさる。また大臣愛鷹の緑丸を天に放つと、大臣がおられる玄界島に飛び着く。大臣は、指を食い切り、柏の葉に文を書き緑丸の鈴に結い付けて虚空に放つ。

〈鉄の弓矢の八幡入り・愛鷹の文使い〉

(3) 緑丸は三日三夜かかって豊後の御所に参る。たまたま御台所が大臣を恋い焦れておられるところであった。御台所は、女房たちと共に文を書き、墨・硯・紙・筆を添えて緑丸を放つ。緑丸は、その重みに耐えかねて、大臣の待つ小島の海岸に流れ着く。大臣は、緑丸を引き上げ、声をあげて泣き悲しむ。

〈愛鷹の横死〉

(4)〈御台所の宇佐宮祈願〉

第五（あいしの姫大臣のみたい所の身かはりに立事）

(1) 別府貞純は、九国の国司を預り、大臣の御台所に玉章を送る。が、御台所

(5)〈壱岐の釣人の大臣救助〉

Ⅴ・大臣の苦難克服㈡

(1)〈門脇の大臣・苔丸養育〉

(2)門脇の娘の身替り

Ⅵ・大臣の報復

(1)〈別府兄弟の所刑〉

(2)〈功臣のへの恩賞〉

は全く相手にされない。別府は無念のあまり、郎等の河野の忠太に、御台所をまんのふが渕へ沈めよと命ずる。〈別府の横恋慕・逆恨み〉

(2)　忠太は伯父の門脇の翁に、別府の命を相談する。門脇の翁は、わが子のあいしの姫を呼び、御台所の身替りになることを口説く。姫はけなげにこれに従い、忠太の導きで、まんのふが渕へ入水する。〈門脇の娘の身替り〉

(5)　たまたま壱岐の釣人が、玄界島に流れ付き、恐ろしげな大臣を発見する。大臣は、かつての蒙古退治の折、船に乗り遅れた者と語って助けを求める。壱岐の釣人は大臣を船に乗せると、仏神三宝が順風を吹かせ八大竜王が舳へ先に立ち、夜昼三日で筑紫の博多に着く。〈壱岐の釣人の大臣救助〉

第六（大臣殿帰国并へつふ兄弟うたるゝ事）

Ⅳ(1)別府は、壱岐の釣人が、不思議の人間を使う由を聞き、大臣とは知らず、苔丸と名づけて召し使う。〈大臣・苔丸召換〉

(1)　次の年の始め、九国の大名が、別府を祝うために、弓の頭を催す。苔丸は弓の頭役をさんざんに罵倒する。別府がそれを聞き苔丸に頭役を命ずる。苔丸は、宇佐八幡に蔵された自らの鉄の弓矢を所望、これを取って自らの素性を明かし、別府の目を狙う。かくして大臣は、別府を松浦党に預け、後に十二の梯子にからめ、矢迫めの刑に処し弟の別府は島流しとする。

結び・大臣の帰洛

(2)　やがて大臣は都へ上り参内すると、帝叡覧ましまして、日本国の副将軍に任ぜらる。大臣が都の屋形に移られると、翁・忠太が御台所の供をして君の御前に参上する。御台所が、翁・忠太の情けを語れば、両人を九国の総政所に任ぜられる。また、壱岐の釣人を召し出し、数多の宝を与えられる。さらに緑丸の供養のため、都の乾に当って、鷹尾山神護寺を建立なさる。大臣殿の御勢力は、たいへんなめでたさとなる。

〈別府兄弟の所刑〉

〈功臣への恩賞〉

〈大臣の繁栄〉

説経節の趣向

右のごとくそれは、叙述の順序に前後するところが見出されるが、およそ大枠において幸若舞曲に準ずる叙述と言える。ただし、Ⅱ「大臣の蒙古退治」においては、幸若が文永・弘安の役の史実にそって、大臣の二度の出征を叙するのに対して、これは一度のそれにまとめて語っている。またⅣ「大臣の苦難克服㈠」Ⅴ「大臣の苦難克服㈡」においては、〈別府の横恋慕〉をめぐり、大分異同がある。それは後に改めてあげるが、それにともなって、〈御台所の宇佐宮祈願〉を欠いて、宇佐信仰の配慮が後退していると言える。さらにこれは幸若でもすでに見えたのであるが、豊後を舞台とする叙述が、それをいちだんと筑紫に移して、豊後の在地的リアリティを後退させている。それはⅢ「大臣の苦難」(5)〈別府の蒙古退治報告〉、および結び「大臣の帰洛」にみられる。

およそ説経節は、舞と鼓にもとづく幸若舞曲の朗誦的カタリに対して、繰人形と三味線による旋律的カタリによるものであれば、幸若とは違った叙述表現をもち、それなりの趣向が用意される。たとえば、幸若に近似する冒頭・序「大臣の誕生」〈申し子誕生〉の語り出しをあげてみる。

それおもんみるに、ほうけいかんせんのりみたりといへとも、ついには、しんめい是をばつす。しやうじきは、一たんのゑこに、あらずといへども、かならず日月のあはれを、かうむる。

ここにほんてう五十二代、さがのてんわうの、ぎようにあたつて、四でうのさ大じん、きんみつきやうの御子、ゆりわか大じん、きんゆきとて、くぎやう一人おはします。然るに大じん、わかんのみちは、ゆうにおよばず、ぶんぶ二だうを、かね給へば、天下にをいて、かたをならぶる人もなし、それも此大じんは、やまとの国、はせのくわをんの申子也、夏の中半の子なればとて、ゆりわかとのとぞ申ける、　（日暮小太夫本）

さてもそののち、それわがてうと申は、くにとこよりはじまり、いざなぎ、いさなみのみことより、てんしん七代、ちじん五代にあひつゝき、さて、にんわうのみよとなり、五十二代のみかとをは、さか天王のぢてんに、ならひなき、しんか一人おはします。御なをはゆり若大臣と申たてまつる。

しかるに、このきみを、ゆり若大しんと申事、此ちゝ左大しん、きんみつに、よつぎのあらされば、やまとのくに、はせ寺へこもらせ給へは、まんする夜、[a]くわんをんの御てより、ゆりの花のつほみたるを、あたへ給ふと、御らんして、もふけさせ給ふ御子なれは、御なをいひつたへ、ゆり若大しんと申ける　[b]御せいのたかさ、七尺二分、ちからは、せんまん人にこへ、御きれうこつからは、よにすぐれ、たくいまれなるしんかなれば、はんみん、うやまひ奉る……　（天満八太夫本）

この冒頭部分においても、幸若舞曲を引き継ぎながらも、幸若には見えぬ叙述表現がうかがえる。前者の日暮小太夫本は、語り出しに、「それおもんみるに、~かならす月日のあはれを、かうむる」という、新たな台詞を用意する。が、その〈申し子誕生〉は、ほぼ幸若の叙述を引き継いでいる。後者の天満八太夫本は、語り出しに、「それわかてうと申は、~てんしん七代、ちしん五代にあひたてまつる」と、幸若が〈蒙古退治の勅定〉に引用する本朝の始原を説く叙述を簡略化してあげる。しかして、〈申し子誕生〉の叙述においては、「それわが朝と申は、くにとこのり……」はともあれ、a傍線部分の「ゆりの花のつほみ」の子種の叙述、b部分の「ちからせんまん人にこへ」なる威丈夫のそれなどは、幸若には見えぬ叙述である。また新しく加わった趣向については、すでにその叙述構成の異同のなかであげている。その小さな趣向については、その本文要約のなかで、傍線（点線はそれに準ずる）をもって指示している。そしてこれらの改作の趣向としてもっとも目立つのは、先にもあげた〈別府の横恋慕〉をめぐる〈門脇の娘の身替り〉の叙述である。説経節はあえて五段まるまる「あいしの姫大臣のみたい所の身かはりに立事」を用意する。

ちなみに幸若舞曲においては、別府から苔丸に化した大臣の身柄を預った門脇の翁が、甥の忠太を介して、御台所がまんなうの池に柴漬けになると聞き、先祖の君なる大臣のため、愛子のひとり姫を納得させて、その身替りに池に沈めたと叙す。それを翁の祖父《おほぢ》が、妻の祖母《うば》に寝物語に語って聞かせ、それを大臣が物陰から聞きとるという、間接話法にもとづいて紹介している。これを説経節は、直接話法で観客に語りかける。それはまずは、次のように語るのである。同じく日暮小太夫本によってあげる。

さる間、へつふのぎやうぶさだすみ、九国のこくしをあづかり、うへぬしわしとおごりける、あまりゐいくわのあまりにや、大じんとの丶きたのかたへ、ふみたまづさをつけけるるが、手にだにもとらせたまはねば、へつふむねんにおもひつ丶、とやさんかくやせんと、あんじわづらいいたりしが……

これは幸若のⅣ「大臣の苦難」(一)〈別府の横恋慕〉に対応する。続けて次のように語る。

しょせんかなわぬ物ゆへに、物おもわんもせんなし、たゝうしなわんと思ひつゝ、らうとうの其中に、かはの、ちうたを近付て、いかにちうた、我思ふしさい有、かうのちやうへしのび行、みたいところをたばかり出し、ひそかにあのまんのふがふちへ、しづめ申せといひつくる。ちうだ仰を承り、なさけなくは思へ共、しうめいなれは力なく、おうけ申立ける。ちうだなにとか思ひけん、でうやへはゆかずして、こゝにかどわきのおきなとて、ちうだかためにはおち也、ひそかにかのおきながたちにゆき、うはをもよせずにたゞ二人、かやう〳〵の仰成が、いかゝはせんとそかたりける、をきな此よし聞よりも、こはあさましき次第かな。まづよくこそはしらせたれ、なにとぞちりやくをめぐらせて、たすけをき参らせたや、いかゞはせんとぞあんじける、しばらく有ておきなは、げにおもひ出したり、さてもわが子のあいしのひめは、みめかたちもおとらねば、よに入て人もみしるまじ、ふびんにはおもへ共、かれをかはりにたて、それがしはからいてみんするとて、たゝ一すしにおもひさだむる、おきなが心そたのもしける。

続けて翁は、ひそかに姫を招き、ことの次第を語り、御台所の替りに立ち、助け申しあげてはくれまいかと説得する。「かまいてかやうに申とて、ちゝをうらみと思ふなよ。おやの身として子の命くれよとゆふ、おうしが心と思ひやれやあいしのひめとて、こゑを上てぞなき給ふ」とある。

ひめ此よしを聞よりも、心やすかれちゝうへ、なにしに命をしむべし、それ侍はせんじやうに出て、たかいに打うたるゝもおしうのため、くわこのかうゐんつたなくして、女とこそはうまるゝとも、心はなんしにをとるまじ、おもへばみづからくわほうの物、今かくおしうのかはりに立、まつたい迄もなをのこさは、心あらんともからはさぞうらやましく思ふらん、心やすかれちゝうへと、をくするけしきはなかりけり、この愛子の姫のけなげなことばに翁は、「いまたもへたつぬさの花、今やうしゆんとかゝやくを、さきだて跡にのこりいて、なにをたよりにながらへん、のふうらめしの我身やとて、こゑを上てぞなきいたり」とある。次いで忠太に連れられた姫の門出となる。

おきなたへかね、かどおくりして出けるが、しはらくまてやあいしのひめ、とゞまれやちうた、いふべき事の有といへば、ひめもちうたもたち帰る、おきなとかふのことばもなく、たかいにめと〳〵み合て、さらばといひて立わかれける、忠太おきなをいさめをくに入、ひめをともなひそれよりも、まんのふがふちへそいそぎける。

最後は、愛子の姫のみごとな入水を語るが、この第五段の前半は、門脇の翁の姫の身替りを語る場面であるが、それは姫の悲劇を語るというよりは、父の翁の愁嘆場としての叙述となっている。それが主人公のめでたさを語る幸若舞曲との違いで、説経節は登場人物の惨酷な人生とその悲哀を語ることが眼目であったと言える。

なお日暮小太夫本と天満八太夫本との本文の異同は、横山重氏が解題で、前者が舞曲に近く、後者がやや離れると指摘されている。が、詳しくは右にあげた村上氏が説かれているので、今はそれにはふれない。

三　古浄瑠璃の「百合若大臣」

古浄瑠璃の正本

はやく浄瑠璃姫物語を語ることによって始まったとされる浄瑠璃節は、説経節に先立って繰人形と三味線によって世に登場したと思われるが、三都における興行は、説経節浄瑠璃に遅れて、一七世紀後半に及んでのことであった。

後の義太夫節時代のそれに対して、これを古浄瑠璃と称している。その古浄瑠璃の全貌は早く若月保治氏が、『古浄瑠璃の研究』全四巻で示され、その正本は横山重氏の『古浄瑠璃正本集』全十巻、室木弥太郎氏の『金平浄瑠璃正本集』全三巻で、およそが紹介された。また近年、古浄瑠璃正本集刊行会により、『古浄瑠璃正本集〈加賀掾編〉』全六巻、同『古浄瑠璃正本集〈角太夫編〉全三巻が上梓されその本文は、よく知られることとなった。

土佐掾正本「動稚高麗責《ゆりわかこうらいぜめ》」

そのなかから古浄瑠璃の「百合若大臣」の代表としてあげるのは、土佐掾正本「動稚高麗責《ゆりわかかうらいぜめ》」である。元禄六年以前に、山本土佐掾（角太夫）座で上演された折の正本である。とりあえず、その本文の内容（梗概）をあげることとする。段目の括弧の標題は、わたくしに附したものである。

第一　「蒙古攻め」

(1)　藤原不比等の三男、太宰帥頼里《よりさと》は、大地の揺り動く所に生まれたので、動稚《ゆりわか》と称される、御台所としては、葛《かつら》城《き》大君の御息女、敷島《しきしま》姫を迎える。重臣には別府国角《くにかど》、一子軍平次国竹あり、乳母子・川辺建《かわのべのたけ》光長がいる。　〈出自・婚姻・臣下〉

(2)　孟春の折、兵乱の瑞相あり、蒙古・三韓を討つべき宣旨がゆり若に下る。ゆり若は八万余騎を率いて大宰府を出立する。　〈蒙古退治の勅定〉

(3)　蒙古の棟梁・乱魔《らんま》王は、神通の剣で立ち向こうとする。ゆり若が数千騎の兵船を千倉が沖に漕ぎ出すと、乱魔王の部下のからくわっきという曲者が、美女の潜《かづ》きの海女《あま》に化し、ことば巧みにゆり若を海底に誘う。百合若が気づいて刀で打ち払うと、美女は悪鬼と変り襲いかかる。ゆり若は、大弓・天雁股の矢で、その首を射落す。

〈悪鬼退治〉

第二「高麗攻め」

(1) ゆり若は、さらに数万の軍勢を率いて、乱魔王の籠る高麗・蒙古の境のしやくりや県に着く。その先陣をゆり若の乳母子の若武者・川辺《かわのべ》光長と大老・別府国角《くにかど》が争う。光長を若輩者とそしった国角が、抜け駆けして、乱魔王輩下のてつほく・すいてんを襲うが、忽ちに捕らわれてしまう。それを見た若武者の光長が二人に襲いかかって、切って落す。しかる後に捕らわれた大老の国角を救いだす。〈川辺光長の活躍〉

(2) 時に乱魔王が現れて、ゆり若の軍勢に立ち向かう。光長・国角がいっしょになって戦うと、不利となった乱魔王は神通力で、姿を光長と変ずる。光長が二人となって、どちらが乱魔王かが判別できず、討つことができぬ。ゆり若は偽って、光長には生まれつき額に痣《あざ》あり、鉢巻取って見せよと言えば、乱魔王が額に痣を作って鉢巻を取る。それをゆり若が襲い、その首を切る。〈ゆり若の謀略〉

第三「孤島滞留」

(1) ゆり若は愛鷹「緑」を連れ別府父子ともども御座船から端舟に乗って、沖に見える小島に上陸、しばらくの間、眠って休む。〈小島の休眠〉

(2) 別府国角は、ゆり若が目をさまさないのを見て、主君に代って、九州の主にならんと、子の国竹とともに御座船に戻り、わが君は大蛇に飲まれて、姿が見えなくなったと、皆に伝える。〈別府父子の裏切〉

(3) これを聞いた光長は、別府を疑い端舟に乗って小島に向かおうとる。別府父子は光長に襲いかかり、海に切って落す。〈別府の光長殺し〉

(4) やがてゆり若は目をさまし、別府の裏切りを察知、御座船の沖ゆく白波を見て、しばし涙にくれる。

（5）ゆり若は、島に留めた愛鷹「緑」の鈴付に、指を食い切って書いた文を結び付け、御台所の許に飛ばす。「緑」は、一旦飛び立って、魚くずを取ってゆり若に渡し、改めて筑紫の方へ飛び去る。

〈ゆり若の孤島滞留〉

〈愛鷹の文使い〉

第四「留守の大宰府騒動」

（1）別府父子は、大宰府に参り、光長の妹、藻塩《もしお》の前を介して、御台所にゆり若・光長が小島で亡くなった由を報ずる。御台所をはじめ、おそばの女房たちも涙に暮れる。

〈別府の帰国報告〉

（2）別府国角は、一子、国竹に御台所の警護を託し、帝都へ上る。

〈別府国角の上洛〉

（3）御台所が、前途をはかなんで、自害を試みるが、女房たちに留めらる。そこへ「緑」の鷹が飛び降り、ゆり若の文を届ける。御台所は、ゆり若の健在を知り、返しの文を届けようとする。それを見た国竹は「緑」の鷹を奪い取り、これを刺し殺す。

〈愛鷹「緑」の犠牲〉

（4）女房の藻塩の前が、鷹にかえて鸚鵡を御台所に進める。御台所は、それに文を書き、ゆり若の許へ飛ばす。

〈鸚鵡の文使い〉

（5）父の留守を預る国竹は、藻塩の前を介して、御台所に恋心を伝えようとする。藻塩の前は、偽って手引を約す。御台所は、藻塩の前と心を合わせ、国竹を奥の一間に招き入れ、祝言にこと寄せ、大酒を飲ませ、酔ひつぶれた国竹を二人で刺し殺す。

〈国竹の横恋慕・女房二人の国竹殺し〉

（6）藻塩の前は、御台所を背負い、自らの従弟《いとこ》たる宇佐の宮の神主を頼り、八幡宮に入る。

〈御台所の八幡宮入り〉

第五「ゆり若の帰国」

(1) 八幡宮の神主・兵部は、女房二人にその経緯を聞き、ゆり若帰国の誓願の祈りを始める。〈ゆり若帰国の誓願〉

(2) 御台所からの鶚鴟が、やがて小島のゆり若の許に着く。ゆり若が、故郷の様子を尋ねると、鶚鴟は声をあげて、無事を知らせる。〈鶚鴟の声使い〉

(3) ゆり若は十方を礼拝し、宇佐八幡へ帰国を祈願すると、どこからともなく老翁が現われ、八幡神の勅によるとて、ゆり若を舟に乗せる。ゆり若は、鶚鴟を抱いて神風に乗って、筑紫に着く。〈八幡神のゆり若救助〉

(4) 御台所と藻塩の前が、八幡の神前に詣でると、社檀の扉が開き、ゆり若が現われる。〈ゆり若の出現〉

(5) たまたま別府は、鎮西の諸大夫を率いて八幡へ参詣する。ゆり若は社檀に隠しおいた弓矢をもって、国角の首を射切る。〈別府の所刑〉

(6) ゆり若は御台所を伴い、大宰府へ帰る。藤原の家は再び栄え、千秋万才。めでたし、めでたし。〈藤原の栄華〉

右のごとく、その本文は、大枠においては幸若舞曲「百合若大臣」、あるいは説経節のそれに通じている。第一段の「蒙古攻め」、第二段の「高麗攻め」は、一応、幸若の序「大臣誕生」からⅡ「大臣の蒙古退治」に対応する。また第三段の〈孤島滞留〉はⅢ「大臣の苦難」、第四段の〈留守の大宰府騒動〉はⅣ「大臣の苦難克服㈠」・Ⅴ「大臣の苦難克服㈡」に、一応、対応すると言える。あるいは第五〈ゆり若の帰国〉はⅤ「大臣の帰国」から「大臣栄華」に通じていると言える。しかしそれは各段の随所に新しい趣向が導入されている。それは説経節「百合若大臣」にも、一部、うかがえたのであるが、この「動稚高麗責」は、説経節の趣向の加え方を大きく越える。それは趣向という消極的表現を越え、脚色という意義を有するものと言えよう。それを本文を通して、もう少し具体的に指摘しておこう。

「動推高麗責《ゆりわかこうらいぜめ》」の趣向・脚色

まず注目すべきは、冒頭に、ゆり若の「申し子」誕生を言わず、武家社会に沿った現実的英雄を仕立てていることである。その第一の語り出しをあげる。

さても。その、ち。としごとに花ぶさしげくむらさきの。いろもかはらずふぢはらのさかふるいえこそめでたけれ。ころほひやまとたかみつとよきよたらし姫の御宇に。つくしきしうのくにづかさをたいしよくはんかまたりのちやうし。ふぢはらのふひとうの三なんたざいのそつ。のきあひのよりさと。こうと。かうし。つゝ。ちじんゆうのめいしやうあり。されば御たんじやうのおりから。大ちおびたゝしくゆりうごく。其れいずいをあざなして、ゆりわか君とはよびしとかや。

すなわちその出自は、左大臣公光《きんみつ》（舞曲）でもなく、四条の左大臣公行《きんゆき》（説経）でもなく、藤原の家、大職冠鎌足の長子、藤原不比等の三男である。その名は「太宰帥のきあひ（宇合）のありさと」と称したとする。またその百合若の名は、観音の申し子でもなく、「夏の半ば」の花によそえて（舞曲）でも、「ゆりの花のつほみ」による（説経）でもなく、「地」の「ゆりうごく」折の誕生なればとする。つまりそれは筋目正しい家筋であることをあげて、神仏の「申し子」ではなく、人間としての英雄誕生を主張すると言える。したがって原拠の神明出現の可能性を退けているとも言えるもので、神仏習合の時代を越えた発想でもある。そしてこれに続いてあげる御台所は、同じく由緒正しき家筋の御息女で、武家ふうの敷島姫と名告らせる。その気丈さが期待されるが、その後の展開でそれは示される。続いてあげる〈臣下〉としては、ゆり若の乳母子、川辺光長なる人物を用意し、逆臣の別府との対立抗争を用意する。しかも後には、その妹に、御台所お付きの女房・藻塩の前をあげる。それらの臣下をまじえての武家御家騒動のなかの現実的なゆり若像が用意されると言えよう。

次に注目されるのは、第一の「蒙古攻め」、第二の「高麗攻め」の叙述である。その「蒙古攻め」は、幸若などに準じて千倉の沖の闘いである。次の「高麗攻め」は高麗と蒙古の境である。しかしその相手は、蒙古の乱魔王とする。その前者の「蒙古攻め」は、幸若などは、文永・弘安の蒙古襲来にことよせての叙述であった。これもほぼそれを引き継ぎながら霧降りの話ならぬ、美女変化のわざを導入する。これに対して後者の「高麗攻め」は、間近かの秀吉の朝鮮征討（文禄の役・慶長の役）を踏まえてのものと推される。しかしてこれでは、身体変化のわざを導入する。原拠を越えた趣向であり脚色である。

三番目にあげるのは、原拠において重視されたゆり若の「鉄《くろがね》の弓矢」に、これはあまり関心を示さないことである。蒙古の悪鬼退治も裏切りの別府の報復も、これによって果されたことで、元来、八幡神の前生を語る物語にとっては、きわめて重要である。しかしこの第一・第二の「蒙古攻め」「高麗攻め」における「悪鬼退治」は、ゆり若の武力によるとは言え、むしろその智略が強調される。また第五「百合若の帰国」における別府の報復は八幡宝殿秘蔵の弓矢で果されるが、その「鉄《くろがね》」にはこだわっていないことが注目される。

四番目にあげるのは、先にもあげた御家騒動としての叙述である。第二「蒙古攻め」における別府国角と川辺光長の先陣争い、第三「孤島滞留」における別府父子の光長殺し、第四「留守の大宰府騒動」における〈国竹の横恋慕・女房二人の国竹殺し〉など、原拠が大臣に対する別府の裏切りを叙するに対して、これは主君の家を乗っ取らんとする逆臣別府父子とこれを防ごうとする忠臣・光長と藻塩の前の抵抗を叙して、武家御家騒動としての脚色をほどこしていることである。

次にあげるのは、愛鷹「緑」の文使いの叙述である。それは第三の「孤島滞留」から第五の「ゆり若帰国」の段にわたって叙述される。その新しい趣向は第三の「小島休眠」において、ゆり若が愛鷹「緑」を抱いて上陸することから始まる。この叙述は、必ずしも不自然なものではなく、戦国武将がしばしば鷹匠・鷹師を率いて参戦していたことも適合する。したがって第三の(5)「愛鷹の文使い」は、まずは孤島のゆり若の許から飛び立つこととなる。しかして、幸若などが緑丸の横死を墨・硯・筆などの文付けの重みによると叙するを退けて、第四の(3)〈愛鷹「緑」の犠牲〉は、悪役、別府国竹の刺殺によると語る。しかも御台所からの文使いは、藻塩の前の機転による(4)〈鸚鵡の文使い〉が導入される。驚くべき趣向と言わねばならぬ。しかもこれと絡んで、父の別府国角ならぬ(5)〈国竹の横恋慕〉に始まる〈女房二人の国竹殺し〉へと展開する。驚くべき脚色である。

最後に第五「ゆり若の帰国」の段における脚色をあげる。これは幸若などの「大臣の報復」に当る場面である。その本文をあげてみる。

(4)　是は扨置、みだい所やもしほのまへ、かんぬしをともなひて神前へ参らんとて、御まへにさしかゝれは、ふしぎやしやだんのとびらははつとひらき、ゆり若ばうぜんとして立給ふ。人々おどろき給ひしが、ゆり若御らんじて、やゝそれ成はみだいにてはおはせぬか、我こそはいにしへのゆりわか成はとの給へは、みだいゆめ共わきまへず。是は〱と計にて、さき立物は涙也。（後略）　〈ゆり若の出現〉

(5)　此うへはへんしもはやく国かどをほろぼし、つもるむねんをはらさんと御よろこびはかぎりなし。所へへつふのしんのさんけいと申ける。ゆり若聞召、扨は国かどか来るとかや。是天のあたふる所とよろこび、先々人々をかくし置、しやだんにこめたる弓とや取て打つがひ、今や〱と待たりける。（中略）扨国かど神前にむかひはいせんとする所に、くだんのゆり若、弓とやをはげひつくはへ、いかに国かど、ゆり若成が見わすれたるかとの給へば、ばぐひ（国かど）大きにどうてんし、はつといふて手を合せ、只今のこと共ゆるさせ給へとふるひわなゝく計なり。（中略）やれ国かど、下として上をおかす天ばつ思ひしれと、くびふつといきり給ふ。

すなわちゆり若は、八幡の社檀から扉を開いて、呆然と現われるのである。観客を驚かす脚色であり、人形舞台の用意がしのばれる。この強烈な演出によって、幸若などではもっとも脚光をあびた「別府の所刑」は、いささか簡潔な叙述となっている。それほどの驚くべき仕掛と言える。〈別府の所刑〉

御国浄瑠璃の「百合若むくり退治」

右に縷々あげたごとく、古浄瑠璃「動稚高麗責」は、随所に新しい趣向・脚色を導入して、先行の幸若舞曲、さらには説経節の「百合大臣」の叙述を越えようとする。そのなかで、先行の叙述が、八幡神の本地物としての性格を維持し、原拠の縁起が含んだ八幡信仰唱導の意義を継承しているのに対して、「動稚高麗責」は、その意義をほとんど失ってしまっている。確かにその叙述のなかでは、八幡の霊験が語られ、最後の見せ場なる裏切者の「別府の処刑」は、先行に従って宇佐八幡宮の宝前として展開する。しかしそれらは観客の八幡信仰にこたえた仕掛として用意されたものである。つまりそれは庶民信仰の商業化と言うべきである。言いかえれば、新興の町人層に支えられた古浄瑠璃は、はやくもそのような時代を迎えていたということである。

しかし古浄瑠璃の時代はそれのみではなかった。幸若に近い曲目もあれば、幸若に準じた説経節によるそれもあった。そのことを示すのが仙台を中心に東北地方に流行した「御国浄瑠璃」(「仙台浄瑠璃」「奥浄瑠璃」)である。つまり三都から各地方に及んだ古浄瑠璃には、いまだ説経節に近く、本地物などの曲目を語り継ぐ人々がおり、その一つが東北のボサマ(盲僧)が語り継ぐ古浄瑠璃であった。その盛行は江戸中期から末期に及ぶもので、今日に残された本文テキストの多くは、江戸末期から明治初期のものである。そのなかに「百合若むくり退治」がある。小倉武氏蔵

「小倉博ノート」のなかに見出せる。
それは七段構成で、奥書に「寛政三辛亥歳五月吉祥日」とある。小倉氏のメモ書きには、「佐沼町半田卯内翁所蔵ノ本ヲ写ス、原本小形ニテ能書ナリ」とある。内題は、「百合若むくり退治」とあり、冒頭は次のごとく叙される

　倩も其後、吾朝と申は、国とこたちの尊より、天神七代目いざなぎの尊、此国に天マくたり給ひ、二柱の神となりて、一女三男をうみ給ふ、其若いわゆき日よみひるこそさのを是也、中にも日よみ天照皇大神宮より地神五代目、うかやふぎあわせすの命御子、人皇の初め神武天皇の御代より五拾弐代目、さかの天皇の御代の時、並ひなき高家壱人おわします。名をは左大臣金光と申奉り、その君六能七芸くらからす、内には五かいをたもち、外には仁義をもとゝして、高きやまのほりては民のかまとのにきおふ事、御祝諸人のそんきやうきわまりなし、御家の後見には、べつふの太郎安村、同治郎安継とて、大こうの兵、君を守護し奉る、

本朝の始原に始まり、主人公の出身を説く語り出しは、説経節・天満八太夫本に準ずるものと言えるが、その後見を「べつふの太郎安村、同治郎安継」と実名をあげるのは、古浄瑠璃としての叙述にしたがったものと言える。次いでその主人公の誕生を次のように叙している。

　され共、この左大臣四拾に及び給ふ迄、御子なきをかなしみ給ふ、べつふ兄弟御前へ伺公し、つゝしんで申上ル、きけは誠か、大和の国はせのくわんせ音は、申せは居ぬる間にかのふ居て申せは、たゝぬ間にかゝはせ給ふとうけ給わる、御一子を御いのり遊はし給ひと申上ル、金光はきこしめし、其意にまかせ申さんと、吉日を御ゑらみ、御供あまた引くして、大和の国はせのくわん音に、もうてさせ給ふ、いそくに程なくはせにもなりしかば、みたらせ川へおりさせ給ひて、時に七度のこふりをかき、御壱人入せ給へ、鰐《わに》口両度うちならし、南無大ぢし南大ぢ大ひのくわんせおん、あるかしまいりし御利生には、男子にても女子にても、一子をさつけて給はれと、かんたんくたへ

て御きせい也、七日籠るにちけんなし、弐七日にもちけんなし、三七日にも御りしやうなけれは、思ひ立日を吉日として、百日籠らせ給ひけり、有難やくわんせおん、老僧とけんし、そけんの衣に紋紗のけさ、もんしゃくたいの冠《カンムリ》を召し、たんのふた又なるにすかり給へて、金光の杖にたゝせ給ひ、いかに金光一子をいのるあさましさよ、誠に壱人さつくべし、此若七つになるならは、汝かならずむなしくなるへきに、夫とても望にて有ならはさつけんを仰せける、ゆめのうちにて金光《かねみつ》は、子共七つに成ならは、其四拾三とおほへたり、よき比也と思召、さつけてたべと申、有難やくわんせおん、ゆりの花をたまわり給へ、左大臣の左右のたもとへうつさせ給ふと御夢そうにて、ゆめは其まゝさめにけり、ありかたし〳〵と数のらいはい奉り、宿所へこそは下向被成ける、かくて月日もかさむれは、御たい所御くわん人と見得給ふ、三月の神のかくし月、七月のわつらい八月のくるしみ、あたり十月と申には、御座のひもをとき給ふ、御子取上ケ見給ひは、玉のやうなる若君なり、金光悦給へ、此子に名おは何をつけへきとおほするか、誠にわすれたり、くわんせおんの御むそうの、ゆりの花を給とむすひ有けれは、ゆりと言字をかたとりて、ゆり若きみとつけ給ふ、もりやめのとを相そへて、いつきかしつき給へけり、

それは長谷観音への「申し子祈願」から「百合若誕生」に及ぶもので、説経節の天満小八郎本に準じながら、その叙述はきわめて饒舌である。その前年の「申し子祈願」は別稿にあげる御国浄瑠璃「追合戦」のそれに通じるもので、常套的表現であるが、あれでは夫妻の命は若君十七才までとするのに、これは七歳までの命とする。後半の「百合若誕生」の百合若名付の要因となる、観音よりの子種「ゆりの花」の叙述も、説経節・天満八太夫本にも見え、「追合戦」にもうかがえるが、これがもっとも詳細である。おそらくその饒舌な語りは、繰人形を伴う説経・古浄瑠璃とは違って、ホザマ（盲僧）の口誦的語りが招来したものと推されよう。

その七段に及ぶ叙述の内容も、三都を中心に演じられる説経・古浄瑠璃とは相当に異同するものである。その概略

を段に沿ってあげてみる。

「百合若むくり退治」の内容（梗概）

初段（申し子・鬼神退治の神託）

　嵯峨天王の御代、左大臣金光卿は四十歳に及んでも御子がなく、長谷の観音に申し子して、ゆりの花を子種としていただき一子を得て、百合若君と名つける。十三歳にて元服、四位の中将殿とて帥《そつ》の中納言の姫君を御台所として迎える。

　その頃、天下に数多《あまた》の不吉なことがおこる。先づ一番の物怪《もつけ》は蒙古《むくり》の寄せ来ること、二番の物怪は龍蔵王・福も王か・麒麟・火水の四頭《かしら》が八万の鬼を率いて壱岐の浦に押し寄せることであった。筑紫の軍勢がこれに向かうが叶はず、八幡大菩薩のお力で、退却させる。

　やがて再び不吉が三つ起こる。百合若大臣の提言に沿って伊勢大神宮に勅使が立ち、臨時の神楽があって、その巫女の託宣に、その鬼神退治には、百合若大臣を向けよとある。

弐段目（大臣の鬼神退治）

　帝は大臣に鬼神退治を命じ、鉄《くろがね》の弓矢を打たせ、五拾万騎を添えて都を出立させる。その御陣には本朝の神々が現じ、神風吹き渡るので、島の鬼ども鬼満国《きまんこく》へ引き上げる。この功績によって大臣は、筑紫九ヶ国を賜わり、豊後の国に屋形を並べて繁昌する。

　都において公卿僉議あって、大臣は鬼満国に攻め入って、鬼神を残らず打ち滅ぼせと命じられる。大臣は百万騎を率い、壱岐の浦で八万そうに乗り、東海に出航する。ここに蒙古国の総大将、龍蔵王という鬼神が、多くの鬼神をしたがえて、海の表に黒金の城を築き、霧を降らせて防ぎ戦う。大臣は諸神諸仏の加勢を得て、その霧を払い、鉄《くろがね》の弓矢をもって多くの鬼神の首を射落とす。

三段目（鬼神角力、孤島滞留）

大臣は鬼神に向って名告りをあげ、まず龍蔵王を射殺し、福も王かを海の藻屑と打ち果す。きりん・くわ水は指し違えて入水する。これにしたがう鬼神ども、本朝の神々の加勢もあって、すべて打ち果す。

ここにたんびら王という鬼神が現われ、大臣の御座舟に近より、角力によって負けるなら、この鬼満国・蒙古国《むくり》を日本方へ付け申すという。大臣はこれに応えてたんびら王と角力を争い、八幡大菩薩・観世音の加勢によって勝利する。たんびら王は、鬼満国・蒙古国は七代に至るまで、日本にそむき申まいとの起請文を書いて命を許される。大臣はさらに鬼満国まで攻めて、鬼神を残らず打ち従えようとするが、別府兄弟がこれをとどめる。

大臣は別府兄弟の案内で、玄海島に舟を寄せ、しばし睡眠するが、三日三晩に及ぶ。兄の別府は、大臣を打ち捨て動功を報告せんと弟の式部にはかる。式部は一旦は諌めるが、兄の勢いにはかなわず、兄弟は鉄《くろがね》の弓矢などを盗み取り、眠る大臣を島に打ち捨て、御座舟に乗って島を出る。やがて大臣は目をさまし、海に入って御座舟を追うが果せず、一人島に留められる。

四段目（別府裏切、横恋慕）

別府兄弟は、壹岐の浦で軍勢をそれぞれに帰郷させ、豊後の御所に参り、尾の上の局を介して大臣が流れ矢に当って空しくなられたと伝え、鉄《くろがね》の弓矢などを遺品として奉る。御台所は別府を疑い水火のせめもしたいと思うが、女の身とてそれもならず、悲しみに暮れる。

別府兄弟は都へ上り、御台所に伝えたと同じく、大臣の討死を報告する。帝は別府に筑紫・九ヶ国を与え、大臣の後家に仕えよと命じられる。

別府は、一の色好みにて、三国一の美人たる大臣の御台所に心を寄せ、こしはという女を使として、都よりの御文とて、妻となれとの玉章《たまづさ》を届けさせる。御台所はこの文を読み、無念のあまり自害せんとはかる。ここに乳母の女房・雲井の前が、蘇武の故事をあげて説得し、御台所に代って、三年の宇佐への大願が果てれば妻となるべしとの文を書いて、別府の許へ届ける。

五段目（愛鷹・緑丸の文使い）

やがて三年が経過、御台所は、別府が屋形に入るを恐れ、大臣の鉄《かね》の弓矢などを宇佐八幡へ納めなさる。また大臣愛用の鷹・犬・名馬などをそれぞれに放ち去らしめる。そのなかに大臣の愛鷹・緑丸は、名残を惜しんで中洲の松から離れない。御台所は、鷹は八幡の化身なれば、大臣の御座所を見て参れと緑丸を空に放つ。

大鷹の緑丸は、壱岐の浦にて羽を休め、玄海島へ飛び移り、とある岩間にたどり着く。大臣は鷹の声を聞き、緑丸を招き入れ御台所へ文を書こうとする。が、料紙がない。緑丸が柏の葉を取って戻るので、大臣はそれに血をもって一首の歌を書き、緑丸を豊後をさして放ちなさる。

緑丸が豊後の御所に着くと、御台所は大臣の無事を知り、返事の文を書く。それのみならず、墨・筆・硯を巻き込んで、緑丸の足に付けて放される。緑丸は飛び立つが、その重さの耐えがたく、海に沈んで遺体が玄海島へ流れつく。たまたま大臣がそれを拾い上げ、「故宿人天、同証仏果」の呪を唱えて、緑丸を弔う。

六段目（大臣救助・いやまし女の身替り）

豊後の御所の御台所は、緑丸の帰還を心待ちにしながら、大臣の無事を祈るため宇佐八幡に参詣、数々の誓願を尽くしなさる。

その甲斐あってか、壱岐の釣人三人が悪風に吹き寄せられ、玄海島へ漂着する。この釣人は、海草を取る大臣を見付け、鬼が島かと驚く。大臣は豊後の国の者と名告り、釣人に助けを求める。八幡・観音の加護があって、釣人の舟は壹岐の浦に着き、大臣はそこで三月の奉公をする。

一方、豊後においては、大臣の譜代の侍、阿部の藤治という者の女房が、大臣帰還の夢を夫に語る。そこで藤治は、別府が御台所からよい返事がなければ、満濃池《まんのういけ》に沈める企みがあると語ると、女房はわが娘を身代わりに立てようと提案する。藤治は御台所の屋形に参り、十二単衣《じゅうにひとえ》を賜わり、娘のいやまし女を招き、ことの訳を語り身替りを説く。娘は御主君のためなら命は惜しくないと引き受ける。花のようなる汝を先立てる父の身とて、藤治は嘆き悲しむ。娘は御台所からの十弐単衣を身にまとい、御屋形の簾の内に入る。

やがて別府は、門脇四郎を使として、御台所に返事を迫る。御台所は汝の妻にはならずと答えるので、別府は大いに怒り、門脇に御台所を満能池に沈めよと命ずる。かねて用意したごとく、いやまし女は御台所に替って網代の輿に入り、満濃の池に至れば、舟に乗って念仏のまま入水する。

七段目（大臣の報復・功臣恩賞）

別府太郎は、一旦、壱岐・対馬に隠居するが、壱岐の釣人が鬼子を拾ったという噂を聞き豊後に戻り、壱岐の釣人に鬼子ともども参上せよと命ずる。別府は鬼子の大臣を見て不思議に感じ、苔丸と名付けて召し使うこととし、身柄は阿部の藤治に預ける。

別府はこの苔丸を九ヶ国の諸侍に見せたいと三月十五日、宇佐八幡の社前にて、流鏑馬《やぶさめ》を催すこととする。諸国の諸侍が参ずるなか、苔丸は弓取を命じられる。苔丸は、諸侍のつとめるそれぞれの弓に難をつける。別府はそれならばと苔丸に弓射を命ずると、苔丸は宇佐八幡に蔵された自らの鉄《くろがね》の弓矢を所望。これを取って、苔丸は自らの素性を明かすと、別府兄弟を始め諸侍は大臣の前にひれ伏す。阿部の藤治が弐百人をもって大臣を守り、別府兄弟を捕縛する。弟の式部は空舟にて流され、兄の別府は打ち首の刑に処せらる。

大臣は御台所ともども上洛し、これまでの経過を帝に奏聞すれば、帝は大臣を副将軍に任ぜらる。やがて豊後に戻った大臣は、自らを助けた壱岐の釣人たちに、壱岐・対馬を与え、藤治を筑紫の国司となす。また御台所の身替りとなったいやまし女の菩提を弔うために、如来山満濃寺を建立、宇佐八幡への御台所の誓願通り、数々の寄進をなす。大臣夫婦は百二拾年の齢《よわい》を保ち、御台所は、坂東の香取《かんどり》の明神と顕われ給ふ。

右のごとく、それはおよそ説経節の「百合若大臣」（天満八太夫本）に準じながら、しばしばそれを越えて叙される。その異同をいちいち説明する余裕はないが、特に注目されるのは、「鬼満国」の名が登場することである。ちなみに別稿にあげる壱岐・対馬の「百合若説経」は、「鯨満国《げいまんこく》」の鬼退治を語るものであった。また最後を御台所の香《かん》取《とり》明神の示現をもって結ぶことが注目される。それに続けて、

よろい甲やきやうもんこんかう王のほうけん、金《かね》の弓矢の御内陣に納給ふ、龍蔵王と福も王も、二ツの頭を大地とふまえて御立有、去てよってきまん国より鬼神共、此首を盗取らんといまにおいても、夜に三度日に三度、かしまへしやうけなしけれ共、かしまの神のあらんかきりは、日本は億々七千万億、神慮の程こそ目出けれ

とある。それならば、百合若大臣は鹿島の明神に示現されたと説くものであったろう。つまりこの御国浄瑠璃の「百合若むくり退治」は、八幡の本地を説くものではなく、東国・奥州の鹿島・香取信仰圏において、その本地を説く語り物として機能していたというべきものであった。

おわりに

はやく中山太郎氏は、昭和七年の『旅と伝説』第五年第五号に、「百合若伝説異考」を収載されているが、そのなかで、日本各地に伝承されてきた百合若伝説をあげておられる。しかし、そのほとんどは、江戸時代に刊行された地誌類によるものであった。また前田淑氏も、昭和四四年・四五年の『福岡女学院短期大学紀要』第五号・第六号の「日本各地の百合若大臣伝説」(上)・(下)のなかで、東北地方から九州・沖縄地方までのそれを網羅的にあげておられる。が、それも中山氏と同様に、江戸期の文献資料によっておられる。その近世の地誌文献によっておられることを批判するのではない。伝説は元来口承によるものであるにしても、かってはそれを伝承する手段としては記載に頼るしかないのであれば、それは当然としなければなるまい。今日の口承として伝えられるものも、所詮はかっての記載資料を経過するものであるから、記載された文献資料は重視されなければならない。問題は、そのような記載された民間説話を口承説話を含めてどのような伝承世界で把握されているかということである。

勿論、伝説を研究対象とする民俗学は、それを民間伝承の一分野としてとらえ、それを通してわが民族の思想を考察することであろう。そして重視されるのは、その伝承を支えた民間信仰である。それぞれの在地の民間信仰を核として、それぞれ地域の伝説は生成される。しかしその素材は、どこからもたらされるのであろうか。これについて、先の中山氏は「各地に移植された百合若伝説」と副題を添えておられるので、その視点はもっておられたことは確かである。しかしそれは、坪内逍遥のユリシーズ輸入説を根拠にするもので、日本の幸若舞曲以来の語り物とのかかわりを論ずることは稀薄である。これは前田氏の考察も近似するものである。

本稿では、その語り物は、幸若舞曲から説経節、古浄瑠璃の一部をあげたのみであるが、その「百合若大臣」の流行は、これを引き継ぐ語り物は勿論、さまざまな芸能ジャンルに及んでいたことが想像される。それが全国各地に拡散されていったことを思わねばならない。当然、これを受けとめる各地の地域条件はさまざまである。それを導入する民間信仰もそれぞれである。しかしそれを考察することが民俗学であり、いたずらに伝承の報告で終わるべきではない。

本稿は、それをも考察すべきであるが、その紙面は与えられていない。本書では、松本孝三氏の資料編の「日本の百合若大臣」伝承資料に委せて、今後に俟つこととしたい。

なお各地の記載された百合若伝説は、その鷹神信仰の広がりと共にほとんどは、幸若舞曲以降の「百合若大臣」の直接的・間接的な響き合いのなかで伝承されたものによっていると言える。しかしそのような状況のなかで、幸若以前の古伝承を探りあてることもまた、課題であることを申し添える。

主な参考文献

新潮社『日本文学講座』（同社、一九二七年）（普及版、一九三一年）
笹野　堅氏『幸若舞曲集』（序説）（名著出版、一九四三年）
〃　『幸若舞曲集』同（本文）（同上）
林屋辰三郎氏『中世芸能史の研究』（岩波書店、一九六〇年）
室木弥太郎氏『語り物（舞・説経古浄瑠璃）の研究』（風間書房、一九七〇年）
〃　『中世近世日本芸能史の研究』（風間書房、一九九二年）
横山重・村上学両氏『（毛利家本）舞の本』（角川書店、一九八〇年）
麻原美子氏『幸若舞曲考』（新典社、一九八〇年）
市古貞次氏『中世小説とその周辺』（東京大学出版会、一九八一年）

荒木　繁氏『語り物と近世の劇文学』（桜楓社、一九九三年）
麻原美子氏・校注『舞の本』（岩波書店、一九九三年）
世界人権問題研究所『散所、声聞師・舞々の研究』（思文閣出版、二〇〇四年）
佐竹昭広氏「東勝寺鼡物語（解題）」（『室町ごころ――中世文学資料集――』角川書店、一九七八年）
山路興造氏「中世芸能の変質」（『芸能史研究』90号、一九八五年）
〃　「被差別民芸能の変遷」（『芸能史研究』141号、一九八七年）
〃　「舞々考――地方の舞々を中心に――」（「芸能史研究」141号、一九九八年）
小林健二氏「『山鹿物語』と舞曲「信太」「百合若大臣」」（『説話の講座』6、勉誠社、一九九三年）
阿部泰郎氏「八幡縁起と中世日本記――『百合若大臣』の世界から――」（『八幡信仰史事典』戎光祥出版、二〇〇二年）
村上　学氏「幸若舞曲」（『日本文学新史〔中世〕』、至文堂、一九九〇年』）
〃　「幸若舞曲から説経節浄瑠璃へ（その一）（『幸若舞曲研究・第八巻、三弥井書店、一九九四年』）
川崎剛志氏「曲舞と幸若大夫」（『幸若舞曲研究』第七巻、三弥井書店、一九九二年）
北川忠彦氏「舞曲の曲目と分類」（『幸若舞曲研究』第八巻、三弥井書店、一九九四年）
松澤康夫氏「百合若大臣（注釈）」（『幸若舞曲研究』第十巻、三弥井書店、一九九八年）
〃　「百合若大臣（曲目解説）」（「幸若舞曲研究」別巻、三弥井書店、二〇〇四年）
黒木勘蔵氏『浄瑠璃史』（青磁社、一九四三年）
若月保治氏『古浄瑠璃の研究』全四冊（桜井書店、一九四三年、一九四四年）
横山重氏編『説経正本集』第一～第三（角川書店、一九六八年、一九六九年）
横山重氏編『古浄瑠璃正本集』第一～第六（角川書店、一九六四年～一九六七年）
横山　重
室木弥太郎
阪口弘之　編『古浄瑠璃正本集』第七～第十（角川書店、一九七九年～一九八二年）
室木弥太郎編『金平浄瑠璃正本集』第一～第三（角川書店、一九六六年～一九六九年）
鳥居フミ子編『土佐浄瑠璃正本集』第一～第三（角川書店、一九七二年～一九七七年）

〃　『近世芸能の研究――土佐浄瑠璃の世界――』武蔵野書院、一九八九年）
古浄瑠璃正本集刊行会編『古浄瑠璃正本集〈加賀掾編〉第一～第五（大学堂書店、一九八九年～一九九三年）
古浄瑠璃正本集刊行会『古浄瑠璃正本集〈角太夫編〉』第一～第三（大学堂書店、一九九〇年～一九九四年）
小倉　博編『御国浄瑠璃集』（斉藤報恩会、一九三九年）
阪口弘之編『奥浄瑠璃集――翻刻と解説――』（和泉書院、一九九四年）
須田悦生氏「舞曲・説経・古浄瑠のあいだ――「鎌田」を例として――」（『国語学国文学論集』一九七五年）
〃「「山中常盤」――古浄瑠璃と舞曲とのかかわりをめぐって――」（「静岡短期大学研究紀要」第二三号、一九七七年）
〃「舞曲から古浄瑠璃へ――その諸本論的考察〈清重の場合〉（『静岡短期大学研究紀要』第二六号、一九七八年）
阪口弘之氏「操り浄瑠璃の語り――口承と書承――」（『伝承文学研究』第四二号、一九九四年）
荒木　繁氏「説経の盛衰」（『浄瑠璃の誕生と古浄瑠璃』岩波書店、一九九八年）
佐藤　彰氏「地方の古浄瑠璃――佐渡・加賀・南九州――」（『浄瑠璃の誕生と古浄瑠璃』岩波書店、一九九八年）
阪口弘之氏「奥浄瑠璃」（「浄瑠璃の誕生と古浄瑠璃」岩波書店、一九九八年）
真下美弥子氏「奥浄瑠璃テキストの性格」（『奥浄瑠璃集成㈠』三弥井書店、二〇〇〇年）
奥浄瑠璃研究会「奥浄瑠璃諸本目録」（『奥浄瑠璃集成㈠』三弥井書店、二〇〇〇年）
中山太郎氏「百合若伝説異考」（『旅と伝説』第五年第五号、一九三二年）
前田　淑氏「百合若説話と八幡信仰」（『文芸と思想』第十八号、一九五九年）
〃「日本各地の百合若伝説㊤・㊦」（『福岡女学院短期大学紀要』第五号、第六号、一九六九年、一九七〇年）

韓国の「百合若大臣」——成造本解をめぐって——

金　賛會

一　はじめに

韓国の百合若大臣の「成造本解」は、「成造クッ」や「成造神歌」「家神由来記」とも呼ばれ、主人公の成造が家屋を築造した功績によって家の建築神として示現するというものである。これについては日本でも名の知れる孫晋泰氏が当時の韓国慶南地域の盲人組長である崔順道氏に資料提供を依頼し、その崔氏の知人が「成造本解」を記録して送ってくれたものを『朝鮮神歌遺篇』（一九三〇、郷土研究社）に収めたのが記録としての「成造本解」の始まりである。それ以来「成造クッ」についての研究は、金泰坤氏（「城主信仰俗考」〈慶熙大学校後進社会問題研究所編『後進社会問題研究叢書』第二輯、一九六八〉、「城主神の本郷考」〈韓国史学会編『史学研究』二一、一九六九〉、「巫歌の伝承変化体系」〈韓国民俗学会編『韓国民俗学』七、一九七四〉）、邊徳珍氏（「韓国の民間信仰における城主神について」〈韓国暁星女子大学校『暁星女大論文集』九、一九六八〉）、崔吉城氏（「城主プリ」〈韓国東西文化研究院編『東西文化』九・八、一九七八〉）、羅景洙氏（「成造巫歌の研究（Ⅰ）」〈韓国全南大学校語文学研究所編『語文論叢』七・八合輯、一九八五〉）、徐大錫氏（「城主プリと春香歌の比較研究」〈韓国パンソリ学会編『パンソリ研究』一、一九八九〉)、林在海氏(「城主の本郷チェビウォンの歌と伝説」〈『韓国民俗と伝統の世界』一九九一、ソウル知識産業社〉)、鄭チュングォン氏(「興夫伝と成造信仰・成造歌の関連性とその意味」〈韓国口碑文学会編『口碑文学研究』一、一九九四〉)、金ジョンウォン氏(「城主巫歌の類型と表現構造研究」〈一九九五、韓国中央大学校大学院碩士論文〉)、成吉済氏(「城主巫歌の研究」〈一九九六、韓国翰林大学校大学院碩士論文〉)などによって研究が行われてきた。これらの研究のほとんどは、「成造本解」の巫歌自体についての研究というよりは、成造神が韓国の民間において最高神として広く祀られているところから、その神の信仰の面について論じたものである。また、朝鮮時代(李朝時代)の小説である『積成義伝』などの源流を明らかにするため、漢訳経典である『賢愚経』の「善事太子入海品」と『報恩経』の「悪友品」などと関わって様々な考察が行われている(印権換氏『狄成義伝』〈「『翟成義伝』『赤聖義伝』の根源説話研究—印度説話の韓国的展開—」〈高麗大学校文科大学編『人文論集』八、一九六七〉、シンドンイク氏「積成義伝に関する一考察」〈韓国国語国文学編『国語国文学』七五、一九七七〉、趙春鎬氏「六美堂記の作者と創作背景」〈韓国文学と言語研究会『文学と研究』六、一九八五〉、チェキルヨン氏「六美堂記研究」〈韓国全州教育大学編『全州教大論文集』二三、一九八七〉、張柱玉氏「六美堂記の素材源と作品世界の研究」〈一九九七、韓国誠信女子大学校大学院博士論文〉など)。しかし、これらの文献説話としての百合若大臣と、民間巫覡による「成造本解」との関わりについて考察した論考は今のところ皆無であり、さらにインドをはじめ日本や中国などの東アジア地域の百合若大臣と関わって述べた研究も見当たらない。そこで本稿では、韓国の百合若大臣の諸伝承を紹介し、韓国の百合若大臣を鷹・鍛冶文化の視点から論じてみたい。

二　韓国の百合若大臣「成造本解」――青鳥が手紙を運ぶ

「成造本解」は、韓国全土に広く伝承される祭文で、家を新しく建てた時と引っ越しをして家主が建築神である成造神を新しく迎え入れるときに行われる「成造迎え（成造クッ）」巫祭や、読経師による家内の安泰・無病息災と幸運・財運を祈願する「安宅」巫祭において唱えられる祭文である。この巫祭は原則として家主の年が二十七、三十七、四十七、五十七、六十七などのように七の数字になる年の秋の季節である陰暦十月中に祭の日を定めて巫女を招いて行われる。しかし慶尚道地方などでは、二十三、二十七、三十三、三十七、四十三、四十七などのように三と七の数字が入っている年の秋を選んで祭が行われる場合もある。その祭順は地域によって多少異なっているが、まず家の広い板の間に祭壇を作り供物を並べて、「チュダンサル」儀礼といって巫女は祭壇の前に座って三、四分ぐらい杖鼓を打ち続ける。次には「不浄コリ」「カマンコリ」「上山コリ」「マルミョンコリ」の順序で儀礼を行った後、建築神である成造神を迎える「成造迎え」祭が行われる。このときに巫女は紅天翼の服を着て紅色の笠を被り、一メートルほどの松の木に白紙一枚を糸で括った「成造竿」を持って庭に出て成造神を呼び降ろして遊ばせる。次には成造神を祀る場所を占ってその竿が神の居場所を指すと、糸で竿に括って置いた白紙を解いて銅貨を入れて折り畳む。またそれを清水に濡らして神の居場所である上梁（棟木）の下の壁か梁柱の上部に貼って置き、一握りのお米を三回撒き散らして、「千石、万石増やしてください」と、財運に恵まれるように呪文を唱える。このように成造神を迎え入れてからは、建築神である成造神がどのようにして家を建てることになったのか、その始祖由来譚である「成造本解」巫歌を唱え始める。このときには日は暮れすでに夜になっている。「成造本解」を唱えるときには新しく祀るようになった成造神の神体に向かってお膳の上に白紙を敷いて白米三升を堆く盛って置いた後、蝋燭に火をつける。再び成造神のためのお膳を設け、成造神の来歴を唱えることによってその偉業を褒め讃える（金泰坤氏前掲「同論文」）。その本解「成造本解」の冒頭は、

○忽然天地開闢の後、三皇五帝のその時代に、天皇氏初めて生まれ木徳にて王となり、日月星辰照臨せば日と月が明るけり。地皇氏次に生まれ土徳にて王となれば、草と木とが生え出でたり。人皇氏更に生まれ兄弟九人が九州を分掌し、人間を治める時、人世の文物を設けたり。燧人氏後に生まれ樹を鑽りて火を出だし、人に火食を教えたり。有巣氏更に生まれ木を構へて巣となし、木の実を取り喰う時、木を構へて家となし雪や寒さを凌ぎたり。（中略）その時その時代の成造の本はどこであろうか。中原の国でもなく、朝鮮の国でもなく西天国こそ正本なり。成造の父親は天宮大王、成造の母親は玉真夫人、成造の祖父は国飯王氏、成造の祖母は月明夫人、成造の外祖父は浄飯王氏に非ずや。成造の外祖母は麻耶夫人に非ずや。成造の室内夫人は桂花夫人にあらざるや。（孫晋泰氏前掲『同書』）

○成造の祖父は誰なのか、国飯王氏ではないのか。成造の祖母は誰なのか、月明夫人ではないのか。成造の祖父の挙動をご覧ください。玉皇上帝に疎まれ松種を五つ、五斗、五升、借りて来て、地下に降りて来て疊疊青山の深い所に木を植えるのを楽しみにし、成造の祖母の挙動をご覧ください。万疊青山の山の下、中に木を育てることに力を尽くすとき、成造の父親は誰なのか、天宮大王ではないのか。成造の母親は誰なのか、玉真夫人ではないのか。天宮大王と玉真夫人は十七歳に出会って藍色と赤色の絹糸の束（韓国伝統の結納品）を交わした夫婦の仲。十八歳に初産していつも長男の話ばかりして細波のように育てるとき、成造の父親の挙動をご覧ください。西天西域国に入り、内裏を高く建てて内外宮城を選び出し、王座に高く座って一対の玉璽を手に持って六国朝貢、朝会をもらい、満朝諸臣に侍衛され、億兆蒼生を抱えて国事に力を尽くすとき、（中略）成造の姓はオム氏であり、

堂号〔堂宇の号〕はチェシンであり、別号は成造です。天上にいらっしゃったとき、五歳から字を読み始め、七歳・八歳には詩伝書伝〔詩経と書経〕、九歳・十歳には四書三経のあらゆる術法をすべてマスターし、十五歳に天上界の第一の大工になって、天上の月下宮〔建てる仕事〕を委ねられ、玉を選んで礎にし、金を削って柱を作り建て宝石のように飾り……〔韓国精神文化研究院編『韓国口碑文学大系』二の九、一九八四〕

と〔神迎え・内裏建立〕をもって始めるもので、それは建築神であり、家内の安泰・無病息災と幸運・財運を司る成造神の由来を叙述する本地物語である。孫晋泰氏『朝鮮神歌遺篇』によってその梗概を示すとおよそ、次のようになる。

〈発端〉

(一)西天西域国に住む天宮大王と妻の玉真夫人は、それぞれ三十七歳と三十九歳になるまで一人の子供もないことを嘆き、占い師の言う通りに神仏に申し子をする。初更の夢を見たところ枕の上には菊の花が三輪咲いており、三更の夢では宮中に五色の雲が舞い上がる中で黄鶴に乗った仙人が夫人の傍らに現れ、「夫人よ驚き給ふな、私は兜率天宮の王である。夫人の功徳と精誠至極なる故天皇それに感動し、諸仏の指示により子を授けに参りました」と言い、日月星辰の精気を集めて童子を作って夫人に手渡す。やがて玉真夫人は懐妊し、玉のような若君が生まれ成造と名付ける。〔申し子誕生〕

(二)玉真夫人は喜んで占い師を呼んで若君の相を占ってみると、「天庭〔額〕が高ければ少年に功名を成さん、準頭〔鼻先〕高ければ富貴功名疑ひなし、両眉間が深ければ妻を虐待せん、日月角〔額の左右側〕が低ければ二十前十八の歳に無山千里無人処なる黄土島に三年間流されん」と、妻を冷遇した罪で三年間無人島に流される運命であることを告げる。玉真夫人は成造の生れつきの非運を嘆き悲しんだ。〔博士の占い〕

（三）成造は元気に育ち、三歳のときに言葉を覚えて蘇秦や張儀に優るほどの達弁であった。十五歳になったときには詩経や書経などの諸子の書物を読破し、読めないものはないほどであった。その頃地下国では家を建てることも知らず、森の中で暮らしており、暑い日や寒い日には大変苦労していた。成造は地下国に降りて誰も住まない山に入って家を建てる木材を探し始めたが、その仕事は意外に容易ではなかった。そこで現状を書状に細かく記して玉皇上帝に訴えかけた。成造は玉皇上帝の命令を受けた帝釈宮から木の種を受け取って山にその種を蒔いて、十八歳で山を下った。〔入山〕

（四）ある日、成造の父・天宮大王は群臣を集めて成造の結婚相手を探すように命じた。そこで機織りに長じ、嫁の資質を備えている美しい皇輝宮の桂花〈ケファ〉姫が選ばれる。成造は金冠朝服をまとって御輿に乗って三丞相と六判書をはじめ満潮の百官が立ち並ぶ中を通って皇輝宮に入り、そこで桂花姫と婚礼を挙げ夫婦の契りを結ぶ。〔結婚〕

〈展開Ⅰ〉

（五）結婚した成造は妻の桂花姫を蔑ろにしひどく虐待した。また酒と女に溺れ、国事を疎かにして放蕩三昧の生活を送った。それが長く続くと朝廷の諫臣達はこの事実を密かに天宮大王に報告した。怒った天宮大王は成造を呼んで罪状を告げて三年間の島流しを命じた。成造は三年分の食料と衣服を携え、母の玉真夫人、臣下達と宮女達と別れを惜しんで帆を上げた船に乗って黄土島に向かって出発する。〔臣下の裏切り・王の勅定〕

（六）数日間の航海の後、成造の乗せた船は黄土島の近くに至った。成造は、「無情なれや東南の風よ、軽広船を促すこと勿れ。山も見慣れし山ではなく、水も見慣れし水ではなし。……三年の流刑を誰と暮らすべきか、大王様も情けがなく、朝廷の諫臣も薄情なり、わが運命も哀れなもの。我に何の重罪あって、二十前十八にして無人島なる黄土島に三年間流されるのぞ」と、涙を流し自分の身の上を嘆いた。船頭達は三年分の食料と衣服とともに成造を一人孤島に残して本国に戻る。〔孤島放置〕

〈展開Ⅱ〉

（七）黄土島で三年の流刑生活を過ごした成造は、本国からの放免の知らせを待っていたが、どうしたことか四年が過ぎてもその知らせはこなかった。飢えと寒さに耐えかねた成造は海岸の山に登って松の皮を剥いて食べ、海草などを採って命を繋いでいった。長い間火食をしなかったため成造の体の前身には毛が生え、動物なのか人間なのか区別がつかなくなった。甲子の春三月のある日、成造は飛んできた青鳥が鳴くのを見て、「懐かしき青鳥よ。どこへ行って今来たのぞ、人跡未到のこの島に春光を尋ねて来たならば我が一封の文を持ちて西天国に帰り往き、名月閣に寄せ呉よ、名月閣の桂花夫人はわれと百年の君なるを」と言って、手紙を書こうとしても硯も墨もなかった。破れた帯の端を引き裂いて薬指を噛んで流れた血で便りをしたため青鳥に託すと、青鳥は西天国に向かって空高く飛んでいった。その頃、西天国の桂花夫人は夫の成造を偲んで泣き嘆いていたが、西王母の送った青鳥を見て、「鳥よ、青鳥よ、（お前は）友情の鳥なれば天下を周遊し、黄土島に入り往きて家君太子成造様が死んでいるか生きているか、生死存亡を知りて、私の許に寄せてくれよ」と詠うやいなや、青鳥は口に銜えていた手紙を桂花夫人の前に落として飛び去った。〔鳥の文使い〕

（八）妻の桂花夫人と母の玉真夫人は成造の生存を知って喜び、天宮大王もその手紙を読んで心を痛め涙した。天宮大王は諫臣達を遠方へ流罪に処した。〔報復〕

（九）天宮大王は臣下達に直ちに黄土島に入り、都まで成造をお供するように命じた。黄土島に入った船頭達は助けを求める成造の声を聞いて、かつての太子とも知らず獣が人の声を出しているのだと思い、「汝は獣なのか、人間なのか」と聞いた。成造は、「これ見よ、船頭達よ、私は他の人にあらず、西天国の太子の成造なるが、……火食を食わざりしため、全身に毛が生え、見知り難くなり居るも、私も矢張り人間なり」と身分を明かし、都の様子を尋ねる。〔獣変身〕

（十）船頭達は神に航海の安全を祈る祭祀を行った。黄土島を発った船は順風に乗り、成造は無事に西天国に着き父の天宮大王の前で礼拝した。〔帰国〕

〈結末〉

（十一）大王は成造の帰国を喜び、監獄に入っている罪人と流刑の罪人を皆釈放し、吉日を選んで大宴を催した。成造は妻の桂花夫人とめでたく対面し、その夜を一緒に過ごすとき、兜率天宮から産神が降り桂花夫人に五人の男の子と女の子を授けた。〔恩赦・再会〕

（十二）成造は十人の子供と共に山に入り砂を掘って鉄を集め各種の道具を作り、大工を集め内裏と民の家を建て始めた。また、自ら家を建てる敷地の選定から屋敷を堅める作業を行った。屋敷を堅める際にはいちいち石を取り除き、高い所は低め、低い所は高めて平地をならし、その上に家を建てた。五行をもって礎を据え、仁義礼智をもって柱を建て、日月を窓や戸と成し、太極の紋様で飾った。陰陽を案じて天井を張り、万巻の書物で床を飾った。五色の土で壁を塗って五彩の窓を作り、広く豪壮な家を建て終えると、方位を診て東と南に門を構えた。磁石を取り出して二十四の方位を調べたところ、東の青龍山は火神を鎮め、南の朱雀山は官庁の災難と口舌の禍を防ぎ、西の白虎山は子孫の成長を護り、北の玄武山は財産の損失を防ぐ方位であった。このように成造は家と屋敷堅めを唱えた後、「開門万福来、掃地黄金出、天増歳月人増寿、春万乾坤福万家……堂上鶴髪千年寿、膝下児孫万歳栄」と立春書を記し、「応天上之三光、備人間之五福」と上棟文を書いた。

〔屋敷堅め〕

（十三）立春書と上棟文を上棟に貼って置いた後、成造は立柱成造（神）、妻の桂花夫人は身柱成造（神）として現れる。成造の五人の息子は五土神、五人の娘は五方夫人となる。建築に携わった大工の頭は龍鱗甲の兜を被り、長槍を持ってあらゆる災難と厄から守り、百の邪気と五方の殺気を防いだ。

〔神々示現〕

そして、「成造本解」の最後は、

○　成造様は賢き聖徳と神霊なる明鑑にて人世に降り給ひたれば徳は河海の如く、功は太山の如し。謹みて祝す成造よ、神梁（上棟）に応援あり給へ。

（孫晋泰氏前掲『同書』）

○　昔から成造様は家々にいらっしゃって五方地神となり、上棟に座定なさって、（成造神よ）どうぞ降臨なさいませ。

（韓国精神文化研究院前掲『同書』）

と〔成造神の讃嘆・祈願〕を唱えて終るのである。

次には普通のクッと同様に、「別星クッ」「大監コリ」「帝釈コリ」「ホグコリ」「軍雄コリ」「倡夫コリ」の順序で個別儀礼を行った後、招いたあらゆる神々を送り返す「テイッチョンコリ」祭などの〔神送り〕を最後に「成造クッ」巫祭はすべて終了する。

三　韓国の百合若大臣「成造本解」の諸本

「成造本解」は大きく叙事巫歌（物語性が極めて濃厚、物語縁起）と教述巫歌（物語性が極めて希薄、公式的縁起）

とに分けられる。また叙事巫歌は、韓国の中部地域伝承本（A型）と東部地域伝承本（B型）とに分けられる。中部地域伝承本（A型）は今まで六本余が報告されている。この二つの系統の中で日本の「百合若大臣」と関わるものは東部地域伝承本（B型）である。管見し得た東部地域伝承本の「成造神話」（B型）は次のようである。

①慶南・東莱（孫晋泰氏「朝鮮神歌遺篇」一九三〇）
②江原・溟州（崔吉城氏「韓国巫俗誌」Ⅱ　一九九二）
③江原・迎日（金泰坤氏『韓国巫歌集』Ⅳ　一九八〇）
④江原・寧越（金善豊氏「韓国口碑文学大系」Ⅱ・九　一九八四）
〈参考〉慶南・馬山（永井彰子氏「物語以前—韓国盲僧の語り」一九九七、口承文芸学会例会発表レジュメ　一九九八・三）

また、右の諸本の異同を対照して示すと、次の表Ⅰのようである。

表Ⅰ「成造神話」の諸本対照表

	モチーフ・諸伝承	①孫氏本	②崔氏本	③金氏本	④善氏本	参考永井氏本
発端	〔神迎え・内裏建立〕					
	〔一〕〔申し子誕生〕	○	○	○	×	○
	〔二〕〔博士の占い〕	○	○	×	×	○
	〔三〕〔入山〕	○	○	○	○	
	〔四〕〔結婚〕	○	○	(○)	○	○

展開Ⅰ	（五）〔臣下の裏切り・王の勅定〕	○	○	○（地下国）	○（朝鮮国）	○
	（六）〔孤島放置〕	○	○	×	×	○
展開Ⅱ	（七）〔鳥の文使い〕	○	○	×	×	○
	（八）〔報復〕	○	○	×	×	
	（九）〔獣変身〕	○	○	×	×	○
	（十）〔帰国〕	○	○	×	○	○
結末	（十一）〔恩赦・再会〕	○	○	×	○	○
	（十二）〔屋敷堅め〕	○	○	○	○	（○）
	（十三）〔神々示現〕〔神送り〕	○	○	×	○	○

右の本解「成造神話」は、（一）の〔申し子誕生〕から（十三）の〔神々示現〕までのモチーフ構成によるものであるが、①の孫氏本、②の崔氏本はこれらのすべてのモチーフを含んでおり、両者の採録には四十五年以上の距離が離れているが、筆写本と考えられるほどその内容や表現はほぼ同じであり、参考としてあげた永井氏本もその内容はこれとほぼ一致している。これに対して、③の金氏本と④の善氏本は、展開Ⅰの（六）〔孤島放置〕から展開Ⅱの（九）の〔獣変身〕までのモチーフを欠いており、その点では①の孫氏本と②の崔氏本と大きく相違していると言える。このように本解「成造神話」の伝承の状況は、巫覡および、叙述内容と関わりながら大きく異同するところもあ

るが、表Iの対照表として表示できるように、一つの話型として把握できるものである。

四　民間説話としての韓国の百合若大臣「ノギル国正命水」――鳩が手紙を運ぶ

さて、次には韓国の「百合若大臣」系説話の諸伝承を紹介し、それと「成造神話」との関わりについて考えてみることにする。崔仁鶴氏は、「韓国昔話タイプインデックス」(『韓国昔話研究』弘文堂、一九七六)において日本の「百合若大臣」と対応する説話として「465不老草を求めに行く」をあげておられる。また、福田晃氏は、次にあげる済州島の民間説話である「ノギル国正命水」を紹介し、日本の「百合若大臣」と同話型として位置づけておられる(福田晃「『甲賀三郎』『百合若大臣』の神話的叙述」〈『神話の中世』三弥井書店、一九九七〉)。

(一)昔、ある寡婦に二人の息子があり、兄は結婚して別に暮らし、弟が母と一緒に暮らしていた。たまたま母親が病気で倒れてしまったので、弟は占い師に尋ねると、ノギル国に行って正命水を買って飲むと治るという。弟は早速兄の所に行って一緒に行こうと誘うが、兄は怒りながらこれを拒んだ。〔母親の病気と正命水〕

(二)弟は村の長老達を尋ねノギル国を聞いてみると、三月十日船に乗って行かなければならない遠国であるという。弟は今まで貯めて置いたお金で船を借りてノギル国に向かって出発した。航海の途中、魚みたいな怪物に出会って危険にさらされるが、日光菩薩、西光菩薩、玉皇上帝、竜王婆さんに祈って助けられ、十日目にノギル国に着くことができた。〔海上遍歴〕

(三)弟はすぐ正命水の薬屋を探し、薬剤師から薬の飲み方などを丁寧に教えられ感謝の言葉を述べてそれを持って帰国の船に乗った。

〔正命水の獲得〕

（四）数日にわたっての航海の末、やがて船は故郷の近くに至った。兄は一隻の船に乗り近づいて来て、「兄弟が一緒にノギル国に行って薬を求めてきたと言ったら母は喜ばれるだろう」と言い、薬を奪って弟の両眼を抉り抜き、船の底を刺して沈めた。兄は平気な顔で母のところに行って、「私達の兄弟がノギル国に行って正命水を求めて来ました」と言い、母に弟のことを聞かれると、すぐ帰って来ると答える。

〔兄の裏切り・弟の盲目〕

（五）弟は船から落ちた板に乗って漂流し、ある島に着いて竹で横笛を作って吹くと大勢の人が集まって来た。村人に事件の一部始終を語ると可哀想に思った彼らは食事を提供してくれた。不思議なことに毎晩梟が飛んで来て羽で寝床を作ってくれたので村人らは弟を天から降りてきた人間だとこそこそ言った。

〔孤島漂着・笛の上手〕

（六）その日もいつものように村人らが集まって弟の横笛を聞いていた。どこからか一羽の鳩が飛んで来て、「グウグウグルグル」と鳴いた。村人らが鳩を捕まえて見ると、首に母から送られてきた一通の手紙が括られていた。その手紙を読めない自分を嘆きながら拳で目を擦ると見えなかった目が見えてきた。返事を書いて鳩の首に括って話してやると悠々と羽ばたきながら飛んでいった。

〔鳥の文使い・盲目回復〕

（七）その国の王の姫君が横笛の名人である弟の噂を聞いて宮中に招いた。王の姫君は弟の吹く横笛に魅了され、妻になることを希望したので二人はめでたく結婚する。弟は王の姫君を連れ、船に沢山の財宝を積んで故郷に向かって出発した。

〔結婚・同行帰郷〕

（八）一方、母親はノギル国の正命水を飲んで病気は全快したが、待っても帰って来ない息子のことのみがいつも心配であった。鳩が伝えてくれた息子からの手紙を読んで無事であることを知って喜ぶ。機嫌のいい母の行動を不審に思った兄は母の留守の隙に部屋を探し、箱に入っている弟からの手紙を見つけ出した。弟の帰国を知った兄は村の若者を連れて弟の船を襲撃する。が、その時どこからか七羽の鳩が飛んできて兄の船に砂を撒いた。目を開けられなくなった兄の一行は弟に破れてしまった。〔鳩の援助・報復〕

（九）弟は村人らに手厚く迎えられ、母とめでたく再会した。〔再会〕

右の「ノギル国正命水」と巫覡による「成造本解」とを比べてみると、相当の異同が窺える。すなわち、「成造本解」では、美しい桂花姫と結婚した成造が、臣下の裏切りによって海上を遍歴し、孤島に放置されるのに対して、「ノギル国正命水」では、母親の病気のため、親孝行の弟が正命水を求めて海上を遍歴し、主従の裏切りではなく兄の裏切りによって弟は盲目となり、孤島に漂着する叙述となっている。また、〔獣変身〕のモチーフは、弟の両眼を抉り抜くという兄の残酷な行動による〔弟の盲目〕がこれに対応するものとなっている。また、「ノギル国正命水」では、孤島に漂着した弟は〔笛の上手〕であり、それによって旅先で食事を提供してもらったり、鳥の援助をもらったりし、ついには王の姫君と結婚して〔同行帰郷〕に成功するという展開となっており、「成造本解」とその趣向が異なっている。この済州島の伝承例は、「成造本解」よりは、後に紹介する、朝鮮時代の小説『積成義伝』と『六美堂記』、『金太子伝』などとほぼ同じ展開を見せるもので、「成造本解」とは直接には繋がりにくい説話であると言えよう。

五　文献説話としての韓国の「百合若大臣」

朝鮮時代の『積成義伝』─雁が手紙を運ぶ

（一）甲南の安平国に悪兄の抗義と善弟の成義の二人の王子が住んでいた。父王は善弟の成義を太子として立てようとするが、百官達の反対で悪兄の抗義が太子となる。その頃、母親は重い病にかかり、危険な状態にあった。ある日、道士がやってきて、母親の病状を診て西天の仙薬のイルヨンジュを飲ませるほかに救う手立てはないと教えられた。成義は早速この仙薬を求めて十名余の武士とともに西天に向かって船に乗って出発した。

〔母親の病気と仙薬〕

（二）成義は長い歳月をかけて風波と戦い、さらに行く道を阻む様々な妖怪達に出会って危険にさらされるが、仙人に助けられ退治し、様々な苦労を重ねた末に弱水三千里を無事に渡って西天に着くことができた。〔海上遍歴〕

（三）成義はそこで早速天仏尊師から金剛経と仙薬のイルヨンジュをもらって帰途についた。〔仙薬の獲得〕

（四）ところが成義の成功を妬んだ兄の抗義は数十人の武士達とともに成義一行を安平国に上陸する前に襲撃し、仙薬を奪って武士達を皆斬り殺し、成義の両眼を刺し抜き海に沈め、本国に帰って母親に仙薬を飲ませた。

〔兄の裏切り・弟の盲目〕

（五）成義は破船した船の板に乗って漂流し、ある島に着いて竹で横笛を作って吹いていた。成義はちょうどその時、安南国から帰国する中国の使臣・胡丞相一行に発見され中国に入り、天子の寵愛を受けるようになり、さらには天子の姫君と別れがたい関係となった。

〔孤島漂着・笛の上手〕

（六）一方、本国の母親は仙薬のお陰で病気は全快したが、待っても帰って来ない成義のことのみがいつも心配なので、晴れない気持ちで毎日を過ごしていた。そんなある日、成義の安否が気になってならなかった母親は成義が日頃可愛がっていた雁の足に便りを括って放すと、雁はまっしぐらに中国に向かって飛んでいって、成義のいる宮殿の中庭に便りを落とした。姫君がこれを拾い上げ、読んであげると成義は喜びのあまり、目が開いた。〔鳥の文使い・盲目回復〕

（七）目が見えるようになった成義は科挙に主席合格し、王の姫君とめでたく結婚し、姫君を伴って本国に向かって出発した。〔結婚・同行帰国〕

（八）成義がめでたく帰国するという噂を聞いた兄の抗義は武士を率いて帰る成義を殺そうとしたが、かえって殺されてしまった。〔報復〕

（九）無事に本国に帰ってきた成義は待っていた母親とめでたく再会した。〔再会〕

（十）母親と再会した成義は再び中国に渡って天子から安平国の太子に封じられ、帰国して親のあとを継いで王様になった。〔栄華〕

右の朝鮮時代の小説『積成義伝』は、ハングルで書かれたもので、『狄成義伝』『適誠義伝』『翟聖義伝』などとも呼ばれ、その作者と成立年代は未詳であるが、韓国の学界では一七〇〇年代頃に成立した作品と推定している（印権換『狄成義伝』〈『翟成義伝』『赤聖義伝』〉の根源説話研究―印度説話の韓国的展開―〈高麗大学校文科大学編『人文論叢』八、一九六七〉など）。これを前述の済州島の「ノギル国正命水」と比べてみると、主人公・成義に手紙を運んでくれた鳥が鳩から日頃可愛がって飼っていた雁になっている。雁は韓国では「カルメギ」と呼んでいるが、これは「カル（雁、水）」＋「メ（鷹）」＋「ギ（鳥）」の複合語で「水の鷹」の意味となり、王子の成義に手紙を運んでくれたのは結局、鷹ということになる。王子が鷹を飼ったということになるので鷹狩りは王室と深い関連があったこと、その鷹は無人島に流され、死に直面している王子を助けていることから死からの再生を意味するものと考えられる。また主人公の二人の兄弟を王様の息子とする点と、それと関わって結末のところで母親と再会した弟が親の後を継いで王様となって栄華をきわめるという異同はあるが、両者はほぼ同じ叙述を見せている。が、『積成義伝』の方は「ノギル国正命水」と違って兄弟を王様の息子としている点と、兄と弟がすり替えられてはいるが、最初から悪兄の抗義と善弟の成義とする点においては、次に紹介する韓国の仏教説話である『釈譜詳節』の「善友太子譚」に近似していると言えるもので、これもまた「成造本解」とは直接には繋がらない。また、韓国にはこの『積成義伝』の骨格をほぼ受容していると思われる朝鮮時代に書かれた小説に徐有英（一八〇一～一八七四）著の『六美堂記』があり、これは『積成義伝』より長編になっており、それの抄訳と言えるものに「金太子伝」という小説が存在する。

仏教説話『釈譜詳節』の「善友太子」

（一）波羅捺国の魔訶羅闍王が神霊に祈って第一夫人と第二夫人にそれぞれ男の子が生まれ、占い師の言う通り、善良な第一夫人から生まれた子は善友と名付け、第二の夫人の子は兄を妬んで害しようとするので悪友と名付ける。〔申し子誕生・博士の占い〕

（二）兄の善友は慈悲深い人で国の倉庫を開け、財宝と食べ物を大衆に布施し、それがすべてなくなったので五百人の従者と導師を率いて竜王の魔尼宝珠（如意宝珠）を求め海に向かって出発する。このとき、弟の悪友は兄善友が貴重な宝物を得て帰って来ると、両親が自分を捨てるだろうと思って善友について行く。〔布施と宝珠〕

（三）途中、五百人の従者は本国に帰し、導師に導かれ白銀山を経て金山に至ったが、導師は善友に魔尼宝珠を手に入れる方法を教えて死ぬ。善友は導師を丁寧に葬り、さらに前に進み毒蛇（毒竜）に出会って危険にさらされ

る。が、慈心三昧の力でこれを退治し、様々な苦難を重ねた末に外門、中門、裏門を経て竜宮城に着くことができた。〔海上遍歴〕

（四）善友は竜王に衆生救済のために魔尼宝珠を求めて訪ねて来たと言い、竜王を感動させ宝珠を手に入れる。〔魔尼宝珠の獲得〕

（五）ところが父母に愛を受けている善友を妬んだ悪友は、善友が寝ている隙に竹で両眼を刺し、魔尼宝珠を奪って逃げる。目が見えなくなった善友は弟のことが心配で神に祈願すると、樹神が現れ悪友の仕業であると告げるので嘆き悲しむ。悪友は故国に帰り、善友が海に溺れて死んだと報告し魔尼宝珠を地に埋めて隠す。〔弟の裏切り・兄の盲目〕

（六）善友は苦しみのうちに這いつくばりながら梨師跋王国に辿り着き、そこの牧牛の留承に助けられ、牧牛の頭が舌で目を舐めて竹刺しを取ってくれる。そこで善友は留承から筝を授かり、それを吹いて皆を楽しませ、果樹園の鳥追いとして雇われる。善友はその時、果樹園に遊びに来た梨師跋王国の姫君に出会って王の反対にもかかわらず結婚する。善友は自分は波羅捺国の王子であると明かし、姫君に両眼を舐めてもらって目を回復する。〔結婚・盲目回復〕

（七）善友が波羅捺国の王子であることを知った梨師跋王は喜んで歓待し、善友の願いによって牧牛の留承を招いて手厚くもてなす。〔恩賞〕

（八）一方、善友のことで嘆き悲しんだ本国の母親は、善友が親しく飼っていた一羽の雁の首に便りを結び付けて放す。雁はやがて善友のいる梨師跋王国の宮殿に降り立ち、その便りを伝える。善友は喜んで事件の一部始終を書いてその便りを雁の首に結び付けて放す。〔鳥の文使い〕

（九）波羅捺国の父母は雁の便りによって一部始終を知り、悪友を獄に幽閉する。〔報復〕
（十）善友は国の梨師跋の姫君を伴って本国に向かって出発する。〔同行帰国〕
（十一）無事に本国に帰った善友は父母とめでたく再会する。〔再会〕
（十二）善友は弟の悪友の行為を許し、悪友から魔尼宝珠を取り戻し、それをもって嘆き悲しんで盲目となった父母の目を治す。また魔尼宝珠によって国庫は金銀七宝に満ち、それを国民に布施し、長年の宿願を果たす。〔栄華繁昌〕

一四五九年に編纂された韓国の『月印釈譜』は、朝鮮時代の第四代の世宗大王による『月印千江之曲』とその第二の王子・首陽大君の記した『釈譜詳節』を添削して作られたもので、全部で二十四巻あったと推定される。そのなかで現在、約半数程度（初刊本と復刻本を合わせて）しか伝わっていないが、その序文によると、朝鮮王朝の世宗大王は、亡くなったソホン皇后の冥福を祈るためにその第二の王子である首陽大君に釈迦の一代記を編纂するように命じた。そこで王子は中国の書物を持って漢文本である『釈譜詳節』を作ったという。その漢文本を一般の人々が分かり易く読めるようにハングル訳したものが、ハングル本『釈譜詳節』であり、右の梗概にあげた『釈譜詳節』は、『月印釈譜』の第二十二に収められているものである。これは、兄の善友が自ら大衆に布施する魔尼宝珠（如意宝珠）を求めて海上を遍歴するもので、主人公の成造が王の勅定によって島流しにされ海上を遍歴する展開となっている「成造本解」と違う叙述を見せている。この叙述はむしろ望みの物を授ける如意宝珠を求めて海上を遍歴する『報恩経』の「悪友品」と『賢愚経』の「善事太子入海品」に近い叙述であり、さらには母親の重い病気のため、仙薬のイルヨンジュを求めて海上を遍歴する朝鮮時代の小説『積成義伝』と済州島の民間説話である「ノギル国正命水」にも通じる叙述である。また、「成造本解」に見える主従の裏切りによる主人公の遍歴・苦難は、弟の裏切りによる遍歴・苦難となっており、これもまた『報恩経』『賢愚経』に近く、さらに韓国の『積成義伝』と「ノギル国正命水」にも通じる。あるいは、残虐な弟の行為による〔兄の盲目〕、異国の地において王女との〔結婚・盲目回復〕と〔同行帰国〕も『報恩経』『賢愚経』と『積成義伝』と「ノギル国正命水」と一致する。が、『報恩経』『賢愚経』と『釈譜詳節』の「善友太子」では、「成造神話」に見えない兄の〔盲目回復〕が異国で結婚した王女の積極的な援助によっているところから見ると『釈譜詳節』は、『報恩経』『賢愚経』の叙述に近似していることがわかる。また、朝鮮時代の小説『積成義伝』では、本国の母親から送ってきた手紙を姫君が読んであげると喜びのあまり目が開いたとあって、姫君の積極的な援助は多少後退しており、「ノギル国正命水」では姫君の援助のモチーフは見えない。また、『釈譜詳節』では、主人公は異国において〔箏〕を得てみんなを楽しませ、鳥追いとして雇われる叙述があるが、『報恩経』『賢愚経』では、〔箏〕ではなく〔琴〕、朝鮮時代の小説『積成義伝』と済州島の「ノギル国正命水」では〔笛〕となっており、後述する日本の「百合若大臣」に近い。また、『釈譜詳節』では、帰って来ない太子を嘆き悲しんで盲目となった父母が開眼するところがあるが、このモチーフは『報恩経』に見られるもので、『積成義伝』などでは見当たらないものである。あるいはまた、『釈譜詳節』では、朝鮮時代の小説『積成義伝』と済州島の「ノギル国正命水」に見られない〔申し子誕生・博士の占い〕を備えており、この点は『報恩経』『賢愚経』に近似し、さらには「成造本解」のそれにも通じるモチーフであると言える。

六　韓国の百合若大臣「成造本解」の伝承者――道教陰陽師系の盲覡

韓国の巫覡（盲僧）による「成造クッ」は、家を新築し、引っ越して家主が建築神である成造神を新しく迎え入れるときと、家内の安泰・無病息災と幸運・財運を祈願する「成造クッ」「安宅」巫祭において唱えられる祭文で、日本の「百合若大臣」にきわめて類似していると言える。前述した「成造本解」の諸伝承の中で注目すべき伝承は、①慶南・東莱（現在の釜山地域）の伝本（孫晋泰氏「朝鮮神歌遺篇」、一九三〇）である。これについて孫氏は、『同書』のなかで次のように述べる。

盲人組長の崔順道氏が提供した本解。この成造神歌は古来朝鮮に於て、貧富を問わず、新宅に入った後、盲人を招致し、落成宴を兼ねて安宅祈祷として、これを歌いはじめ、以て成造の来歴を伝え、人々の愴鬱した愁懐を消滅させ、且つ満庭和楽裡に成造神へ誠心祈祷を捧げるものである。

右のように「成造本解（成造神歌）」は、古来より家を新築すると、その完成を祝い、盲人を招いて家内安全を祈らせており、その際に成造神の来歴譚である「成造本解」が語られるという。さらに孫氏は「成造本解」を管理する朝鮮の盲人について次のように論じる。

朝鮮の盲人はその大部分がシャーマンになる。京城には単なる売卜者もある。彼等は高麗時代には盲僧と云われ（高麗史の処々）、李朝初期には禅師・盲僧などと云われ、剃髪して読経卜筮を生業としたらしい（『慵齋叢話』の処々）。今日に於ける盲人も仏経は読んでいるが、僧として看做されてはいない。盲人・太師・訓長・参奉・師長・パンスー、ボングサなどと云われている。彼等は李朝の初まで彼等の集合場なる寺を有っていたらしいが、最近世に至っては「卜庁」と言って、彼等の学校兼集会場なるものを各郡に有っていた。ところが、近年になってからはその名称を日本式に組合と改め、その組織を更に大きくして各道に統一的組合を有するようになった。

右では、朝鮮の盲人はほとんどがシャーマンであり、高麗時代や朝鮮時代には盲僧や禅師とも呼ばれ、僧の恰好をしお経は読んでいたが、僧としては看做されていなかったという。朝鮮の盲覡は占卜を主要な職能としていたが、同時に彼等は読経師として多くの巫経（偽経）を所持し、陰陽道家流の駆邪逐鬼を説き、鬼神を慰め、悪鬼を祓ったりした。また盲覡が行う死霊祭としては招魂や喪門殺と称するものがあるが、招魂は変死者の霊魂の迷いを解き、家族の安寧を祈る行事で原則としては変死した場所で行う（赤松智城・秋葉隆『朝鮮巫俗の研究』下巻〈大阪屋号書店、一九三八〉）。このように陰陽道家の流れをくむと考えられる韓国の盲覡は、百合若大臣である「成造本解」を唱えるものであるが、日本の百合若大臣の場合も陰陽師系の唱門師の関与が考えられるものであった。百合若大臣は壱岐や対馬のシャーマンによって伝承されるものであるが、壱岐に伝わる「百合若説経」は、唱門師の妻であるイチジョウが語るものであり、壱岐の方が対馬のものよりは古態を留めると言えるものであった。折口信夫氏によれば壱岐には矢保佐・矢乎佐という社が今も多く残っており、イチジョウの祀るのはヤボサ神で、そのヤボサは元古墓の祖先の霊で、祖霊のいるところと考えていたのが陰陽師の役霊として利用していたという（『折口信夫全集』第三巻〈古代研究民俗学篇二〉中央公論社、一九五五）。陰陽師系の唱門師が役霊たるヤボサ神を迎えるのに「百合若説経」を唱えるとは言うまでもなく、ヤボサ神の代表として百合若大臣を見たてることであり、百合若大臣は唱門師・イチジョウの使霊神として迎えられるものであった（福田晃「『甲賀三郎』『百合若大臣』の神話的叙述」〈『神話の中世』三弥井書店、一九九七〉）。また折口によれば壱岐の百合若説経は、イチジョウが語るものであるが、正式ではないが、琵琶弾き盲僧も語ると叙しており、巫女とともに民間巫覡の盲僧が関わったという点においても韓国の伝承と共通するところがあって興味深く、今後は民間神話レベルでの両者の直接的交流関係を詳細に究明する必要があろう。

七　韓国の百合若大臣「成造本解」と鷹・鍛冶文化

以上のように韓国の百合若大臣である「成造本解」は、民間の巫女だけではなく、道教陰陽師系に属する盲覡（読経師）によって伝承されるものであったが、次では「成造本解」と鷹・鍛冶文化について論じることにしたい。

「成造本解」において主人公・成造は、天界からもらってきた松の種を地上に植えた。彼はその木を使って家を建てようとしたが、道具がなかったので、「沙鉄を掘り出し鉄を集め、各種の道具を作り、大工を集め内裏と民の家を建て始めた」とあり、ここで成造神は建築神以外に、鍛冶神としても登場しているのである。

（成造は）、道具なきに彼の木々を誰か能く伐り出し得よう。成造一計を思ひ出し、十人の子供を召し連れて、川の辺りへ下り往き、左の手には瓢杓を持ち、右の手には小瓢杓を持ちて、初めの鉄を淘ひ取れば、沙鉄なるゆえに役に立たず、二度目に淘ひ取れるは、上鉄が五斗、中鉄が五斗、下鉄もまた五斗なり。大等の大鞴《ふいご》と、中等の中鞴と、小等の小鞴と、三座の鞴を据へ置きて、様々の道具を作り出す。大斧、中斧、小斧やら、大手斧、中手斧、小手斧やら、大鋸《のこぎり》、中鋸、小鋸やら、大釘抜、中釘抜、小釘抜やら、大鑿《のみ》、中鑿、小鑿やら、大金椎《つち》、中金椎、小金椎やら、大刀、中刀、小刀やら、大鉋《かんな》、中鉋、小鉋やら、大錐《きり》、中錐、小錐やら、大金尺、中金尺、小金尺やら、鍬《くわ》、手鍬、鎌などの道具と、大中の釘、小釘まで、凡ゆる道具を揃へて造り、各々その用途を定め、大工を選びて、家を作らせる時…（①孫晋泰氏本）

このように成造神は、建築神以外に川などで沙鉄を採り、鞴などを使って鉄を精錬する鍛冶神としても活躍していることがわかる。

また、神話において成造は、風水を定めて家を建てているが、そのときに成造神の使う羅針盤を「佩鉄《はいてつ》」と言い、それは成造の鍛冶神としての性格をよく表すものである。「而して成造さま、佩鉄《はいてつ》（羅針盤）を取り出して、二十四方を調ぶるよう、東の方を眺むれば青龍山が応じ居て、火災の神を能く防ぎ…」（①孫晋泰氏本）とあり、成造神は羅針盤を使い、方位を定めるものであるが、この羅針盤を「鉄」とも言っていることから見れば、成造は建築神であるとともに鍛冶神としての性格も合わせて持っていることがわかる。「成造本解」の主人公の成造は男のシャーマンであることが考えられ、シャーマンと鍛冶屋は深い関わりがあったのである。その事例として、韓国済州島のシャーマンによる炭焼長者譚の一つ「三公本解」や巫祖神話「初公本解」、そして古代新羅国の第四代目の「脱解王神話」をあげることができる。済州島のシャーマンによる「三公本解」は、次のような内容を持つ。

昔、上の村に住む男の乞食と下の村に住む女の乞食が結婚して三人の娘を生む。末娘であるカムンジャン姫が生まれると家は豊かになる。ある日、父は三人の娘を呼んで「誰のお陰で食べて暮らしているのか」と聞く。長女と次女は「父のお陰」と答えるが、末娘のカムンジャン姫は、「私の臍の下の縦線のお陰」と答える。怒った父は、カムンジャン姫を黒牛に乗せ、家から追い出す。カムンジャン姫を追い出した父は門の柱にぶつかって盲目となり、元の乞食となる。カムンジャン姫は貧しく暮らしている芋掘りと結婚し、芋を掘る場所で黄金を発見する。夫は黄金の値打ちがわからないが、妻に教えられ、黄金を売って長者となる。

ここで問題となるのは右の「炭焼長者（芋掘り長者）」をなぜシャーマンが語るのかであるが、巫女が祭りを行う場合は刀、押し切り、鈴、鐘などの道具が絶対的に必要となる。これを作るのが鍛冶屋である。このように巫女と鍛治屋は深く関わっており、巫女と鍛冶屋が夫婦となって巫覡活動をする場合もある。この神話の古い伝承は『三国遺事』の「薯童伝説」として記録されている。次にあげる済州島シャーマンによる「初公本解」は夫妻・母子再会型の「日光感精神話」に属するものであるが、これもシャーマンと鍛冶文化との関わりを示してくれる伝承である。黄金山の寺に住む朱子が村の姫君のつむじを三回撫でて形見のものを残して去り、その後、姫君は妊娠が発覚、家から追い出される。姫君は朱子を訪ねそこで三人の息子を生む。自分は僧の身分なので朱子は、姫君と三人の子供を仏道の地に送り住ませる。三人の息子は父無し子と言われたりする。三人の息子は科挙試験に合格するが、それを妬んだ儒学者たちは母親を帝釈宮に閉じ込める。三人の息子は母君を救い出す。その後、三人の息子は東海の鍛冶屋を招いて一緒に刀などの巫具を作り、お堂を作って母親に守らせる。その場面は、次のように語られる。

　東の海の鉄《くろがね》のせがれ（鍛冶屋）を呼べ」と呼びなさって、東の海の小砂、西の海の大砂を持ってきて、鞴《ふいご》を吹いて三明斗（三種の基本巫具、神刀・搖鈴・算盤）を作り、天門に文字を刻むのに天の字、地の字、大の字、門の字を刻んで、搖鈴、神刀を作り、深い大山に登り、若桜、老木を切ってきて、最初の部分は切って村の太鼓を作り（後略）（張籌根氏『韓国の民間信仰』資料篇、金花舎、一九七四）

このようにシャーマンと鍛冶屋は深く関わっていることが右の済州島の神話から推測できる。また、古代新羅国には第四代目の脱解王（五七～八〇）が存在したが、『三国遺事』巻一の「脱解王」条によれば彼はもともと鍛冶屋であった。

　東海龍城国である多波那国の王と積女国の王女が結婚、大きな卵を生む。「縁起が悪い」と、箱船に入れて海に流す。その箱は新羅国の阿珍浦に漂着する。一人の老婆がその箱を拾って開けてみると、中に子供がおり、脱解と名付ける。脱解は、吐含山《とはむさん》に登り、地勢が良い瓠公《ほごん》の家を訪ね、我が家にしようと、偽りの計画を立てる。

（左）半人半獣の怪神のような西王母（汪紱『山海経存』）
（右）崑崙山に降臨する美しい姿の西王母（任薫『瑤池霓裳図』）

脱解は、瓠公の家の側に炭と砥石を埋めておく。二人の間で争いがはじまり、なかなか結論がでないので役所に訴えた。役人が脱解に「何を証拠にお前の家だというのか」と聞く。すると、脱解は、「私の家はもと鍛冶屋でした。しばらく隣の村に行っている間、他人が奪って住んでいるのです。ここの土地を掘ってください」と言った。言う通りに掘ってみると、なんと炭と砥石が出てきたので、脱解はそこを自分の家にしてしまった。当時の南解王は脱解が知略家であることを知り、婿として迎えた。これによって彼は王位に着くことができた。

　右のように脱解は鍛冶シャーマンとしての性格が濃厚である。北朝鮮の黄海道地域ではシャーマンになるものは、必ず巫病をわずらい、その巫病の中で野原をさ迷いながら、鉄で作られた巫具類を土の中から見つけ出し、神体として祀る伝統があった。その鉄製の巫具類は亡くなったり、巫業を止めたりしたシャーマンが使ったもので土の中に埋めて置いたものである。この地方では鉄製などの巫具類を見つけ出したら必ずシャーマンになると考えられ、またシャーマンになるためにはこうした鉄製の巫具類などを掘り出さなければならなかったのである。またシャーマンが成巫儀礼を行う前に、家々を回りながら鉄類を集める鉄乞いが行われる慣例があった。鉄乞いで集められた鉄類は、一生涯巫業で使われる巫具などを作るためであった。韓国本土と同じように済州島のシムバンの祖先は、遍歴のなかで鉄製の巫具類を発見してそれを神体として祀ったりしていた。その鉄製の巫具は「明図」とも「明斗」とも呼ばれており、「明図」とは神刀、算盞、天文の三つの鉄製の巫具をさす。シムバンはこの鉄製の巫具を家の神座に神体として大事に祀っており、それを「祖先」とも呼んでいることから巫祖より大事に受け継いだ守護神であり、守護霊でもあった〈拙稿「韓国の『炭焼長者』―シャーマンと鉄文化との関連から―」〈福田晃・金賛會・百田弥栄子編『鉄文化を拓く炭焼長者』〉三弥井書店、二〇一一〉。「成造本解」の中の成造神は巫覡の信奉する建築神であると同時に鍛冶神であり、以上で見たようにシャーマンと鍛冶文化は深い関連があった。

次の問題として韓国の「成造本解」では、日本の百合若大臣のように主人公の手紙を運ぶ鳥がなぜ「鷹」ではなく、「青鳥」なのかが問題となる。「成造本解」では西王母の使いである青鳥による「文使い」になっているが、西王母は、中国に古くから信仰された女仙で民間では「王母娘娘」と呼んだ。『山海経』によると「西王母は西側へ三五〇里行くと玉山があるが、そこが西王母の住まいである。その形状は人のようであるが、豹の尻尾に虎のような歯を持ち、口笛を良く吹き、蓬髪〈乱れた髪〉に玉勝〈玉製の簪〉を付ける」とあり、半人半獣の怪神の姿となっている。西王母には「三羽の青鳥がいるが、赤い頭と黒い眼をしている。その三羽は大黎、小黎、青鳥と言い、西王母のため獲物を捕えて持って来、崑崙山の北側に住んでいる」という。西王母はこのように凄まじい怪物であったが、徐々に「不老長寿の薬を所持し、生と死を司る神女」というイメージに変化していった。西王母の身分は段々上昇し、やがて道教の最高の地位である「元始天孫の娘」として認められ、かつての「半人半獣の怪神」から「天界から降りてくる美しい最高仙女」へと変化し、不老不死の仙桃を管理する。

西王母の着る服は色鮮やかで美しく、その姿は威厳があり、顔は綺麗で神仙のような人として絶大な信仰を集めるに至った。『漢武故事』では西王母は不老長寿の薬を持って三羽の青鳥の護衛を受けながら天から降臨する神秘的な女神として描かれている。このように半人半獣の怪物姿の西王母に獲物を運んでくる青鳥も、「西王母が宴を催すときに派遣する使いの鳥」としてその姿を変え、やがては「青鳥」といえば「良いお知らせや手紙を運ぶ鳥」という意味として使われるようになったのである（柳江夏「漢代西王母の画像石研究」〈延世大学大学院博士論文、二〇〇七〉、Zhang Rui「西王母の韓国文学的受容様相」〈大邱大学大学院修士論文、二〇〇八〉、森雅子「西王母の原像―中国古代神話における地母神の研究―」〈『史学』五六巻三号、一九八六・十一〉、金台植「古代東アジアの西王母信仰の中の新羅仙桃山聖母」〈韓国文化史学会編『文化史学』二七号、二〇〇七〉など）。

このように「成造本解」において主人公・成造の手紙を運んだ青鳥の場合も、元は鷹による「文使い」であったものが、西王母信仰が民間に広がり、鷹から青鳥へ変化してしまったのではないかと考える。また、鉄王国の始祖「金首露王神話」では鷹と鉄は深い関連があり、日本の「百合若大臣」でも鉄と鷹とが深い関係にあることを考えれば、「成造本解」の「青鳥」も元は鷹であった可能性が高いと言えよう。次の『三国遺事』（巻五の第七）の記事は、西王母の使いが実際、鷹類に属する「鳶」として登場している。

慶州の仙桃山の神母（名は娑蘇）は、中国の皇室の娘で早くから神仙の術を得たが、本国には帰ろうとせず、朝鮮に住みついた。父王は手紙を鳶に結びつけて送ったが、それには「鳶が止まるところに家を作りなさい」と書いてあった。彼女は鳶の運んだ手紙を読んで、鳶を放すと仙桃山に止まった。そこで彼女はそこを根拠地とし住み、後で地仙となった。このため仙桃山を西鳶山と呼ぶようになった。（中略）新羅国第五四代景明王は鷹狩りを好み、この山に登り鷹を放したが行方不明になった。そこで王は西鳶山の神母に祈り、「もし鷹を探すこと

伽耶国始祖の金首露王降誕地（韓国金海市所在）

ができるならお礼として必ず聖母に爵位を授けて奉じたい」と言った。すると鷹が帰ってきて机上に座るので「大王」に奉じた。

ここでの仙桃山の神母（名は娑蘇）は西王母のことであるが、その西王母は中国の皇室の娘であり、離れて過ごす娘のもとに鷹が父王の手紙を運んでおり、「鷹の文使い」モチーフが語られている点では日本の百合若大臣に近似しているが、韓国の「成造本解」は、日本の百合若大臣と比べ道教の神仙思想が強く反映されている点では異なると言える。また「鷹の文使い」とともに王の鷹狩りが叙されるなど、鷹と王権、鍛冶文化とが深く結びついており、韓国でも古い時代から手紙を運ぶ動物としての鷹の存在が定着していたことが考えられる。さらに「成造本解」において王子である成造が青鳥（鷹）を自由に操り、青鳥に手紙を託して飛ばすということは鷹匠としての成造の姿が見え隠れしており、王権と鷹狩り、鍛冶文化は深い関連があったのである。

八　おわりに
――韓国の百合若大臣「成造本解」と古代伽耶国の鉄文化

前述のように韓国の「成造本解」においての成造神は建築神であり、鍛冶神でもあった。その「成造本解」の伝承地域は今の釜山・金海地域を中心として鉄王国の伽耶であった。この地域は、日本では任那国として知られており、今の金海や釜山地域を中心としたところであるが、古代より鉄の産地であり、海を背景にした鍛冶文化が盛んな地域でもあった。

そこで次では古代伽耶国の始祖・金首露王の由来譚をあげてみよう。十三世紀に僧の一然によって編纂された『三国遺事』巻二の「駕洛国記」には次のような記録が見える。

開闢以来、この地にはいまだ国の名称もなく、それに群臣の呼び名もなかった。我刀干、彼刀干などの九干が酋長となって民を治めていた。ある禊の日に彼らが住んでいた北側の亀旨峰（亀の伏している姿の山）から皆を呼ぶような不思議な声が聞こえてきた。九干をはじめ人々が集って行くと、人の声は聞こえるが、姿は見えない。「お前たちは峰の頂上の土を掘りながら、亀よ亀よ、首（首露）を出せ。もし出さなければ焼いて食べるぞと歌いながら舞い踊りなさい。すなわちこのように歌うのは大王を迎える良い兆しであるのだ」と言った。声の通りすると、紫の縄が天から垂れてきて地面についた。縄にしたがって行って見ると、赤いふろしきに金の箱が包まれている。その箱の中には六個の卵があり、その卵から子供が出てきたが顔はまるで龍のようであった。彼らはそれぞれ六伽耶国の王となり、首露が大伽耶国の始祖王となった。この時、琓夏国から脱解が来て、王座を奪おうとするので二人は変身術で競って決めることにした。脱解が変身して鷹になると首露王は鷲と化し、脱解が雀になると首露王は鸇と化して首露王の勝ちとなった。ある日、海の西南の方から赤色の帆をあげ、赤い幡を翻しながら北に向って進んでくる船があった。臣下の留天らは駿馬と軽船を携えて望山島に行って松明をあげてその船を迎えた。その中には首露王の后になる阿踰陀国の王女が乗っていた。首露王は仮宮で共寝して二夜を過ごし、また一昼が経た後、后を連れて宮中に戻ってきた。

古代伽耶国（伽耶諸国）は、三世紀から六世紀中頃にかけて朝鮮半島の中南部、洛東江流域を中心として散在していた小国家群で、伽耶・加耶、加羅、任那とも表記された。伽耶国は宇佐八幡宮の辛嶋氏族などと関わっているので、百合若大臣の八幡信仰、特に鍛冶文化を考える場合、とても重要な伝承である。そこで次は鉄と鷹（鷲）はどんな関係にあるのかについて考えてみたい。伽耶国の始祖は金首露王であるが、「金」は鉄、「首露」は「鷲」を意味していると思われる。上記の神話によれば、首露王は卵から生まれたとなっているが、この卵の殻は溶鉱炉、中の黄身は溶鉱炉のなかの黄色い鉄を想起させる。

また製鉄王国の伽耶国は龍神である水神を祖先神とする。亀は海神であり、伽耶国の金首露王神話の媒介動物は海と関係のある亀であり、その亀が始祖のいる場所を指示する存在と亀旨峰という誕生の場所が同一であることは亀が伽耶国の始祖神であることをさす。

あるいはまた、伽耶国神話で登場する亀の甲羅は「鉄」を象徴するものと思われる。さらに同神話で亀を焼くというのは鉄を溶かして製鉄をするものであり、水神の象徴の亀（水）の力で高温の鉄をさましたことを意味し、そうすることによって始祖の首露王が誕生したと言うのは首露王が鍛冶王であることを意味する。さらに製鉄王国と言える伽耶国の金首露王神話で、伽耶の首露王が脱解というものと王位争いの競争で、脱解（新羅国王）が変身して鷹になると首露王は鷲と化し、脱解が雀になると首露王は鸇と化して、脱解を降伏させたとなっているが、この叙述は、鍛冶王の首露が鷲などに変身したりしているので、鍛冶神の八幡神が鷹と変身したりする叙述と響くものである。『八幡宇佐宮御託宣集』巻五の「菱形池の辺の部」（和銅元年）には、宇佐川（今の駅館川）に八幡神が東の峯の松の木に鷹の姿となって、通行人を殺した。大神比義と禰宜の辛島勝乙女が穀を絶って祈ると「我霊神と成つて後、虚空を飛び翔る。棲息無く、其の心荒れたりてへり」とあり、そこに鷹に因んだ鷹居瀬社を建立したことになっている。ま

（左）古代伽耶国の鍛冶場（模型、金海国立博物館所蔵）
（右）古代伽耶国の古墳からは出土された鉄鋌などの鉄製品（金海国立博物館所蔵）

た、『同書』に、小倉山（亀山）の麓、菱形池のほとりで鍛冶屋の翁がその姿を見せ、金色の鷹となり、あるいは金色の鳩と化すなど不思議なことが起きたとなっている。あるいはまた、彦山権現が所持していた如意宝珠を法蓮が受け取っていたが、八幡神はそれがほしかったので盗んで豊前国の下毛郡の諫山郷（福岡県京都郡勝山町）の南の高い山の洞に身を隠した。法蓮が追っかけて追求すると、八幡神は「金色の鷹となり、金色の犬を召し具し、この高き山に飛び返って」、法蓮に言うには、「我は八幡なり。此の宝珠を賜ふて、一切有情を利益すべし」とあり、八幡神は鷹と深い繋があり、八幡神が「金色の鷹」になっており、金色の犬を召し具しているところから八幡神の鍛冶神としての性格がよく表れていると言えよう。

鉄王国とされた朝鮮半島の古代伽耶国については、『三國志』〈魏志　東夷傳〉弁辰（後の伽耶国）伝に、「國出鐵　韓濊倭皆従取之　諸市買皆用錢　如中國用錢　又以供給二郡」とあり、大きな鉄の産地であったことがわかる。さらに弁辰（伽耶）の鉱山には金官伽耶の金海鉄山と大伽耶の冶爐鉄山などがあり、現在の山清郡にある山陰の尺旨山鉱山や、三嘉の毛臺里沙鉄鉱、黄山の鉄山があった。これ以外にも阿羅伽倻国も周囲の大谷鉄山と昌原鉄山などの豊富な鉄の産地を有する。今日、この地方の代表的な鉱山の数を調べてみると、三〇箇所にも昇る。また四～五世紀代になると伽耶地域では鉄鋌の生産技術が大きく発展し、鉄素材の普及が本格化するが、これを証明するかのように大量の鉄鋌と金槌がこの時期の新羅や伽耶地域の古墳から数多く出土された。五世紀頃の伽耶地域の鍛冶文化の代表的なものには、陝川地域の玉田古墳群から出土された遺物がある。特にM三号墳からは鍛冶具とともにまったく使用目的のわからない鑄造鉄斧と鉄塊とが馬具や武器、甲冑などと一緒に大量に出土された。この中で注目を集めたのは、鋳造鉄斧の出土であるが、それも一箇所で一二一点も発見されたのである。

以上のように韓国の百合若大臣の「成造本解」の伝承地である古代伽耶国は、鉄の産地であり、その伽耶国の始祖神話において、始祖の首露が鷲などの鷹に姿を変えるというのは鍛冶文化と鷹とのかかわりを表すものであり、この点は鷹や鳥が介在する日本の百合若大臣と宇佐八幡伝承にも響く問題であった。

主な参考文献

赤松智城・秋葉隆『朝鮮巫俗の研究』（大阪屋号書店、一九八三年）
金泰坤『韓国民間信仰研究』（集文堂、一九八三年）
徐大錫『巫歌文学の世界』（集文堂、二〇一一年）
福田晃・金賛會・百田弥栄子『鉄文化を拓く炭焼長者』（三弥井書店、二〇一一年）
金賛會『本地物語の比較研究─日本と韓国の伝承から─』（三弥井書店、二〇〇一年）
洪恵林「西王母神話研究─小説と詩・賦を中心に─」（慶熙大学教育大学院修士論文、二〇一二年）
羅鐘宇「韓国の伽耶・新羅の鉄文化と九州・大分地域との文化交流」（金賛會『平成十八年度〜平成十九年度科学研究費補助金〈基盤研究C〉研究成果報告書』、二〇〇九年）所収

中国の「百合若大臣」への招待

百田弥栄子

百合若大臣については多くの先人の膨大な研究があるが、福田晃先生は『神話の中世』（一九九七年　三弥井書店）の「甲賀三郎」「百合若大臣」の神話的叙述」で、わが国の「百合若大臣」の源流について、一つには「主人公の盲目帰国を強調する善事太子譚につながる伝承があり、今のところ、その例は隣国のみ見出されるものであ」り、もう一つは、「主人公の美しい妻への横恋慕を主張するもので、その伝承例は中国大陸から印度の古典にまで及ぶものであった」と推論されつつ、

したがって、かならずやそれらの伝承が、わが国土に及んで、「百合若大臣」の原拠となったものと推されるが、いずれにしても諏訪縁起とは違って、その原拠とすべき伝承例がいまだに少な過ぎるゆえに、今後の示例の探索によって、確実な見解が期されるところである。

と述べられた。大林太良氏もまた『神話の系譜』（一九九一年　講談社学術文庫）で「百合若伝説の系譜論は、内陸アジアも考慮に入れて、従来以上の広範な比較を必要としている」と、その探索の目をはるかアジアの中央部へ向けられた。

そこでわたくしは中国の神話伝承の中に百合若大臣説話十六事例を探し、以下にその梗概を紹介したいと思う。なお、①から⑯のおおよその伝承地は末尾に地図を添えた。

一　西南部・雲南省と貴州省の百合若

①　景頗《チンポー》族の「凱剛《ガイカン》と凱諾《ガイヌオ》の物語」（凱剛和凱諾的故事）

景頗族は主に雲南省の西端、ミャンマーと国境を接する山間部の徳宏傣族景頗族自治州に居住している。ミャンマーではカチン族と呼ばれる。

河のほとりで美しい村娘の娜賽瑪《ナサイマ》が洗髪している。金魚王子（金魚は黄金の魚の意）が見初めてりりしい若者に変じて現れ、娘と心を通わすが、娘が身ごもるとふっつり来なくなる。娘は双子の男児を産み、兄を凱剛、弟を凱諾と名づける（凱は片親の意）。双子は成長し、父は誰かと聞く。母は「金魚の王子、今は王になっている」と教える。兄弟は川辺に高炉をすえ、毎日鉄鎖を打っては川に放る。金魚王は「鉄炉を移せ」と現れる。兄弟は魚王を鉄鎖で縛り、「お前は母と僕らを捨てた、父無し子とからかわれた」と責める。魚王は謝り、金銀のつまった袋と銀を鏤めた宝剣宝矢を与える。

兄弟は芭蕉樹で筏を造って川を下る。大風が吹き、渦に巻き込まれて筏は二つになり、兄の凱剛は袋と一緒に押し上げられて岸に着く。弟の凱諾は宝剣宝矢と一緒に流されてとある村に着く。村はがらんとしている。村はずれで婆《ばあ》と娘が、「大鷹が毎日一人ずつ銜えて行く。明日は孫娘を喰うといっている」と泣いている。娘の名は絲麗南《スリナン》。

翌朝大鷹が出現。凱諾は壮絶な戦いのすえに仕留める。凱諾は娘と夫婦になる。凱諾が悪鷹を退治したといううわさはぱっと広がり、人々が戻ってきて村はにぎやかになる。

よその村で人喰い大蟒が出没。凱諾は鉄矢を打って準備万端ととのえ、大蟒に十七本の鉄矢を放って退治する。村人は喜び、凱諾を村長に推す。妻と婆を呼んで暮らす。

凱諾は兄探しの旅に出る。川に沿って進むと猿の群に出合い、兄の袋を背負っている母猿を認めて殺す。兄が来て、「今お前が殺したのは兄嫁だ」と泣く。凱諾は兄を慰め、一緒に村に戻る。

兄はまるで母猿のような娘を嫁に選ぶ。そのうちに弟の妻の美しさに嫉妬し、自分の妻を毒鶏粽で毒殺。凱諾を狩に誘い、険しい懸崖の上で「あそこに鹿がいる」と呼び、駆け寄った凱諾を、兄は弓をつかむが早いか突き落とす。村に戻った兄は、絲麗南に悲しげに「凱諾はうっかり崖から落ちて死んだ」と伝える。妻はあの冷静な夫が崖から落ちるはずはない、落ちたなら弓も一緒のはずと思う。妻は塩の包みと籠一杯の笹豆を背負い、義兄に「その崖に連れて行け」と案内させる。そこは底なしの穴で、妻は「ご無事なお帰りを」と祈って包みと背籠を投げ入れる。

張建栄　絵

一方、凱諾は山神地鬼の加護で深い穴に軟着陸する。あたりには芹草や香草、果物がいっぱい。そこへ落ちてきたものがある。凱諾は豆の蔓を伝って生還せよという妻のシグナルと思って勇気が湧き、早速豆の種を撒く。

二日目、凱剛は風習で絲麗南を娶ろうとする（レビレート）。絲麗南はしかたなく「三年待て」という。三年の期限の日、絲麗南は「わたしを娶りたいのなら、凱諾のあの強弓を引けなければならない」という。凱剛は弓を引こうとするが、どうしても引けない。凱剛は「弓も凱諾と一緒に落とせばよかった」と悔やむ。絲麗南は「きっと楽に引ける男がいるはず」といって譲らない。凱剛は「誰も引けなければ嫁になれ」と逼り、高台に坐って若者たちが次々試すのを見物する。だが引ける者はいない。

その時、長髪の男がかけてきて、ものも言わずに弓を取ると軽々と引いてみせた。凱諾がたった今豆の蔓を伝って穴を出て、かけつけてきたのだった。そのまま凱諾ははっと半身を起こした凱剛めがけて一矢を放ち、兄はよける間もなくその場に倒れた。人々はざわめき、絲麗南は夫の胸に跳びこんだ。（木然脳都捜集整理『景頗族民間故事』一九八三年　雲南人民出版社）。

②傈僳族《リス》の「アオバトの物語」（緑斑鳩的故事）

傈僳族は、西蔵自治区に隣接する雲南省怒江傈僳族自治州の大渓谷地帯に居住する。これは高黎貢山の麓、怒江のほとりの集落で、『大理古代文化史』の著者で著名な文学者・民間文芸研究者である徐嘉瑞氏の採集による。

山主の息子Aと貧乏人の息子Bは、魚を獲ろうと芭蕉樹の筏で川を下る。Aが長刀で大魚に切りつけると筏が二つに割けて、二人は東西二手に流れ下る。

Bはとある村に入る。櫃に隠れていた姉妹が悪蛇、悪鷹にみんな襲われたと訴える。姉はおしゃれ、働き者の妹は顔中泥だらけ。Bは口笛を吹き洞口に長刀を、歯を上に向けて挿す。するりと這い出てきた蟒は、全身が真っ二つに裂ける。大鷹が上空を旋回。口笛を吹くと飛びかかってくる。矢を放つと大鷹に命中。娘たちは村の恩人と喜ぶ。

Bが「Aを探しに行く」というと、姉妹もついて来る。Aは一年たってもみつからない。途中で母猿がいたので「Aをみなかったか」と聞くと「みないみない」というばかり。怒って一矢を放つ。Aが跳んで来て、「その猿は自分の妻だ」と悲しむ。Aは姉妹のうち身ぎれいな姉娘を妻に選び、Bは相愛の妹を妻にする。四人は故郷に戻る。Aは洗顔した妹娘の美しさに気づき、邪心を抱く。

AはBを狩に誘い、風洞のある断崖に来る。Aの「野豚だ、仕留めろ」という大声に、駆けつけたBは力一杯刺したとたんに風洞に落ちる。そこはアリの国で、蕨刈りを手伝って感謝され、食物を分けてもらうもとても足りない。智恵深いアリ王は猿たちにBを大山の洞に連れて行けと命じ、Bはそこで野獣を捕って暮らす。

故郷を思い竹笛を作って吹く。ハリネズミが同情して上に向かって穴を掘り、Bは洞を脱出する。洞の外で笛を吹く。アオバトが「その笛をくれれば家に送ってあげる」という。竹笛を与えると、アオバトが無数に飛来して龍竹にとまる。Bがしなった竹の梢を掴むとアオバトが一斉に飛び立ち、反動で故郷に撥ね飛ぶ。

一方AはBの妻に、「Bは風洞に落ちた。楽な暮らしをさせてやろう」と言い寄る。妹娘ははねつけて牢につながれる。Bが家に帰ってみると妻の姿はない。泣き声の方へ向かい、長刀を抜いて牢に突っ込む。出て来て遮るAを一刀で斬ろうとするも思いとどまり、「妻はどこだ」。「知らない」

蒋高儀　絵

というAにかまわず土牢に踏み込むと、妻がいる。Bは妻のいましめを断ち切り、弩弓を構えたAに一刀をあびせる。

Bと妹夫婦は力を合わせて畑を拓き、楽しく働いて暮らした。(『雲南各族民間故事選』一九六二年　人民文学出版社)

アオバトは全身が翡翠のような緑色で、笛の音のような声で「春が来たよ、畑に出よう」と教えるので傈僳族に愛されている鳩。日本でも鉱泉水や海水を飲みに森から群をなして飛んでくることで知られる。塩分やミネラルの補給のためで、山と海を結ぶ鳥である。

③　白《ペー》族の「虎家の伝説」(白族虎家伝説)

これは著名な白族の神話研究者・採集者の張旭氏が「白族トーテム漫筆」という調査報告の中でその梗概を紹介したもの。白族はおおざっぱにいって大理白族自治州の中心にある洱海の周縁地域の民家人《ミンチア》(自称白)、瀾滄江沿岸の那馬人《ナマ》(自称白子)、それに怒江、俅江両岸の勒墨人《ラモ》(自称白人)があって、これは勒墨人の虎氏族の伝説である。

むかし大洪水が発生した。天神は阿卜弟《アブディ》と阿儀娣《アイティ》の兄妹をヒョウタンに入れて天から落とした。ヒョウタンは水を漂った。洪水が退くとどこにも人影がない。兄妹は人類を伝えるために結婚し七人の娘が生まれた。兄は間もなく死に、阿儀娣が娘たちを育てた。

ある日虎が現れて求婚し、「承知しなければ喰ってしまうぞ」と脅した。姉たちは死んでもいやといい、末娘が承知した。母と姉たちはさすがに「あの凶悪な虎のところにどうして妹をやれようか」といった。虎はそこで人の姿になって末娘を迎えに来た。

末娘は虎と結婚して二人の男児を産んだ。兄弟は立派な狩人に成長した。兄弟は森で狩をした。森には底なしの洞が黒い口を開けていた。ある日、不運にも兄が洞に落ちてしまった。思いがけず洞底は光明の世界で、小人たちが住んでいた。彼らは虎の子が落ちてきたと驚き、鼠や魚、蛙、蛇、小鳥などなんでも捉えて兄に与えたが、数年で食べ尽くしてしまった。小人たちこれは大変と相談し、一羽の鷹に兄をここから出してほしいと頼んだ。鷹は「大きな箕二つ分の鼠肉を食べさせてくれること」といい、小人たちは箕三つ分の鼠肉を用意した。鷹は兄を背に中途まで飛んだが、腹が空いて飛べなくなり、もっとよこせと要求した。兄は仕方なく自分の腿の肉を切って与えたので、ようやく洞を飛び出ることができた（すねと膝頭が合うところの両側に窪みがあるのは鷹につつき与えた痕跡である）。

一方、弟は兄嫁に結婚を迫った。兄嫁は「あなたの兄はきっとまだ生きている」と答えた。それでも弟は強引に結婚を迫った。実は兄を洞に落としたのは弟のたくらみで、兄嫁はうすうす気づいていた。

地上に戻ってきた兄を、兄嫁はすぐには見分けられなかった。それで兄に「もしも夫ならわたしのベッドに。人違いなら牛小屋へ」というと、その男はベッドに向かった。夫婦は再会を喜び合った。

弟はというと、たった一人であちらへこちらへとさすらって、人知れず死んだ。

虎の子孫は、今日の勒墨人の中の虎氏族である。虎家は祖先である虎の肉は食べないし、山で虎に出会っても、虎は素通りする。勒墨人は虎の日（寅日）に外出すれば、用事は順調にいくし、虎の日に戻れば無事に家の敷居をまたぐことができる。（「白族図騰漫筆」『山茶』一九八一年　第四期）

④　苗《ミャオ》族の「鷹がヒヨコを捕える訳」（老鷹為什麼抓小鶏）

雲南省の北東部の昭通市に流布。苗族の祖先は湖南省の西部、貴州省の東部の「五渓」といわれた地域に居住し、「五渓蛮」あるいは「武陵蛮」と呼ばれていた。その後西遷して現在のような広い分布になった。雲南には九世紀頃に移住したとされる。

畑の隅に淵があった。農夫が飲み水にしていたのに、ある日濁っている。豚を放牧している少年が、七人の天女が沐浴していたと告げる。翌日、果たして天女たちが沐浴していた。三日目、農夫は一番醜い六番目の天女の翼を隠して妻にした。三年後、妻は二人の男児を産むと、天に飛び帰った。

十年余りの年月がたち、兄弟は成長した。白鳥の助けで天に行って母に会い、数ヶ月天宮に住んだ。いざ母を伴って帰ろうとすると、玉皇大帝が難題を課したから、それを果たした。母は兄弟に「帰り道、天を飛ぶ鳥を射てはならぬ」といった。兄は母のいいつけをきかずに、天の鉄繞子（鳥の名）を射てしまった。息子たちを護っていた母が変じた鳥で、母は仕方なく天宮に戻っていった。

帰宅すると、兄は食いしんぼうで怠け者の牝虎の妖怪を妻にし、弟は勤勉で善良な母猿と結婚した。兄は弟の良い嫁に邪念を起こして、弟を枯れ洞に突き落とした。

洞の底は小人国で、弟はそこで妻を想いながら長い年月を過ごした。一羽の鷹が飛んでくると、弟は鷹に頼んで洞を脱出し、お礼に鷹に「この世のヒヨコを捕らえて良い」とした。帰ってみると、兄が家財も妻も独り占めしている。弟は悲しくて泣いた。天神が驚いて雷鳴、稲妻とともに暴風雨を起こした。兄は雷に打たれて田野で死んだ。それからは弟は妻と幸せに暮らした。（龍江莉編著『雲南民間文学集成　昭通市苗族巻』一九八七年　昭通市文化局・民族事務委員会）

⑤ **苗族の「兄弟の遺恨」（兄弟仇）**

雲南省の南部、紅河哈尼族彝族自治州の金平苗族瑶族傣族自治県の苗族地区で採集され、『雲南苗族口伝非物資文化遺産提要』にその梗概が紹介された。〝非物資文化〟は無形文化財のこと。

森に夫婦と二人の息子。夫婦は相継いで亡くなり、兄には火縄銃、弟には弩弓が残された。兄弟は助け合って狩をして暮らしていた。ある日、干しておいた獲物が爺に盗まれた。兄弟が捕らえて問い詰めると、爺は詫びて自分の二人の娘を嫁に与えようという。そこで兄が姉娘を、弟が妹娘を妻にした。ところが兄は弟嫁が美しいので、弟を殺そうと狩に誘いだし、弟を深い洞に落として、弟嫁を妻にした。弟は鷹の助けを得て洞を脱出し、妻と一緒に弩弓で兄を射殺した。（龍江商編著『雲南苗族口伝非物資文化遺産提要』二〇〇六年　雲南民族出版社。『雲南苗族民間故事集成』一九九〇年　中国民間文芸出版社より）

⑥ **瑤《ヤオ》族の「竹笛」（竹笛）**

雲南省の瑤族は主に紅河哈尼族彝族自治州の金平苗族瑶族傣族自治県と同州河口瑶族自治県に居住している。苗族と同じく湖南長沙「五渓蛮」の一部といわれる。これは『瑤族文学史』に梗概が紹介されたもの。発端は天人女房譚で、若者が天神（雷神）の三妹（三番目の娘）を妻にして、二人の息子が誕生。後に若者は天神に殺され、天女が息子たちを連れて下凡する場面からの紹介である。

行く手を大樹が遮る。天女は「これより先には行かれない。二人で行け。川を渡る時に芭蕉樹を見たら、流れるにまかせよ」と言って去る。二人が川に出ると芭蕉樹が漂ってきた。兄は一刀をあびせる。芭蕉樹は母が変じた木だった。川はたちまち濁った水の紅水川と澄んだ水の緑水川に分かれたので、兄弟は別々に進むことにする。

弟は紅水川を下っていくと、白骨ばかりの村に入る。石甕に隠れていた姉妹が、「村人は妖怪（原文は人熊、やまんば）に喰われた」と訴える。弟は妖怪を退治する。姉娘は石甕から出ていた耳を妖怪にかじられたために片耳。弟は妹娘を妻にする。

緑水川を行った兄は密林に入って母猿や母猪の群と暮らす。弟は兄を探しに緑水川を行き、兄の服を洗う母猿と母猪に気づいて殺す。兄をみつけて一緒に村に戻る。兄は姉娘と結婚する。ところが兄は片耳の姉娘に不満。兄は弟を深い洞に突き落として弟嫁を奪う。愛犬の双尾狗が洞口から尾をたらす。弟が尾につかまるが尾が抜ける（犬の尾が一本になった訳）。愛犬は竹を銜えて来て洞に落とす。弟が竹笛を作って吹くと小鳥たちや猿、虎などが欲しくて集まる。大猿が弟を負って洞を出る。弟は兄を殺す。（農学冠等編著『瑶族文学史』一九八八年　広西人民出版社）

⑦　沙《シャー》人の「九尾の犬」（九尾狗）

壮《チワン》族の一族支である沙人の物語。雲南省の西南端、広西壮族自治区と境を接する文山壮族苗族自治州に居住する。明末頃に広西区から当地に移住したとされる。これは一九六二年に『中国民間故事選』第二集と『雲南各族民間故事選』に発表されたもので、一九八二年に『壮族民間故事選』に収録された際には題名が兄弟の名を冠した「艾撒《アイサ》と艾《アイ》蘇《ス》」（原題「艾撒和艾蘇」）に代わっているが、沙驥氏整理の同じ物語である。

納波は昔は温暖で豊穣な所だった。父は臨終の床で「黄金色に染まった納波の豊かさを奪ったのは雷だ。雷につけを払ってもらえ」と遺言した。母は「雷は滑る青苔がきらい。鋤いた柔らかい畑にはまる」と雷の捕獲法を教えた。弟は草葺きの屋根に青苔を敷き、九尾の犬（牛はいないので）に家の周りを深く犁かせると、父の屍を筵でくるみ、心を鬼にして近くの沼に頭を下にして挿しこんだ。雷は「父親を沼に捨てるとは何事か」と真一文字に飛来して屋根に足をつけたとたんに滑り落ち、家の周りの深みにはまった。弟は鉗子ではさんで捉えた。雷は身に覚えがないととぼけるので、鉗子をきつくしめた。雷はしかたなく兄弟に死繁昌の杖を与えて去った。

　暮らしは相変わらず貧しい。母は兄弟に幸せの土地を探しに行けといい、「清水川に沿って行け、祖父の墓には話しかけてはならぬ」と注意した。親戚友人が祝福に集まった。夜明け、兄弟は弁当を持ち、弟は死繁昌の杖と剣を持ち、九尾狗を連れて出発。

　前方に墓を認めると兄は、「あれがお爺さんの墓だ」という。追ってきた母は墓に遮られて進めなくなり、「川を流れてくるものは切ってはならぬ」と叫んだ。

　翌日、清水と濁水の河が交叉する場所に出た。兄は流れてきた芭蕉樹を切りつけ、川は真っ赤に染まった。母が変じたものだった。兄弟は母を埋葬し、兄は歩きやすい濁水川の岸を、弟は清水川の岸を進んだ。

　弟は全身真っ白な虎どもが出没する村に入り、これを退治して先を急いだ。櫃に隠れていた姉妹が、「全身長い毛で指はバナナのように太く目は鶏卵ほど、朝現れて人を摑むと、手を引いて太陽を見て笑い太陽が山に沈んでから喰い、暗くなって洞に戻るという妖怪が現れた」という。弟は竹筒を腕にはめ、死繁昌の杖と剣をもつ。九尾狗が怪物にかみつくも、肉はまた生えてくる。首を切っても生えてくる。暗くなり、妖怪の後をつけていくと、妖洞で妖怪は「今日、もしも剣に犬の糞を塗られ、鶏糞を塗られていたら、やられるところだった」と話している。弟は剣に犬と鶏の糞を塗り、翌日妖怪を退治する。ごろごろとある甕を開けて死繁昌の杖であおぐと、たちまち大勢の人が甦る。人々は感謝し、弟を頭目に推す。弟は姉妹のうちの妹娘と結婚。豊かな土地で、ここが母のいう幸せの土地と思って住むことにする。

兄を探しに清水川に沿って行き、母猿と兄に出合う。兄は猿と結婚していた。幸せの土地で暮らそうと誘うと、兄は子どももといって木の上の子を次々落とす。弟は「受け止めろ」といわれても落ちてきたのは猿だったから除ける。子らは五匹とも死ぬ。

兄は幸せの土地に来ると、姉娘を嫁とするが弟の美しい嫁に嫉妬する。弟を筍刈りに連れ出して深い穴に突き落とし、妹娘に結婚を迫る。

九尾の犬は弟に小刀と竹の束を届け、弟は竹笛を作り続ける。禽獣が洞口に集まってきて竹笛をおくれという。小鳥たちに、洞の縁に生えている竹の先にとまってここまでしなわせてくれたら、竹笛を全部あげようという。小鳥は群れなして竹にとまり、弟がしなった先をつかむと一斉に飛び立ち、その反動で弟は穴を出る。鳥獣は争うように笛を拾い、拾った竹笛の太さ長さで彼らの声の音程が決まった。

兄は突然現れた弟にあわてふためき林に逃げ込み、猿に変じた。弟は妻と一緒にこの肥沃な土地・斯奥斯波《スオスボ》を治めた。納波に戻ると母はすでに亡くなっており、村人を幸福の土地に誘う。「斯奥斯波は良い所、暮らしの不安のない所」と歌う。（『雲南各族民間故事選』等）

中国には「雷神は鶏の姿をしている」という〈オンドリ雷神〉の観念が広くある。雷神がオンドリだから、いとも簡単に鉗子でつまみ上げられるのである。また、中国の西南部でもしもこのような少し間の抜けた山姥や妖怪に遭遇したら、英雄は腕に竹筒を通し、山姥に腕（竹筒）を摑まれたら引き抜くという〝筒抜け〟の策をとる。

⑧ 布依《ブイ》族の「作物を喰うイナゴ——六月六日の祭りに関して——」（天馬喫庄稼——関于〝六月六〟的伝説——）

旧暦六月六日は布依族の英雄を祀る重要な祭り（山神を祀るという解釈もある）。この日、村々では鶏をしめ豚を

殺してその血を三角形の白紙の小旗に塗って、畑に挿すという風習がある。こうすればイナゴは恐れて寄りつかないという。貴州省西南部の貴定県、安順県一帯の布依族の間に流布する。

王幺公《ワンモコン》という長者に二人の妻があった。最初の妻は腹黒い女で王大娘《ワンターニャン》と呼ばれ（娘《ニャン》は既婚婦人の意）、玉連《ユイレン》という息子があった。二番目の妻は優しくて誰にでも好かれ、王二娘《ワンアルニャン》と呼ばれて慕連《ムーレン》という息子がいた。

慕連が十八の時に長者が亡くなると、王大娘は王二娘母子を、玉連が結婚するからといって〝廂房〟（母屋の両端におかれた脇の間）に移す。といってもボロ屋で、母子には畑もなく、慕連が樵をしてほそぼそと暮らした。

戦争が起こり、王大娘は「一家に一人兵に出せという皇帝の命令だ。兄の玉連は結婚しているから」と慕連に銀貨一枚（実は小銭を紙に包んだだけのもの）を渡して兵に出す。慕連は廟に泊まり、和尚の同情を得る。夢枕に老翁が立って、「廟の裏手に方形の石板があり、その中に一振りの剣がある。向かいの山の人喰い蟒を退治せよ」という。慕連は宝剣を手に入れて巨蟒を退治する。大地は揺れ、巨蟒は逞しい白馬に変じる。

三年後、慕連は数々の戦功をたてて大将軍になる。白鶴が飛来して馬前にとまる。足に母の手紙をつけている。「お前が兵隊に行くと、王大娘に家を追い出され、隠れ住んだ廟も放火されたが、おかげで村の方々に助けられて暮らしている。けれどもお前を思ってめしいになった。これを読んだら、すぐに帰ってきておくれ」とあった。慕連は母の元に急行し、母子は抱き合って泣いた。それから乞食に変装して王大娘の屋敷に行くも、王大娘はとりあわずに慕連を門の外に追い出した。

町には賑やかな銅鑼と太鼓の音が響き、大隊人馬が王大娘の屋敷の方へ来る。大娘がのぞくと、色とりどりの旗に囲まれた王慕連のりりしい馬上姿が見え、王二娘が花輿に乗っている。王大娘は驚き、恥ずかしくなって石壁に頭をぶつけて死ぬ。村人たちが火葬すると、イナゴの群に変じて一斉に畑に向かった。

慕連は、王大娘は役人になったわたしを恐れたからイナゴどももわたしを恐れるのではないかと考え、従者たちに色とりどりの旗を振って畑を回るようにといいつけた。これは効果覿面で、イナゴどもは一斉に逃げ出した。そこで人々は六月六日の祭りには、鶏と豚の血をつけた小旗でイナゴを脅すというのが習慣になって、今日まで続いている。（貴定県抱管公社・安順県黄蠟公社総合整理『布依族民間故事』一九八二年　貴州人民出版社）

二　西南部・広西壮族自治区の百合若

⑨　彝《イ》族の「阿扎《アジャ》の伝記」（阿扎伝奇）

広西壮族自治区の雲南省に接する百色市の那坡県城厢公社のいくつかの村で、一九八三年の正月に、王光栄氏（彝族）によって採集された。

父は深い森で濃霧のために迷い、野人の暮らしを送るはめになる。三年もすると全身長い毛で覆われ二本の角が生え、まるで猿猴のよう。ある年、山中でみかけて驚く妻に、父は「息子が成長したら会いに来させるように」という。〝父なし子〟とからかわれていた息子は成長し、森に入って父に家に戻るようにと説得する。父が家の敷居をまたいだ時、竈の上に掛けてある犬の下顎の骨に驚いて逃げ出した拍子に、角の一本が鴨居に当たって折れた。父は森に逃げ帰り、追って来た息子に、「あの角を引きずって山辺を回れ。突き刺さった所を開墾して作物を作って暮らせ」と告げると、息を引き取る。

夫の死を知った母は数日病臥して亡くなった。息子は父母を葬ると、父の角を引いて歩いた。大山大川をいくつも越えて、とある小川のほとりに突き刺さった。息子はそこに茅葺きの小屋を建てて、稲を作った。

秋、稔った黄金の稲は刈り入れるとたちまち新しい稲が伸びて、終わりがなかった。息子は困り果てた。川に沐浴に来ていた九人の天女が翼を卸してひとつかみざくりと刈って仙薬を塗ると、稲は一度の刈り入れですむようになった。夕暮れ、天女たちは翼を挿して去ろうとするが、末の天女が翼をさがしている。若者が翼を隠していた。ほどなく若者はこの天女と結婚。二人の男児が生まれる。兄の阿欧《アオウ》は大食いで怠け者、弟の阿扎は賢く勤勉だった。母の天女は翼の隠し場所を阿扎から聞くと、兄弟に「父に殴られたら庭に出て泣きなさい。母が天から背負い紐を降ろすから、しっかりつかまること」といって、飛び去った。やがて兄弟も天宮に入って母に再会。

天女の父親は以前から人肉を食べたいものと思っていた。そこへ外孫が来たから、伐木、山焼きと水甕を背負って川を渡るという三つの難題を出した。兄弟は水泳の名手だったから、結局天神が甕を背負ったまま渦に巻き込まれて死んだ。

盧仲堅　絵

母は弟に家宝の剣を与え、母子三人で下界に向かった。天地の交わる懸崖に出ると弟は猟犬と白鳥に道を探させた。険しい登り。兄が「苦しい、疲れた」と泣き言をいったとたん、母は崖を転落。兄弟は孤児になる。

兄は白鳥を連れて歩き易そうな濁水川に沿って行く。そこは猿山だった。弟は猟犬を連れ宝剣を持って清水河に沿って行く。がらんとした村の小屋に入ると太鼓があり、中に姉妹が隠れている。「獅子の群が現れた、母獅子は刀も矢も入らぬ鋼鉄の体だ」と訴える。太鼓をたたき、現れた母獅子と戦う。切りつけても切りつけても、母獅子は傷口を嘗めて治す。日没。猟犬に後をつけさせると、母獅子は「もしも鶏糞を塗った刀で斬られ、山蒼子木（野生の青皮の木で硬く強い香りがある）の棒で打たれたら、危ないところだった」といっている。姉妹が鶏糞と山蒼子木をみつけてきた。阿扎は鶏糞を宝剣と猟犬の歯に塗って、母獅子、子獅子を退治した。人々が戻ってきて獅子寨ができた。

阿扎は兄を探しに出発。濁水川を行くと、大山の麓の泉で、母猿が兄の服とターバンを洗っていた。兄はどこかと聞くと威嚇するので殺した。木の上で兄が小猿と遊んでいた。「兄嫁が洗濯していただろう」というので「殺した」と答えると、兄は泣きだした。獅子寨に二人の姉妹が待っているというと、兄は村に行くことを承知した。兄弟は深い淵に出た。兄は姉妹を二人とも嫁にしたいと思って、弟を底なしの洞に突き落とした。弟は猟犬の声で洞口の位置を知り、猟犬に獅子寨から長管竹と彫刻刀を取ってこさせて、たくさんの竹笛を作った。鳥獣が集まってくる。「これが欲しいなら、そこらの木を集めて穴に積み上げよ」というと、鳥たちや虎、象、猿、熊、鹿、キョン、カワウソ……があたりの大樹を手当たりしだいに洞に入れた。阿扎は大木を這い上がって地上に出て、お礼に三日三晩竹笛を吹いた。その音色は獅子寨まで響いた。姉妹が阿扎の笛の音だと気づいてかけつけた。弟は娘たちと禽獣と一緒に村に帰って行った。兄はうなだれて深山に向かい、飢えた虎が後を追った。（『三月三』一九八四年　六期）

⑩　毛南《マオナン》族の「兄と弟」（老大和老二）

広西壮族自治区の北部、貴州省に隣接する河池市の環江毛南族自治県に居住する毛南族と壮族地区に流布。毛南族は土着の民とされ、漢民族と融合しながら形成されていったようである。これは著名な文学者の儂易天氏（壮族）が毛南族地区で採集。

旱魃で、大工は風水車を作って湖畔に設置したが、壊されることが続く。老漁師が「夜、七人の天女が沐浴にきていた」と教える。蘆の茂みから様子をうかがうと、月が出る頃、七羽の白鶴が飛来。天女たちは湖畔で白羽衣を脱ぎ、湖で大はしゃぎ。大工は漁師に言われた通りに一枚の羽衣を取る。七番目の天女（七妹）が大工の嫁になる。二人の男児が生まれた。数年後、大工は「羽衣は穀物倉に隠した。母に知れると天に帰ってしまうから内緒だよ」といって、外地に仕事に行った。ところが子どもたちは天真爛漫に告げてしまった。その晩、天女は穀物倉で羽衣をみつけて天に飛び帰った。帰宅した大工は悲しみの余り死ぬ。兄弟は母を慕って毎日湖畔に行く。漁師が「母に会いたいのなら」と網を与え、「毎日山で網を張り、百羽かかったらきっと天へ運んでくれる」と教えた。兄弟が百羽の小鳥を捕らえると、百鳥たちは二人を魚網に坐らせ、網を銜えて天へ運んで行った。

天で母と再会するも、ずっと天で暮らせるわけもなく、母は兄に宝剣、弟に弓矢を与えてそれぞれ白鳥の背にのせ、一人ずつ弁当の包みをわたして、「白鳥が鳴くまで開けてはなりません」と注意した。

兄は途中で白鳥の尻をつついて鳴かせて弁当を広げると、犬糞と蛆虫だった。弟の白鳥が鳴き、広げてみるとおいしそうな弁当。兄と分け合って食べた。

帰ってみると村には人影がない。木槽に隠れていた美しい姉妹が「人喰い妖怪が現れた。刀も矢も役に立たない」と訴える。兄弟は宝剣と弓矢で戦うも、傷口はたちまちふさがるので勝負がつかない。日暮れ、弟は洞に戻る妖怪をつけて行くと、妖怪が「刀や鏃に鶏糞に柚子の皮を混ぜた軟膏を塗られたら命がなかった」と話している。翌日兄弟が妖怪の満身に傷を負わせると、妖怪は「わしの命は今日で終わりだが、死んでもお前たちの血肉を喰ってやる。わしの血は地にしたたると蚊に、水にしたたるとヒルに変じてお前たちに喰らいつく」といって倒れる。

姉妹は喜び迎え、兄は姉娘を弟は妹娘を妻にする。ところが姉は片耳なので、兄は不満を募らせる。それから兄弟は別々に住むことになり、兄は清水河に沿って行く。猿の群ばかりの土地で、猿と同居。弟は濁水河に沿って行き、とある村に入る。

弟は兄から「嫁取りの式を挙げるから祝いに来い」と呼び出される。弟が行くと、河で洗濯する母猿がいるので「兄の村はここか」と聞くと、母猿は無言で襲いかかってきた。弟は一矢で射て村に入ると、兄が「兄嫁に会わなかったか」と聞く。「わたしに咬みつきさえしなければ殺さなかったものを」というと、兄は「猿の群が仇討ちに来る、隠れよう」と有無をいわさず裏口を出て山に向かい、岩井にくると「ここに隠れていろ」と突き落とした。弟はガジュマルの木の根に軟着陸する。

猟犬は主人に毎日おにぎりを運んできた。弟は猟犬に「わたしの笛を取ってこい」と命じ、井の底で笛を吹くと百鳥百獣が聞き惚れる。彼らは竹笛ほしさに井の脇の竹にとまって底までしなわせた。弟が竹の梢をつかむとぱっと飛び立ったから、弟は井を脱出した。一個しかない笛を鳥獣が皆欲しがるので弟が高く放ると、鷹がかすめ取った。鳥獣はおさまらず、弟は竹を一節一節切ってたくさんの笛をこしらえた。先に作ったのは梢の方だから、小鳥たちは高い声、虎や象は根っこ近くだったから低い声になった。

兄は弟嫁を奪うと、大勢の客を招いて酒宴を開いた。すると門前のマンゴーの木にシラコバトがとまり、「ククク、

童介眉　絵

ククク、兄は弟を井に突き落とした」と歌った。怒った兄がシラコバトめがけて矢を放つも命中せず。シラコバトは少しも恐れず歌い続けた。兄はいよいよ怒り、「あいつを射た者に褒美をやるぞ」と叫ぶ。見物人の中から「わたしがやろう、シラコバトを受けとめろ」という声。兄は木の下に走る。弟は矢をつがえ、弓をひきしぼり、ひょーと放った矢は兄の胸を貫く。兄は片手で胸を押さえ、もう片方の手で弟を指さして「お前は誰だ」と叫んだ。「井に突き落とされた弟だ」。兄は聞くなり叫び声を残してその場にくずおれた。(『民間文学』一九八二年　第八期)

シラコバトが樹上で鳴き、これを射ようとする場面は「天若日子」の神話を彷彿とさせる。なお、この地の柚子は日本の果皮の厚いザボンのような大きなミカンである。

⑪　毛南族の「朗追《ランジュエイ》と朗錘《ランジオン》」(朗追和朗錘)

広西壮族自治区北部に居住する毛南族の伝承。

天女が白鳩となって湖に飛来して沐浴し、石工が据えた水碾臼を壊す。漁師が「ここは天女の沐浴池だから、天女が壊したに違いない。羽衣は取れ」と教える。月が出ると七羽の白鳩が飛来し、天女に変じて沐浴して碾臼の礎石を壊す。石工は七枚の羽衣を取り、「誰か一人嫁になれ」という。末娘の七妹《チーメイ》が石工の嫁になる。

三年後、朗追と朗錘という双子が誕生。数年後、石工は兄弟に「母の羽衣は穀物倉にあるが、母には内緒だ」といって、遠くに仕事に出かけて行く。子は忘れぬように毎日この言葉を念じる。天女は羽衣を見つけて天へ飛び帰る。兄弟は穀物倉で羽毛を一本みつけて大事にする。

乞食が「母に会いたいなら羽毛を持って旅に出よ。羽毛をだめにされたら母に会う手助けをしてといって泣け」

と教える。兄弟は旅立つ。鍛冶屋の家に入ると、羽毛は金床に舞い落ちて焼けてしまった。兄弟が泣くと、鍛冶屋は銃（銃に似た器具）を打ち出して網を結び、「これで山に行って小鳥を捕らえよ」と天へ行く方法を教えた。兄弟はたくさんの小鳥を生け捕り、小鳥たちは網を銜えて兄弟を天へ運んで、母と再会。

役人に見つかり、七妹は兄には宝剣、弟には神矢を与え、それぞれ一羽の白鳥と弁当をわたした。「途中白鳥が鳴くまでお弁当を広げてはだめ。家に帰って芭蕉樹が成長したら切ること」と注意した。兄弟は白鳥にのって下界をめざした。

兄は腹ぺこになり、わざと白鳥を鳴かせて弁当を広げると、桃の木のかけらと小虫。正午、白鳥が鳴いて弟が弁当を広げると、おいしい豚肉料理と五色のおこわ。兄と半分分けにして食べる。兄は母のえこひいきと思って恨む。家に着くと、兄は入口に生えているまだ若木の芭蕉樹を切ってしまった。芭蕉樹の中に入っていた母も亡くなった。弟は芭蕉樹と共に母を埋葬した。

村には誰もいない、鍛冶屋もいない。大鍋に隠れていた姉妹が「人喰い妖怪が現れた」と訴えた。兄弟は宝剣と弓矢で戦うも切っても切っても生えてくるので勝負つかず。暗くなって妖洞までつけていくと、妖怪が「今日はひどい目にあった。剣刀と鏃に柚子の皮とまぜた鶏糞を塗られたらおしまいだった」と話している。兄弟はその通りにして妖怪夫婦を退治した。兄は姉娘と、弟は妹娘と結婚した。

姉娘は片耳だったから、兄は美しい妹娘を嫁にした弟に嫉妬した。弟に酒を飲ませ、金魚（金色の魚）を見に行こうと誘い出して井に突き落とした。井の底で、弟は二枚の木の葉の笛を吹くと、百鳥百獣が集まってきて聞き惚れた。猿の群れが手に手をつないで弟を救出した。家に急ぐと妻の姿も家財もなし。乞食が「あっちの長者の家で嫁取りがある」と教えた。行ってみると花嫁は妻だったから弟は弓を引き絞った。兄は気づいて許しを請い、兄弟

は抱き合った。（汪駿整理『毛難族民間故事集』一九八四年　中国民間文芸出版社）

これは同じ毛南族⑩「兄と弟」の類話である。弟は弓を引きし絞ったが放つことはなく、急転直下の和解となる。百合若譚の物語の中では意外な結末である。採集者の汪駿氏という名は初見なので、あるいは最終場面は書き改めたのかも知れないと考えている。この芭蕉樹については「芭蕉は人の妊娠期間と同じ九か月で成長するため、天女は芭蕉樹を借りて転生しようと考えた」という説明があった。なお「毛南」は一九八六年六月からの表記で、それ以前は「毛難」を用いていた（南と難は同音）。

⑫　京《キン》族の「やさしい弟と腹黒い兄」（好心的弟弟与壊心的哥哥）

京族は広西壮族自治区の南端、トンキン湾沿海地帯に住む。祖先は十六世紀ごろ海岸沿いに北上して来たベトナム人である、といわれている。

兄弟は父母亡き後、兄は鋤をもち弟は犬を連れて家を出る。川が三つ股に流れる所で分かれる。兄は濁った川に沿って進み、森に入って百獣と暮らす。

弟は澄んだ川に沿って行き、大山に入る。人気のない大きな村に廟がある。梁に宝剣と太鼓がかかっているので、人を呼ぼうと太鼓を叩く。猩猩《しょうじょう》が跳びかかってくる。とっさに梁の宝剣を取って切りつけるもたちまちくっつく。鋼鉄のような体。勝負つかずに日が暮れる。妖洞までつけていくと、猩猩が美しい娘に「廟にいた若者に切られた。だが殺せるものか。鶏糞藤を塗った刀でない限り殺せないし、甦りの粉薬や森で吹けば禽獣がたちまち死ぬ毒気袋があり、ばらされてもくっつく粘液泡もある」と話している。

猩猩が妖洞を出て行くと、弟は娘に鶏糞藤の場所を聞き、若芽を摘み取って刀に塗る。戻ってきた猩猩を退治する。屍を三つに斬り、くっつかないように川と荒山と森林に捨てる。川にヒルが山に蚊が、森林に藜刺（毒草）が生じる。残りの宝も探し出し、人骨の山を甦りの粉薬で甦らせる。娘の父母も甦り、弟は娘と結婚する。皆に推されて村の長となる。再び楽園をつくる。

弟は兄を探しに、犬を連れて濁った川に沿って行く。森に入ると大岩に兄が坐っている。兄を呼ぶと百獣に取り囲まれる。毒気袋を吹くと、百獣は灰になる。兄をつれて村に戻る。兄は弟の村での地位や名声に嫉妬し、弟を井に突き落とす。弟嫁には「突然虎に襲われ、弟はわたしを救おうとして虎に食べられた」と告げる。

一方井の底の弟は、犬に家から竹笛を取って来させる。妻は犬が元気なら夫もきっと帰ってくると思って、犬に竹笛を渡す。井の中で弟が竹笛を吹くと百鳥が集まる。鳥の群は観音竹の梢に群がってしなわせ、弟が掴むとぱっと飛び立ち、反動で弟は井を脱出する。

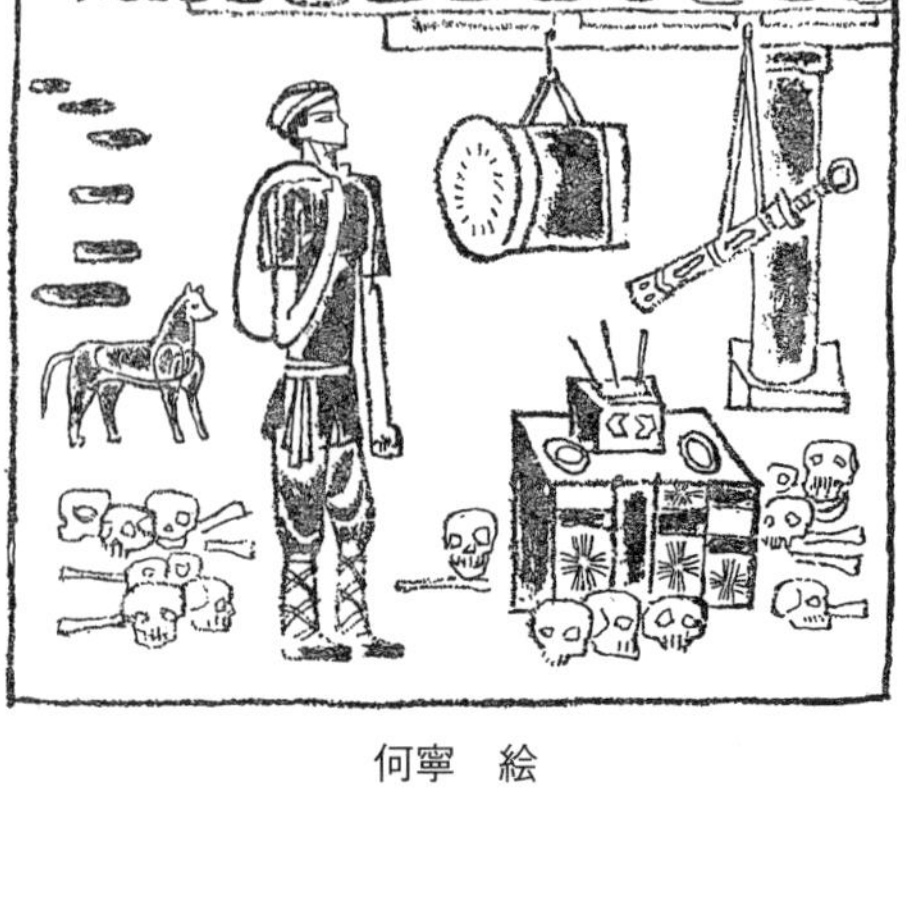
何寧　絵

弟が家に戻ると妻は喜び、豚や牛を殺し鶏鴨をしめて、村中の人々を饗応する。酒が座を三度回った頃、弟の「兄を縛れ」という声で兄はぐるぐる巻きにされる。「天に背き道理にもとる事をしでかした。人の世に暮らす資格はない。両目をえぐって森に捨てろ」。衛視たちは兄の両目をくりぬいて森に放つ。兄は再び森に戻って野獣と暮らす。（龍旦成捜集整理『民間文学』一九八三年　第二期）

三　西モンゴル高原地帯から東トルキスタンにかけての百合若

⑬　オイラト蒙古族の「賢い蘇布松《スブソン》・都日勒格可汗《トゥリロコハーン》」（聰明的蘇布松・都日勒格可汗）

オイラト（瓦剌）はモンゴル高原西部から東トルキスタン（新疆維吾尔自治区）の北部にかけて居住する。中国では蒙古族とされるも、東部の蒙古族とは多少異なる人々で、むしろ蒙古族の古風を伝えているともされている。これは西モンゴルで採集された。原題の主人公、蘇布松・都日勒格は都日勒格可汗の三男。

可汗の国に疫病が蔓延。大ラマは「西北方向におられる葛根ラマが処方箋を知っている」というので長兄が出立。「東の狭い渓谷より三つのルートがあるが、東へ行け。珠茉《チュモ》姑娘の果樹園への大道である。果樹園に神梨あり。それをひと嘗めすれば治る。決して西の美人谷のルートは行くな」と聞いて戻る。長兄も次兄も西ルートを行って戻らず。

末王子の蘇布松が出立。三叉路で兄たちが西へ行った痕跡があり、様子を見ようと西へ。白いフェルトの包《パオ》から美人が現れる。「お前は平民か、高貴な可汗大人か」と聞かれ、「平民」と答えると中に通され（兄たちは高貴な可汗大人と答える）、客座を勧められるも西側の普通人の座に坐り（兄たちは客座に坐る）、熱い濃茶を勧められると「それは消化しない」といって外に出て、自分の馬の鞍を枕にして寝る（兄たちは熱い濃茶を飲む）。様子を伺うと、美人の正体は銅管のような尖った口をした細い足の女蟒古斯《マンクス》で、床下に潜っていく。床下から悲鳴。弟は戻って来た女妖怪を一刀で殺す。床板を上げると、兄たちが気息奄々としている。兄たちを救出し、三叉路まで来て休ませる。

弟は神梨をとりに東ルートを探す。兄たちは弟が自分たちを先に行かせて女妖怪のわなにはめ、領地を独り占めするつもりだと疑い、弟を〝人類の大地のへそ〟から地下の国（下贍部洲）へ追いやろうと相談。〝へそ〟にフェルトを敷いて弟の帰りを待った。

弟が戻ると、左右から抱えるようにして坐らせ、とたんに地下の国に落ちていった。底ではここの部落の烏力吉《ウリチ》図可汗《トゥハーン》の娘が、「娘たちは蟒古斯に順に食べられ、今日はわたしの番」と泣いている。弟が土丘の陰に隠れると、十五頭の黒く小さい蟒古斯が、娘に向かってくる。弟は躍り出て首を切る。

娘は烏力吉図可汗の宮殿に招待し、可汗は酒宴を催し汗位を譲ると宣言。弟は「わたしは上の国（上贍部洲）の人間。帰りたい」と訴える。可汗は「太陽が昇る方向へ行くと白檀の木がある。それを登れば帰れよう」と送ってくれる。それは天にも地にも通じる黄金の檀香樹だった。

弟は白檀の大樹を登って行くと、鵬鳥の三羽のヒナが「僕らはもうじき大蛇に喰われる」と泣いている。弟は巣をねらっている大黄蛇を退治する。帰ってきた親鳥は喜び、お礼に上の国に連れて行こうと約束する。弟は狩で捕った獲物の肉を持って大鵬の首にまたがる。〝上天のへそ〟に着くまで大鵬が振り向くたびに肉を口に入れていたが、あと少しで足りなくなり、自分の太腿を切って与える。上贍部洲に着く。鵬は血に染まった弟の太腿をみて、あわてて吐き出し、張りつけて戻って行く。

愛馬がかけよる。末王子は珠茉姑娘の果樹園から神梨を取って、領地に戻る。人影はまばら。妻の賽音華利格《サイインホワリコ》が喜び迎える。二人の兄は大鼓小鼓をたたく。その音を聞いて、神馬が妻に「あの音はおかしい。兄たちが何かたくらんでいる。注意させよ」という。兄たちは盛大な酒宴を張り、「親愛なる弟よ、よくぞ帰ってきた」。弟は賢い妻と一緒に高台に上り、人々に神梨を与えて嘗めさせる。二人の兄の妻たちが弟夫婦に酒をつぐが、どことなくぎこちない。弟は「この領地を長い間守ってくれた。まず兄さんたちに飲んでいただこう」と勧める。兄たちはためらう。弟は刀を抜きはらい、「その毒酒を飲んで死地へ行け」と叫ぶ。その声は岩を振るわせ大地を震撼させる。兄たちは毒酒を飲んでその場に絶命する。（林・廸格其克整理『西蒙古―衛拉特伝説故事集』一九八九年　甘粛民族出版社）

蟒古斯《マンクス》（毛古斯、満蓋など）は蒙古族や蒙古系の民族の主に英雄叙事詩に現れる悪魔（妖怪、妖魔）。多頭多手足で鉄手銅指。九頭が最も凶悪とも伝える。ここでは頭が十五ある蟒古斯。瞻部洲は大地の意で（梵語）、諸仏に会い仏法を聞くことができるのはこの洲のみとされる。英雄が巨蟒を殺して鷹（鵬）の雛を救い、神鷹が英雄に報恩するというモティーフは、西北部の少数民族の伝承に親しく見出せる。なお、白いフェルトの包（テント）は、昔は貴族や身分のある者が使用した。

⑭　**オイラト蒙古族の「桑斯尓《サンスール》の蟒古斯三兄弟との戦い」（桑斯尓大戦蟒古斯三兄弟）**

これは一九四四年に新疆（北部）で採集された。宝音図可汗《バオイントゥハーン》の七番目の末息子・桑斯尓の英雄譚で、六番目の（ハンセン病のために禿頭になり）癩疤頭とか禿頭とか呼ばれる兄が悪知恵を働かして主人公を幾度も裏切る。なお多頭の蟒古斯はここでも四十五頭、三十五頭、十五頭の三兄弟である。一度眠りに着くと四十昼夜目覚めず、妖洞のとある部屋の夜具の上に置かれた小箱の中の三匹の幼蛇が彼らの霊魂であるとする。なお、鳩の数と放った数が合わないのは原文のママにした。

宝音図（福がある意）可汗の馬の群が蟒古斯の三兄弟に盗まれる。追っていった六人の兄たちは三月の間音沙汰なし。末王子の桑斯尓が出立。懸崖の下に瀕死の兄たちがいた。蟒古斯三兄弟が馬の群をその下の洞に追い込んでいた。弟は長い綱の一端を兄たちに渡し、もう一方を自分の腰に結んで、「洞底に着いたら一羽を放つ、もう一羽を放ったら綱を上げて」といって、二羽の鳩と共に洞底へ下りる。一羽の鳩を放つ。

そこは蟒古斯の洞で、美しい娘・孟根其其格《モンケンチチコ》（銀花の意）がいた。弟は娘から情報を得て、ただちに部屋の小箱の幼蛇三匹を焼き殺した。四十五頭と三十五頭の蟒古斯は死に、十五頭の小蟒古斯が目覚めて闘いになった。勝負はつかず。娘が蟒古斯の足下にアワを撒き、倒れた蟒古斯に馬乗りになって頭を一個ずつ切り落とした。弟は二番目の鳩を放って洞口へ。上に出ると、兄弟みな数日ここで休息した。

禿頭兄は五人の兄たちに「我々の面目は丸つぶれだ。蟒古斯退治も馬の群奪還も、みな桑斯尓のてがらになる。今夜あいつが寝ている間に、あいつの剣を戸口に縛り付けておこう。蟒古斯が来たと騒げば、跳ね起きてきたあいつの足は切断される」と持ちかける。こうして末王子は両足を失った。六人の兄たちは馬の群を追いながら去って行った。

桑斯尓は荒野に孟根其其格と共に取り残された。それから両手のない羊飼いと両目のない羊飼いと友人になった。足のない者が背負われ、目のない者を案内して、三人協力して狩をして暮らした。兄弟のようだった。

その日、孟根其其格は帰宅の遅い三人を心配して出たり入ったり。竈の火が消えてしまい、遠くの家まで火をもらいに行った。婆《ばあ》がいて、「頭のシラミを取っておくれ」といいつけた。火種をもらうと、家まで灰を撒きながら帰れという。婆の家から家までずっと一筋の灰の道がついた。

婆は実は蟒古斯三兄弟の母親で、娘の家に来てはシラミを取らせ血を吸って行く。気づいた桑斯尓は妖洞までつけて行き、母蟒古斯に剣を振るうと、母蟒古斯は「手のない者には手を、足のない者には足を、目のみえない者には目を与えよう」と命乞いをした。桑斯尓は羊飼いたちに手と目を与えさせ、娘に剣を渡して、「わたしを吐き出さぬ時は切れ」といって腹に呑まれていった（蟒が呑み込み吐き出すと悪い個所が治っているという）。娘は母蟒古斯を切り、腹からでてきた桑斯尓はすでに両耳が溶けていた。桑斯尓は母蟒古斯を切り刻み、焼いて埋めた。

蟒古斯の妖洞には鍵のかかった扉があり、巨大な輝く箱があった。中には太陽可汗の娘と月可汗の娘がいた。桑斯尓は鳩を放ち、娘たちを入れた箱を上にあげさせた。二番目の鳩を放つも、兄たちは綱《ママ》を切り、弟は妖洞の底に転がり落ちた。

桑斯尓は穴を掘り、蒙古包の天窓から落ちた。そこは地下の世界（下贍部洲）で、子のない夫婦の家だった。夫婦は玉皇大帝の贈り物と思って息子にした。夫婦は毎日童子が一人ずつ怪物に喰われ、今日は残った可汗の一人娘が喰われる番、と告げた。桑斯尓は城門の「怪物を退治した者に王位と公主を与える」という壁書きを破った。怪物の出没する蘆原に一本の大樹があり、桑斯尓は公主の代わりに自分を縛りつけさせた。やがて蘆原をかき分けて大蟒が現れ、ふうーっと息を吸うと綱が切れ、口元まで吸われそうになった瞬間、大蟒を口から尾まで真っ二つに裂いた。

桑斯尓は身分を明かし、「褒美よりも上の世界に帰りたい」と懇願した。すると老人が進み出て、「三月ほど行った荒野に三本の檀香樹があり、真ん中の木に毎年大鵬が卵を産む。親鳥をみつければ何とかなる」と教えた。行ってみると樹上に鳥の巣があり、大蛇がヒナをねらっていたので殺した。大鵬は感謝するも、それには百頭分の羊肉と百杯分の水がいるという。桑斯尓は可汗に頼んで用意した。大鵬の背に乗り、大鵬が振り返るたびに羊肉を与えていたが、羊肉がなくなってしまい、自分の太腿を切って与えてようやく上の世界へ出た。

愛馬が駆け寄ってきた。兄たちは孟根其其格を奴婢にし、日月二人の娘を奪いとったが、突然現れた末弟にぎょうてして慌てて逃げようとした。「逃げることはない。これはすべて禿頭兄の悪知恵だ」といって罪を許し、三人の娘を伴って故郷へむかった。

小川は真っ赤な血の色。村人に「皇后が息子の桑斯尓を思って流す涙だ」と教えられ、桑斯尓はただちに上流へ行って母と再会。母の血の涙はとまり、四人で家に戻ったきた。

五人の兄たちはあわてて逃げて行く。桑斯尓は捕まえて、「これは六番目の禿頭兄さんの悪智恵だ。兄さんたちは大目にみよう。だが六番目の兄さんには話がある。そこへ直れ。七十頭の二歳馬の鬣と焼けた鋼刀と、どちらがお望みか」と聞くと、兄は「鬣はとても良い縄になるし、鋼刀は馬の尾を切るのによいから、どちらも欲しい」といった。桑斯尓は馬の尾に兄を縛り、鋼刀で七十塊に切り刻んだ。

それから太陽娘を大夫人に、月娘を小夫人にし、孟根其其格を妹にした。桑斯尓は可汗の父と皇后の母と、人々と一緒に広い国土を治めて幸せに暮らした。（卡・卡尓戈扎布整理『西蒙古―衛拉特伝説故事集』一九八九年　甘粛民族出版社）。

⑮ 哈薩克《カザフ》族の「非道の兄」（不義的哥哥）

新疆維吾爾自治区の北部に居住する哈薩克族の伝承。彼らは白鳥（はくちょう）を始祖とする神話をもっている。

父と息子二人の貧しい一家に母馬一頭。兄弟が「役立たずな馬を売ろう」というと、父は「毎日黄金の小馬を産むが、夜明け前に大鷲がさらっていく」というではないか。見張りに立った兄は明け方、突然の強風稲妻雷鳴大雨に腰が抜け、気を失う。弟は一日がかりで鍛冶して宝剣を打ち、夜見張りに立つ。黒鷲が金の小馬を風のように巻き上げた時、大鷲の足に一刀を浴びせ、大鷲はそのまま逃走する。弟は「小馬を取り返してくる」というと、面子がつぶれた兄も同道する。父は「この道を数日進むと二股になる。左右のどちらかが大鷲をみつけられる道だ」と祝福した。

二股に出ると、兄は平坦な大道をとり、弟はイバラの小道を進んだ。人跡未踏の地で、数ヶ月で服はボロボロ。鉄杖が針のように細くなるほど進むと、両側から懸崖が迫り、渓流が荒れ狂う。上流へ行くと白いフェルトの包が六つ。中の柱に美しい娘が縛られていた。娘は「ここは妖怪の家。妖怪は毎夜大鷲に変じて狩をする。牛馬羊駱駝は喰うが、黄金の小馬は湖底に放牧し、月に一度小屋に戻して硝石を与える。夜が明けると妖怪は戻ってくる」と告げる。夜明け、あたりは真っ暗になり暴風雨雷鳴強風と共に大鷲が帰還。弟は三日三晩戦うも勝負つかず。娘は小馬の鬣と尾の毛をよった綱を妖怪の首にかけ、一端を腰に巻いてぐっと引き倒した。弟はくみつき、一刀で頭を切り落としてようやく退治した。黄金の馬の群を取り戻し、娘と結婚して故郷へ向かった。

途中の二股の場所で小枝のように痩せた兄に出合った。ここで数日休養をとることにした。弟嫁も義兄の世話をやいた。兄は邪心を起こし、包の鴨居に弟の宝剣を縛りつけて「ドロボウ」と叫んだ。あわてて跳びだした弟は宝剣で膝頭を切り、兄は駆け寄った嫁を連れ去った。嫁は機転をきかせて夫の弓矢を囲炉裏の灰に埋めたから、弟は横になったまま小鳥を獲って食べていくことができた。それから前足が一本の大羊、両目をつぶしたノロ（鹿の類）と一緒に暮らすようになった。大羊はぴょんとはねて駿馬に変じた。弟は駿馬に乗って狩をし、留守番をするノロには牧草をみやげにした。

けれどもノロの作る食事は日に日に少なくなり、食べる物がない日もあるしまつ。様子を伺うと、正午ごろ婆が来て鉄鍋から肉を持ち去っていく。婆は妖婆で、弟が一矢を放つと首が落ちたのに、たちまち生えてくる。六十九回射ると、頭は七十回生えてきた。七十本目の矢が少しそれて、半分になった。妖婆は「これは残しておくれ、目のない者には目を、足のない者には足を、悪い足には良い足が生えるようにしてやろう」という。老妖婆はノロを呑み込みしばらくして吐き出すと、ノロの目は明いた。大羊を呑み込んでしばらくして吐き出すと、大羊の足も四本になった。弟は妖婆の体から出る時妖婆をやっつけ、足は元通り治っていた。後にそれぞれ分かれていった。

弟は故郷へ。父母は亡くなり、兄が黄金の馬の馬乳と馬肉で大金持ちになり、牧人たちを雇って大草原を独り占めしていた。兄は「弟は放蕩の限りをして行方不明」と言いふらしていた。そこへ突然弟が戻ったから、人々が集まって来た。弟嫁は夫の姿を認めて、懐にとびこみ涙した。人々は訳を知って、兄の非道を怒った。「兄の罪は馬尾に縛って八つ裂きにしても軽すぎる。荒野に追え」と弟がいうと、人々はその通りにした。兄は餓えと渇きでじっくりと死ぬという当然のむくいを受けた。弟は黄金の馬を人々に分け与えた。弟は勇敢さと仁義の篤さで人々に敬愛された。（銀帆編『哈薩克族民間故事選』一九八六年　上海文芸出版社）

西南部には親しい「名馬は水から出現」という思想が語られ、鷲鷹が暴風雨、雷鳴稲妻を起こして駒を掠め取っていくと、英雄が一刀を浴びせるという「風切り鎌」の場面も、ここ新疆の地域に欠けることがない。主人公が旅をしながら仲間をみつけていく点は、英雄譚にしばしばみられるモティーフである。

⑯　維吾尔《ウイグル》族の「マゼブム」（若者の名）

小澤俊夫氏編『シルクロードの民話①タリム盆地』より。一九五七年五月にキングハイのウラギル村でチャイ・ジーゾという農夫からの採集で、出典はKarl Reichl『Marchen aus Sinkiang』一九八六年との明記がある。民族は不明だが、新疆維吾尔自治区のタリム盆地で採集されたということなので、そこの主要な居住民族である維吾尔族の伝承と思われる。タリム盆地は新疆南部、崑崙山脈と天山山脈との間にある中国最大の内陸盆地。

山中で母馬が男児を産んだ。マゼブムと名づけられ、弓の上手な若者に成長。兄弟を探しに山を下り、石の中にいた人、木の中にいた人と知り合った。互いに石の兄弟、木の兄弟、馬の兄弟と呼び合うようになり、三人で嫁さがしの旅に出た。とある家をみつけて住んだ。すると毎日料理ができている。石の兄弟が留守番して様子を伺うと、三羽の鳩が飛来して羽根の服を脱ぎ、娘に変身した。太陽の娘と月の娘、星の娘で、石の兄弟は娘たちが羽根の服を着て飛び去るのを見ていた。その翌日の木の兄弟も同じ。三日目。馬の兄弟（マゼブム）は三枚の羽根の服を火中に投じ、一番美しい太陽の娘を妻にした。太陽の娘は顔に埃と煤を塗った。帰ってきた兄弟は、それぞれ月の娘と星の娘を妻にした。けれども顔を洗うと太陽の娘は美しく、兄弟はねたましくなった。翌日狩に出て岩の割れ目にマゼブムを突き落とし、マゼブムの弓矢を持ち去った。太陽の娘を別の男の羊の見張番に送り、二人の妻を連れて姿を消した。

一方奈落の底に落ちたマゼブムは、岩の割れ目で雛を育てている親鳥に「この穴を出たい」と頼んだ。親鳥はスズメを百羽捕らえてきて「背に乗りなさい。わたしが口を開けたらスズメを入れること」というので、スズメ百羽をしっかり掴んで親鳥の背に乗った。ちょうどスズメがなくなった時、岩の割れ目を出ることができた。

マゼブムは妻の元へ急ぎ、「娘さん、シラミをとっておくれ」。娘は夫を見分けられず、「この頭のほくろは夫と同じ。兄弟が夫を岩の割れ目に突き落とし、わたしをここの男の羊番にさせた」といって泣いた。マゼブムは「わたしが君の夫だ」と名のった。

夫婦は石の兄弟、木の兄弟をみつけた。兄弟は弓に矢をつがえようとしているところ。マゼブムは「わたしがやってみよう」というと、兄弟は「これはマゼブムが使っていた弓だ。お前には引けない」。マゼブムがそれでも「やってみる」というので弓矢を渡した。マゼブムは矢を兄弟に向けて放った。こうしてマゼブムは一人で三人の妻を得た。（小澤俊夫編『シルクロードの民話』①タリム盆地一九九〇年　ぎょうせい）

これも主人公が旅をしながら仲間をみつけていくという、英雄譚にしばしば好まれるモティーフをもつ。

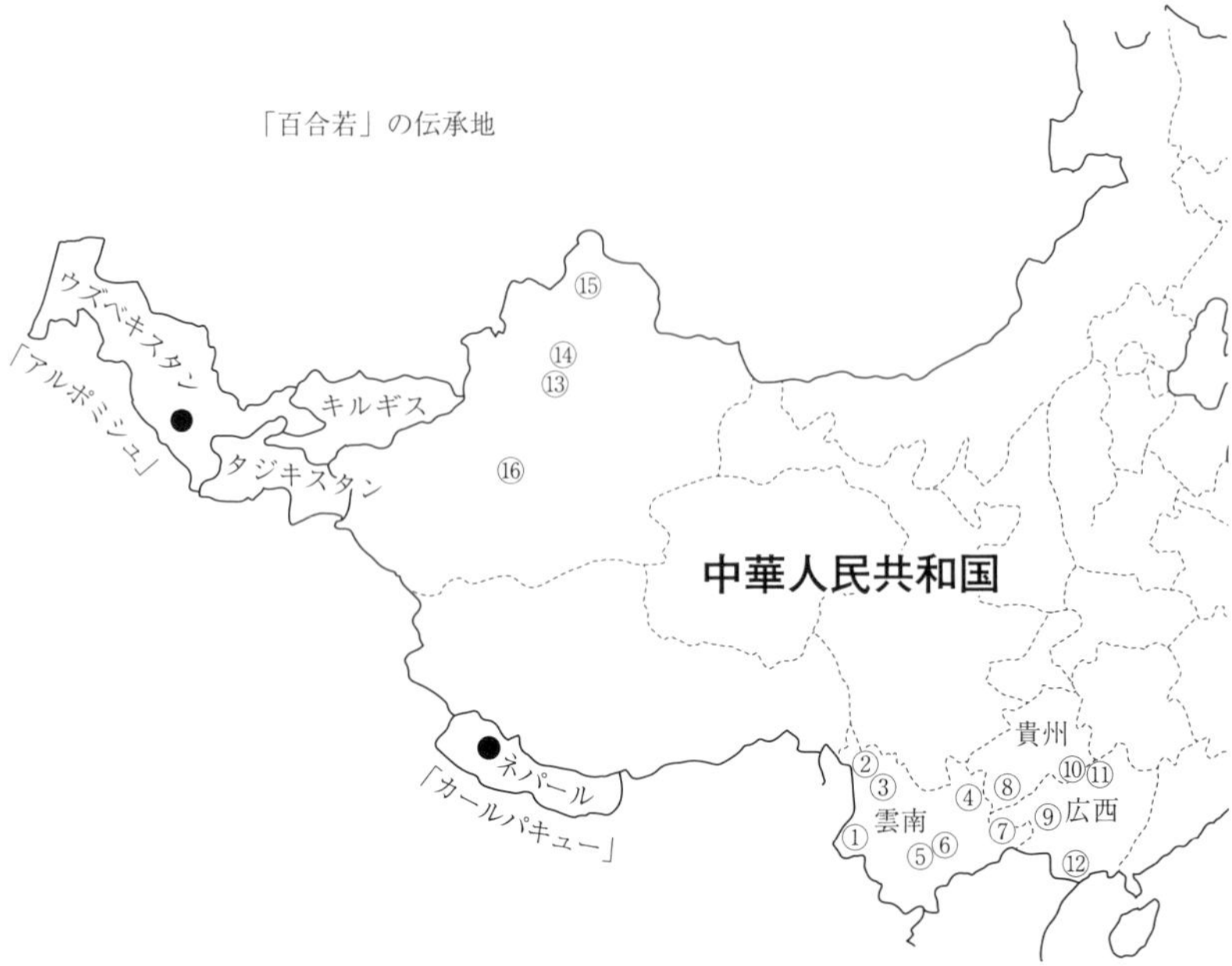

「百合若」の伝承地

とり急ぎ中国の百合若大臣譚を見てきた。いずれの主人公も武芸の達人であり、妖怪退治、兄弟の裏切り、愛妻との長年の別離、主人公の突然の帰還、主人公の変貌による識別難などの諸要素も語っている。対立者は基本的に兄弟で、彼らは天女（天人女房譚）の息子が多く、魚王（龍王、龍宮女房）の息子、雷神を捕らえる技能を持つ若者、可汗《ハーン》の息子たちなどという神聖な出自を語り、兄妹神婚の洪水神話より語りおこす虎氏族の始祖であったり、霊性を備えた父母だったりなどと語る。神話として正月や重要な祭り、儀礼の中で語られ唱われたものであることがわかる。主人公は強弓鉄弓の使い手であり、その剣や弓矢は天女から与えられたもの、石板の中から現れた宝剣で、〝剣も矢も通らぬ〟鋼鉄のような体をもつ「鉄人」の妖怪妖魔（猩猩、山姥）を退治する英雄である。自ら鍛冶打つ場面も語られる。

全体に鳥が飛翔している。天女は白鳥や白鳩、白鶴の姿で飛来し、天地往来の案内を務める白鳥もいる。

アオバトや百鳥たち（それに猿）が主人公の洞からの脱出を助けもする。それは主人公が深い洞で吹いた竹笛欲しさからであったとする。竹を切って竹笛に作ったものを、百鳥（百獣）が争うように拾う、拾った竹笛の音がその声になるという由来でもあった。

これから主人公は笛の大変な名手であると言える。「三日三晩笛を吹くとその音は村まで響く」とか「井の底で吹くと百鳥百獣は聞き惚れる」などとも語られるからである。

百合若大臣では「鷹の文使い」の鷹がけなげだが、布依族には母の手紙を届ける白鶴がいる。深い洞から主人公を背に乗せて脱出する大役を果たす大鷹も殊勝である。猿も鷹と同様にほとんどの事例に登場するのも、鉄鍛冶との深い関わりを主張している。

福田先生が解明された「鷹（白鳥）と鍛冶」の世界がみられ、全体に神話に彩られた百合若大臣譚である。

日本の「百合若大臣」を考える

「百合若大臣」の原拠を尋ねる

百合若大臣と仏典の間

福田　晃
藤井佐美

「百合若大臣」の原拠を尋ねる

福田　晃

一　法者と神楽

発者と法者

中野幡能氏は、『八幡信仰史の研究』上巻第四章・第四節「中世の宇佐神人」において中世末期の宇佐宮の神人組織を御杖人・官掌から寺家堂司・寺家神人に呼ぶ二十三の職掌、一三九人の神人をあげ、これが宇佐宮の日常業務に当る人々であると叙される。しかしてこれはいわば直属的神人であるが、これに対して系属的神人として武官職と発者職があるとされる。その前者の武官職は、宇佐郡荘園内の武士集団で、宇佐宮寺領荘園の守護に任じ、祭令行事に武官として参加するという。これに対して発者職は、

郷村における氏神鎮守の神主として勤仕する有力な格式の家柄で、宇佐八幡に結集される。発者職は宇佐八幡の祭礼時に神楽祭典を奉仕したり、郷民の奉仕を監督したり、八幡宮の神札を配布したが、常時は地方村落に散在して荘内の氏神に奉仕し、下人、譜代を使用して農事を経営した。上毛・下毛・宇佐・速見・国東郡の五群に亘って、百二十家の発者職が成立している。これらの神人は春日神社にみる如く、いわば散在神人である。

と説かれる。またそれについて具体的事例をあげて、「これ等荘園内に散在する神社の有力神職は発者職なる職名を与えられるが、宇佐宮との関係は政所・楽所検校や令官に結びついていたものであろう。（中略）発者職は神事法令の供奉・神楽等を勤仕し、通常は郷村の鎮守の氏子を宇佐八幡の氏子として参画監督せしめる重要な仕事を担当、（中略）村の最も重要な統制力となったのである」と叙される。また同五章第四節「雅楽と楽所」〈里神楽〉の宇佐神楽について

　江戸時代まで宇佐神人と称する中世末期に再編された神人が、この神楽を保持して来た。そこでこの神楽は村の鎮守の社司であり、神楽を奉仕するからであろうし、またの名を「発者《ほしゃ》」と称していた。宇佐神人は豊前国上毛・下毛、宇佐郡、豊後国国東、速見郡に亘って三百六十氏が世襲されていたのであるが、それが明治以後、各地の神人から村の若者に指導され、座ができてきた。

と言い、それが各地の里神楽の座となって、宇佐神楽の伝統が保存されてきたが、「その始めは悉く在地の神人層＝発者職の指導を受けているのである」と説かれている。

　この宇佐神人の「発者」が「法者」のことであることは、『神道学』第十号に収載された岡田米夫氏の「ホサについて」の論攷によって理解できる。すなわち岡田氏は、福岡県宗像郡玄海町の元官幣大社宗像神社の記録のなかに、応安八年（一三七五）三月十七日に、同社権擬大宮司祝詞祢宜兼殿上職の吉田致麿が選述した「宗像宮一年中毎月大小御神事次第事」（甲乙丙三本）によって、それを指摘される。

　同書正月十六日の条に、同社の摂社である織幡神社（宗像郡岬村鐘崎）の踏歌神事のことが載せられているが、その神事の中で「御神楽」が行われるについて、右は「ミコ・ホサノ役也」（同書甲乙本）とある。又同書九月十日の条を見ると、同じく織幡神社に於て秋の御九日祭が行われるに際しても、その条に「ミコ・ホサ御神楽アリ」（甲本）

とある。又同書九月十一日の条にも的原社（同郡南郷村玉丸鎮座）の摂社許斐神社の附属小社の御九日祭を記し、そこにも「御神楽アリ　ミコ・ホサ」（甲本）とある。更にこのホサが漢字に宛てられた例としては、同書正月十七日の摂社許斐神社の踏歌神事の条の中、同社の附属小神である王子御前の踏歌の条に、「御子、発者ノ舞アリ」（丙本）とある。即ち当時、ミコは御子、ホサについては発者の漢字を宛てゝゐたことが知られる。

とある。それをまとめると、ミコ・ホサは、御子・法者とも表記されるもので、共に御神楽や舞に奉仕することを職掌としていたことが分る。しかもそのミコは、御子であり巫女であり、これを命婦の名とも呼んだことの例もあげられる。「同書丙本ではそのミコについて、一の命婦、二の命婦、三ノ命婦、織幡命婦、許斐命婦といって別名で呼んでいる所もある」とされる。しかもこの際の神楽については、八乙女舞を舞ったものであろうと推される。さらに続けて

　これに対し、御神楽を奉仕する宗像神社のホサについては、同書によると、その楽所及び神楽座のものは、摂社許斐神社地の許斐から参向奉仕するとあるので、主として許斐に居った神楽師の一つであったと考へられる。この許斐神社には同書によると、神職としては神主、祢宜、祝、神人等の名があり、その下に神楽に奉仕するミコ、ホサが居ったと考へられるのである。而してホサが常にミコと並べ称されてゐる所を見ると、同じ神楽、或は舞のことにかかわると言っても、その性格は巫女と同様のものを持って、神楽舞の舞人の役を奉仕するものであった。

とある。先に中野幡能氏が説かれた「発者」ときわめて近いようである。ただしそれが散在神人としての役割を荷なっているのに対して、この宗像神社の神楽に奉仕するホサは、在地の神社においても神主・祢宜にしたがうことにおいては、やや違っているとも言える。

九州各地の法者

右の中野・岡田両氏の論を受けて「法者」に考察を進められたのが石塚尊俊氏で、その『西日本諸神楽の研究』第一篇・五「西日本諸神楽の展開」（二）「保持者とその伝承」で、これをとりあげられる。それは宇佐・宗像のみならず豊前、豊後、肥前、日向、大隅、薩摩の九州各地において、神楽の舞人を法者（ホシャ、ホシャドン）と称する事例をあげ、その法者による神楽が、かってはは九州全域に及んだことを推定され、そのなかでその活動が顕著である地域として、対馬および壹岐をあげておられる。すなわちそれは、

対馬でも、かつてはホサドンという、さきに南九州で見た、いわゆる巷間の祈祷師ともいうべき人たちがかなりいた。それを上縣郡峯町の木坂《きさか》などでは山伏のようなものであったというが、とにかく毎年六月と十二月との土用祭りのころになると、どこからかそういう人たちがやって来て、竈祭りをして歩くのが常だったという。（中略）そして今でこそそれはもっぱら巷間の祈祷師ともいうべきものとなっているが、かつては同時に社家でもあったらしい様子が、右にあげた例——社家と法者と漢方医を兼ねた家——からでもわかる。

とある。しかして貞享三年（一六八六）の『対州神社誌』のなかに、法者が各社の祭礼に招かれて神楽に奉仕する事例をあげ、そのなかに法者が同時に神主であったことを説かれる。しかも島内第一の大社であった府内八幡宮における「法者舞」は、どういうものであったかは分らないが、八月十三日の晩の「鉾舞こそまちがいなく法者の担当するところであった」とする。また文化六年（一八〇九）の「津島記事」が法者の起源を浄蔵貴所として、

子孫或ハ保佐或ハ法者ト号シテ陰陽師ノ徒也。保佐トイフハ八幡宮ノ神楽師ニ任ゼレバナリ

をあげられる。しかして対馬の法者は明らかに陰陽師であったと断じられている。

聞くべきところは多いが、いそいで対馬を歩かれたのか、やや大雑把で、桙舞は法者が奉仕するなど、誤りもある。

神主と法者の関係も、法者頭とそれに統率された法者との違いもあり、時代とともにそれなりの変化も起きている。先の岡田氏は、対馬の神職組織にも触れて、江戸末期の「対馬州神社大帳にある「祠官、社家、社職（社僧）、神楽師、惣命婦、神嬬」をあげ、「神楽師は実際の家系についてみると、ホサに当ってゐる」と言い、「同帳によると同一人で祠官と神楽職とを兼務してゐるものもあった」として、「後には次第にホサから祠官に出世するもののあったことを示す」と説かれている。また法者を陰陽師と断じられるのも、その関係は否定しないが、いささか乱暴なもの言いと思われる。

さて右の石塚氏の論考に先立って、鈴木裳三氏の『対馬の神道』が公刊されている。その第一部の「対馬の神人と阿比留祝詞」の〈保佐および命婦〉の項で、やや詳しくそれを説かれている。すなわち旧藩時代の対馬の神職は「総宮司職、神事奉行職、大椽職、諸社宮司、社僧、神楽師」があり、社家には、

祢宜、宮司、疋宮司、従宮司、権宮司、御燈宮司、神物宮司、祝詞太夫、神楽師、保佐、命婦（宮舞、妙舞、明舞とも書く）

とあり、それを逐一に説明を加えておられる。そのうちの神楽師と命婦の項をあげてみる。

神楽師は、大小神社帳に「諸社ごとに祭祀祷請之時、神楽を執行仕申候。是又往古より取行来り候神楽ニテ、（中略）男女ニテ相勤来申候」とある如く、女の神楽師、男の神楽師があり、祠官にして神楽師を兼ねるものも多かった。

女の神楽師すなわちミョウブである。ミョウブは、木坂、国分両八幡、および鶏知住吉神社の舞女を命婦といい、乃至は女嬬とも記し、その他の小社に奉仕する舞女は本来命婦とは言わなかった。（中略）大小神社帳には、命婦と「神楽師之男女」とを区別して書き、また命婦と神嬬とを区別した例もある。神社大帳には、惣命婦、惣命婦等

の階級を区別した例、また木坂本宮付属の社家中、一の命婦と記した例もある。

右の如くそれは、木坂・国分両八幡、鶏知住吉神社などの大社における神楽師、女神楽師の説明である。この三社以外に奉仕しているミョウブは『対洲神社誌』には「巫女」と記されているとし、保佐と称する神人にしたがう巫女との混入のあることを認めておられる。しかして、「保佐は、要するに両部に属する祈祷師で神社に奉仕するものである」として、先に引用した『津島記事』の浄蔵貴所起源説をあげ、ホサは全く神社とは関係しない祈祷師である場合と神社付属の神楽師である場合とがあるとされる。

なお壹岐のホサについても、石塚・鈴木両氏ともにふれておられる。すなわち石塚氏は、後藤正足氏の『壹岐神社誌』の引用する元禄年間の陰陽師家業伝授の記録に、法者が改めて陰陽師に任じられた例のあることをあげておられる。また鈴木氏は、「壹岐でも陰陽師をホサといい」とされ、「壹岐国ニ法者在リ」の津島記事の例を示されている。陰陽師と法者との関係は微妙であると云わねばなるまい。

ところで、対馬の法者については、近年、渡辺伸夫氏を中心に、その文書の悉皆調査が進められ、それは平成五年(一九九七)の早稲田大学・演劇博物館〈対馬の芸能資料展〉において、それが紹介された。しかもそれは『演劇博物館』77号に報告され、〈神子・命婦の神楽〉〈法者の神楽〉〈法者の祈祷と祭文〉の解説、および法者関連の文書、資料の目録によってその実態を明らかにされている。また早稲田大学の平成六年五月十七日には、その展示資料展にちなんで、民俗芸能公演「対馬の神楽と盆踊り」のパンフレットに「豊玉町知多美神社の命婦」の解説があり、参考になるものであった。またその調査の中心にあり、右の資料展の開催にあたられた渡辺伸夫氏には幾つかの論攷があり、これも大いに参考になる。またその調査にもとづく法者および法者神楽については、本書〈日本の伝承資料〉の「神楽祭文「百合若(対馬)」」の渡辺伸夫氏の解題にもふれられるが、ここではこれまでのご報告のなかで、注目すべき事柄のみをかい摘《つま》んであげる。まずあげるべきは、法者とは両部神道の験者であり、密教系（天台）の宗教者であって、神主・神楽師・祈祷師をかねる者と判じられていることである。ちなみにその法者頭の蔵瀬氏は、府内と田舎の法者と神子を統括するものであり、両部習合神道を奉ずる者であった。しかもその蔵瀬家は、いわゆる浄蔵貴所の流れを汲む者と伝え、江戸時代の末までは、法者頭の蔵瀬家のみならず、その配下の法者たちも比叡山に登って修行をしたという。つまりこの対馬の法者の中心は、両部神道とは言え、天台系に属していたということである。次に注目すべきは、そのような両部神道に属しておられながら、陰陽道に通じる祈祷をおこない、その際の祭文も留められていることである。つまり陰陽師的側面を兼ねていることである。それは、石塚・鈴木両氏のホサは陰陽師かとする説を補えるものである。三つ目に注目するのは、右と関連してその文書・資料から法者の祈祷師としての多彩な活動がしのばれることである。特に霊祭神楽ともいうべき新神《あらかみ》供養《くよう》、呪詛返しを中心とする山入祈祷（病人祈祷）など、その祭文ともども、次にあげる中国地方の法者神楽に通じるものが見出されるのである。とりあえずは、本書〈日本の伝承資料〉の「対馬の神楽祭文「百合若」」についての渡辺伸夫氏の解題に委せることとする。

中国地方の法者

中国地方の法者については、石塚尊俊氏が先にあげた著書の「保持者とその伝承」のなかで、備前一宮吉備津神社の康永元年（一三四二）の「一宮社法」なる文書をあげ、当社の祭礼に、各村から法者、神子、太夫が一組になって参加していることを指摘されている。またすでに公刊されている『日本庶民文化史料集成』第一巻に収載されている「備後東城荒神神楽能本集」（延宝八年能本）のなかにも、多々、法者の語が見えることを示されている。

しかるに、この中国地方の法者に注目し、それによる神楽の研究を鋭く進められたのが岩田勝氏であった。それはまずは昭和五十三年の「死繁昌の杖——壬生井上家蔵天正十六年荒平舞詞——」(『山陰民俗』第三一号)、同五十三年、五十四年の「荒平考」(その一)(その二)(『広島民俗』第九号・第十一号)に発表された。その前者においては、芸北神楽能本・壬生井上家(広島県山県郡千代田町神識)蔵、天正十六年(一五八八)の「荒平舞詞」をとりあげ、その解明を試みる。すなわちその本文を諸本と比較し、法者が「法の主」として、荒平の一人称の語りを引き出す語りの原態を探り、これが近世に入ると、「法の主」の語りがだんだん長くなり、荒平の語りが短くなり、あげくには立場が逆転してワキは武甕槌の命となり、シテの荒平を追いやるべき悪鬼へと変貌するとされる。次いでその本文の内容を㈠「荒平のすさまじい様態」、㈡「荒平の御柴草を求める天竺から日本への遍歴」、㈢「獅子類王の四男・甘露王なる荒平の出自」、㈣「今夜、荒平が民人にもたらす死繁盛の杖などの宝」に四分別し、日本の古典から他の神楽諸本に呼ぶ事例を比較してその意義を明らめる。その過程のなかで、中世の御伽草子や古浄瑠璃本文などとの近似が指摘されており注目される。しかもその読解のなかで、「荒平」の本文が芸北神楽を越えて、中国各地に及び、さらには、東九州の「荒神の舞」に展開し、あるいは壹岐神楽の「三界鬼」、平戸神楽の「山海鬼神舞」にもうかがえることを指摘する。また後者においては、芸北地方のいわゆる十二神祇系神楽の伝承を網羅的にあげ、その比較を通して荒平舞の現存形態を確認する。それは先の井上本に見られた古態の荒平から、次々と変貌を重ねて、追いやられる悪鬼にまでなった荒平の姿を二つの代表型にまとめられる。その一つは佐東型で、荒平のいわれ語りは大きく失われ、そのもたらすものは杖だけになり、杖を蔵の下に下積みにする場面が付加される。もう一つは佐西・玖珂型で、荒平は天竺の出自ではなくなり、荒平がもたらすものに、榊と米《よね》(散米)に剣までが加わるとされる。なおこの「荒平舞」は、堤婆型と悪切型とに変形して、四国・九州方面にて見出せるとされる。その堤婆型は、来訪する鬼は荒平とは名乗らずに、堤婆とか第六天の魔王とかとなり、山づとの杖も失われ調伏される対象となる。土佐、伊予、その他に見られる。悪切り型は、盗まれた榊（柴）を求めて、もう一つの荒平が神殿《こうどの》の手草のはやし戸を開いて訪れるが、山づとの杖もなく、それに代って五方を鎮めきよめる悪魔払いの舞で終わる。伊予、日向、北九州方面も見出されるという。ともあれ「荒平舞」の伝承は、中国地方から四国、九州方面に、根強く演じられてきた跡がうかがえるというのである。

ところで、右の論攷を含めて岩田勝氏は『神楽源流考』という一書を公刊されている。そのほかにも含まれているが、本稿で注目しておきたいのは、昭和五五年に『山陰民俗』第三五号に発表された「神子と法者――近世前期における郷村祭祀の司層――」である。それは寛文五年（一六六五）に幕府が吉田家に実質的な神道裁許権を与える前の神楽による祭祀形態を明らめようとするもので、両部神道の色彩の多い神楽の形態である。まず、中国地方の神子と法者の項においては、主に備前、備中、美作をあげられるが、文明年間以前にまとめられた備前一宮の社法によると

本社の神子座に十二人、地方方に十二人がいて、神子座の衆には、一の神子・権の一神子・惣の一神子・二の神子・せんしほなどがおり、地方方は、おもに楽頭をはじめとする神楽の衆で構成されていて、一宮の祭事に奉仕するとともに、備前の国中村々在々の宮の祭りに参り、「色々の神楽事」をおこなっていた。これらの村々の神子、法者衆は、地域ごとに法者の頭によって統括されていた……。

とされる。この文書がまとめられた当時の備前の国中には、神子大夫として法者の組頭を勤めていた六人の頭の衆がいたともされる。また文明二年（一四七〇）六月十一日の「御神前二面御子さほ御役申上書」にある十一番の「御神事かくら」によって、当時のそれが知られるとし、

それまでの神子と法者のほかに棹（さを・さほ）が現われる。棹というのは、神子と同格のよりましの男巫のことで、神楽事の多くは、法者が祭文を誦んではやし、神子もしくは棹が舞って神がかるものであった。

と説かれる。あるいはまた「村々の神子・社男という下神人たちの村方祭祀の主体は、神楽・湯立・卜占・祈祷であるが、「あら口、着せ替」という死霊鎮魂の儀礼をもおこなっていた」とされるのも注目される。後に説かれる浄土神楽ともかかわることである。続く「備後国奴可郡戸宇村の社人」の項は、「備後東城荒神神楽能本」（『日本庶民文化史料集成』第一巻所収）を蔵しておられた東城町宇戸村栃木宮脇家の出自を明らめたものである。すなわち栃木家が社人として勤める一宮宮は備中一宮の吉備宮を勧請したものであるが、この栃木家の先祖は、天文の頃に備後に移り来たった伊勢国桑名の生まれの藤ノ左衛門であったという。その曾孫にあたる大夫佐兵衛は、寛文八年（一六六八）に吉田官位を受けているが、万治四年（一六六一）の「抽書」、寛文四年（一六六四）の神楽能本、同七年の「伍大土公神祭文本」等々には、「いずれも両部神道が色濃く流れており、陰陽師系、修験系、密教系のいずれをも包摂していて、吉田の唯一神道の影響は見られない」とされる。次の「六道十三仏之カン文」の項は、右の栃木家が蔵される貞享五年（一六六八）書写の本文を紹介されている。法者が死霊祭祀にかかわっていた一例である。次いで「神子と法者の死霊への関与」の項は、その死霊祭祀を具体的に説かれたものである。最後の「神子から法者へ」の項は、同じく栃木家の文書によって、法者の家職に卜占のあったことを述べ、享保二年（一七一八）の証文によると、神がかって荒神の託宣をするのは、もはや神子ではなくて、棹の系統をひく神柱《しんばしら》に変っていくと説かれる。現在の大元神楽の託太夫がそれに当ると言える。

以上、岩田勝氏の初期の論攷をあげ、その注目すべき個所を指摘したのであるが、これを収載された『神楽源流考』は、従来の神楽研究を大きく進展させたものである。特にその考察が、吉田流の神楽流行以前の両部神道の思想のなかで演じられた神楽の実態に及んでいることが注目されるところである。

両部神道と法者

およそ両部神道は、神仏習合の思想のなかで、仏・菩薩と天神地祇とを関係づけた習合神道である。それは、伊勢大神宮の内宮を胎蔵界の大日如来の垂迹、外宮を金剛界の大日如来の垂迹と説くもので、密教の教理にしたがうもので、その成立は平安末から鎌倉時代にかけての頃と推される。しかもそれは、真言宗の密教から起こったと言えるが、かならずしもそれにとどまらず、天台のなかにも取り入れられて流布している。ちなみに両部神道流の神楽を支えた神楽男・八乙女については、天台系安居院流の『神道集』巻一の「神道由来之事」に見えている。すなわちそれは伊勢大神宮の縁起をあげるなかで、

胎金両部ヲ陰陽ニ官《つかさど》ル、陰ハ女、陽ハ男ナルカ故ニ、胎蔵ニ方取テ、八乙女《ヤウトメ》トテ八人有リ、金剛界ハ五智ニ官リ、五人ノ神楽男ト云ルハ是也

とある。陰陽の法にしたがう八乙女・神楽男なれば、陰陽師化した神子・神楽男、つまり法者の始原をうかがえる。『神道集』は、ほぼ南北朝期の成立と確認されるが、この伊勢大神宮の縁起は、『沙石集』巻一の「大神宮の御事」に、ほぼ同文の引用がみられるので、この叙述は鎌倉末期の弘安六年（一二八三）を遡る。しかして『神道集』は巻五に「御神楽事」を用意して、その起源として天の岩戸説話をあげている。

同じく天台系のテキストなる『神道雑々集』上巻・四十二「八人ノ八人女《メ》五人神楽人《ヲ》ノ事」ハ、次のように記している。

有云、天祖索盞烏ノ尊ヲ悪《ニク》ミ、天岩戸ニ閉籠給、此時国ノ中常《トコヤミ》ニシテ諸ノ談、火弁ヲ以テス、諸ノ神ノ暗キ事ヲ悲ミ、索盞烏ヲ出雲国へ損イ遣リ奉テ、思兼ノ命ノ謀ニ随テ庭火ヲ焚キ、伊弉諾尊・磐裂命・磐箇男命・経津主ノ命、武甕《ケミカ》槌ノ已上五人、此神達五色ノ幣帛《ミテクラ》ヲ捧テ五龍王ニ奉リ、天地ヲ乞々平ケ釜ヲ塗給歟、伊弉冉尊、遊小

日・活目《メ》ノ命・鬼姫命・滝津《タキツ》姫命・市杵《キ》嶋姫命・磐筒《イハツト》女命・建御雷ノ姫・拷幡《タクハタ》千姫命、已上八神、此神達御湯ヲ立テ千草ヲ以テ、大池ヲ清メ給ハ、是縁也

有云、外宮ハ金剛界ノ五智ヲ象ル故ニ、日輪モ五有、胎金両部ヲ以テ陰陽ヲ主トル時、陰ハ女、陽ハ男ナル故ニ、胎ハ八葉八人女ヲ象テ八人有、金ハ五智、男ニ主トル、五人神楽人ト立ル、是故也、

とある。後者の八乙女・神楽人の記事は、先の『神道集』のそれとほぼ一致する。しかも本書も下巻・廿二に「神楽縁起の事」として、天の岩戸説話をあげ、その神楽を演じる者の由来、その作法について説いている。が、右の『神道雑々集』の引用部分については、はやく山本ひろ子氏が「「浄土入り」のドラマトゥルギー——奥三河の霜月神楽をめぐって——」においてみごとな解説を加えられているので、ここではそれにしたがって述べる。それはまず神楽を演じたのは、イザナギを筆頭とする五人の男神と八人の女神とすることが注目される。次いでその五人の神楽男が「五色ノ幣帛《ミテクラ》」を奉じて、五龍王に土地を乞い、地を平らかにして釜を作ると、八人の八乙女が「御湯立テ」て大地を洗い清めるとは、まさしく中世の湯立神楽の様相を伝えるものである。そして土公神である五帝《ごてい》龍王から土地を譲り受けるために五色の幣帛を捧げたという叙述は、密教や陰陽道と習合した民間神楽の姿と見られる。またそれは、はやく両部神道流の神楽が陰陽道に習合していたことを示すもので、法者神楽の始原を伝えるものと言える。なお『神道雑々集』の成立は『神道集』と相前後するもので、その書目としての体裁は貞治五年（一三六六）頃には整えられたと推されるが、室町中期頃の記事が含まれている。が、その内部徴証によれば、「応安訴状」が反映されていることから、応安元年（一三六八）からそう遠くない時期、つまり南北朝末期ごろには、現存本はほぼ成立したと言えるであろう。なお、中世神話における「八乙女・神楽男」の伝承については、鶴巻由美氏の「中世御神楽異聞——八乙女と神楽男をめぐって——」があり、参考になる。

さて両部神道の流れを汲む神楽太夫は、はやく陰陽の「法」を奉じて、陰陽師化したと言える。したがってこれを法者と称するに至ったのである。しかしこの法者を称する人々は、その始原は神楽を職掌とするものであれば、陰陽師そのものとは自ら出自を異にすると言える。またキヨメを職として千秋万才を営み、陰陽師化した唱門師ともそれを異にする。ただし陰陽道から誕生した修験・山伏は、両部神道を奉ずる行者であれば、その関係は一概には言えぬ。修験、山伏のなかで神楽を職とすることになったグループ、それは陰陽の法を共有するものであり、判別はむずかしいし、その融合も認めねばなるまい。しかし、法者と修験を同一とするのではない。法者太夫が修験化する、修験が法者太夫化するということである。また法者が陰陽師化することもある。たとえば土佐・物部のイザナギ流太夫はそれである。およそ、その両部神道を奉じて、陰陽の「法」をよくする神楽太夫、いわゆる「法者」を称される人々の活躍は、鎌倉末期から江戸初期に及び、その末期にもいささか認めることができるのである。

二　豊後の「法者と神楽」

幸若「百合若大臣」と豊後

幸若の「百合若大臣」によると、これが豊後と深くかかわることが注目される。すなわち百合若大臣の出自は、本朝の都としながらその活躍の舞台は、豊後の国府を中心に進められる。大臣は、Ⅰ「大臣の蒙古退治」においてまずは豊後に赴く。(3)〈豊後国府着任〉である。海路より来襲する蒙古を討つには最初から筑紫の国府、博多に向かわしめ、そこより蒙古討罰に出立すべきであろう。しかるに幸若は、一旦、「在国せでは叶ふまじ」とて御台所を引き具

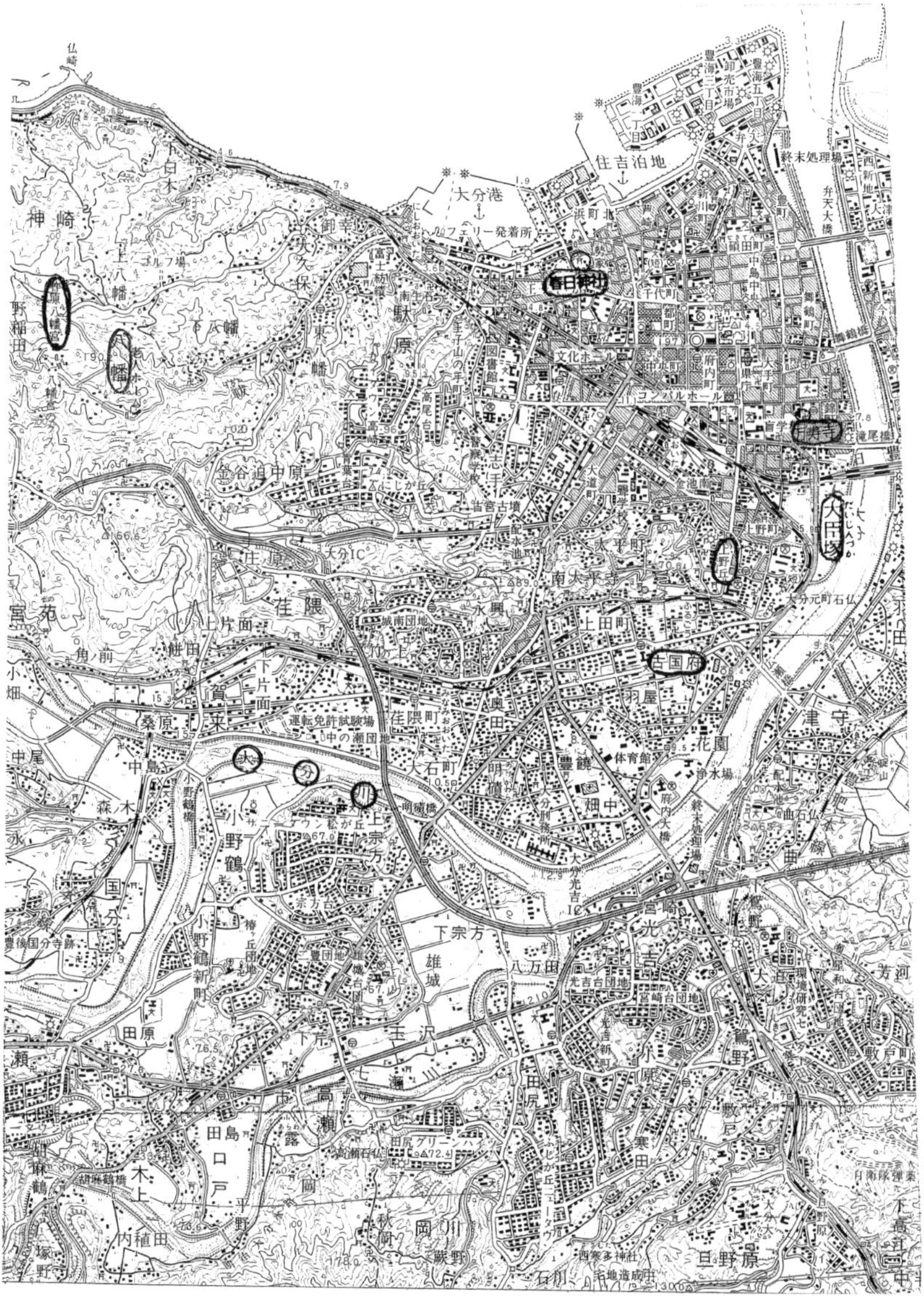

豊後の旧国府（大分市）地図

して豊後に赴き、その「豊後の国府に京をたて、さながら都に劣らず住ませ給ふ」と叙している。当然、蒙古退治後のⅢ「大臣の苦難」は、玄界島と豊後との間において叙され、特にⅣ「大臣の苦難克服」㈠・㈡は、豊後の国府を舞台として語られる。しかるにⅤ「大臣の報復」は、その舞台を豊前に移し、宇佐八幡宮の宝前とする。これが矛盾であることは先にふれた。当然、それは、豊後・一宮の柞原（由須原）八幡宮の社頭と語られるべきである。幸若の編者が、著名な宇佐八幡宮に改作したものと推される。それを証拠づけるのは、壱岐の「百合若説経」であった。これもそれなりの改変を施し、報復の舞台を京の二条内裏と叙しながら、百合若大臣が由須原八幡に示現したことをもって結ぶのである。折口信夫氏が「百合若大臣」の原拠を八幡の縁起に求めたのは、その故であった。

豊後柞原八幡宮と法者

柞原八幡宮（由須原・由原八幡宮とも称す）は、豊後一の宮として当地方の神社信仰の中心となった大社で、賀来社とも称されていた。しかも当社は、宇佐八幡宮の別宮として、八幡信仰を支え、その影響は北九州にも及び、壱岐・対馬にも至っていたと推される。しかもその祭祀は、宇佐宮に準じて、大宮司は代々大神《おおが》氏が相伝するものであった。その祭祀の起源についていては、正応二年（一二八九）の「大宮司記録御縁起」（柞原八幡宮文書）、貞応二年（一六八五）の「由原八幡縁起」などによると淳名天皇の御宇、天長七年（八三〇）に、延暦寺の僧金亀和尚が宇佐宮に参籠する折、八幡神の示現を蒙り、その大菩薩の御初衣が大空を翔て、豊後、加来社（柞原宮）に飛来するをみる。これに応じて金亀和尚は、承和三年（八三六）に宝殿を造立、以来、宇佐宮に準じて三三ヶ年ごとに宝殿を造替することになったという。

およそ宇佐宮においては、弘仁五年（八一四）に最澄が当宮に詣で、以来、弥勒寺にも天台教学が入り込むことに

現　柞原八幡宮

なったのであるが、その別宮なる当社は、いちはやく天台系僧侶による神仏習合にもとづく宮寺経営が営まれることになったというべきである。すなわちその宮寺経営の組織は『柞原八幡宮文書』の元亨四年（一三二四）の「賀来社人名帳」によると、それは大宮司（当社最高位、平均庄務の長）と宮師（祭祀者の最高位、社僧の長）を中心として、次のように構成されていたのである。（傍線・傍点は私意によっている。）

神官十九人（大宮司、権宮司、惣検校、弁官、擬大宮司、大検校、権擬大宮司、御馬所別当、惣別当、権御馬所、正小宮司、権小宮司、擬小宮司、浜殿検校、御炊殿別当、権惣検校、官掌、鎰取）

貫主十四人、検校二二人（御炊殿検校、御炊殿権検校、命婦、内侍、検校等）

声納十人（貫主、笛検校、低庭等）

御手人十二人。長御崎一二人。御馬副一三人。馬帳九人。

供僧六人（宮師、御前検校、権宮師、権々宮師、読師、講師）大般若修理別当九八人。

それぞれの職掌を説く余裕はないが、本稿で注目するのは、神

現　柞原八幡宮、社殿

楽に奉仕した神人であるが、それはここでは「声納」と称されている。いわゆるそれは、細男で、祭礼において神楽に奉仕し、舞を勤めた神人である。

さて時代はさがるが、江戸時代の『雉城雑誌』十の「由原山八幡宮」の項には当宮寺を経営する社僧、神官を次のようにあげている。

社務。別当（宮師）。護国院。

社僧十三坊。

香林坊。号二権宮司一。東光坊。当老坊。宮佐古坊。長現坊。請教坊。浄泉坊。常楽坊。香雲坊。南之坊。本静坊。西養坊。遺教坊。

社員

大宮司。権大宮司。権擬大宮司。惣別当。小宮司。大検校。浜殿検校。大炊検校。筑紫検校。官掌。内蔵大夫。修理大夫。黒牛官衆。蔵本官業。近末官衆。鎰取。辨宜。行蔵物。陳道。一之法者。行事。主殿。平井。公交。大畠。田之口。宮薗。御馬所。権御馬師。松大夫。求馬。軍司。左門。舞主。内侍大夫。

其外命婦、小税、巫神官之徒、当村及隣邑ニ散在スルモノ、又爰ニ載セズ。

その社僧はともあれ、社員（神官）については、いちだんと多岐にわたって、その職掌の理解の及ばぬものが多い。そのなかで注目されるのは、「一之法者」で、当社にも陰陽師流の神官が属していたと推される。あるいはそれは法者頭を意味するとも判じられる。さらに「声納」につながる「舞主」、そして巫女頭とも推される「内侍大夫」が見える。先には命婦・内侍は、貫主・検校に含まれている。命婦は、一の命婦から三の命婦まで用意する例もあり、法者・舞主とともに神楽を奏する例も少なくなかった。ここでは「此外命婦、小税、巫神官之徒」、つまり下級の巫職の者は、当村、隣邑に散在しているという叙述を注意したい。

ところで、その「声納」つまり舞主、あるいは内侍・命婦が奉仕した神楽は、いかがであったろうか。今それを『柞原八幡宮文書』によってみると、二月・三月・七月・十一月・十二月のそれぞれに営まれたようである。すなわち正応元年（一二八八）の「由原宮年中行事次第」の「十一月」の項には、「御神楽如二二月御祭一」とあり、同じく嘉元三年（一三〇五）「由原宮年中次第案」の「二月御祭之次第」の項には、神楽御供のことが記され、「十一月分」の項には、「御祭者二月祭同レ之」あり、「十二月分」の項には、

同一日、朔幣同上、但七朔幣之神楽アリ、三月ハ第二中五、神楽ハ行延名、十二月ハ法光坊

とある。その神楽の内容がいかなるものであったかは、知る由もないが、その奉仕の中心となったのが「声納衆」であったことは確認できる。そこで先にあげた元享四年の「加来社人名帳」を詳しくあげてみる。それは「神官分」「貫首分」「検校分」に次いで、「声納分」として次のようにあげている。

一人平九郎　一人弥藤三　一人三郎貫主　一人馬次郎　一人新三郎　一人平十郎　一人笛検校
一人三郎検校　一人低庭　一人平内次郎

くだって、至徳四年（一三八七）の「賀来神人名帳」には、やはり「神官分」「貫主分」「検校分」についで、「声納分」として、

源内次郎検校　弥三郎検校　馬次郎検校　新三郎検校　弥次郎検校　弥八検校　弥三郎検校

の七名があげられている

さらに下っての元和六年（一六二〇）の「由原宮社家衆次第書」によると、それぞれの在所の示されていることが注目される。今はその「勢納衆」をあげる。

一、勢納《せいなふ》衆　かく村ニ有　一ノ法ツ者
かく村ニ有　舞主
とい村ニ有　宮園《みやその》
同村ニ有　酒殿検校《さかとのけんこう》
同村ニ有　筑紫《つくし》検校
由原ニ有　大井《を、い》ノ検校
かく村ニ有　内侍
由原ニ有　田ノ口
同村ニ有　平井
同処ニ有　理介
中尾村ニ有　行事《ぎやうじ》
同　脇両人

まず注目すべきは、これでは「一ノ法ツ者」をあげることである。これは右の『雉城雑誌』のあげる社員のなかに「一之法者」のあることでとりあげているが、まさにこれは声納衆を率いる法者頭を言うに違いない。それならば舞主以降の衆は、法者と称される人々であったと推されよう。つまりそれは先の宇佐宮の「発者《ほさ》」、宗像宮の「法者」に準ずる人々で、本社を離れた在所に住する散在神人に属するものと言える。この人々は、日常は自らの在所の神社の神職をつとめ、大祭には本社に参じ、神楽を奉仕し、その他の神事にしたがったものであった。またこの「勢納衆」のなかに、「内侍」の名があるのも注目される。あるいは、これは本社においては巫女神楽をつとめ、在所にあっては声納（法者）にしたがって、その祭祀にもかかわったものと推される。ところで、当「加来社人名帳」は、以下に、「貫主四人」、「祝三人」をあげ、次に、

一、命婦三人　宮師方　二介
　　　　　　　地頭方　吉右衛門
　　　　　　　一人ハかく村ニ有

と叙している。二人は本宮側に属しているが、一人は在所にあるとする。在処の神社の神事にもかかわっていたとすれば、これも声納（法者）とかかわる巫女としての職能ともっていたかと推されるであろう。

八幡・法者神楽の行方

先にあげたごとく、中野幡能氏によると、宇佐八幡宮の神楽に奉仕する人々は、発者（法者）と称され、散在神人として、それぞれの在地の神社祭祀にも従っていたという。およそ南北朝期以来のことである。それがやがて豊前各地の三百六十氏の社家（神域）に引きつがれ、さらに現代はそれが一般村民の座となって営まれることになったとい

御先（稲童神楽）

御先神楽（山内神楽）

豊前神楽調査報告書より

われる。

ところで、その豊前神楽の悉皆調査が進められ、それが『豊前神楽調査報告書―京築地域の神楽を中心に―』として公刊された。その報告書の解説によると、その法者神楽から現在の豊前神楽への変容も、よほど明らかにされている。つまりそれは、室町末期以来、両部神道流の神楽を奏し、大夫は両部習合神道の免書を得ている。しかして寛文五年（一六六五）の「諸社祢宜神主等法度」の発布によって、吉田家から裁許を得ることとなる。それに応じて神楽の内容も変容するに至るのであるが、かつての法者神楽の特色とも言える「荒平舞」などは、壱岐神楽においてもみるように、「ミサキ」「駈仙《みさき》」と題名をかえて、現在にも引き継がれている。その安政六年（一八五九）の「磐戸神楽唱行」（長谷川文書）が紹介されているのでそれを掲げてみる。（ちなみに、その長谷川家は、旧上毛郡四郎丸村大富神社の社家で、法者としては慶長年間を遡る）元来それは法者（神主）とミサキ（荒平）との問答体によるのであるが、それは台本なれば、一方的な叙述となっている。が、荒平の渡す宝の「死繁生の枕」が「ししはん杖」「シクワン杖」として、確かに叙されていることが注目される。

㈠それに謹《ツ、シンテ》候神主是より再拝たてを以て一句尋きかせ曰さん

謹上再拝々々敬テ白それ年月年号始てより已来国家安全ため大小

神祇の広前にお《ヲ》いて四季の御祭を
いたさんと欲して致斎散斎《チサイサンサイ》をなして
四方八隅に御瑞出縄《ミシメナワ》を引神壇《ダン》
をもふけ八足百取の机に八百万ノ神
膳を供《グウ》し其内において八人の八乙女
五人の神楽男を揃《ソロエ》テ国家四民安全
ヲ加護し神主深心の信をいたし鎮《トコシナヘ》に
謹慎《キンシン》誠ヲ専スル所ニ是ヨリ丑寅当テ悪
風颯々ト吹来リ赤キ色ナル大魔王コノ御
神屋ニ勢ヲナス夫吾国ハ神国ナリ道ハ
コレ神道也国主ハ神皇ナリ汝ハ何
者ソ速ニ退敬セヨ○夫天神七代の
渡《(後)》地神三代天照太《(大)》神の御孫瓊
々杵尊此土に降臨《ゴヲリン》成さる前高天
の原より此日本を見賜諸の邪《ジャ》神
猛威を蛍火輝キ神縄聲邪草木
咸《コト〳〵》言語を発《ホヲ》して国家悩乱《ノウラン》すと
いえとも不測の神力を以て治めた
まへハ忽《タチマチ》ニ平伏す吾国開闢の始天
地と共に神々顕生《ケンセイ》ス故に国を神国
と云道を神道と云夫神なき時ハ
天地なし天地なき時は万物なし
衆生ナシ万法なし又一法なし此理
ヲ悟《サトラ》すして汝異□《(形)》の盗《(姿)》を現し
此神前に近く事不敬なりそれ速
に退敬せよ

(二)駈仙曰ク抑御前と云ハ一座神明の分身なれハ
人と見えぬも道理なり毛角三尺
にして眼ハ赤酸醤《カチ》の如く鼻ハ七咫
三尺三寸の紅舌を以凡休《(体)》を喰せん
とするに似たりされハ容貌《ヨウホウ》美《ヒ》なり
といえとも其心迄知へからす只一
心清浄温潤柔和の相を現し或
時ハ鬼畜木石に身をかる肩《カタ》には
赤キ天衣をかけ腰にハ黒キ衣をまと
ひしくはん杖を提《ヒサ》ケ天地の間を飛

行しミれハ国こそ多けれ豊の前
州上毛郡今此神楽庭において
大鞁羯鞁笛鞁十二の楽を調て
神王ハいかりましをけふとしるさハ
あやをハえ錦をはへてとくとふ
ませんなんと、諷ひかなでたまふ
事《コト》謂なしかほとの神事を企る事
ならハ三日先より荒神と吾をこそ
祭へし四面八方の神境を許すまし《シ》
(三)かし後かしと我再さんのもん答に及事
未一和と徳を得さるか如シ汝聞ケ吾ハ
是天地偏満ノ妙体也因テ一神
六名アリ第一猿田彦大神第二国
底六神第三気神第四鬼神第五
大田神第六興玉神ト云是皆神
徳太ナル故也惣テ駈仙之数九
万八千五百七十余神在リテ如影乃
形ニ随也其眷属《ケンソク》億兆《オクチウ》在リ土公

神道祖神五穀神福神軍産屋
ノ神トモナリ千反万化妙術ヲ以
テ悪ナル者ニハ罰ヲ以テコラシ善ナル者
ニハ幸ヲアタエテス、メ《是皆ノ》人民ノ善心ニ帰
ラシ欲汝此理ヲ悟リテ吾ニクミセヨ心
ヲ一ツニシテ天津神ノ神勅ヲ伝テ
御前ヲ追仕奉ラン
(四)神主教ノ如ク此五十鈴ヲ打振
マイ奉ル所鬼形《キキヨヲ》 忽《タチマチ》□和ノ神休
トナル事御鈴ノ利生ニテ候此上ハ我
ツケル処ノシクワンウ杖ヲ渡候是ヲ
受納ニ於テ福寿憎(増)永諸願成
就ニテ候
此御杖ヲ□トシテ当社ニ納ヲキ候
ごトニ一天泰平国家安全五穀
成就氏子繁昌ト踏鎮メ跡ヨリ
祭奉ラン

右の㈠は「法者」（神主）の「ミサキ（鬼祈）への退散要求」、㈡は「ミサキ（鬼神）の名告り」、㈢は「ミサキの誓願」、㈣「ミサキのシクワン杖授受」の叙述である。およそ鬼神なる「荒平」は、豊前神楽においてはミサキと称されている。それは「荒神と吾こそ発べし」と言い、また「悪ナル者ニハ罰ヲ以テコラシ、善ナル者ニハ幸ヲアタエ」るとする。そこで壱岐の「百合若説経」をふり返ってみる。およそそれは荒神祭に唱えられるもので、その冒頭の「鬼神揃」は「御前揃《みさきそろえ》」とも叙されている。また百合若に退治される鬼神のなかで、孤島に残った百合若を助けた小鬼・茨童子は、壱岐・一の宮に荒神と祀られている。神楽「荒平」（ミサキ）と「百合若説経」との近似が、今さらながら思われる。

　ところで、右にあげた「磐戸神楽唱行」の台本は、神楽の次第にそって、収載されている。すなわち「大札・祝詞」に始め、「一番神楽」「手総神楽」「二人手総神楽」「花神楽」「地割」「征護神楽」「磐戸前」「地鎮神楽」、そして「駈仙《みさき》神楽」となる。そして最後が「大臣神楽」で打ち上げの神楽である。それをあげてみる。

　大臣神楽　　　　　十二の楽の音高キ
東に明星出て夜を明ス西に夕つゝ日を暮ス　　舞子たれたるきねの御神楽
南になんきょく浮ミ出此に大将軍の殿造　　宇佐宮ト小倉の山ハたか見たそ
月と日ハいつれ光りのまさるらん　　さも面白き山の気しきヲ
夜昼照ちかいなるもの　月も日も　　亀山やすそよりいつる大井川
西ニ〳〵とかたむけと四三の星の入かたもなし　　流久しき氏を守らん
久《上》方の天の長田の種として　　大神の上の千早をたひたらハ
ま《下》きたる稲ハ福徳の稲しらへよき　　つかふるねきに着てねらせん

此鈴ハなたなる鈴か久方の
　空さへ光る天の五十鈴よ
里神楽夜の嵐に暮そへて
　よそのねさめも神さひれけり

八津島神社

おふ〳〵八大龍王のがふせんに玉のミす
　きを先に立て日夜に神楽を奏れハ
　宝の御鈴に光さす是そ納受の印也
　神心さやかに速かなり

それは、中国地方から九州方面の各地にみられる「将軍舞」に準ずるものであるが、宇佐八幡の信仰圏における神楽なれば、宇佐宮のみごとさを歌い舞うものである。しかしそれは「大将軍の殿造り」にことよせての祝いの歌舞である。ここにあげた豊前神楽の「唱行」「祭文」には、「百合若説経」は、うかがうことができない。が、この「駈仙《みさき》神楽」「大臣神楽」のなかに、それが隠されてはいまいか。ちなみに渡辺伸夫氏は、椎葉神楽における「弓の手神楽」（将軍舞）の将軍を荒平系の鬼神と推されているが、これと近接しているとしてあげられる入来神舞「将軍舞」の祭文における将軍は、一旦、唐土と日本の塩ざかいにある「鬼満国」に置き去りにされたと叙されている。また「百合若説経」を伝える対馬の法者祭文には、「役行者説経」があるが、これは役の行者が喜界ヶ島において、ミサキの「荒平」とわたり合い、最後は一族の五千の鬼共ども、ミサキ送りをする祭文であった。

同　神楽殿

さて、これに対して現在の豊後神楽は、豊前のそれが宇佐八幡の発者（法者）の流れのなかで展開するもののごとく、一の宮・柞原八幡宮の法者の流れを引き継ぎ、それを展開したものとは、到底判じられないのである。およそそれは、豊後岩戸神楽と称され、多くは深山流、御嶽流、浅草流などと言った、江戸末期以来、神職の人々によって演じられるものであった。特に大野郡を中心として、従来の神楽と違った意図的に作為されたものが演じられ、それが各地に広がっていったようである。ただ北方の速見郡の一部には、岩戸神楽を導入しながら、法者神楽を残している神楽座がある。その一つが日出《ひで》町豊岡の津島《つじま》神楽である。これは、当地の八津島神社に属し、正月十五日、二月初卯の日、三月節句、五月節句、八朔、九月八日～十日の大祭において、当社の神楽殿で演じられてきた。その神楽座は、旧藩時代は宮ノ下聚落と法華寺聚落との二つが存したが、現在は宮ノ下だけとなっている。座員は俗に「ホシャ師」または「里楽師《さとかくし》」と呼ばれ、十一人で構成されていて、株組織によっていた。したがってかっては、その家系が決まっていたという。座の構成は、舞方《まいかた》と囃子方《はやしかた》とに分れ、前者が六人、後者が五人でおこなう。全体を取り締まる役は座長、その下に「引廻し」という座長補佐役がつき、ホシャ衆を指図する。その演目は里神楽十四番、岩戸神楽学十一番、俗に「蛇切り」と呼ばれる大神神楽の三種がある。つまりその里神楽が、およそ従来の法者神楽に属したものと推される。その里神楽は、素面で頭に烏帽子、狩衣に青袴の神主姿で舞われるものが多く、古式を残すものと思われる。

その里神楽の演目は、1四方祓　2大礼　3添神楽　4一番神楽　3幣証護　6花神楽　7缺開《ケッカイ》　8手草　9四ツ手　10小太刀　11御前　12六大神　13弓証護　14地割の14種である。右は、昭和四二年、日出町文化財委員会発行の『津島神楽調書』によっているのであるが、その11「御前」については、次のように説明されている。

> ミサキと呼ぶ。神主姿の楽師一人が大幣をもって舞い、ついで頭に毛頭、顔には赤鬼の面をつけ、ケンバカマをつけ、ソバツキを着た鬼神姿の楽人が一名登場する。ここで神主のもつ大幣と鬼神の鬼杖とを合せて力（神力）のくらべあいを演じ、後、鬼神が神主の呪力により神威に伏するという神楽で、神主と鬼神との間で、カケ歌、言イタテがおこなわれる。神威に神々が伏すと、鬼は神主に鬼杖を奉呈し、その後は、扇と鈴をとって舞う。
> この演目は、14地割と共に里神楽のなかで、ストーリーを持つ演目である。

これによると、この「御前」は、豊前神楽の「駈仙《みさき》神楽」に準ずるものと推される。その鬼神の将来する鬼杖は、荒平の「死繁昌の杖」であるにちがいない。続く12「六大神」は、「六大臣とて記録され、ロクダイジンと呼ばれる。六人の楽師が神主姿で舞う。六人の神は天地の陰陽をあらわすもので、手に幣鈴を持つ」とある。今、その舞歌の本文がないので明らかではないが、豊前神楽の「大臣神楽」に準ずるものであろうか。

この神楽座の存在は、その資料によれば、およそ慶長年間にまでは遡るのであるが、それ以上は明らかではない。しかし、この神楽から杵原八幡宮に属した神楽をうかがうことはできない。むしろ宇佐八幡宮の「発者」につながる可能性が強い。もうしばらく杵原八幡宮の周縁にその神楽座を求めねばならないが、それは見出されてはいない。

三　豊後の「百合若大臣」

万寿寺の「百合若」

およそ幸若舞曲「百合若大臣」の原拠は、かならずや豊後一の宮・柞原八幡宮の周縁に認められるはずである。そして、それに属した法者神楽の声納衆に見出されてしかるべきである。しかしそれは、現代の神楽には、姿を没してうかがえないものとなっている。しかも幸若以前の「百合若」を見出すことは、ほとんど絶望に近い。ちなみに、かつて柞原八幡宮の一の殿には武内宿弥と百合若大臣の神像が祀られていたとするが、その経緯は、今となっては明らかではない。ただ鎌倉末期以来、その柞原八幡宮の祭祀にも、しばしばかかわった、豊後の名刹・蒋山万寿寺と関連して、百合若の事績が語られてきたことが、いささかの頼りとなる。

その万寿寺は、臨済宗妙心寺派の禅宗寺院で、蒋山と号し、本尊は釈迦如来である。それは徳治元年（一三〇六）、大友貞親が創建して開基となり、直翁智侃を筑前博多・承天《じょうてん》寺から請じて開山したことに始まるという。かつて大分川左岸にあったが、寛永八年（一六三一）に城下町なる金池に移転し、今日に及んでいる。その旧地の元町に、百合若の事績を伝える遺跡がある。それは円型古墳跡で、百合若大臣塚と伝えてきている。寛永年間に発掘され、石棺より「霊骨及大刀甲冑」が見出されたという。それは寛永十三年（一六三六）、「蒋山万寿寺主丹山宗昆藩記」と、その石碑に記される。それによると、寛永十二年七月廿五日、大風により塚上の松が折れたのを機に、城主、日根野吉明の命により発掘されたという。

さてその吉明の大臣塚発掘の事績とかかわって、『豊府聞書』（戸倉貞則編、元禄十一年）巻六、第二八「日根野吉

蔣山万寿興聖禅寺（万寿寺）

明伝略」（上）には、次のごとき記述がみられる。

寛永十二年七月二十五日。大風頻至。因レ之。府城南百合若大臣塚臣松折。時民人白二府城一。故城主到二彼地一監二見其折松一。師入二蔣嶠一対二丹山和尚一。問二大臣故事一。師答曰、国民伝説昔此豊後主。号二百合若大臣一。異二于世人一。強力抜群。而引二鉄弓一射二鉄矢一。即住二居豊後府城一。行二国政一。有二長臣一。兄弟名二太郎次郎一。府城之西三里。居二城于別府一。故俗呼。言二別府太郎次郎一。然其頃蒙古人。将レ攻二入日本一。故帝聞二此事一甚驚。群臣胥二議之一。即使下二百合若大臣一、征中蒙古人上。於レ是。大臣奉二勅命一。率二別府等軍士一。泛二艨艟於蛇島溟一。発二蜒蟟之国一。将レ入二于漢一。潮時、蒙古恐二怖百合若之勇威一。皆悉北去矣。（中略）所レ然。別府太郎。在二于豊府域一驕奢甚。或花鳥使。屢々通二大臣之妃一。雖レ然。妃棄二

蔣山万寿興聖禅寺（万寿寺）

其艶書一。不二敢従一焉。別府太郎大怒。使下二家臣忠太一、密謀、沈中殺、大臣之妃於万能池上。其池蔣多。故又言二蔣池一也。于レ時。忠太受二別府之命一。以妃之事、謀二外舅門翁一。翁潜以二愛子万寿姫一沈二其池一。（中略）而後漸知二其大臣一。悉皆帰服。於レ是。百合若速促二大軍一。誅二別府兄弟一平二其残党一。安二撫国民一。使下二忠太等労中其大功上。賜二多郡之庄一以謝レ之。

右によれば、この百合若の事績は、万寿寺の丹山和尚が城主の吉明の語ったものとしている。しかし、その内容の中心部分は「中略」するところであるが、これは幸若・説経の叙述を要約して叙されていることが明らかである。妃にかえて万寿姫を入水せしめた人物を忠太としているので、幸若より説経節によっていると言える。「伝略」の記述者のさかしらであるが、当時の文人、学者はそれをよしとしていたらしい。万

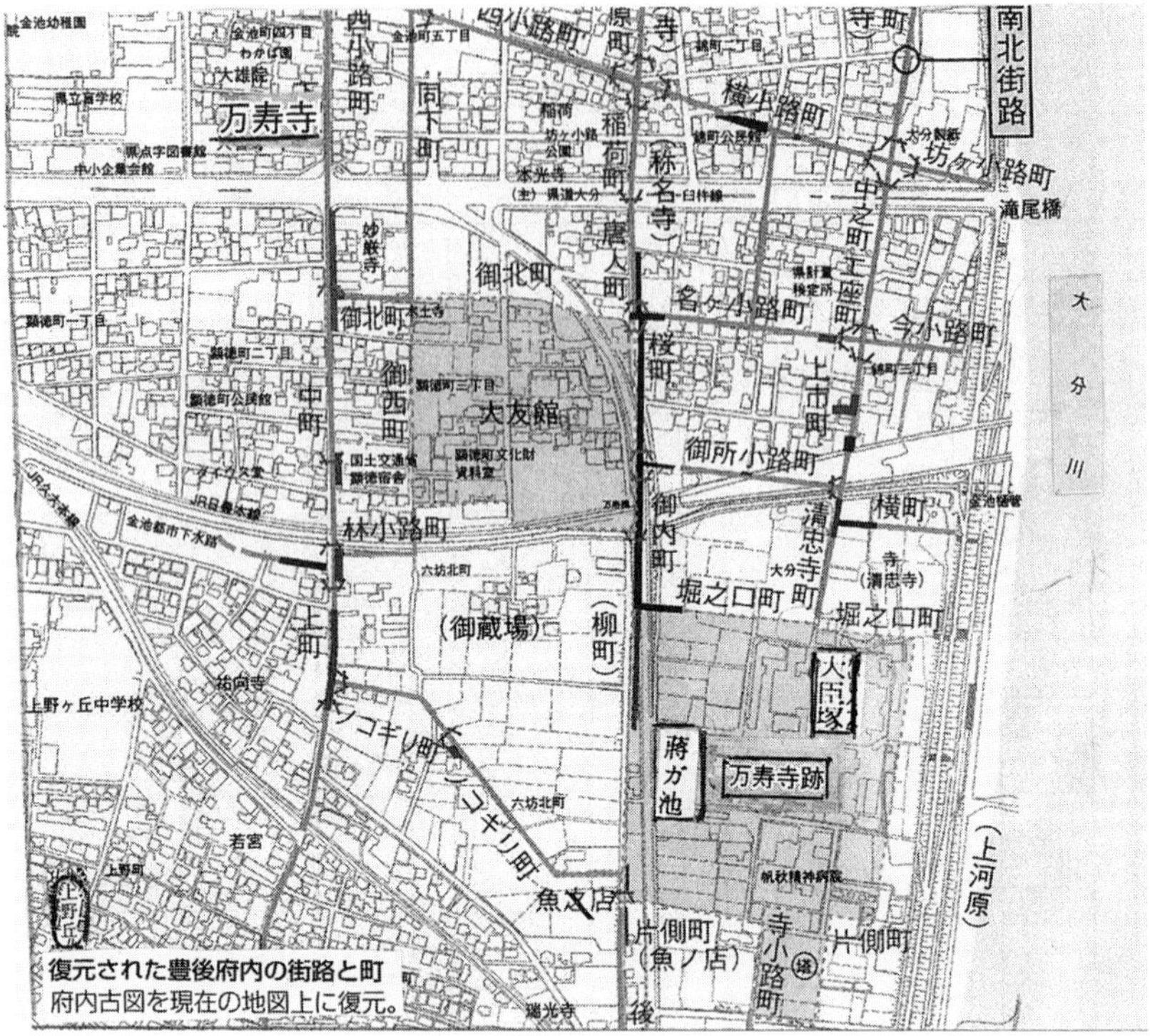

大臣塚・蔣《まこも》が池・万寿寺跡

寿寺の丹山和尚が語ったと推されるのは、傍線部分の「其池蔣《まこも》多。故又言二蔣池一也」とする記事である。和尚は自らの寺院の由来として語っていたにちがいない。すなわち「伝略」は、続けて、

　即盈二蔣池一。乃為二万寿姫一建二伽藍一。因号二蔣山万寿寺一。

と叙している。さらに次のようにもあげている。

　又為二鷹翠丸一。府城西一千余歩。建レ社祭レ之酬レ恩。百合若、楽二于豊府一已有年。爾後大臣老衰。而薨二府城一。時家臣等。調二喪礼之事一。則葬二是小山一。俗呼言二大臣塚一。又鷹社俗云二御鷹宮一是也。伝レ言有。双鷹恒守二其鷹社一。古今無二増減一。別府兄弟其二塚相並。在二于両所一。一在二大臣塚之西二百

歩一。一在二別府北一里一。蓋擬二蚩尤一。身首異レ処乎。

ここまでが丹山和尚の語った内容としており、「于レ時。織部正。聞二其故事一大感レ之。帰二于城一」と結んでいる。が、その大臣塚が百合若大臣の遺体を葬ったとする伝えが、古くよりあったことは確認できるし、その翠丸が大臣塚の近くの双鷹の舞う鷹社に祀られていたとする伝えも注目される。別府塚が別府ならぬ、大臣塚の西二百歩にあるという伝えも注意される。が、この丹山和尚の語る百合若塚・万寿寺の由来は、万寿寺千叟和尚（寛文四年〔一六六四〕法燈を継ぐ）の『禅全集』に「古万寿記」として、揚げられている。それはおよそ丹山和尚の語りに先行するものであるが、それを簡潔に叙するものである。

さてこれらの万寿寺がわの伝承は、当山がこの蔣《まこも》が池を含む旧池に創建した徳治年間には、近くの百合若大臣塚がすでに存在し、その言い伝えが語られていたというのである。それならば万寿寺創建まもなく、以前の百合若伝承とかかわる万寿姫身替り譚が生成されたということになる。万寿姫の入水をもって山号「蔣山」由来を説く「万寿寺縁起」がそれを語っていると言えよう。

大臣塚の森

百合若大臣塚・御鷹宮・鷹社

さて右にあげた百合若大臣塚については『雉城雑誌』（府内藩儒者・阿部淡奈編・江戸末期）九に、「聞書に曰く」として、城主・日根野吉明の当地巡見の折の百合若譚を右の

万寿寺跡の大臣塚

万寿寺跡の蒋が池

「伝略」とほぼ同文で収載するが、その伝承は「村老ノ口伝ニ相伝エテ云」として収載する。しかる後に、その塚を再補するに当って、家臣が掘り起こすと奇事が起きたと叙している。すなわち、

（家臣）旧ノ如ク三本松ヲ培ハシムニ至テ双鷹来テ林中ニ悲鳴シ、之ヲ追エ共去ラズ、只石棺ヲ護スルニ似タリ。而シテ三松ヲ培ハシテ後、其所在ヲ到ラズ。

とある。次いで邑民の役丁が石棺を開くと、それは「眩メキ絶入ヌ」とある。その後、吉明が来臨して、丹山和尚と共に石棺を見ると、

霊骨東首シテ活ルガ如シ。佩刀甲冑直存在ス。須臾ニシテ壊滅スト云々。

と叙している。大臣塚を畏怖しつつ発掘した様子が伝えられている。

ところで、当地の百合若伝説をはやくに紹介された市場直次郎氏は、それを『豊後伝説集』の〈百合若大臣塚〉に報告されている。それは右にあげた吉明の「略記」や『雉城雑誌』によられたものと推されるが、あれは説経節によるのに対して、これはむしろ幸若の「百合若大臣」を要約して表されている。が、それに続けて、

又愛鷹翠丸の骸を厚く葬って御鷹の宮なる祠を建て、祀り、又その菩提を弔う為に鷹雄山神宮寺を建立した。

と記される。また市場氏は、『豊後筑紫路の伝説』の「百合若大臣塚など」の項において、その「お鷹の宮は上野にあり、鷹雄山神宮寺は春日神社の宮寺であったが、ともになくなり、万寿寺だけは移転して存続している」と説かれている。これによると翠丸を祀ったとする処は二ヶ所あったということである。

すなわちその前者のお鷹の宮は、大臣塚の西隣、府城の南方にある小高く続く上野丘陵に祀られたとされる。それならば、この上野の丘は、鷹が巣を宿す鷹ヶ峯であったと言える。双鷹が住みつき、人々に仰ぎみられていたのではないか。それゆえに翠丸の葬地とも伝えられたということになる。その後者の鷹雄山神宮寺は、「伝略」のいう「府

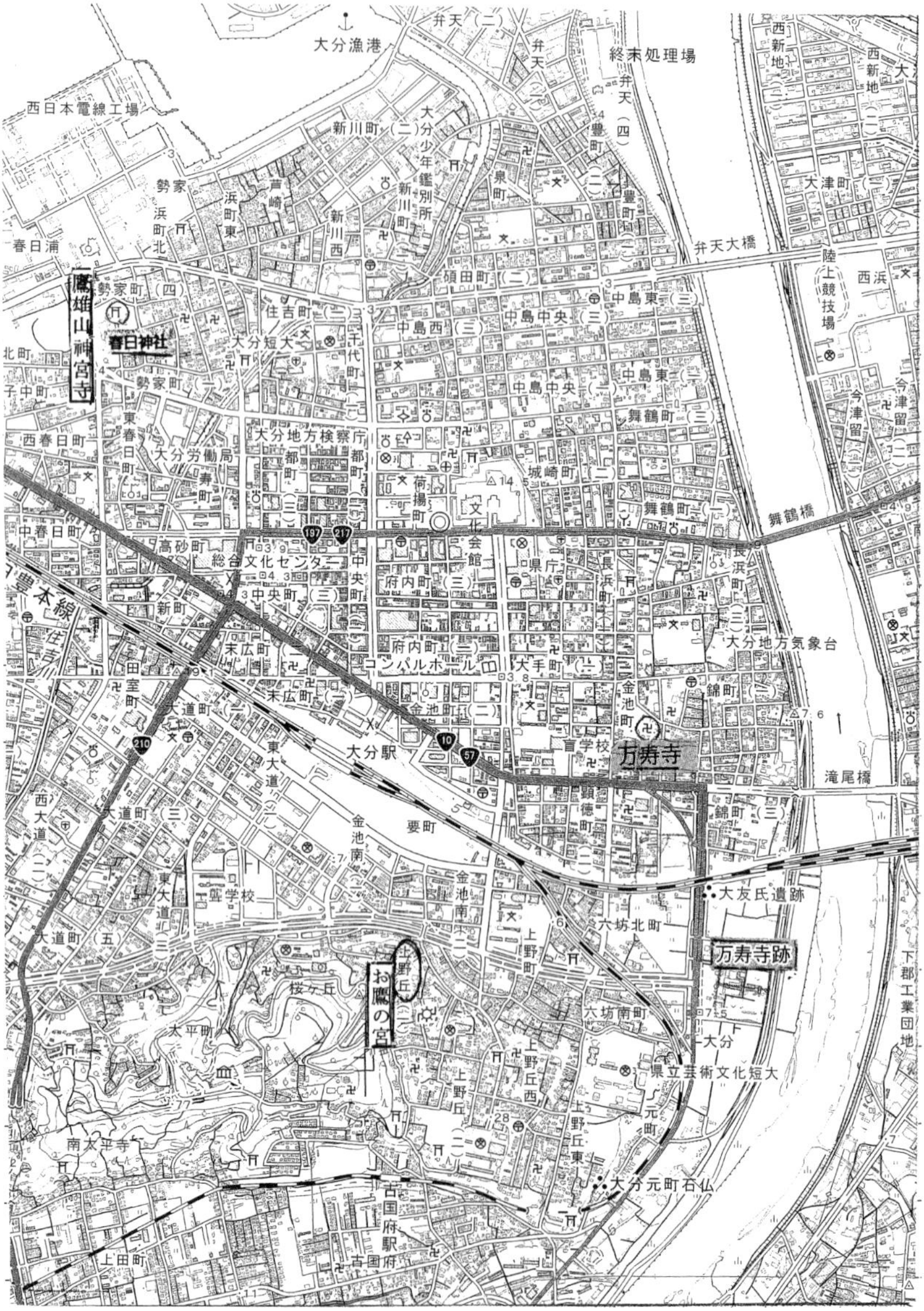

鷹雄山神宮寺・お鷹の宮・万寿寺跡

城西一千余歩」にあった「鷹杜」をさすものと思われる。先にあげた『禅全集』も「鷹杜」の項をあげ、「在二古府之西一千余一、俗云二御鷹宮一也」と記している。そしてその地は、市場氏が言われる春日神社にあたり、そこに鷹雄山神宮寺があったのである。それは春日大明神社の神宮寺（住職は宮師）であり、伝えによると、正治二年（一二〇〇年）、真言律宗の如賢上人が百合若大臣の古跡に開山したものという。ちなみに『雉城雑誌』九には、「鷹雄山多門院神宮寺」とあり、「本尊不動明王。紀州根来寺。覚鑁上人作」とある。新義真言宗に属したと推される。

春日祭祀復興と鷹雄山神宮寺

ところで、先にあげた『豊府聞書』の「吉明伝略」（上）は、「大臣塚」の項に続いて、「春日祭祀之事」をあげる。

　寛永十二年八月下旬。織部正吉明、胥二議長臣飯田左門、中村内匠助、河合藤右衛門、植野太兵衛等一曰。予之氏者、藤原也。蓋春日大明神。藤家宗廟之神也。是故。吾不レ可レ不レ敬。幸哉。于二城西一有二春日宮一。是笠和郷之宗廟也。我聞二彼宮之旧伝一。上古国主。寄二若干庄田一。九月十九日、二月初申等、祭礼不レ違レ時。然罹二天正之兵乱一。以来無下修二大祭一之大寺上。故、宮師、神宮氏等、惜二廃祀一。九月十九日。使下二神人一、奏中神楽上。献二造酒一以祭レ神。又六月晦日。八乙女、出二海浜一。修二大祓一。此両祭而已今存レ之。所レ然。吾想、為二天下安泰、国土豊饒一。欲三再興二祭祀一。諸臣応焉。

およそ当春日大明神社は、社伝（春日神社由緒書）によると、天平年中の勧請と謂い、仁治三年（一二四二）大友氏第二世親秀入道が社殿を再建したと伝える。戦国の兵乱のなかで荒廃し、天文二十三年（一五五四）春三月大宮司寒田鑑秀、同宮師神宮寺長老真覚が、その再建を第二十一世義鎮に訴え、義鎮がそれに応えて同年秋十一月に復興は果された。また慶長七年（一六〇七）、大地震洪波によって宝殿は破壊、神宮寺住職高栄長老が夏四月に新しい府主・竹中重隆に再建を訴え、重隆は苦しい財政のなか、秋七月に一応社殿を造立する。寛永十一年（一六三四）、日根野織部吉明が豊後大分郡内、二万石の領地を賜わり、同年閏七月に府城に入ったのである。しかして右のごとく翌寛永十二年八月、天正兵乱後に大祭がおこなわれなくなった春日祭祀の復興を臣下にはかり、賛同を得たというのである。

およその大祭は、九月十九日、そして二月初申の事であるが、これがおこなわれなくなって久しい。ただ、宮師・神宮氏（司）がその廃祀を惜しんで、かろうじて九月十九日に神人によって神楽を奏して造酒を献じて神を祀り、六月晦日に八乙女をもって海浜において大祓を修するというものであったという。元来、当社の社家は、勢家氏、後藤氏、川西氏、薗部氏（或は長谷氏）、朏氏、池永氏、命婦の七員を以て構成されてきたが、天正の兵乱にて、池永氏を除いて、すべて離散・断絶する。また大宮司家は、天正十四年の乱に、当代の大宮司寒田左衛門大夫鑑修は、一旦、宝器を携えて社内を脱出すれど、海中で命を失い、当家は断絶している。したがって、春日祭祀を営む者の中心は、殆んど失われていたのである。これにしたがう神人（神楽大夫）や八乙女（内侍、巫女）たちも、ほとんどこれに準ずるもので、なんとか営まれた九月の神楽も、六月晦日の大祓も、ほんの形ばかりでおこなわれていたということになる。

さて吉明は、宮師（神宮寺住職）高栄を招き祭祀復興の旨を伝え、また家臣に命じて、当社の氏子なる笠和郷十六ヶ邑の黎民に春日祭祀の事を整えせしめるのである。

同月十九日織部正。到二春日松原一。入二仮館一。于時、宮師高栄。使下二神職等一、擇中其行粧上。宮師乗レ輿。八乙女神人騎馬而二奉神輿一。敬而安二神輿一。敬而安二于海濱一捧二幣帛一。祈二天長地久一。同日還御。

こうして春日祭祀復興の第一歩が進められた。この折の宮師はともあれ、大宮司は存在しなかったであろう。あるいは社家の池永氏が勤めたかと思われる。それにしたがう神人・八乙女はいかん。これについて『雉城雑誌』九は、「由原山ノ巫祝ヲシテ、其員ニ、充ラル」とある。柞原八幡宮の神人・神楽大夫・内侍・巫女たちが加わっていたということである。しかして吉明は、その後の祭祀について、

城主大歓。吉明又使下二宮師一、神宮寺毎月祭中春日宮上

と叙される。つまり春日祭祀の復興は、鷹雄山神宮寺のそれでもあった。しかしてその復興の祭祀が、柞原八幡宮の巫祝、神人・八乙女によって営まれていたとすれば、その後の大祭における神楽の上演などは、しばらくは、柞原の法者（声納）や八乙女（内侍、巫女）たちによって営まれていたと推されるであろう。

「百合若大臣」の原拠を尋ねて

本稿は、柞原八幡宮の周縁に、幸若の「百合若大臣」、壱岐・対馬の「百合若説経」の原拠を求めて、豊後地方におけるそれを尋ね歩いたものである。そしてその中心は、八幡宮の神楽を担った法者のなかに見出すことであったが、今は、その伝承の実態を確認することはできない。しかし宇佐の八幡宮は、聖なる鷹・鍛冶翁を神の化身とする神伝をもって、その信仰を支えてきた。その別宮にして同じく大神《おおが》氏に奉ぜられた柞原八幡の宮寺がこれを継承しないはずはない。右であげたごとくそれを直接示すものは見出せないが、「百合若大臣」の叙述を許す自然的社会的条件は整っていたように思われる。その一つは、先にあげた百合若大臣塚の西隣・上野丘陵、そして春日社の鷹尾の森（高雄山神宮寺の地）、さらに放鷹を伝える府城の「東二千歩」の鷹松（醍醐山大乗寺跡、現高松町）などには早くに聖なる鷹が生息していたと推される。それはあるいは、当地方に人間が住居する以前からのものかも知れぬ。その二つ目は、勿論、平安初期以来の柞原八幡宮の活動である。そしてそれを繋ぐ社会的役割を担ったと推されるのが、万寿

寺の創建である。が、当寺は鎌倉末期に興った禅宗寺院で元来、天台に属する柞原八幡宮寺の祭祀にも、しばしばそれに参与していることが、『柞原八幡宮文書』などによって確認できる。嘉元三年（一三〇五）の「由原宮年中神事次第案」、文亀元年（一五〇一）の「由原宮遷宮次第記」にそれが見えている。しかしてその万寿寺関連の「百合若大臣像」の記述資料は、その伝承が当寺創建の徳治元年（一三〇六）以前に存したことを推測させるものであった。そしてそれを繋いでくれるのが、市原氏が指摘された鷹雄山神宮寺の存在である。当寺の祭祀伝承は、「百合若大臣」の制作が、柞原八幡宮周縁にあった可能性をうかがわしめるものである。そこで再び幸若舞曲の「百合若大臣」、壱岐・対馬の「百合若説経」の末尾の叙述に立ち戻ってみよう。

まず幸若の「百合若大臣」Ⅴの「大臣の報復」⑵〈功臣への恩賞〉の項の叙述をあげる。

　其後に大臣殿、国府《こう》の庁《ちやう》屋に移らせ給ふ。御台所（中略）宇佐の宮の御宿願のよし御物かたり有けれは、大臣斜におぼしめし、立たせ給ふ大願は事のかずにて類ならず、金銀珠玉を悉く鏤《ちりば》め給ふ。其後、壱岐の浦の釣人に、たつぬべきしさいあり、急ぎまいれ御使《つかい》たつ。（中略）壱岐と対馬両国を浦人にくだしたびにけり、門脇の翁をめし出させ給ひて、筑紫九ヶ国の惣政所たび給ふ、翁か姫のためにまんなうが池のあたりに御寺を立給ひて、一万町の寺領をよせたまひけるとかや、みどり丸が教養に都の乾にじんごじと申御寺を立給ひけり、鷹のためには立たれは、今の世までたかをさんとは申なれ。（毛利家本）

次に壱岐の「百合若説経」〔第十〕「神に勧請之段」であるが、右の幸若の叙述に応ずる部分は、④〈各人への恩送り〉から⑦〈由生原八幡の淀姫大明神示現〉に及ぶ。が、それはすでに本文の要約で表しているので、ここでは、その最末部分をあげる。

　夫よりも大臣殿御約諾にてましませば、御ろく菩薩を七尺掘て埋め給ひ、山上に社壇を構へ神名を大臣殿書かせ給ひける、鬼を国主の荒神と勧請《くわんじやう》召れて手長男神の社と書かせ給ひては、此国の国主の荒神と勧請《くわんじやう》召れて、鯨満国を日本の島と御手に入させ給ひける。

夫よりも大臣殿、小鷹空敷成ぬるを（中略）玄界か島と申に小鷹大明神を勧請申そ目出ける、鬼鹿毛空敷成ぬるを豊後の国に馬頭観音に同じ有る。

大臣殿（中略）神と現はれ給ふには、豊後の国十一郡の国主の御神、由生原八幡大神宮と現はれ給ふ（中略）輝日御前も、（中略）神と現はれ給ふに、九州肥前之国十一部の御神、川上淀姫大明神と現はれ給ふそ目出けれ、

（第一種本）

まず幸若の「百合若大臣」を検してみる。最初の御台所の宿願の叙述は、幸若の改作で元来、柞原八幡へのものであったことは、すでに説いている。ここは、やや文意不明であるが、大臣殿は御台所の宿願通り、金銀珠玉を鏤《ちりば》めて社殿を再建されたということで、八幡の利生にこたえたというのである。しかし幸若はあくまでも、大臣殿の八幡示現を語ることはない。原拠の縁起からの後退というべきである。続く功臣への恩賞は、物語としての虚構である。しかし門脇翁の姫の入水にこたえる御寺の建立と寺領の授与は、万寿寺のそれを擬するものであることは言うまでもない。大臣愛鷹の緑丸を「たかを山」に祀ったとは右にあげた鷹尾山神宮寺を擬するものと言える。これを都の高雄山神護寺とするのは、幸若の改作であろう。しかもかかる結びの叙述は、元来、主人公たちの神明示現をもってする名残ととることができる。

次に「百合若説経」を検する。これは幸若の叙述に比べると、その後の語り物の影響を受け、著しく改変されていることは、別稿で論じている。それにもかかわらず、原拠の神明示現で結ぶ縁起の叙述を継承している点は古態と判じられる。小鬼・茨童子の天手長男神の示現は、当地の荒神信仰にもとずくもので、地元のレベルで改作されたので

あろう。緑丸の小鷹明神示現は、百合若漂着を玄界島と叙する幸若の叙述に引かれたものであろう。「鬼鹿毛」が説経節「小栗判官」の趣向にもとづくことはすでにあげている。それが豊後の馬頭観音と表現して祀られているのは興味深い。おそらくその寺院は決定はできないであろうが、あえて豊後としているところは、原拠に引きずられた叙述と言える。最後の大臣の由生原（柞原）八幡の表現は、原拠にしたがうものと推される。が、本来ならば、本地仏をあげて結ばれるはずである。肥前の川上淀姫明神は、八幡縁起類では、神功皇后の妹君としてあげられる女神で、八幡神の叔母君にあたる。当、柞原八幡宮に配祀されていたのではないかと推されよう。

右のごとく、幸若「百合若大臣」と「百合若説経」として対照して検証すると、その原拠が豊後の柞原八幡宮の本地を説く縁起として制作されたものと推されるのである。しかもその制作は、柞原八幡宮の周縁であって、それは法者（声納衆）の神楽祭文の一つであり、あるいは法者の神楽祭文「荒平」（駈仙《みさき》）に準ずる曲目であったと推される。が、壹岐・対馬の伝承に準ずれば、それは神楽祭文というよりは、柞原八幡宮の神楽に奉仕された法者の人々の祈祷祭文であったというべきであろう。その成立時期は、蔣山万寿寺が創建された徳治年間からそう遅くない頃と考えてみる。最後に、以上によって推定される伝承系譜を表しておこう。

〈「百合若大臣」生成想定図（第一案）〉

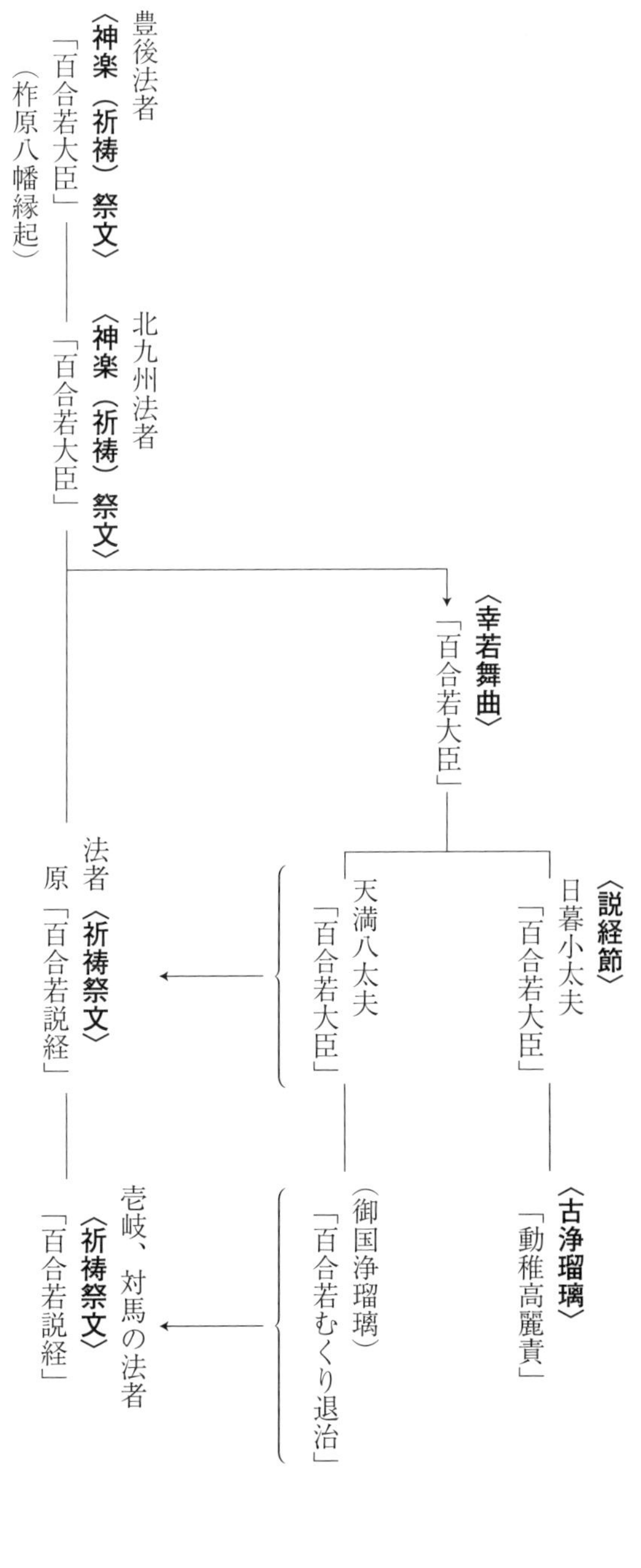

豊後法者
〈神楽（祈祷）祭文〉
「百合若大臣」
（柞原八幡縁起）
北九州法者
〈神楽（祈祷）祭文〉
「百合若大臣」
〈幸若舞曲〉
「百合若大臣」
〈説経節〉
日暮小太夫
「百合若大臣」
天満八太夫
「百合若大臣」
法者〈祈祷祭文〉
原「百合若説経」
〈古浄瑠璃〉
「動稚高麗責」
（御国浄瑠璃）
「百合若むくり退治」
壱岐、対馬の法者
〈祈祷祭文〉
「百合若説経」

〈「百合若大臣」生成想定図〉（第二案）

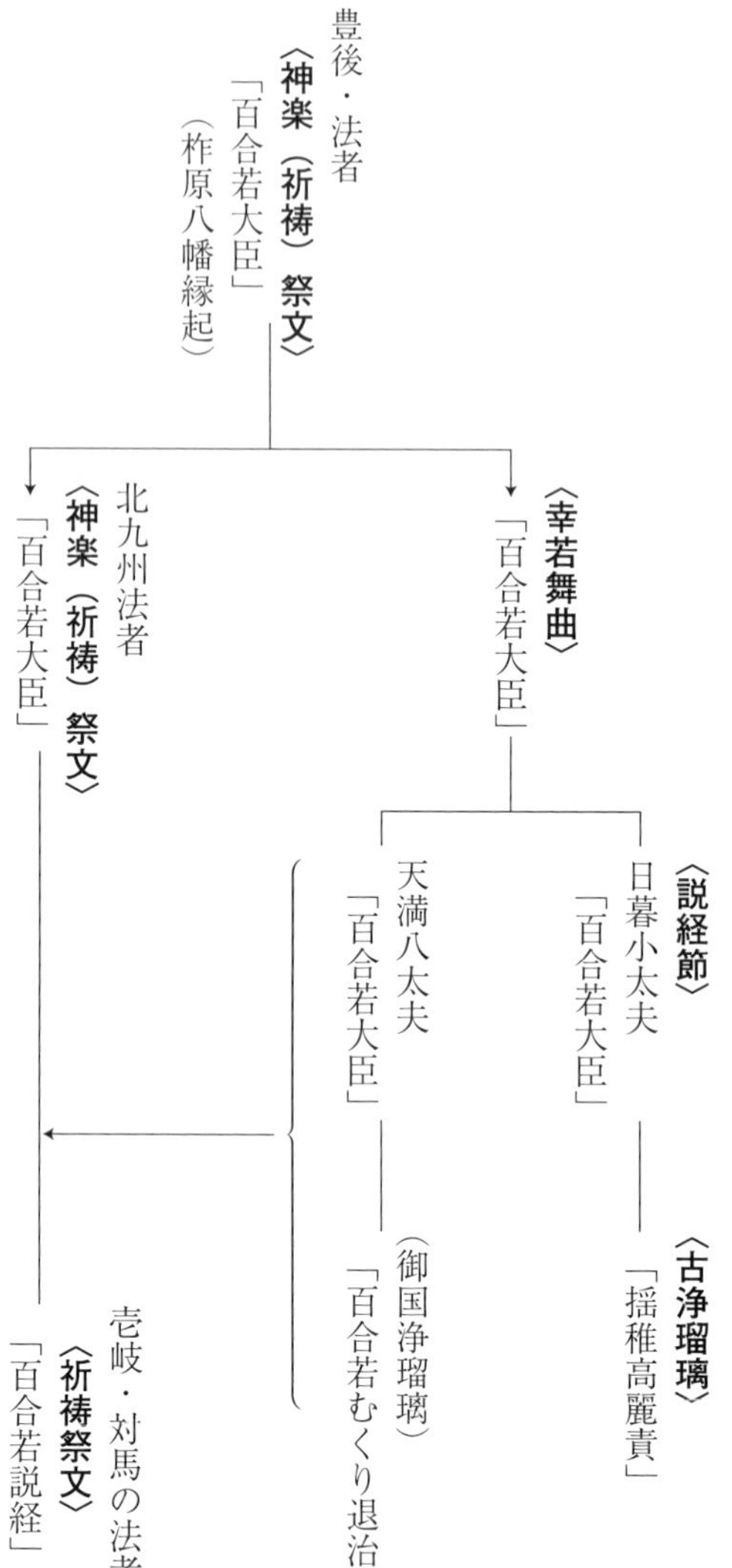

四　幸若舞曲「百合若大臣」と「烏帽子折」

柳田国男氏は、昭和十五年公刊の『海南小記』に、「炭焼小五郎が事」の一篇を添えている。その冒頭部分に、

自分は尻屋外南部の旅を終ってから、船で青森湾を横ぎって津軽に入り、弘前の町に於て始めて此地方の炭焼長

者の話を知ったのである。豊後に起ったことは疑ひが無い炭焼の出世譚が、ほんの僅かな変更を以て、本州の北の端までも流布するのは如何なる理由であるかを訝《いぶか》るの余り、稍長い一篇の文を新聞に書いて置いて、九州の旅行には出て来たのである。

豊後をあるいてみると考へねばならぬことが愈々多かった。（中略）近年石仏を以て有名になったが、臼杵の城下に近い深田の里には、小五郎が焼いたと云ふ炭竈の址があり、岩のくずれの間から炭の屑の化石と云ふ物が無数に出る。長者の後裔と称する家には俵のまゝ焼けた炭が二俵と鉈などを持ち伝へ、一年一度の先祖祭に之を陳列して人に見せる。或は又家伝の花炭と称して、之を製しにと云ふ由緒書を伝はって居る。

と書く。しかして豊後を出発したと推される炭焼長者の話をあげて、各地の伝承を紹介し、豊後大野・三重郷の内山観音をまつわる真野長者伝説に戻る。それは前半は玉津姫（玉世姫）の父・小五郎の炭焼長者の物語であり、後半は幸若「烏帽子折」に通じる山路の「草刈り笛」の由来譚、つまり用明天皇の世をしのぶ恋物語である。すなわちこれについて柳田国男氏は、

舞の本の烏帽子折の中に、美濃の青墓の遊女の長として語らしめた一挿話、即ち山路《さんろ》が牛飼ひの一段は、文字の文学として伝はった最も古い真野長者であらう。（中略）しかも牛若御曹司の東下りの一条に、突如として、この長物語を傭ひ入れたには、何等かの動機が有った筈である。今は章句の蔭に隠れて居る笛の曲に、山路童の神秘なる恋を想ひ起さしむる節があったか。或は海道の妓女たちが、真野長者の栄華の物語を、歌にうたって居た昔の習慣が、斯うして半ば無意識に残って居るか。はた又金売吉次三兄弟の父が、かの幸運なる炭焼であったと云ふことが、将に漸く信ぜられんとする時代に、最後の烏帽子折の詞章は出来たのであらうか。何れにしても此中に保存せらる、山路と玉世姫の世にも珍しい婚姻は、即ち豊後の長者の大なる物語一節であって、それも

真名長者の子孫・草刈家の墓（臼杵市大字福良）
草刈家は炭焼長者として代々「花炭」を焼く

中世の語部から、早既に著しい改作を加へて居たことを知るのであると叙されている。

さてわたくしどもは、この柳田国男氏の説にしたがい、それを確認すべく、平成十八年秋に、その真野長者の旧三重町（豊後大野市）において、「炭焼長者」をテーマとする日本昔話学会大会を開催、それをアジアの近隣諸国の伝承との比較において討論をおこなった。またそれを中心に、平成二十二年には『鉄文化を拓く〈炭焼長者〉』なる一書を発刊した。今、思うにその大会のなかで、地元の優れた郷土史家・芦刈政治氏は、その講演、および現地案内のなかで、きわめて注目すべきことを発言なさっていたのである。それは、柳田国男氏の次の叙述とかかわることである。

真野の長者が放生会の頭に選ばれて、門前に榊を樹てられた時、流鏑馬の古式を知る者無くして、誰にでもあれ此神事を勧め得たらん者を、一人ある娘の聟に取らふと謂ふと、山路が進み出て丶、始めて射芸を試みるといふ一段は、後に百合若大臣の物語にも、取り用ゐられたる花やかな場面で、此曲に聴き入った豊後人の胸の轟き

流鏑馬の興行を伝える市辺八幡社（三重郷赤嶺）

は想像にも余りがあるが、其よりも更に驚くべかりしは、愈々第三の矢を引きつがへて第三の的にか丶らんとしたまふ時しも、天地震動して八幡神は神殿を搖ぎ出でたまひ、君の御前に畏まって、自ら敬を十善の天子に致したまふと云ふ条である。

柳田氏は、この叙述は「宇佐の古来の伝説」にしたがったものと説かれるが、それはともかく、芦刈氏はこれは柞原八幡宮の流鏑馬の神事にしたがったものと言われる。ちなみに宇佐八幡には、古来、流鏑馬の神事は見当らない。しかるに柞原の八幡にはこれがある。たとえば、「柞原八幡宮文書」の正慶元年（一一八八）の「由原宮年中行事次第」の五月会の項には、「流鏑馬一番三重郷　二番佐賀郷　三番阿南座　四番大佐井・小佐井　五番直入郷　六番東郷」などとある。一番に当「三重郷」とあるのも注目される。それによれば、大野郡には柞原八幡宮と繋がる八幡宮が各地に見出される。たとえば大野郡西北の旧大野庄片島の上津山麓には金亀が由原宮を創建した後に、当山に一祠を興したと伝える上津八幡がある。豊後大神《おおが》一族の在地領主大野氏の祭祀する所である。三重郷にも、大字赤嶺に市辺田八幡社がある。社伝に、「八幡宮事実記録抄ニ云

前頁に同じ

フ、春宮ノ辺リヲ長者仮閣ト云フ、ソノカミ豊後万野長者ト云ヘル大富人、当宮ニ於テ流鏑馬興行ノ時、仮閣ヲ構へ、見物セシトカヤ」とある。また芦刈氏の講演は、「真名野長者説話―火の神信仰を追って―」と題するものであったが、当三重郷となりの井田郷柴山村の柴山八幡の「ひょうたん祭」を紹介される。それは火祭である。

主役は真っ赤な着衣と大草履をはいたひょうたん様と、かみしも、烏帽子姿で騎馬した清者様である。ひょうたん中の酒を振舞いながら行列し、行列の後、清者様が流鏑馬を行って祭りが終わる。用明天皇が柴山八幡にお参りによったとき、柳平の若者が身を清め、天皇を背負って萩の瀬をお渡しした。それ以後、若者を清者様というようになったという。

用明天皇の物語によった伝承とも言えるが、芦刈氏は、「豊後一宮作原八幡の別宮に火玉宮がある。八幡大菩薩の権化である火玉権現と称されている。柴山八幡神を同神と考えられるし、ひょうたんの火玉さまの変化ではないかと考えている」と話される。注目すべき説である。

柞原八幡の「火玉宮」は、炭焼長者とつながる鍛冶の翁の化身を祀るものとも言えよう。

さて柳田氏は、先の叙述に続けて、「「山路か笛の曲」は、八幡神が人間界に往来したまふ折の警蹕の音であった」とし、真野長者の娘の名を「玉世」とすることに注目し、宇佐の姫君の御名を玉依姫と伝えることに通じるとされる。

玉依は即ち霊託であった。人間の少女の最も清く且つ最もさかしい者を選んで、神が其力を現じたまふことは、日本神道の一番大切なる信条であった。神の御力を最も深く感じた者が、御子を生み奉ることも亦宗教上の自然である。今日の心意を以て之を訝るの余地はないのである。真野長者が愛娘も、玉世であった故に現人神は乃ち訪ひ寄られた。それが亦八幡の古くからの信仰とあった。

しかして宇佐の神伝に及ぶ炭焼はなるほど今日の眼から、卑賤なる職業とも見えるか知らぬが、昔は其目的が全然別であった。石よりも硬い金属を制御して、自在に其形状を指定する力は、普通の百姓の企て及ばぬ所であって、第一にはタ・ラを踏む者、第二には樹を焚いて炭を留むるの術を知った者だけが、其芸には与って居たので、之を神技と称し、且つ開祖を神とする者が、曾てあったとしても少しも不思議は無い。扶桑略記の巻三、或は宇佐の託宣集に、此郡厩の峰潟の池の辺に、鍛冶の翁あって奇瑞を現ず。大神の比義なる者、三年の祈請を以て之を顕し奉る。三歳の小児の形を現じ、我は是れ誉田天皇なりとのりたまふとある。若し自分などが推測する如く、比義は最初の王女の名であったとしたら、貴き炭焼小五郎が玉世姫の力に由って顕れたと謂ふのは、最初極めて之と近い神話から、成長して来た物語と見ることができるのである。

壮大な物語論であり、柳田氏特有の神話論で、したがうべきところは多い。ただし、「山路が進み出でゝ、始めて射芸を試みるといふ一段は、後に百合若大臣の物語にも、取り用ゐられた」という条はしたがえない。幸若舞曲の作品同士の響き合いは認められるが、これを「宇佐」とするのは、改作であることはすでに述べた。それは「烏帽子折」でも認められよう。両曲はいずれも、豊後の宇佐信仰と関って成立したということでは動くまい。「百合若大臣」が柞原八幡宮とかかわって成立したことは縷々と説いてきた。それならば「烏帽子折」はどうか。あるいはそれは柞原ともつながる大野の八幡宮とかかわって成立したとも推されよう。当地が豊かな砂鉄を擁し、炭焼長者譚を生成する沃地であったことは確かである。鍛冶の翁の活動できる聖地であった。

それにしても柳田国男氏は、八幡の鍛冶の翁に注目し、炭焼・金屋の伝播を説かれるが、聖なる鷹とかかわる八幡の神話、「百合若大臣」にはあまり関心を寄せられなかったのが不思議である。「百合若大臣」の叙述も、鍛冶の翁・金屋とつながる「鉄の弓」が強調されている。それのみならず、これを伝承する法者の人々は、荒神祭祀にも熱心であり、壹岐の「百合若説経」は、荒神由来譚でもあった。すなわち、それは竃に祀られる荒神を祭祀するなかで唱誦されるものであった。しかも炭焼長者譚は、しばしば荒神・竃神由来として伝承される。それならば、「百合若大臣」は、八幡信仰圏のなかで、真野長者譚と対応する、もう一つの竃神由来譚であったということにもなるであろう。

主な参考文献

芸能史研究会編『日本庶民文化史料集成』第一巻（三一書房、一九七四年）
中野幡能氏『八幡信仰史の研究』上巻、吉川弘文館、一九七五年）
石塚尊俊氏『西日本諸神楽の研究』（慶友社、一九七九年）
岩田勝氏『神楽源流考』（名著出版、一九八四年）
横山重・村上学両氏編『毛利家本・舞の本』（角川書房、一九八〇年）
後藤正足氏『壹岐神社誌』（錦香亭、一九二六年）
山口麻太郎氏『百合若説経』（一誠社、一九三四年）
秋山数馬氏『壹州神楽考』（壱岐石田町八幡神社、一九五七年）

本田安次氏『諸国の神楽』2（本田安次著作集、錦正社、一九九四年）
鈴木裳三氏『対馬の神道』（三一書房、一九七二年）
山本ひろ子『変成譜―中世神仏習合の世界―』（春秋社、一九九三年）
早稲田大学演劇博物館『対馬の芸能資料展』（『演劇博物館』77号、一九九七年）
〃　『対馬の神楽と盆踊り』（『民俗芸能公演パンフレット』一九九七年）
何真知子『肥後・琵琶語り集』（三弥井書店、二〇〇六年）
渡辺伸夫『椎葉神楽発掘』（岩田書院、二〇一二年）
和歌森太郎氏編『くにさき』（吉川弘文館、一九六〇年）
日出町文化財委員会『津島神楽調書』（同委員会、一九六七年）
福岡文化財調査研究委員会編『豊前神楽調査報告書』（同委員会、二〇〇八年）
市場直次郎氏『豊後伝説集』（郷土史蹟伝説研究会、一九三一年）
『豊国筑紫路の伝説』（第一法規、一九七三年）
柳田国男氏『海南小記』（創元社、一九四〇年）
芦刈政治・麻生英雄両氏編『三重町蔵本・真名長者物語』（三重町役場企画観光課、一九九六年）
福田晃・金賛会・百田弥栄子共編『鉄文化を拓く〈炭焼長者〉』（三弥井書店、二〇一一年）
折口信夫氏「雪の島――熊本利平氏に寄す――」（『古代研究』民俗学篇、第二冊、大岡山書店、一九三〇年）
〃　「壹岐民間伝承採訪記」（『折口信夫全集』第十五巻、中央公論社、一九五五年）
市場直次郎氏「百合若大臣塚」（『豊府古蹟研究』第三輯、郷土史蹟伝説研究会、一九三一年）
〃　「百合若伝説私考」（『旅と伝説』第五章第二号、一九三二年）
中山太郎氏「百合若伝説豊考」（『旅と伝説』第五章第五号、一九三二年）
岡田米夫氏「ホサについて」（『神道学』第十六号、一九五八年）
外山幹夫氏「豊後一宮柞原八幡宮に関する二、三」（『大分県地方史』23号、一九六〇年）
福造泰夫氏「百合若一生記」（上・下）（『芸能史研究』96号～77号、一九八二年）

坂口弘之氏「万寿の物語」（『芸能史研究』94号、一九八六年）
山本ひろ子氏「浄土入り」のドラマトゥルギー奥三河の霜月神楽をめぐって――」〈日本の歴史と芸能〉第八巻『修験と神楽』平凡社、一九九〇年）
倉田隆延氏「対馬の法者をめぐって」（『伝統研究』第二号、一九九四年）
曽原聡子氏「対馬の法者家に伝承する『役行者』諸本から」（早稲田大学大学院『文学研究所紀要』第42輯・第3分冊、一九九六年）
徳田和大氏「『〈一盛長者の島の由来〉』祭文をめぐって」（『国語国文論集』第二十七号、一九九八年）
鶴巻由美「中世御神楽異聞―八乙女と神楽男をめぐって―」（『伝承文学研究』第四七号、一九九七年）
倉田隆延氏「翻刻・対馬の神楽祭文「百合若説経」〈仮称〉国分文一氏蔵」（『正現・盲僧の伝承世界』第一集、一九九九年）
渡辺伸夫氏「対馬の命婦と法者―神楽と祭文の世界―」（和光大学総合文化研究所年報『東西南北』二〇〇一、二〇〇一年）
佐々木雷太氏「応安元年の延暦寺強訴と『神道雑々集』（『唱導文学研』第五集、三弥井書店、二〇〇七年）
神田竜治氏「壹岐神楽の荒平舞」（『民俗芸能研究』51号、二〇一一年）
井上隆弘氏「椎葉神楽にみる荒神―神楽祭文にみる荒神の中世的像容について―」（『民俗芸能』55号、二〇一三年）
『壹岐国風土記稿』（神道大系、神社編、四十六『壹岐・対馬国』神道大系編纂会、一九八四年）
『対州神社誌』（右掲、同年）
『対州編年略』（鈴木棠三氏編、東京堂出版、一九七二年）
『津島紀要』上巻・中巻・下巻（鈴木棠三氏編、東京堂出版、一九七二年、一九七三年）
『柞原八幡宮文書』（大分県史料（9）第二部、大分県史料刊行会、一九五七年）
『由原宮略縁起并宝物目録』（神道大系、神社編、四四『筑前・筑後・豊前・豊後国神道体系編纂会、一九八二年）
『大澤庄上柞八幡宮之記』（右同書）
『禅全集』（隆国府蔣山方寿興型禅寺和尚全集）（郷土史蹟研究会、一九三一年）
『豊府聞書』戸倉貞則編、元禄十一年（市場直次郎、十時英司両氏、二〇〇九年、私版）
『雉城雑誌』十四巻（〈阿部淡斉編、江戸末期〉大分県郷土史料刊行会、一九四〇年）

大日本歴史地名体系45『大分県の地名』（平凡社、一九九五年）
中世諸国一宮制研究会編『中世諸国一宮制の基礎的研究』（岩田書院、二〇〇〇年）
『神道集』（神道体系、文学編一、神道体系編纂会、一九八八年）
『沙名集』（岩波、日本古典文学大系、岩波書店、一九六六年）

〔追記〕本稿には、「法者と神楽」に次いで、「壱岐・対馬の「百合若説経」」を収載する予定であった。が、紙面の都合で割愛し、それは『唱導文学研究』第十一集（平成二十八年刊行）に収載することとなった。併読されることを期待したい。

百合若大臣と仏典の間

藤井佐美

はじめに

百合若大臣の典拠をめぐっては、さまざまな視点からのアプローチが試みられてきた。中でも、坪内逍遙が「ユリシーズ」との関係を指摘した『オデュッセイア』翻案説が提示されて以降、幅広い視野から多くの問題が論じられてきた。それぞれの視点は実証性の側から個別に疑問が指摘されたが、本質に迫ろうとした点ではいずれも共通して百合若説話の解明に向けてそれなりの示唆を与えるものであった。そして、文献以外の側でも広範囲の分布が報告される百合若伝説は、そのモデルや原拠にも大きな関心が寄せられてきた。

特に金関丈夫氏は、『賢愚経』との類似を指摘しながらも、比較文学だけでなく民俗学の側からの多様な研究の必要性を説き、移入を意味する東漸説でなく古代文学以前の民間説話との関係、すなわち発生論の側から多くの可能性を指摘された。また、前田淑氏は構成要素をふまえ、前半は宇佐八幡の信仰と異国退治譚、後半は『大方便仏報恩経』の物語を骨子と分析された。

両氏により類似が指摘された仏典との関係は、その後も本説話の根幹にかかわる重要課題の一つとされていたが、その分析はあくまでも共通点の抽出にとどまるものであった。そこで、本稿では改めて百合若説話と仏典の展開に注目した場合の差異に基づきながら、それぞれの話の特徴を見ていくこととする。

一　それぞれの展開――配列の異同――

これまで、百合若説話の原拠として挙げられた仏典は主に二書である。『大方便仏報恩経』（『大正新脩大蔵経』第三巻所収、本縁部上）は、後漢代（西暦二二〇年頃）の訳で訳者不詳とされる。釈迦の出家は親を苦しめる忘恩行為というバラモンからの非難を機とした仏教における恩義が説かれている。そこでは輪廻転生の思想に基づき、衆生を救済するための釈迦の出家こそが最大の報恩行であると説き、その具体例として、釈迦が前生で父母に孝養を尽くした内容を示すのである。

また、『賢愚経』（『大正新脩大蔵経』第四巻所収、本縁部下）は、『賢愚因縁経』とも称され、北魏涼洲の僧慧覚らの訳で、多くは現在物語の人物を過去物語の人物と結びつける譬喩譚の形を取るが、未来授記につながる話や、現在の行為にともなう現在の果報を説く現在譚なども含まれている。そして、本経典は複数の僧侶が法会で聴聞した説経を訳出編集したことが推測される唱導性の豊かな内容でもある。『雑宝蔵経』や『撰集百縁経』とともに仏教譬喩文学の代表的経典で、中国では六世紀以後広く流布し、我が国でも『日本霊異記』や『今昔物語集』などを含め、文学作品に大きな影響を与えたことで知られる。

この二書と百合若説話をめぐる主な研究史をたどると、前田氏は金関氏が指摘した『賢愚経』との類似をふまえ、さらに成立年代を遡る資料として『大方便仏報恩経』の構成要素を抽出して比較した。これは、百合若説話を枠組みから把握する点では注目されるが、あくまでも共通点に限られた指摘であり、展開の順を追う形での比較ではなかった。

そこで、本稿は以下のとおり改めて百合若説話を基軸とし、それぞれの構成要素を個別に整理しながらその展開を追うこととする。仏典のアルファベットはジャータカの形式である三部構成を示し、算用数字は構成の枠組み、個々に含まれる要素は丸数字で整理した。なお、それぞれの仏典における展開の並びについては『大方便仏報恩経』は（ ）、『賢愚経』は［ ］を付し、百合若説話の該当箇所と比較できるよう配置した。

展開の比較

百合若大臣	大方便仏報恩経・善友太子	賢愚経、善事太子
	A序（現在） 仏が阿難に、提婆達多の現在と過去、慈悲の救済を以下に説きはじめる。	**A序（現在）** 仏が阿難に、提婆達多の現在と過去、慈悲の救済を以下に説きはじめる。
1、百合若大臣の出生 ①左大臣公満が初瀬の申し子を授かる。 ②百合若と名付けられた男子は十七歳で右大臣となり、「百合若大臣」と呼ばれる。 ③大納言の姫を迎えて栄花を極めていた。	**B過去物語** **（1）両太子の出生と人柄** ①波羅奈国王の祈誓により第一夫人と第二夫人にそれぞれ太子が生まれた。 ②人相見による命名（善友太子と悪友太子） ③性格の違い（善と悪）	**B過去物語** **［1］両太子の出生と人柄** ①閻浮提国王が天神の夢告により、将来二人の王子に転生する人物を得る。 ②人相見による命名（善事太子と悪事太子） ③性格の違い（善と悪）

2、**神代の始まり** 神が仏になり衆生を救う国、神が開いた仏法護持の国。	3、**むくりの大軍を征伐** ①博多に現れたむくりの蒙古軍を中国へ追い払う。 ②三種の神器の説明と、伊勢の託宣による討手の派遣。 ③七歳の乙女への神託内容。 ④父が百合若に下向を命じ、神託のとおりに動き、蒙古は国に引き上げる。 ⑤大臣に筑紫国が与えられる。 ⑥詮議により、更に攻め入るよう援軍が筑紫に派遣される。 ⑦筑羅が沖で蒙古軍を討ち果たす。（詳説）
	（2）**慈悲による宝珠獲得** ①善友が父王の蔵から貧しい人々に布施をする。 ②摩尼宝珠探索の決意に両親が反対するが、六日間の断食に折れる。 ③同行者は五百人の伴、八十歳の盲目の老師、悪友太子 ④悪友太子の不安と父母の心配 ⑤道の困難を説いて、一日に一つずつ鎖を解き、七つの鎖を解いて出帆。 ⑥五百人の伴と悪友太子は最初に到着した宝の山に残る。 ⑦善友は宝を載せすぎると船が沈むと言い残す。 ⑧善友と老師は前進し、金の砂の所で老師は遺言を残して死に、地中に埋葬。 ⑨善友は一人前進し、慈悲心により海龍王から宝珠をもらい、龍神に送られて海岸に辿り着く。
	［2］**慈悲による宝珠獲得** ①善事が父王の蔵から貧しい人々に布施をする。 ②摩尼宝珠探索の決意に両親が反対するが、六日間の断食に折れる。 ③同行者は五百人の伴、八十歳の盲目の老師、悪事太子 ④道の困難を説いて、一日に一つずつ鎖を解き、七つの鎖を解いて出帆。 ⑤五百人の伴と悪事太子は最初に到着した宝の山に残る。 ⑥善事は宝を載せすぎると船が沈むと言い残す。 ⑦善事と老師は前進し、金の砂の所で老師は遺言を残して死に、地中に埋葬。 ⑧善事が一人前進した後に、五百人の天女が宝珠を奉り、老師の遺言どおり一番前の女が持つ紺色の宝珠を貰うことにした。

4、家臣の裏切り ①大臣は帰途、別府兄弟に命じて玄海が島で三日間休息。 ②大臣の富を妬んだ別府兄弟の兄が、謀反の計画を弟に明かすが、弟は殺さなくても島に捨て置けばいずれ死ぬと言い、「大臣が蒙古軍に殺された」と言って兄弟は島を離れる。 ③帰る船の騒動に目覚めた大臣は、別府兄弟の謀反を知る。	**5、偽の報告** ①別府兄弟は涙を流して大臣の死を告げ、形見の品（着背長、弓、剣）を御台所に渡す。 ②御台所は形見を不審に思い兄弟を疑うが、嘆くしかない。 ③別府兄弟には筑紫国が与えられる。 ④恩賞の当てが外れた兄弟は、大臣の御台所を手に入れようと手紙を遣る。 ⑤自害しようとする御台所を女房が制止する。 ⑥女房が「大臣の出兵時に宇佐八幡に大願を立て、宿願が叶った後であれば受け入れる」と代筆して返事を遣り、別
（3）弟の裏切り ①善友は、船が沈み宝を失った悪友と再会し眠る。 ②善友を嫉妬する悪友が竹の棘で両眼を潰し、如意宝珠を奪う。 ③樹神が悪友の裏切りを知らせ、置き去りにされた善友は苦しむ。	**（4）偽の報告と宝珠** 悪友は帰国し、両親に善友の死を告げ、宝珠を土中に埋める。
［3］弟の裏切り ①悪事は、善事の忠告を無視して宝を載せすぎて船が沈没。悪事は経緯を語り、善事も入手した宝珠を見せる。 ②善事を嫉妬する悪事が二枚の棘で両眼を潰し、如意宝珠を奪う。 ③樹神が悪事の裏切りを知らせ、置き去りにされた善事は苦しむ。	**［5］偽の報告と父母の言葉** 悪事は一人帰国して善事の死を告げると、父母は悪事に何故一緒に死ななかったのかと責める。

府はその日を待つことにした。		
6、使者、鷹 ①御台所が供養のための管弦と放生をおこなうが、大臣秘蔵の緑丸だけが飛び立たない。 ②女房が飯を与えると、咥えて玄海が島へ飛び渡った。 ③大臣は緑丸の到来を喜び、文がないことに気づく。 ④いったん飛び立ち緑丸が持ってきた柏葉に歌を書き付けて緑丸に結いつけると、緑丸は三日三晩かけて御所に帰る。 ⑤御台所は血で書かれた歌を見つけ、女房達も含めて返事を書き緑丸に託したが、あまりに多くの文のため海に浸る。 ⑥大臣は、岩間に緑丸の無残な姿と文が潮に乱れるのを見つけて嘆く。	**(9) 使者、雁** 善友の母が息子の飼っていた雁に手紙を託し、善友の許へ飛び立たせる。	**[6] 使者、雁** ①父王が善事の可愛がっていた雁に、「行方を探し出し文を渡せ」と飛び立たせる。 ②鳥追いとなった善事の歌声を聞き雁は降り立ち文を渡すが、盲目のため読むことができない。 ③悪事の裏切りとこれまでの苦労を返事に託し、雁の首につけ飛び立たせる。
7、御台所の祈誓 宇佐八幡での参籠と、宿願達成後の造営の願文を書く。		
8、救助 ①壱岐の釣り人が大臣を見つけるが、変貌した姿のまま正体は明かさず博多へ連れ戻してもらう。	**(5) 救助** ①利師跋国へ流浪し、牛飼いに助けられる。 ②琴を断じて生命を繋ぎ、鳥追い芸人と	**[4] 救助** ①梨師跋陀国へ到り、牛飼いに助けられる。 ②琴を断じて生命を繋ぎ、鳥追い芸人と

②釣り人から別府に仕える。 ③かつて大臣に仕えていた門脇の翁へ預けられる。	なる。	なる。
9、御台所の貞節 夜中に泣く翁夫婦から、別府に靡かず池に身を投げる御台所の身代わりに翁夫婦の娘を立てたことを知り、名乗ろうとするが時を待つ。	**(6) 王女との愛** ①男（善友）を慕う王女は父王の呼び戻しにも応じない。 ②父王は、王女が善友太子の許嫁であると説く。 ③王女は男に身分を明かし、男は断るが共に暮らし始める。	**[7] 王女との愛** ①男（善事）を慕う王女は父王の呼び戻しにも応じない。 ②父王は、王女が善事太子の許嫁であると説く。 ③王女は男に身分を明かし、男は断るが共に暮らし始める。
10、正体を明かし、復讐 ①新年の弓始めに苔丸（百合若）は、かつて使用していた金の弓を引かせるよう悪口により仕向ける。 ②弓矢を構えた大臣が正体を明かすと郎党は従い、別府も降参するが許さない。兄を死刑に、弟は壱岐へ流罪。	**(7) 誓いを立て、正体を明かし、両目回復** ①出かける妻の不貞を疑ったことを機に、夫婦は互いに誓いを立て、男も正体を明かしたことで両目が回復する。 ②王女は父王に夫が善友太子であると知らせ、父王は善友に謝罪をする。	**[8] 誓いを立て、正体を明かし、両目回復** ①出かける妻の不貞を疑ったことを機に、夫婦は互いに誓いを立て、男も正体を明かしたことで両目が回復する。 ②王女は父王に夫が善事太子であると知らせ、父王は善事に謝罪をする。
11、御台所と再会、宇佐八幡の社殿造営		
12、救助をめぐる恩賞と供養 ①釣り人に壱岐対馬を与える。 ②門脇の翁に筑紫九カ国、身代わりの姫のために寺を建立。 ③緑丸の供養として都に高雄山神護寺を	**(8) 救助をめぐる恩賞** 善友を助けた牛飼いは褒美をもらい布施に歓喜する。	**[10] 救助をめぐる恩賞** 善事は義父王に頼み、牛飼いは褒美をもらい歓喜する。

建立。		
	(10) **国の様子と帰国要請** ①雁の使いにより善友は両親の失明を知る。 ②悪友は投獄される。 ③善友の父（波羅那国王）が利師跋国王に息子を帰すよう求める。	[9] **国の様子と帰国要請** ①雁の使いにより父王は善事の生存を知る。 ②悪事は投獄される。 ③善事の父は梨師跋国王に息子を帰すよう求める。
13、**物語の結末** 大臣は筑紫に住むことを嫌い、御台所とともに都へ上り、父母と対面する。帝は大臣の帰還に喜び将軍職を与え、その後は穏やかに長生きをした。	(11) **物語の結末** ①善友の帰国 ②悪友を釈放する。 ③如意宝珠を取り返し、両親の目を治し、国を豊かにする。	[11] **物語の結末** ①義父王は事情説明をし、王女と宝と共に帰国させる。 ②悪事を釈放する。 ③如意宝珠を取り返し、国中を豊かにする。
	C結 ①前生譚 ②提婆達多との因縁 ③慈悲による布施の大切さ	**C結** ①前生譚 ②提婆達多との因縁 ③慈悲による布施の大切さ

二　仏典との相違——異なる主題——

〈始まり〉から〈偽の報告〉

仏典には釈迦が説法において現在の視点から過去を語り始める序（A）があり、それぞれの現在の姿と物語の意味を改めて説き明かす結（C）という枠組みに挟まれる形で、過去の物語が存在する。展開の比較が示すとおり、百合若大臣は仏典の枠組みから見ると中心部の過去物語（B）に相当することが分かる。二書の仏典が共通して、「提婆達多が自分を害しようとしたのは今の世のことばかりではなく過去の世もそのようであったが、私は慈悲の力を以て彼を救ったのだ」とした理由は、この百合若説話に近似する物語を例証としたためである。

1〈出生〉で、初瀬の申し子である百合若は若くして大臣となり、この時点ですでに大納言の姫を迎えている。すなわち、仏典で後々積極的に寄り添う王女と出会う場面は必要としていない。これにより、百合若の愛する女性は流浪先で出会う女性でなく、故郷で待つ女性であることが分かる。

また、百合若説話の冒頭は登場人物の役割設定を必要としていない。これに対し仏典では、妊娠で母親の性格が変化し、それぞれに善悪を象徴する太子が誕生したことにより、後に裏切る人物設定がこの時点で明確にされるのである。もちろん、二書の仏典にも異なる点はあり、『大方便仏報恩経』は国王が直接二人の太子を得ており、『賢愚経』は太子に転生する人を得るという間接的な太子誕生の相違を見せるが、いずれの場合も悪役となり得る人物を最初から対比する形で登場させている。

特に、善友太子の性格を「聰明慈仁」で布施を好む人物とし、両親の愛情を一身に受ける人物と設定する。一方、悪友太子は「其性暴惡」とし、両親の憎悪までもが記された上に、兄への嫉妬心から常に「毀害觸事」を欲する人物と設定している。そして、その後も弟の嫉妬心が繰り返し記されることで、裏切りへと向かう伏線は十分に張り巡らされており、この点は百合若説話とスタート地点から異なる。

次の2〈神代の始まり〉は、現在に到るまでの国の在り方を神仏の思想から説いており、これについては蒙古襲来を背景とする我が国の思想史から論じるべきであろう。しかし、いずれにせよこれから展開する物語の序章を意味する点では、仏典冒頭部の序（A）に該当する説明とも言えよう。

そして、主人公の活躍については、3〈大軍を征伐〉する百合若大臣と、貧者への布施のための宝珠獲得に命を賭ける太子とでは目的こそ異なるが、いずれもそこに到るまでの経緯を詳細に説明している。それは困難を乗り越える主人公の姿を描く始まりでもあった。百合若は神の託宣に従って軍を進め、むくり軍を征伐する。援軍とともに進軍する場面は、エンターテインメント性に満ちた海洋戦記とも言える。

一方、仏典の太子は反対する親を説得し、家臣五百人、盲目の老師、弟太子とともに宝珠探索の旅に出て、途中老師の遺言に導かれて如意宝珠のもとへ辿り着く。そこでの宝の獲得は妨害者との戦いではなく、あくまでも彼自身の慈悲心による獲得であり、『賢愚経』の場合も老師の遺言に従ったことによって獲得する。このように百合若説話と仏典とでは、困難を乗り越える主人公の様子も、差し詰め動と静を印象づける対照的な描かれ方であり、いずれ訪れる物語結末部における復讐の有無とも呼応している。

さらに、4〈家臣の裏切り〉は、

されはこそとよ。その事よ。君はさやうに富み給はゞ、我ら兄弟は、もとのまゝにて朽ち果てむ事こそ口惜けれ。いざ、この君を討ち申し、主なくして御跡を知行せん。

と、百合若が持つ富に対する別府兄弟の嫉みが理由であった。しかし、『大方便仏報恩経』では、宝珠を入手した兄に対し弟の嫉妬心が一層強くなっていき、「父母悪賤甚於瓦礫」と両親の愛情を失うことを苦悩する弟の様子が記され、百合若説話のそれとは明らかに異なるのである。

つまり、冒頭で悪役誕生秘話を示し、その後も兄への嫉妬心を繰り返し示しながら、あくまでも精神面を注視しようとする仏典の視点は、同じく裏切り行為を含むものの百合若説話のそれとは印象が異なる。また一方で、百合若説話が裏切り者の別府兄弟を描くにあたり兄と弟に差を生じさせ、なおかつ百合若自身に危害を加えていないのは、主人公を盲目に至らしめることで再会までの展開を複雑にした仏典と明らかに異なる。

そして、帰国した裏切り者は5〈偽の報告〉に及ぶ。裏切り者が手に入れた宝珠を土中に埋めたとする仏典に対し、百合若説話における報告の場面は、帰りを待つ女性側に視点を移しており、これが物語を一層魅力的に仕立てている。形見を受け取った御台所の不信感と裏切り者に言い寄られたことへの嘆き、そして自害を止める女房が期待を持たせる偽の返事を送る場面などは、後の9〈御台所の貞節〉とも呼応しており、三書の中で夫への愛情を最も細やかに表現しているのが百合若説話であることは確かである。

〈使者〉から〈救助をめぐる恩賞と供養〉

置き去りにされた主人公と故郷を繋いだ6〈使者〉が百合若説話の場合は鷹であり、仏典は二書とも雁であった。類型が指摘される内容の使者の設定に個別の解釈を加えることは控えるが、遠く離れた島や国への文を託すにふさわしい鳥を、いずれの主人公も愛翫していたとする。百合若の鷹は御台所の放生供養を機に女房が与えた飯を咥えて玄海が島へ飛び立っており、この時点で文は託されていない。しかし、そこで鷹に気づいた百合若側からの血書の文が、改めて生存を知らせる手掛かりとなるのである。その後、喜んだ御台所が女房達の文とあわせて多くを託しすぎたため、鷹は文とともに無残な姿で百合若に発見されることになる。

対して、『賢愚経』では父が行方を捜すよう雁を飛び立たせたところ、鳥追い芸人となった太子の歌声に雁が気づいてその場に降り立ち文を渡す。しかし、盲目のために読むことができず、改めて太子側から弟の裏切りと苦労を訴える文を雁に託すこととなる。

ただ、この『賢愚経』に先行する『大方便仏報恩経』では、母が文を雁に託して飛び立たせたものの、それはあくまでもこの後の展開5〈救助〉～8〈救助をめぐる恩賞〉までが説明された後である。つまり、太子の流浪をめぐるすべての問題が解決した後に使者が飛び立っているわけで、『大方便仏報恩経』における使者の役割は、百合若説話や『賢愚経』のそれとは大きく異なるのである。

流浪の渦中にある主人公に一筋の光明とも言える渡り鳥の到来は、『大方便仏報恩経』には見えず、使者が果たした役割は仏典の間でも差が生じている。渡り鳥は苦難の渦中に到来するからこそ果たした役割も大きく、物語の展開も魅力的なものとなり得るのである。

『賢愚経』は『大方便仏報恩経』とともに仏典特有の枠組みを持ちながらも、その語り方は宝珠獲得の方法も厳密には異なり、また登場人物の精神面にも『大方便仏報恩経』以上に言及する場面が見られる。これなどは、説法聴聞の訳出資料という『賢愚経』が抱える側面が成し得る語りとも言え、それは主人公をめぐる人々の気持ちに寄り添う語り方を持つ百合若説話に、むしろ近しいのではないかとも思える。

そして、百合若説話の場合、何より7〈御台所の祈誓〉が象徴するとおり、宇佐八幡への信仰が物語の全体を貫いている。5〈偽の報告〉にも女房代筆の手紙の内に宿願が仄めかされているが、ここでは明らかに夫の無事を祈誓する参籠が語られ、社殿造営の願文をしたためる御台所の姿が見える。

帰命頂礼宗廟神、もしも大臣殿帰朝の笑みを含ませ給ひ、二度御目にかゝるならば、宇佐の造営申すべし。玉の宝殿磨き立て、金の戸びらをのべ開き、□瑠璃の高欄やり渡し、硨磲の擬宝珠磨き立て、□砌の砂に金を混ぜ、□壁には七宝を鏤めて、□池には玉の橋をかけ、斎垣は光耀鸞鏡し、回廊と拝殿、四つの楼門、玉の楣を磨くべし。棟梁の棟を浮きやかに、神殿廂を広々と、いかにも瓔珞結び下げ、華鬘の旗は雲を分け、四川幣帛、獅子狛犬、金をもつて磨くべし。大塔と鐘楼をいかにも高く、雲の上に光を放つて造るべし。四季の祭礼、別臨時、花の御幸をなすべきなり。九本の鳥居を高く立て、極楽浄土を学ぶべし。極楽外に更になし。諸神のしようげう、浄土とす。歩みを神に運べば、神道よりも仏道に帰する方便、これなり。その海底の印も、今も絶へせず新たなり。報賽、神に致せば、菩提の種を包むなり。そもそも神と申すは、塵俗たるを姿とし、正直たるを心とす。塵の中に交はり、我らに縁を結べり。本願限りあるならば、我をば漏らし給ふなよ。敬白

この祈誓は、11〈御台所と再会、宇佐八幡の社殿造営〉に結実することになる。すなわち、仏典における過去物語が持つ仏教観とは明らかに異なる信仰の姿、祈誓の在り方を描くことこそ物語の要とも言え、さらには故郷で待ち続ける女性の役割もここに到り明確になってくる。そして、この直後に百合若を救う壱岐の釣り人が玄海が島に流されて来るのである。

8〈救助〉は身分を隠した流浪の始まりとも言え、いずれの主人公達も下人として奉公する。ただし、百合若の場合はこの時点で博多へ帰って裏切り者に仕え、その身はかつての使用人に預けられる。一方、牛飼いに救助され鳥追い芸人となった仏典の主人公達は国同士の許嫁であった王女と出会う。

ところで、『賢愚経』ではこの間に偽の報告と一人帰国した弟太子に対し、「何故共に死ななかったのか」と問いかける父母の辛辣な言葉が挿入されており、弟太子の苦しみも増している。このような裏切り行為に苦悶する弟太子への視線が繰り返される表現からは、唱導の場で聴聞者の良心に問いかけることを意識した語りの様子を垣間見ることができる。

百合若は妻の御台所の貞節をかつての使用人の夜語りをとおして知ることになり、二書の仏典ではひたすら男を慕う王女の姿が描かれている。故郷で夫の無事を信じる御台所の真心と、父の反対を押し切って一途に太子を慕い続け

る王女の愛は、異境遍歴譚において流浪の主人公を支える最大の力となり、これにより直後の状況の逆転、すなわち10〈正体を明かし、復讐〉、そして仏典の〈誓いを立て、正体を明かし、両眼回復〉という展開へ導かれていくことになる。ただし、仏典はこの時点で主人公を帰国させていないために、裏切り者への対応も含まれていない。

そして、11〈御台所と再会、宇佐八幡の社殿造営〉については先述のとおり、百合若説話を支える重要な要素であるだけに、続く12〈救助をめぐる恩賞と供養〉への連関が自然な運びとなっている。百合若は釣り人に壱岐対馬を、御台所の身代わりとなって死んだ娘を持つ門脇の翁に筑紫の国を与え、さらにその娘のために寺を建立し、使者であった鷹のために神護寺を建立するという念入りな供養の在り方が語られている。これは、寺社造営に到った宿願の達成、すなわち一連の霊験譚がここにまとめられているのである。対して、仏典の牛飼いへは財宝の布施という褒美にとどまっており、些か配慮に欠けるようにも見える。しかし、これは主人公と各登場人物との関係性が、百合若説話ほど密接なものとして描かれなかったことに起因している。

〈物語の結末〉

救助者への恩賞の後、百合若説話は一挙にクライマックス13〈物語の結末〉へと進む。しかし、二書の仏典の主人公は未だ帰国を遂げていない。ここに到って故郷に向かった雁の、使者としての役割がようやく果たされることになる。『大方便仏報恩経』では、雁の文により太子が両親の失明を知る。一方、『賢愚経』では雁の文により父王が太子の生存をここで初めて知るのである。その後の展開は二書とも同じで、裏切り者が投獄され、父王は息子の滞在する国の国王に帰還させるよう求める。

一連の展開における使者の役割については、百合若のほうがドラマティックであると同時に、主人公と故郷の人々との関係を強固に結び付ける役割も果たしている。先の神護寺建立という供養されるにふさわしい役割を担わされた存在であると同時に、物語の魅力を支える一要素とも言えようが、仏典の場合は、そこまでの重荷を背負わされていない。それは、愛玩していた使者への労いや愛情が、物語の結末部に一切描かれていないことからも明らかである。

さて、13〈物語の結末〉で百合若は御台所と京へ上り父母と対面した後に将軍職を得て幸せに暮らすが、仏典では人々を幸福に導く本来の目的が果たされている。それは、太子の帰国と裏切り者への恩赦、取り戻した如意宝珠による豊かな国作りである。『大方便仏報恩経』の場合は、加えて両親の目を治すという展開が見え、いずれも太子が本来旅の目的としていた宝珠獲得による衆生の救済が完遂されている。

そして、改めて過去物語を振り返る形で結（C）に、流浪の太子こそが釈迦自身であり、父王は浄飯王、母は摩訶摩耶、利師跋王は迦葉、妻は瞿夷、悪事太子は提婆達多で、彼のために自分は苦しみを極めたが、慈心をもってこれを愛し仏になったのであり、煩悩を捨て慈悲を広めることこそが大切であると説く。つまり、ジャータカ、提婆達多との因縁、慈悲による布施の重要性の確認が、二書の仏典の場合はこの物語をとおして成し遂げられたのである。

おわりに

類型という概念からいったん離れて展開の妙に注目すると、個々の枠組みを構成する一々の要素もそれぞれに異なる役割を帯びてくる。概観すると、百合若説話と仏典とは共通点も多く確かに通底する世界はあると思われる。

しかし、構成要素の枠組みの取り扱われ方や展開の差し替え順序を細かく比較すると、あらすじの逆転現象も見えるなど、教化を果たそうとする仏典の主題から外れるところに、百合若説話の独自性があることに気づく。そして、主人公を取り巻く人々への視線が介在し、その描写をとおして信仰をめぐる解釈説明がなされ、さらに具体的な縁起へと結びつく展開などからは、百合若説話が抱えている思想と成立事情をも垣間見ることができる。すなわち、配列の異同を見る限り、百合若説話の典拠論の範疇に仏典の世界をそのままスライドして共通する世界を想定しようとすることには、いささか難があるように思える。

これまで、百合若説話の源流をめぐっては、神話の系譜から論じられた大林太良氏、多くの伝承話の比較や八幡信仰との関係に言及された福田晃氏、仏典から韓国の民間巫覡や疑経と併せて解明を試みられた金賛會氏などの指摘がある。先学に導かれ、東アジア文化圏における物語群の中で広く本説話の伝播と享受のあり方を追うと、百合若説話の源流を二書の仏典との関係性に絞って論じることは性急と言えよう。無論、近接する関係を共通要素から推測された前田氏の指摘は大枠では否定できないが、その直接的関係を見出すことは難しい。そのため、本稿では共通点の抽出にとどまらず、敢えて仏典との間に広がる構成要素の相違と展開の差異を確認してきた。

改めて、百合若説話については典拠を論じる翻案説や移植説など、外からの流入を重視する視点をいったん脇に置き、今一度自国の物語の成立事情、思想背景からの実証的な検証が必要となる。あるいはそこから、それぞれの仏典の伝承ルートが逆に明らかになる可能性もあると考える。

主な参考文献

金関丈夫著、大林太良編『新編　木馬と石牛』（岩波書店、一九九六年）
前田淑著『百合若説話の世界』（弦書房、二〇〇三年）

大林太良著『神話の系譜―日本神話の源流をさぐる―』（講談社、一九九一年）
福田晃著『神話の中世』（三弥井書店、一九九七年）
金賛會著『本地物語の比較研究―日本と韓国の伝承から―』（三弥井書店、二〇〇一年）
中村史著「大施太子本生譚の誕生」（『小樽商科大学人文研究』一一一号、小樽商科大学、二〇〇六年）
須田悦生、服部幸造、田中文雅、佐藤彰著『寛永版　舞の本』（三弥井書店、一九九〇年）
荒木繁著『幸若舞一』（東洋文庫、平凡社、一九七九年）

韓国の「百合若大臣」を考える

韓国の鷹と鍛冶

金　賛會

韓国の鷹と鍛冶

金　賛會

一　はじめに

古代朝鮮半島には、百済・新羅・伽耶の前身となる馬韓、辰韓、弁韓（弁辰とも）が存在したが、西晋による中国統一後の二八〇年以降の成立とされる『三国志　魏書』巻三十烏丸鮮卑東夷傳には、伽耶国の前身である弁韓について次のように記す。

弁、辰韓合二十四國、大國四五千家、小國六七百家、總四五萬戸。其十二國屬辰王。辰王常用馬韓人作之、世世相繼。辰王不得自立為王。土地肥美、宜種五穀及稻、曉蠶桑、作縑布、乘駕牛馬。嫁娶禮俗、男女有別。以大鳥羽送死、其意欲使死者飛揚。國出鐵、韓、濊、倭皆從取之。諸市買皆用鐵、如中國用錢、又以供給二郡。俗喜歌舞飲酒。有瑟、其形似筑、彈之亦有音曲。兒生、便以石厭其頭、欲其褊。今辰韓人皆褊頭。男女近倭、亦文身。便步戰、兵仗與馬韓同。其俗、行者相逢、皆住讓路。

右によれば、弁韓は土地が肥沃で、五穀と稲の栽培に適しており、蚕や桑の育て方がわかり、縑布を作り、牛馬に乗って暮らしたという。特に注目すべきことは、葬儀の際に大鳥の羽を死者とともに送っているが、それは死者が鳥

高句麗の古墳壁画、赤い鉄の塊を叩いて鍛冶の仕事をする鍛冶神

のように天空を自由に飛び回ることを願っているためであるという。さらに弁韓では鉄を生産していたが、韓、濊、倭などからはこれを購入しに訪ねて来た。すべての売買にはこの鉄を用いており、それはまるで中国で金銭を用いて売買を行っているようであり、また鉄を楽浪・帯方の二郡にも供給していたという。このように韓国の百合若大臣の伝承地域である、伽耶地域は古い時代から鉄を生産しており、また死者をあの世に送る際には鳥の羽を一緒に送っており、これは尊い御魂の再生を期待して行われる「狩りの遊び」にも通じるものであり、鉄と鳥（鷹）とが深く関連していることを示すものである。また五世紀の南朝宋時代、范曄によって編集された『後漢書』巻八五　東夷列傳には、「國出鐵、濊、倭、馬韓並從市之。凡諸〔貨〕〔貿〕易、皆以鐵為貨。俗喜歌舞飲酒鼓瑟。兒生欲令其頭扁、皆押之以石」とあり、新羅の前身である辰韓においても、鉄を産出し、濊、倭、馬韓などからこれを求めに来ており、諸々の交易ではほとんどが鉄を通

貨として使用して交易を行っていたのである。また六世紀の高句麗の古墳（中国吉林省集安市の五灰墳四号墓、前頁の図参照）の北壁には、赤い鉄の塊を叩いて鍛冶の仕事をする鍛冶神が描かれており、四世紀末〜五世紀初の黄海南道安岳郡大楸里の丘にある「安岳一号墳」には、西側の壁に雉が鷹を避けて飛んでいく鷹狩りの場面が描かれており、鍛冶と鷹狩りは古い時代から行われていたのである。

日本の「百合若大臣」において、主人公の百合若は鉄の弓をみごとに操ったり、彼が可愛がって飼っていた鷹が手紙を運んだりするのであるが、そこには鍛冶神としての八幡神と放鷹文化の世界が見え隠れており、それは韓国の百合若大臣「成造本解」の場合も同じことが考えられるものであった。そこで本稿では韓国の鷹（鳥）と鍛冶との関連について詳しく述べることにしたい。

二　韓国シャーマンによる「成造本解」の中の鍛冶と鷹（青鳥）

韓国のシャーマンによる「成造本解」は、建築神や鍛冶神であり、家内の安泰・無病息災と幸運・財運を司る成造神の由来を叙述する本地物語である。先ず巫覡は、建築神や鍛冶神である成造の祖父と祖母、次には成造の母親と父親を神降ろしして、成造の父による内裏建立の大事業が語られ、最後には建築神や鍛冶神である成造を神降ろす。そして山に入って建築のための松の種を蒔き、川の沙鉄を採り建築のための鉄の道具を作るなど、鍛冶や建築の過程を語るのである。その梗概を示すとおよそ次のようになる。

①西天西域国に住む天宮大王と妻の玉真夫人は、一人の子供もないことを嘆き、神仏に祈願して成造が生まれる。

②成造は、十五歳に詩経や書経などの難しい書物を悟り、山に入って家を建てる木の種を蒔いて、十八歳で山を下った。〔申し子誕生〕〔入山〕
③成造は皇輝宮の桂花姫と結婚する。が、酒と女に溺れる生活を送る。朝廷の諫臣達はこの事実を密かに王様に報告した。怒った王様は成造を島流しした。〔臣下の裏切り・勅定〕
④数日間の航海の後、成造の乗せた船は黄土島に着いた。〔孤島到着〕
⑤船頭達は成造を一人孤島に放置して、本国に帰る。〔孤島放置〕
⑥成造は青鳥が運んでくれた手紙によって、帰国が可能になった。〔鳥の文使い〕
⑦王様は諫臣達を遠方へ流罪に処した。〔報復〕
⑧臣下達は助けを求める成造を舟に乗せる。成造は獣と間違えられる。〔獣変身〕
⑨成造は苦難の末に故郷に帰り、妻の桂花姫とめでたく再会する。〔帰国・再会〕
⑩王様は成造の帰国を喜び、罪人達に恩赦を与える。〔恩赦〕
⑪成造は十人の子供と共に山に入り、砂鉄を掘り出し鉄を集め、各種の道具を作り、大工を集め内裏と民の家を建て始めた。また、自ら家を建てる敷地の選定から屋敷を堅める作業を行なった。屋敷を堅める際にはいちいち石を取り除き、高い所は低め低い所は高めて平地を作り、家を建てた。〔屋敷堅め〕
⑫成造は建築神である立柱成造神、妻の桂花姫は身柱成造神として現れる。成造の五人の息子は五方土神、五人の娘は五方夫人となる。〔神々示現〕

右のように、「成造本解」は、神仏の申し子である成造が部下達の裏切りによって無人島に島流しされ、置き去りにされるが、青い鳥に託した手紙によって帰国することができる。そして裏切った部下達を退治し、最後には建築神として現れるものであるが、その建築神としての成造は、十人の子供と共に山に入り、砂鉄を掘り出し、鉄を集め、各種の道具を作るなど鍛冶神としての性格も合わせて有していたのである。ここで建築神であり、鍛冶神でもある成造神の使いが鷹ではなく、青鳥であるのが問題になるが、本書の「韓国の『百合若大臣』―成造本解をめぐって―」で詳しく述べたように、主人公・成造の手紙を運んだ青鳥の場合も、元は鷹による「文使い」であったものが、西王母信仰が民間に広がることによって鷹から青鳥へ変化してしまったのである。さらに「成造本解」において王子である成造が青鳥（鷹）を自由に操り、青鳥に手紙を託して飛ばすということは鷹匠としての成造の姿が見え隠れており、王権と鷹狩り、鍛冶、シャーマンとは深い関連があったことを示してくれるものである。そこで次ではシャーマンと鍛冶文化について論じることにしたい。

三　シャーマンと鍛冶文化

成巫過程と鍛冶文化

済州島のシャーマニズムの研究で著名な玄容駿氏は、済州島のシャーマン・シムバンの入巫形態について、①世襲で継承する場合、②巫具、メンド（明図、明斗）を拾って入巫する場合、③病気のために入巫する場合、④シムバンとの結婚によって入巫する場合、⑤生活手段として入巫する場合の五つに分類される（玄容駿『済州島巫俗研究』ソウル集文堂、一九八六年）。北朝鮮の黄海道地域ではシャーマンになるものは、必ず巫病をわずらい、その巫病の中で野原をさ迷いながら、鉄で作られた巫具類を土の中から見つけ出して、そのなかの明図（鏡）などは神体として祀る伝統があった（拙稿「韓国の『炭焼長者』―シャーマンと鉄文化との関連から―」〈福田晃・金賛會・百田弥栄子編『鉄文化を拓く　炭焼長者』三弥井書店、二〇一一〉）が、この成巫現象は、玄氏の分類した、上記の②「巫具、メンド（明図）を拾って入巫する場合」に属する。そこで玄氏が調査された資料を分析して、シャーマンと鍛冶文化との関連について詳しく述べてみる。

①済州市禾北洞在住の男巫・洪M氏の祖父の成巫過程

（一）洪M氏の祖父は百姓の息子として生まれ、先代から農業を継承していた。ある日、彼は朝天面橋来村にある畑を耕していたが、不思議にも急に踊りたい気分になった。〔巫覡の兆し〕

（二）仕事が捗らないと思って踊りたいという気持ちを抑えて続けて畑を耕すと、土の中から神刀が出てきた。〔鉄製の巫具探し①〕

（三）その時、橋来村の向こう側からクッ（巫祭）を行う際の楽器の音がやかましく聞こえてきて、踊りたいという気持ちをこれ以上抑えきれなかった。彼は使っていた犂を投げ捨てて楽器の音がする方向へ走り出した。そこには人は見えず、一つの洞窟があった。〔流浪〕

（四）洞窟の中を覗いてみると中には鉄製の巫具類である、算盞と天文が転がっていたので家に持ち帰った。〔鉄製の巫具探し②〕

（五）その後、彼は急に体の調子が悪くなり、精神異常者のようになっていった。〔巫病〕

（六）占ってみると、拾ってきた巫具（祖先とも、明図ともいう）を祀らないと治らないといわれ、その鉄製の巫具を神体として祀り、巫覡のシムバンになった。〔成巫確認〕

②済州市健入洞在住の男巫・洪S氏の六代祖母の成巫過程

洪S氏（六十歳）は、済州市健入村の守護神を祀っている「チルモリ堂」の祭祀を担当する首席シャーマン（シムバン）である。巫業は六代目の祖母から始まり、現在七代続いている巫家の名門である。六代目の祖母はもともと百姓の妻で、巫覡のシムバンではなかった。彼女の成巫体験は次のようなものであった。

（一）何歳の時からかはっきりしないが、ある年にコレラが流行り、村人が次から次へと死んでいく中で彼女も例外ではなかった。村人は病気の感染を恐れ、正式に葬式を行うこともできない状態であったので、仕方なく息子たちは母を隣の畑に仮埋葬をした。〔苦難〕

（二）一週間過ぎてからのことである。その畑に行ってみると仮埋葬した墓から微かなうめき声が聞こえ、母は生き返っていた。〔擬死体験〕

（三）母は「私をおんぶして西の方へ行ってくれ」と言ったので、息子たちは母の指示通りバグムジ岳の中腹まで行くと母はまたある岩を掘り出すようにと言う。そこには神体となる鉄製の明図という巫具があった。それを持ち帰る途中、涯月面下貴村に至った時、母はまた道端のある所を掘るように指示する。そこを掘ってみると巫楽器の一種である「ウルセ」が出てきた。〔鉄製の巫具探し〕

（四）それを拾って来て祀ると、母は大物の巫覡のシムバンになった。人から相談を受け、占ってすべてのことを良く当てた。〔成巫確認〕

以上のように済州島のシムバンの第一代目の祖先は、本土の巫覡のように巫病の体験を持ち、流浪・苦難を経験する。そしてその遍歴のなかで鉄製の巫具類を発見し、それを神体として大事に祀り、シャーマンになっていたのである。その鉄製の巫具は「明図」とも呼ばれているが、明図とは神刀、算盞、天文の三つの鉄製の巫具をさす。シムバンはこの鉄製の巫具を家の神座に神体として大事に祀っており、彼らはそれを「祖先」と呼んでおり、それは巫祖より受け継いだ守護神、守護霊でもあったのである。

済州島のシムバンの巫業は、親子（養子）関係、師弟関係で世襲されるが、シムバンになるためには必ず親や師匠から鉄製の神刀、算盞、天文の三つを受け継ぐ必要があった。この三つの巫具を所持しないとシムバンとしては認められなかった。子供が多数いる場合、その巫具は長男や長女、または子供のなかで入巫を先に希望する者に引き継がせるため、それを持っていない子供はシムバンになりたくてもなれなかった。その場合、他の子供は、子がいなくて巫業継承のできない他家のシムバンに付いて巫業を助けた。そこで修業を積み、師弟関係や養子関係となり、巫具の明図を引き継いでシムバンになったのである。

もう一つ、「明図」という鉄製の巫具を親や師匠から譲り受けられない場合は、新しい明図を作ってシムバンになるしかなかった。その場合、巫覡は檀家の家々を回り、鉄乞いをしなければならなかったのである。巫覡は鉄乞いをしながら、「父親の明図の本を授かり、新しい明図を作ろうとしています。祖先様が使い残した匙でも良いので御協力をお願いします」と言いながら歩き回る。こうして集められた真鍮の鉄材を鍛冶屋に持っていく。鍛冶屋は豚の頭、鶏、お米、果物などの供え物を鍛冶神に捧げ、入巫者の父親のものを模って明図を作る。こうして作られた鉄製の明図は父親から受け継いだ巫具と同等の神霊が籠ったものとなり、これによって巫覡としての資格が得られ巫業が可能となっており、シャーマンと鍛冶文化は深く繋がっていたのである。

成巫儀礼「神クッ」と鍛冶文化

前述したように、済州島の巫覡は、巫祖神の神体ともいえる、神刀、算盞、天文（揺鈴）の三つの鉄製の巫具を親や師匠から受け継ぐことによって、はじめてシムバンとしての資格が認められる。この、神刀算盞、天文（揺鈴）の三つの鉄製品は明図とも明斗とも呼ばれる。

済州島の成巫儀礼は「神クッ」と称されている。成巫儀礼の「神クッ」の中で神体の明図の継承は「堂主迎え」という儀礼で行われるが、堂主とは巫祖神を指す。こうした意味で済州島の成巫儀礼の「神クッ」は、親シャーマンから鉄製の巫具である明図を子シャーマンが受け継ぐところにその儀礼の中心が置かれていることがわかる。そこで済州島の成巫儀礼について詳細に述べ、その儀礼のなかで語られる巫祖神話「初公本解」と鍛冶文化との関わりについて論じてみたい。

済州島の「クッ」（巫祭）は六人以上の巫覡のシンバンが動員され、四、五日以上継続して大規模で行う「大《くん》クッ」と、一日で終了する「小《チヤグン》クッ」とに分かれる。「大クッ」は家に疾病や災難などの不運が続き、占い師による神霊の祟りという結果が出ると、祭りを行う日を決め、シムバンという巫覡に巫祭をお願いし、祭りの準備を始める。家の板の間には神々を迎えるための三天帝釈宮祭壇、十王祭壇、本郷祭壇、死霊祭壇などの基本祭壇を設ける。祭壇が設けられると今度は前庭に大竿《たんで》という神竿を立てるが、この神竿は「三千兵馬竿」とも呼ばれる。この神竿は高さ六、七メートルほどで、竹竿は白木綿で包み上げ、竿の頭の部分は青い葉の付いた竹笹を括り付け、下部には神霊の食料としての米袋や鈴をぶらさげたりしたものである。また長い白木綿の一端を祭壇の母屋から引き出して神竿に結びつける。神々は神竿を通して降臨し、白木綿を通じて往来する。この白木綿を「タリ（橋）」という。祭りの準備が終わり、祭りが始まると、巫覡のシムバンは頭に笠を被り、白い上衣と袴をつけた正装で祭壇の前で四拝し、巫楽器の伴奏にあわせて舞を舞い、巫歌を唱える。それは必ず、最初が初監祭《ちょがむじぇ》と言い、シムバンが宇宙開闢などの創世神話を語るのである。やがて、シムバンは祭を行う日にち、場所、主旨などを述べて神の降臨を祈願する。神の降臨を祈願

してからは「神門開き」と言って、

　神々と人間が違うところがありますか。人間も門を開けなければ入ることができず、鬼神も門を開けなければ入ることができません。今日、一万八千の神々が降臨しようとしているのに神門がどうなっているか気になります。

と語り、路上の雑鬼を追い祓って神を迎える。この時に迎えられた神々は一万八千の神と言われ、シムバンは神刀占いをして神が残らず降臨したかどうかを確認する。こうした初監祭が終ると、次はその日の祭に直接関係する神々を迎える個別儀礼に移る。それは、「仏道迎え」「日月迎え」「初公本解」「初公迎え」「二公本解」「二公迎え」「三公本解」「再サンゲ」「十王迎え」「セギョン本解」「三公迎え」「セギョン遊《のり》び」「門前本解」「本郷タリ」「各神祈り」「馬遊び」「送神」「カスリ（雑鬼送り）」などの順序によって行われる。

　成巫儀礼の「神クッ」の仕組みは、上記の「大《くん》クッ」と同じ形式を取っているが、「神クッ」は上記の「十王迎え」の後、シムバンの巫祖神である「三十王」を迎えて鉄製の巫具などを受け継ぐ「堂主迎え」と、巫女として正道を歩くことを誓い、神体となる鉄製の巫具を親シャーマンから継承し、新しく自分の守護神として迎え入れる「コブンジルチム」という二つの祭事が追加されるのが特徴である。

①祖神を迎える「堂主クッ」と鍛冶文化

「堂主クッ」は、別称で「三十王迎え」ともいう。玄容駿氏によれば、「堂主」とはシムバンが彼らの守護神を祀っている所、または守護神そのものを指し、「三十王」とは巫祖神の異称である。シムバンは神座に祀っている守護神の「堂主」を祖先と呼んでいるが、「堂主」と「三十王」という名称の違いはあるものの、シムバンの巫祖神であることには間違いない。一般人は死後、十王が管轄するものと思われているが、これとは違って巫覡・シムバンは、三十王が管理するものと信じていた。そこで鍛冶神である巫祖神の堂主（三十王）を迎える「堂主クッ」は、シムバンにはきわめて重要な儀礼でもあった。ここでは北済州郡旧左面金寧村の巫女・文氏の成巫儀礼を紹介する（玄容駿・李ナムドク〈文〉、金スナム〈写真〉『韓国のクッ一二　済州島の神クッ』ソウル悦話堂、一九八九）。

（一）文氏は二十一歳の未婚で父親が死亡し、母親は現役シムバンとして仕事をしている。小学校を卒業してから十四歳になった年から不思議にも頭が痛くて、神経痛のように全身が痛くなった。薬も呑んだり、病院にも通ったりしたが効き目はなく、体はだんだん衰弱していった。そこで占い師に行って占ってみると、「シャーマンにならなければ治らない病気」といわれたので母親に付いてクッの場所に通うと体の調子は回復してきた。そこで成巫儀礼を行ってシムバンとして独立することになった。〔巫病発見〕

（二）成巫儀礼の「神クッ」が始まってから八日目にシムバンの巫祖神を迎え入れる「堂主迎え」（「三十王迎え」）が行われた。庭には巫祖神のための三十王のお膳と、そのお使いのためのお膳などが用意されている。祭場の入り口には三十王都軍門といって巫祖神の三十王が入ってきて鎮座する聖なる空間を作る。三十王都軍門は一メートルぐらいの笹竹二本を地面に差し込み、その枝先を結んで白紙の幣帛を呈して置いたものである。新しく入巫する巫覡はその門の外側に座る。〔神迎え〕

（三）先ず、親シャーマンは、弟子となる文氏が巫病になり、巫覡にならざるを得なかった理由などについて巫祖神話の初公本解を語りながら神に告げる。〔成巫儀礼の告げ〕

（四）祭場をきれいにし、踊りながら神酒を神に捧げる。親シャーマンは白い木綿を入巫者・文氏の首にかけて庭に設けられた祭壇の前まで引っ張ってくる。〔祭場清め〕

（五）親シャーマンは巫祖の三十王から薬飯薬酒が下されたといって入巫者の文氏に飲食させる。

（六）巫祖の三十王から印章が下されたといって、鉄製の巫具である算盞、天文（揺鈴）を一つずつ静かに入巫者の肩に載せる。そして祭儀を行うときに力が出るようにと判を押したと言い、新しいシムバンの誕生を祝って謳う。親シャーマンは入巫者の肩にある算盞と天文（揺鈴）を降ろして投げつけて巫祖神の三十王が入巫を許可したかどうかを確認し、これから素晴らしいシムバンになれるかどうかを占う。〔神酒・神飯の飲食〕〔成巫確認〕

（七）三十王から許可が降りたと言って、巫服や巫祖神の神体となる神刀、算盞、天文（揺鈴）などを新しく誕生した巫覡に授ける。〔巫具継承〕

（八）親シャーマンは、「これから氏子の家に祭事（クッ）を行いに行こう」と言い、巫具を風呂敷に包んで隣の家に行く。そして舞を舞いながら最初のクッを行う。その後、元の祭場に戻り、クッを行って稼いだといって、餅、米、木綿、果物などを巫祖神に捧げる。〔巫業開始〕

以上のように文巫女の成巫過程は、（一）〔巫病発見〕（二）〔神迎え〕（三）〔成巫儀礼の告げ〕（四）〔祭場清め〕（五）〔神酒・神飯の飲食〕（六）〔成巫確認〕（七）〔巫具継承〕（八）〔巫業開始〕の順序で行われるが、巫祖神から与えられた神酒を飲み、神飯を食べ、神体となる鉄製の巫具によって成巫が確認され、最後にはその鉄製の巫具を継承することによって新しいシムバンが誕生するのである。こうした巫女の成巫過程は、北朝鮮の降神巫（召命型）の成巫儀礼にも共通に見られる現象で、巫祖神の三十王から鉄製の巫具を継承することによってはじめてシャーマンとしての資格が得られ、巫業開始も可能となったのである。

②「コブンジルチム」儀礼と鍛冶文化

祖神を迎える「堂主クッ」の後は、「コブンジルチム」という祭事が行われる。「コブンジルチム」とは新しく誕生した巫覡が巫祖神の許可なしに勝手に巫業を行ったり、神々に対して無礼な言動をしたり、信者に対して不当な金品を要求したりするなど、司祭者としてやってはいけない不正な道を歩いた場合、その不正を正し、正しい道へ導き案内するという意味である。その儀礼はおよそ次のように行われる。

(一) まず、巫覡・シムバンは「巫祖神の三十王が部屋の神座に入ろうとするが、その道はどうなっているのか」と言い、舞を舞いながら巫祖神の通る道をきれいに掃除する過程を演じ、神の通る橋と言って庭から神座まで白い木綿を敷き、神座に巫祖神を迎え入れる。〔神迎え〕

(二) 次は巫祖神・初公神の本解を語りながら、所どころ神話の中で起きたことを模擬的に信者に実演して見せながら、鉄製の巫具や巫服などが最初に作られた場面に至ると、その巫具類を一つずつ巫祖神に捧げる。これはシムバンが巫祖神の許可なしに巫業を行ったり、不正に信者から金品を授受したりしたため、巫祖神が怒って巫具類などを没収したことを意味し、シムバンは泥棒に巫具を盗まれたという。〔鉄製の巫具隠し〕

(三) 親シャーマは巫具がなければ仕事ができないので一服したいと言い、寝る真似をする。その後もまた、「クッの依頼があり、早く行かなければならないのに巫具がないのでたいへん困っている」と言いながら騒ぐ。占い師に聞いてみると、巫具のことは入巫者がよく知っているはずだという。そこで入巫者に聞くと、農耕を司る女神のセギョン神がよく知っているはずだと言われ、セギョン神に聞くと、入巫者が犯した罪のために巫祖神がわざわざ巫具類などを没収したという。〔鉄製の巫具探し〕

(四) 女神のセギョンは、巫祖神は自分の兄であるといって、母にお願いすれば兄も仕方なしに巫具を返してくれるだろうという。そこで母からの手紙を受け取った巫祖神は巫具などを返す。親シムバンは「あなたが起こした罪を巫祖神が許してくれた」といって、鉄製の巫具類や巫服を神座から降ろして入巫者に渡す。

〔鉄製の巫具継承〕

（五）親シャーマンは、袋に自分や弟子たちの鉄製の明図を集め袋に入れ、激しく踊りながら家中を駆け回る。そして袋から鉄製の明図を取り出して巫祖神の御膳の前に投げ落して入巫者がシムバンとして大成できるかどうかを占う。これを「スェ遊びクッ」という。「スェ」というのは鉄を意味するもので、巫祖神の神体となる明図をさし、巫祖神を遊ばせるクッである。

〔鍛冶神の三十王遊ばせ〕

（六）こうして誕生した子シャーマンは、親シャーマンから巫業を継承し、庭に設けた祭壇から巫祖神を背負って部屋の神座に新しく迎え入れる。子シャーマンは巫祖神を背負った様子を演じ、木綿を身体に巻きつけ、神刀を両手に持ち、神がかりの状態で激しく踊り始め、神座に守護神の鍛冶神を祀る。

〔巫業開始〕

以上の「コブンジルチム」儀礼は、（一）〔神迎え〕、（二）〔鉄製の巫具隠し〕、（三）〔鉄製の巫具探し〕、（四）〔鉄製の巫具継承〕、（五）〔鍛冶神の三十王遊ばせ〕、（六）〔巫業開始〕の構成となっている。「コブンジルチム」の（二）〔鉄製の巫具隠し〕は、北朝鮮地域の降神巫（召命型）の成巫儀礼に見られる〔鈴・扇隠し月日迎え〕に対応し、（二）〔鉄製の巫具隠し〕と関わって（三）〔鉄製の巫具探し〕は北朝鮮の降神巫（召命型）の成巫儀礼〔神の服装探し〕〔隠した鈴・扇探し〕や済州島の済州市禾北洞在住の男巫・洪M氏の祖父の成巫過程や済州市健入洞在住の男巫・洪S氏の六代祖母の成巫過程の〔鉄製の巫具探し〕に対応する。また、この〔鉄製の巫具隠し〕は、北朝鮮の降神巫が必ず巫病をわずらい、その巫病の中で野原をさ迷いながら、神体となる鉄製の明図を土の中から見つけ出すことと、済州島の巫覡・シムバンの第一代目の祖先がその遍歴のなかで鉄製の巫具類（神刀、算盞、天文）を発見してそれを神体として祀ることに対応する。こうした〔鉄製の巫具探し〕は、炭焼長者の一類型と考えられる薯掘り長者譚において、女主人公が深山で男主人公に導かれ砂鉄・黄金に喩えられる薯を掘り出して黄金を発見することに響く

（前掲拙稿「韓国の『炭焼長者』—シャーマンと鉄文化との関連から—」）。そして、最後には鉄製の巫具の継承が行われ、新しい巫覡が誕生し、その新巫覡によって巫祖神が再度迎えられ、巫業が開始されるのも済州島の世襲巫だけではなく、韓国本土の降神巫にも共通に見られるものであった。上記の「コブンジルチム」儀礼では神事に参加しているすべての巫覡から鉄製の明図を集めて袋に入れる。そして新しく誕生したシムバンは、その袋から鉄製の明図を取り出して巫祖神の御膳の前に投げ落してシムバンとしてこれから大成できるかどうかを占う。このように鍛冶神の巫祖神を迎えて遊ばせているが、これを「スェ遊びクッ」という。「スェ」というのは鉄を意味するもので、その「スェ」は巫祖神の神体となる明図をさしており、シャーマンにとって鉄というものがどれだけ大事で、聖なるものであるかを裏付けてくれるものである。

③巫祖神話「初公本解」と鍛冶文化

済州島では巫祖神の由来を語る「初公本解」が存在する。上記の「コブンジルチム」儀礼は、この初公本解に従って行われるものであった。その「初公本解」の内容はおよそ次のようである（玄容駿・李ナムドク前掲『同書』）。

第一部　親シャーマンの成巫過程（日光感精神話）

（一）天下国の林王国大監と地下国の金鎮国夫人が結婚する。夫婦は五十近くになるまで子のないことを嘆き、黄金山桃丹の地にある寺に水陸供養を納めて美しい姫をもうけ、紫芝明王と名付ける。（申し子誕生）

（二）姫君が十五歳になった時、父母はおのおの天下公事と地下公事を務めに行くため、姫君を部屋の中に閉じ込めて行く。一方黄金山桃丹の寺には大師に仕える小僧の朱氏先生がいる。朱子は上弦の月がきらきらと照りはえてくるので、三千のソンビ（儒学者）と美しい紫芝明王姫をつれてくることを賭ける。（朱子の恋慕）

（三）朱子は姫君の家を訪ねて、固く閉ざされた門を道術で開けて施しを求める。姫君が米を与えると、朱子は米

を受けるふりをして、姫君のつむじを三回撫でて形見のものを残して去る。〔模擬の契り・形見〕

（四）下女は朱子からもらった形見ものを庭の石の下に埋めて置く。それ以来、姫は身体に異様が始まり、生死をさ迷い始めた。下女はあわてて姫君の父母を呼び返す。下女は姫君の懐妊を隠すため、姫君が病気にかかって患っていると言うが、姫君の身の異様を見て、母はその懐妊を知る。〔身体の異変、妊娠〕

（五）怒った母は姫君の許に忍んだ者を尋ねるが、素性知れぬ僧に米を与えたことしかないと答える。父母は姫君を盲馬（牝牛）に乗せ、下女を添えて追い出す。途中、姫君は三人の若殿に導かれ、苦難の末に黄金山桃丹の地に着く。〔姫君の苦難・流浪〕

（六）姫君は朱子と再会する。姫君は朱子からたくさんの稲をむいて瓶に納めることの試練を課せられるが、鳥の助けでうまく耐える。〔妻の試練〕

（七）朱子は姫君の持っていた片耳のない帽子と長衣を自分のものに合わせてみる。二つのものがぴったり合わさり一つとなるのでわが妻と認める。〔妻の確認〕

第二部　子シャーマンの成巫過程（巫祖神の誕生）

（九）朱子は僧の身分なので一緒に住むことができないと言って、姫君を仏道の地へ行かせる。姫はそこで三人の若子を生む。〔三人の御子の誕生〕

（十）若子たちが七歳になった時、いつもみすぼらしい衣服を着て遊んでいたため、隣の友達から父無し子と笑われる。〔御子の苦難①〕

（十一）若子たちは三千ソンビ（儒学者）と一緒に科挙試験を受けに赴くが、若子たちの合格を恐れた儒学者たちの謀みに遭い、梨の木から降りることができなくなる、しかし、外祖父によって助けられ、科挙試験場に着く。

（十二）若子たちは科挙試験に合格するが、僧の身分であることが暴露され、合格が取り消される。しかし上試官は聯珠門を射当てる者がいたら科挙試験の合格を認めるという。儒学者たちは射当てられず、若子たちがみごとに射当てたので、上試官はその合格を認める。〔御子の苦難②〕〔御子の苦難③〕

（十三）仕方がないので儒学者たちは、若子たちの母を三千天帝釈宮に閉じ込め、下女を誘って若子たちの合格が無効になるようにと頼む。下女は科挙試験の合格祝いを催している若子たちのところに飛んで来て、母君が昨日、死んで仮埋葬をして置いたと偽る。若子たちは科挙試験の合格を放棄して急いで帰るが、偽りの葬儀であることがわかる。しかし、布板に「母を探すつもりならば、外祖父の家を訪ねて行け」と書いてあったので外祖父の家に赴く。外祖父は黄金山の寺にいる父を訪ねて行けという。〔若子の苦難・流浪〕

（十四）若子たちは父に会い、母を助けるための鉄製の神刀、算盞、天文（揺鈴）の巫具をもらい、巫楽器の作り方や母君の助け方を教えられる。〔父子邂逅、鉄製の巫具継承〕

（十五）若子たちは父の教えにしたがって楽器神のノサメドリョンに会い巫楽器を作り、巫覡のシムバンとなってクッを行い、帝釈宮から母君を救い出す。〔成巫確認〕

（十六）若子たちは母と再会する。若子たちは父からクッ（神事）の方法を教わり、この世では鉄製の三明斗（神刀、算盞、天文）と象徴される巫祖神、あの世では人間の寿命を司る三十王となる。母君は巫具・祭器を守護する堂神となる。さらに若子たちは東海に住む鍛冶屋を呼んで、三明斗（神刀、算盞、天文）を作らせ、神刀を持って母神に預けて儒学者に報復する。〔巫祖示現〕

（十七）最後には柳丞相という身分の高い姫君の成巫過程が語られる。その柳丞相は後で巫祖神になった三兄弟を苛めた儒学者ともいわれる。

①柳丞相の姫君が六歳のとき、通りかかった坊さんから三枚の鉄製の銭をもらってそれを持って遊んでから、裏庭の石の下に隠して置いた。〔製鉄の銭拾い〕

②それが原因で姫君は七歳の時から目が暗くなるなどの異常症状が表われ、生死をさ迷い始めた。その病気は十七、二七、三七、四七、五七、六七、七七の歳になる度に再発して苦しめられた。〔巫病〕

③その巫病の中のある日、姫君は下の村に住む長者家の前を通っていたが、ちょうど長者の娘が急死したので泣きながら騒いでいた。姫君は家に入って脈を測り、長者に「あの世を司る三十王からお呼びがかかっているのでクッを行わなければならない」と告げた。〔巫覡のきざし〕

④長者からクッを頼まれた姫君は、死者を生き返らせる「セナムクッ」を行おうとしたが、巫具がなかった。津々浦々を探し回った末、巫祖神の三兄弟から鉄製の神刀、算盞、天文などの巫具をもらってクッを行い、それから姫君は最初の巫覡・シムバンとなった。〔鉄製の巫具継承・巫覡示現〕

以上のように巫祖神の由来を語る「初公本解」は、第一部の日光感精神話に属する巫祖神の母君の成巫過程、第二部の三人の若君の巫祖神示現を語る成巫過程、第三部の済州島の最初の巫覡・シムバンの由来を語る柳丞相の姫君の成巫過程に分類できる。

第一部の日光感精神話は、韓国本土の本解「帝釈クッ」、高句麗の始祖の「朱蒙・類利神話」や日本南島のユタによる「思松金」、本地物語「浅間の本地」や神道集「児持山之事」などに見られるものである。そのモチーフは（一）〔申し子誕生〕（二）〔朱子の恋慕〕（三）〔模擬の契り・形見〕（四）〔身体の異変、妊娠〕（五）〔姫君の苦難・流浪〕

〔六〕〔妻の試練〕〔七〕〔妻の確認〕の構成によるものである。これを前述した済州島地域の成巫過程と比べてみると、申し子祈願によって誕生した姫君が〔三〕〔模擬の契り・形見〕が原因で〔身体の異変、妊娠〕をしたというのは、偶然、鉄製の巫具などを発見した姫君が巫病（神との結婚）にかかり、生死をさ迷うことに対応する。また、〔五〕〔姫君の苦難・流浪〕〔六〕〔妻の試練〕は、巫病にかかった姫君が苦難流浪をし、親シャーマンから隠された鉄製の巫具や巫服を探し出すなどの試練が課されることに対応し、最後の〔妻の確認〕は成巫の確認によって新しい巫女が誕生したことと一致する。

第二部では子シャーマンの成巫過程が語られるものであるが、神の子として誕生した三人の若君が三回にのぼる苦難・流浪を体験、後で父親と邂逅し、父親から鉄製の神刀、算盞、天文（揺鈴）の巫具をもらってクッを行う。そして母親を救い出した後、自ら巫祖神に現れたというもので、済州島のシャーマンになるものはこれに従って必ず、親シャーマンから鉄製の神刀、算盞、天文（揺鈴）の巫具を継承して神体として祀る必要があった。

「初公本解」において巫祖神になった三人の若君は、東海に住む鍛冶屋を呼んで、一緒に神体の三明斗（神刀、算盞、天文）を作らせるが、その場面は次のように語られる。

東の海の鉄《くろがね》のせがれ（鍛冶屋）を呼べ」と呼びなさって、東の海の小砂、西の海の大砂を持ってきて、鞴《ふいご》を吹いて三明斗（三種の基本巫具、神刀・搖鈴・算盤）を作り、天門に文字を刻むのに天の字、地の字、大の字、門の字を刻んで、搖鈴、神刀を作り、深い大山に登り、若桜、老木を切ってきて、最初の部分は切って村の太鼓を作り（後略）（張籌根氏『韓国の民間信仰』資料篇、金花舍、一九七四）

このようにシャーマンと鍛冶屋は深いつながりがあったことがわかり、鍛冶屋は砂鉄を集め、鞴を吹いて鉄を製錬する者でもあった。

第三部は、柳丞相の姫君の成巫過程を語るものである。柳丞相の姫君は製鉄の銭を拾い、それによって巫病にかかり、苦難・流浪を体験する。彼女は鉄銭を探し出し、それが原因で巫病を患い、シャーマンとして予言する能力はあったが、クッの方法がわからなかった。そこで巫祖神の三兄弟から鉄製の神刀、算盞、天文などの巫具をもらってクッを行い、それから姫君は最初の巫覡・シムバンとなったというものである。彼女の巫病体験は巫祖神の三兄弟のそれに準ずるもので、彼女は巫覡としての第一歩である鉄銭という形見のものを手に入れ、巫祖神から鉄製の巫具を受け継ぐことによって、新しくシャーマンとしての資格が得られたのである。

このように、鉄製の巫具の継承はシャーマンとしての資格を得ることでもあり、シャーマンがいかに鍛冶文化と関連が深かったのかを証明してくれるものである。

四　古代伽耶国の始祖神話中の鷹と鍛冶文化

前述したように、「成造本解」の伝承地域は、韓国全土に伝承されるものではなく、今の金海や釜山地域を中心とした古代伽耶国である。伽耶国というのは任那国として日本では知られているが、この伽耶国は海を背景にした海洋鉄王国であった。そこで先ずは伽耶国の始祖・金首露王の由来譚をあげてみよう。『三国遺事』巻二には、「駕洛国（伽耶国）」について次のように記す。

開闢以来、この地にはいまだ国の名称もなく、それに群臣の呼び名もなかった。我刀干、彼刀干などの九干が酋長となって民を治めていた。ある禊の日に彼らが住んでいた北側の亀旨峰（亀の伏している姿の山）から皆を呼ぶような不思議な声が聞こえてきた。九干をはじめ人々が集って行くと、人の声は聞こえるが、姿は見えない。「お前たちは峰の頂上の土を掘りながら、亀よ亀よ、首（首露）を出せ。もし出さなければ焼いて食べるぞと歌いながら舞い踊りなさい。すなわちこのように歌うのは大王を迎える良い兆しであるのだ」と言った。指示通りにすると、紫色の縄が天から垂れてきて地面についた。縄にしたがって行って見ると、赤いふろしきに金の箱が包まれている。その箱の中には丸い太陽のような六個の黄金の卵があり、その卵から子供が出てきたが、顔はまるで龍のようであった。彼らはそれぞれ六伽耶国の王となり、首露が大伽耶国（金官伽耶国）の始祖王となった。この時、脱解という者が伽耶国の海岸に辿り着いて王座を奪おうとするので、二人は変身術で競って決めることにした。脱解が変身して鷹になると首露王は鷲と化し、脱解が雀になると首露王は鸇《はやぶさ》と化して首露王の勝ちとなった。ある日、海の西南の方から赤色の帆をあげ、赤い幡を翻しながら北に向って進んでくる船があった。臣下の留天らは駿馬と軽船を携えて望山島に行って松明をあげてその船を迎えた。その中には首露王の后になる阿踰陀国の王女が乗っていた。首露王は仮宮で共寝して二夜を過ごし、また一昼が経た後、彼女を連れて宮中に戻ってきて后として迎えた。

前章でも述べたように伽耶（伽耶諸国）は、三世紀から六世紀中頃にかけて朝鮮半島の中南部、洛東江流域を中心として散在していた小国家群で、伽耶・加耶、加羅、任那とも呼んだ。伽耶国は宇佐八幡宮の辛嶋氏族などと関わっており、百合若大臣の八幡信仰、特に鍛冶文化を考える場合、とても重要な伝承である。伽耶国の始祖は金首露王であるが、「金」は鉄、「首露」は現在の韓国語の「スリ」の発音に近く、それは「鷲」を意味する言葉である。伽耶国の金首露王神話の媒介動物は海と関係のある亀であり、その亀が始祖のいる場所を指示する存在と亀旨《くじ》峰という誕生の場所が同一であることは、亀が伽耶国の始祖神であることをさす。亀は昔から神聖な動物として吉凶と運勢を占う

のに使われた。『三国史記』巻第二十八百済本記の義慈王条には、

百済末の義慈王のときのある日、鬼神が宮中に入ってきて、「百済は亡びる。百済は亡びる」と大声で叫んでから土の中に入るものがいた。王は不思議に思って人に地面を掘らせてみると、そこには一匹の亀がいた。その通り百済は新羅に滅ぼされた。

とあり、亀は国家の存亡運勢を占うのに使われていたことが考えられる。昔から亀の背中の皮を焼いてその割れる模様を解いて吉凶を占う亀卜が行われてきたが、首露王神話では「亀よ、亀よ。首（首露）を出せ。もし出さなければ焼いて食べるぞ」とあるのは、神社の中に盛り土をした神壇があり、そこで亀の甲を焼いて伽耶国の始祖・首露王の誕生を占ったものとも思われる。宇佐八幡宮の付属の若宮殿の拝殿は中央が土間となっており、若宮殿は上宮と同じ亀山に位置しているが、昭和の修復以前まではその若宮神社では亀の甲を焼いてその割れる模様を解いて占う亀卜が行われたという（入江英親氏『宇佐八幡の祭と民族』第一法規、一九七五）。その亀卜の痕跡を伝えているものとして宇佐神宮の下宮の西側には「兆竹」という場所が現在でも残っている。「兆竹」とは亀の甲を焼いて占った後、その亀の甲の熱を冷ます必要があるが、これを「さまし竹」と言い、竹を切りスノコ状に並べその上に亀の甲を載せて熱を冷ましたことから付けられた名称であるという。若宮殿の中央が土間でそこで亀占いを行ったというのは、亀と土との関連を示すものである。宇佐神宮の亀卜の伝承から考えると、韓国の首露王神話において土を掘りながら、「亀よ、亀よ。首（首露）を出せ。もし出さなければ焼いて食べるぞ」となっているのは、伽耶国でも神聖な亀旨峰で亀卜が行われたことを示す。宇佐神宮の伝承と伽耶国の伝承とが具体的に一致が見られるのは注目すべきことである。韓国の伽耶国の始祖神話からみて、宇佐神宮での亀占いはかなり古い時代から行われたことが推測できよう。

伽耶国の始祖神話において北側の亀旨峰で神はすぐ姿を見せず、皆を呼ぶような不思議な声が聞こえてきたので九

干たちが禊ぎをして、神の降臨を祈ると、卵が顕れそこから小児が出てきて、後でその子が伽耶国の始祖・首露王になったという。ここで九干のなかで「我刀干、汝刀干、彼刀干、五刀干」というのが何を意味するのかが問題であるが、「我、汝、彼」は人称代名詞で、中心地から何々方向への分割統治地域をさすものであり、さらに「我刀干、汝刀干、彼刀干、五刀干」と「刀」がついているのは彼らが製鉄の首長であることを示すものであろう。また始祖王の誕生場所は「亀旨峰」であるが、この「亀旨」は「くじ」と読み、これは「鵠」を意味する言葉である。『日本書紀』巻第十一仁徳天皇四一年三月の条には、依網屯倉の阿弭古という人物が捕まえた不思議な鳥の正体を知るために天皇は百済人の酒君を呼んでその名を聞いた。酒君は、「この鳥の類は多く百済にいます。馴らせばよく人に従い、また早く飛んで諸々の鳥をこっそりと捕まえます。百済の人はこの鳥を名づけて倶知と言います。これは今の鷹である」とあり、放鷹のわざの一つである鷹飼いや天皇の鷹狩りについて叙されている。ここで「倶知《くち》」とは鷹を意味すると記すように、伽耶国の始祖王の誕生地の「亀旨《くじ》」も鷹類の「鵠」をさす言葉であり、その亀旨峰一帯は古代伽耶国の鍛冶場であり、鷹狩りの場所でもあった。始祖王の名前が「金首路」という金（鉄）の鷲、その誕生地も鷹や鉄と関連する「亀旨峰」であるように、鷹と鍛冶は深い関連があった。さらに伽耶国神話において、首露王は外部から侵入してきた脱解（後の新羅王）というものと王位争いの競争をする場面が語られている。「脱解が変身して鷹になると首露王は鷲と化し、脱解が雀になると首露王は鸇と化して、脱解を降伏させた」とある。この時、脱解は首路王に「私が鷲の前の鷹、鸇の前の雀なっていたにも拘らず、このように死を免れたのは聖人としての王の仁徳によるものです」と語ってその場を去ったという。この記録からみれば鷹より鷲の方が猛鳥であり、また翼をすぼめて急降下する鸇を利用して雀のような小さい鳥を捕まえた当時の鷹狩りの様子がうかがえる。こう見ると、伽耶国の始祖神話は、古代においての放鷹の様子や鍛冶文化が総結集された神話であると言っても過言ではあるまい。

ではこうした放鷹や鍛冶文化を生んだ伽耶国とはどんな自然風土を持っているのであろうか。一言でいえば古代伽耶国は、「洛東江」という大きな川とともに強力な鉄王国を築くことができたのである。「洛東江」というのは伽耶（加洛）の東に位置している川という意味である。その川は、朝鮮半島東側の江原道太白市の咸白山（一五七三m）を源流とし、今の慶尚南北道の中央低地を通じて釜山地域の西側より海に流れ込む。本流の長さは五二五・一五㎞。朝鮮半島の南では一番長い川で、総流域面積は二万三八六〇㎢で、韓国土地面積の約四分の一を占める。洛東江の河口は、広い干潟と葦などの草で茂っており、今でも渡り鳥の渡来地として知られているが、そこには鴨、白露、鴎、鷲、鷹、白鳥など数多くの鳥が訪ねてくる。その渡り鳥の生息地のなかでも一番有名なのは乙淑島というところである。この地域は上流から沙鉄と鳥や植物の成長に欠かせない栄養分の多いプランクトンが流れてきて堆積し、あらゆる生物の発生源となっている。そこには下等動物である原生動物から軟体動物、魚類などあらゆる生物が住んでいる。こうした条件は湿地生物に一番適合した環境を提供している。目に見えない原生動物は干潟に住むミミズに良い餌を与え、そのミミズは鴨などの水鳥に豊富な餌を提供する。またそこに住む魚たちは海の鴨類などの豊富な餌となり、鴨などが集まって来ると、当然それを捕獲しようとする鷹類が訪れることになる。こうした食物連鎖活動が活発に起こっているところが他ではない古代伽耶国の地・洛東江の河口であったのである。またその河口は沙鉄が堆積する場所でもあり、「アリス」と言って、沙鉄がたくさん採れる川でもあった。その河口は葦や真薦などが茂っており、集まってくる白鳥は真薦の根っこなどを食べて越冬する。また川の地面にある水酸化鉄が鉄バクテリアの増殖作用によって鉄の原材料となる褐鉄鉱を作りだし、その褐鉄鉱は葦や真薦の根っこに付着する（李ヨンヒ『鉄を持った者が権力を掌握する』ソウルヒョンアム社、二〇〇九）。伽耶国の人々は沙鉄や褐鉄鉱などをこの恵まれた洛東江の河口でたくさん採り、華やかで強力な鉄王国を築くことができたのである。こうした自然環境は、首露と脱解との鷹など

鉄王国伽耶の始祖王・金首路の降臨地の亀旨峰（左）
白鳥など渡り鳥の渡来地の古代伽耶国地域の洛東江（右）

による変身術競争という形でそのまま伽耶国の始祖神話にも反映されていると言えよう。このように伽耶国の王権は鷹と鍛冶文化に大きく支えられており、この点は鷹や鍛冶文化が介在する日本の百合若大臣と宇佐八幡宮の八幡伝承にも響く問題であった。

五　高句麗の始祖神話中の鷹（白鵠）と鍛冶文化

一一四五年、金富軾によって編纂された『三国史記』の「高句麗本紀第一」には、高句麗の始祖・東明王（朱蒙）とその子の瑠璃王（類利）の神話が収載されているが、この「朱蒙・類利神話」のもう一つの伝承が『旧三国史逸文』（一一九三）として伝わっている。両者は全体の叙述構成においては一致が見られるが、『三国史記』と比べて、『旧三国史逸文』はその内容が詳細に記述されている。『旧三国史逸文』の内容はおよそ次のようである。

①天帝は太子・解慕漱を扶余王の古都に降らせ遊ばせた。太子は解慕漱と号し、五竜車に乗り、従者百余人は皆白鵠に乗り、先ずは熊心山に止まり、十余日を経てから降った。その様子は、頭に烏羽の冠を被り、腰には竜光の剣を帯びた。朝には政事を聞き、夕方には天に昇ったので世にはこれを

天王郎と言った。

〔烏羽冠姿の天帝の子の降臨〕

②城北の青河地域には柳花・萱花・葦花という三人の娘が住んでおり、川から出て熊心淵のほとりで遊んでいた。天王郎は彼女たちを見て「もらって后にしたら王子に恵まれるだろう」と言った。娘たちは彼を見て、水中に入ってしまった。天王郎が馬鞭を持って地面を画くと銅室ができた。部屋の中に酒樽を置くと、三人の娘はそれを飲んで大きく酔った。王はこれを遮り、長女の柳花が捕まえられた。

〔水神の娘・柳花との遭遇〕

③父の河伯は、「娘との結婚をお願いしようとするなら当然仲人を立てて言うべきなのに勝手に娘を捕まえるのは失礼だ」と怒った。天王郎は柳花とともに五竜車に乗って水中の河伯の宮に至った。そこで天王郎は変身術を争い、河伯が庭の前の水で鯉になって遊ぶと天王郎は獺《かわうそ》になってこれを捕まえた。河伯が再度、鹿になって逃げ出すと王は豺《やまいぬ》になってこれを追い、河伯が雉になると天王郎は鷹になって河伯に勝ち、河伯は礼儀を尽くして彼を迎え、二人は成婚の儀をあげた。

〔変身術競争と結婚〕

④河伯は娘を天王郎と一緒に小さい革の御輿に乗せて天に帰らせようとしたが、天王郎は酔いが覚め、彼女の黄金釵を取って革の御輿を刺し、その穴から一人で天に登った。

〔帰国〕

⑤河伯は酷く怒り、「お前が私の教えに従わず、わが家の名誉を傷つけた」と言い、娘の口を引っ張り伸ばし、唇を三尺ほどにして優渤水に追い出した。

〔柳花の追放〕

⑥漁師が「最近、梁中の魚を勝手に取って持ち帰る者がいるが、誰なのか知らない」と言うと、金蛙王が鉄の網で水中から女を引き上げさせると、一人の女が石に座ったまま出て来た。女は唇が長くてものが言えなかったので、唇を切ってやると話すことができた。

〔梁中の魚の紛失と、女の引き上げ〕

⑦王は彼女が天帝の后であることを知り、別室に置いたところ、彼女に日の光が射し、それによって妊娠して朱蒙を生んだ。彼女は朱蒙を生むとき、左脇から一個の卵を生んだが、大きさが五升ほどであった。人が卵を生んだのは不吉だと言い、牧場や深山に捨てたが、馬や百獣が皆保護した。そこで王は卵を母親に返し育てるようにした。その卵から生まれたのが（高句麗の始祖）朱蒙である。〔日光と卵からの始祖王誕生〕

⑧天王郎の子・朱蒙は松譲が治める沸流国に至って、矢を射る競争で松譲に勝ち、私たちが開国して間もないし、楽器を奏してその威儀を見せつけられないので松譲に軽く見られると言った。そこで臣下の扶芬奴は隠して置いた沸流国の鼓角を探して持ってきた。松譲は朱蒙に降伏し、天が宮を建立した。朱蒙は天に感謝し、拝みながら暮らした後、四十歳に天に昇って降りてこなかった。太子は朱蒙が残した玉鞭を竜山に葬った。〔朱蒙の昇天〕

⑨朱蒙王の太子・類利は同僚の者から父無し子と言われ、母に父のことを聞くと、「お前の父が扶餘を離れるとき、七嶺七谷の石の上に隠して置いたものがあるが、これを探して得る者が私の子だ」と言い残したという。これを聞き、類利は七嶺七谷に行って探してみたが、見つけられず疲れて帰ってきた。類利は家の柱から悲しい声がするのを聞いたが、その柱は石の上の松のことで、七稜の形をしていた。そこで類利は、七嶺七谷というのは七つの稜のことで、石の上の松というのは柱のことだと解読し、起きて行ってみると、柱の上には穴があり、そこから一片の剣を得て大きく喜んだ。類利は高句麗に走って行って剣の一片を父王に奉げた。父王の朱蒙が自分のものに合わせてみると、血が流れながら一つの剣になり、空を飛んで窓の穴から射し込む日の光を遮るという神聖さを見せたので太子とする。〔類利の王位継承〕

右のように高句麗の「朱蒙・類利神話」は、父が隠して置いた鉄製の剣を太子が探し出して、その剣によって親子関係が確認され、王位継承がなされている。鉄製の遺品による親子（師弟）継承は、高句麗国が位置していた北朝鮮

高句麗の古墳壁画（鳥羽冠を被って狩りをする様子）

の黄海道地域のシャーマンや済州島の巫覡・シムバンの成巫体験や成巫儀礼のなかで見られるものときわめて類似している。

朱蒙王や類利王の先代となる天王郎が五竜車に乗り、従者百余人は皆白鵠に乗り、また首に鳥羽の冠を被り、腰には竜光の剣を帯びたというのは、鍛冶と鳥（白鵠、三足烏）との関連を示すものであり、彼らが太陽神の子孫で、鍛冶神の集団であることを表すものである。また、城北の青河地域に住む柳花・萱花・葦花という三人の娘が川から出て熊心淵のほとりで遊んでいた時、天王郎が彼女たちを見て「もらって后にしたら王子に恵まれるだろう」と言い、男女が自由に共同飲食しながら求愛する場面が語られている。これは山川で自由に求愛歌をかけ合いながら恋愛関係になる「歌垣」に近いもので、韓国でも古い時代から歌垣の風習が存在していたことを示すものであろう。また彼女たちの父・河伯が「娘との結婚をお願いしようとするなら当然仲人を立てて言うべきなのに勝手に娘を捕まえるのは失礼だ」と怒ったというくだりからは、自由婚と略奪婚という当時の結婚風習の様子がうかがえる。すなわち天から降りて来た天王郎集団の略奪婚とは違い、河伯族はお見合い結婚の風習を持ったものと思われる。青河に住む河伯の三人の娘の名は、柳花・萱花・葦花であるが、この名前から彼女たちの水神としての一面がうかがえるものであり、河伯族は今の鴨緑川に従って魚を釣る漁労族であったと言えよう（徐大錫『韓国神話の研究』（ソウル集文堂、二〇〇一）。三人の娘の名である「柳花・萱花・葦花」というのは、柳の花、萱の花、葦の花のこと。皆水辺に育つ植物で、そこに太陽神である解慕漱（天王郎）族の象徴である、白鳥や鷹、烏などのたくさんの鳥が訪れて休息していた様子がうかがえる。そこには次で述べる鷹狩りなどの問題が当然ながら存在する。「河伯が庭の前の水で鯉になって遊ぶと天王郎は獺になってこれを捕まえた。河伯が再度、鹿になって逃げ出すと王は豺になってこれを追い、河伯が雉になると天王郎は鷹になって河伯に勝った」というのは、製鉄王国と言える伽耶国の金首露王神話で、伽耶の首露王が脱解というものと王位争いの競争で、脱解（新羅国王）が変身して鷹になると首露王は鷲と化し、脱解が雀になると首露王は鸇と化して、脱解を降伏させる叙述と似ている。ここで鷹は鍛冶神の象徴であり、この点は鍛冶神の八幡神が鷹と変身したりする叙述と響くもので、高句麗の始祖の朱蒙王や類利王が鍛冶神の子孫であることを表している。河伯と天王郎との変身術競争を整理すれば、河伯は鯉↓鹿↓雉、天王郎は獺↓豺↓鷹となる。鯉・鹿・雉などは、狩人たちの捕獲対象の動物で、人々に蛋白源を提供するものであり、獺・豺・鷹は猛獣で人間が狩りをして食べ物にする対象を食にする動物である。どちらにせよ、ここでの変身術競争は当時の鷹狩りなどの狩猟の様子がよく表れていると言えよう。高句麗では、城の中に氏祖神である朱蒙を祀る朱蒙祠が存在し、そこには鉄製の刀剣を神体として祀る巫女が神事を行っていたことが知られている。高句麗の古墳の壁画にも鍛冶神の神像が描かれているなどの状況からみれば高句麗は鍛冶神を信仰し、鉄文化と深い繋がりのある国であったと言えよう。高句麗国を切り開いた朱蒙王と類利王は天帝の息子である解慕漱を祖先としており、彼らに託された文明は鍛冶文化であり、その鍛冶神の使いは鳥（白鳥、三足烏、鷹）で、鷹と鍛冶とは密接に結びついていたのである。

六　おわりに――新羅国の脱解王神話中の鷹（鵲）と鍛冶文化――

最後に鷹と鍛冶文化との関連を見るために、日本の「百合若大臣」の一類話と考えられる、新羅国第四代目の脱解王（五七～八〇）に纏わる神話を取り上げたい。

①南解王の時、駕洛国の海中に来泊する船があった。その国の首露王と臣民は大騒ぎで迎えた。まさにこれを留めようとすると、船は飛ぶように走り去り、雞林の東の下西知村阿珍浦に着いた。その時、浦辺に一人の老婆がいて、名は阿珍義先と言った。赫居王のための魚を釣る女であった。彼女は、「この海中には元より岩石はないはずなのにどうして鵲《かささぎ》が集って鳴いているのだろう」と言いながら、小舟で海中を捜索した。鵲が一艘の船の上に集まり、船中には一つの櫝があった。長さは二十尺、幅は十三尺であった。その船を曳いて一本の樹林の下に置いた。しかし、吉凶が定かではないので、すぐ天に向かって祈りを捧げた。暫くして櫝を開けて見た。その中には端正な男子とともに七宝や奴婢が満載であった。〔鵲の知らせと箱の中の童子漂着〕

②食べ物を供給してから七日、男の子が初めて言うには「私は本来龍城国の人（または正明国という。あるいは琓夏国と云う、あるいは琓夏は花廈国ともする。龍城は倭の東北一千里に在る）。我が国ではかつて二十八人の龍王が有り、人の胎内から生まれ、自ら五、六歳で王位を継承し、万民を教え、性命を正しく修める。八品の姓骨があるが、選ばれることなく、皆が大位に登った。時に我が父王の含達婆は美しい積女国王の王女を妃として迎えたが、長らく子胤がなく、祈願して息子を求め、七年後一個の大卵を産む。〔龍城国の王后の生卵〕

③ここに大王は群臣を集めて聞いた。「人が卵を生むことは古今に未だないことであり、おそらく吉祥ではあるまい」と言い、櫝を造って我を中に置き、七宝や奴婢と一緒に船に載せ、海に浮かべて、有縁の地に到着して、国

を立てよと祝願した。すると赤龍が現れ、船を守護し、ここに至ったのである」と言う。〔海上の流浪遍歴〕

④言い終わると、その童子は杖をつき、二人の奴婢を連れて吐含山の上に登って石塚を作った。留まること七日、城中に居住すべき土地があるか展望すると、まるで三日月のような丸い峰が見え。永住するのに適する地勢であった。降ってその地を尋ねると瓠公の住宅であった。そこで、詭計を立ててその家の側に砥石と炭を埋め、朝になって門の前で言うには「ここは我が祖先の代の家屋である」と言った。瓠公はこれを否定し、争いで決着が付かなかった。そこで役所に告げた。役人は「何の証拠があって汝の家だと主張するのか」と聞いた。童子は、「我が家は元は鍛冶屋であったが、暫く隣郷に滞在していたが、その間、人に家を取られたので、土を掘って調べればわかるだろう」と言った。彼が言う通り、果して砥石と炭が出て来た。そこで、家を取り戻して居住した。時に、南解王は脱解が智略に優れていることを知り、長女を彼の妻にしたが、これが阿尼夫人である。

〔鍛冶屋としての脱解と旧地奪還、王嬢との結婚〕

⑤ある日、脱解は東岳に登り、帰路、白衣に飲み水を探させた。白衣は水を汲んで来る途中で先に飲んでからあげようとしたところ、角盃が口にくっ付いて離れなくなった。脱解がこれを責めると白衣は誓って、「以降は、遠近に関わらず決して先には口にしません」と言った。するとすぐに角盃は口から外れた。これより白衣は畏れて、決して欺くことはなかった。今、東岳の中に一つの井戸がある。世間ではこれを遙乃井と言う。

〔水汲み女・白衣の服従〕

⑥弩禮王が崩御し、光虎帝の建武中元二年丁巳の六月、脱解が王位に登った。昔、これは我が家だと言って、人の家を取ったため、姓を昔氏とした。あるいは鵲によって櫝を開くことができたので、鳥の字だけを省略して姓を昔氏とした。櫝を開け、卵を破って生まれたので、名を脱解とした。在位は二十三年、建初四年に崩御した。

新羅国脱解王の漂着地（韓国慶州市阿珍浦）

〔王位継承と昔氏由来〕

右では、先ず龍城国出身の脱解は卵として生れたため、海に流し捨てられ海上を流浪遍歴し、新羅の阿珍浦に着くが、そこへ鵲が現れ、浦辺の老婆の阿珍義先に拾われる。彼は詭計を立てて瓠公の家の側に砥石と炭を埋め、自分の家はもともと鍛冶屋であったと主張、裁判まで起こして勝利を収め、王女と結婚、最後は新羅国の王位に着いたというものである。この神話が日本の百合若説話の一つの類話であると主張したのは、金関丈夫氏であった（「続中国の百合若」〈『木馬と石牛：民俗学の周辺』角川書店、一九七六〉）。この神話は一見して「百合若大臣」とは無関係に見えるが、上記の④〔鍛冶屋としての脱解と旧地奪還、王嬢との結婚〕のところに物語の中心を据えて物語を再構成してみると「百合若大臣」との類似点が見えてくる。すなわち脱解はもともと新羅国の鉄山・吐含山に家を構え、鍛冶屋として暮らしていたが、何らかの理由（瓠公との政権争い）で海に流し捨てられ、海上を流浪遍歴した後、故郷の海岸にたどり着く。そこへ脱解の使いの鳥として鵲が現れ、彼の居場所を知らせ、それによって無事に故郷に帰ることができた。そして、自分の旧宅を奪って暮らしている部下の瓠公に対して詭計を立てて、証拠として砥石と炭を掘り出し、自分の家はもともと鍛冶屋であったと主張して旧地を取り戻す。そして最後は王女と結婚、新羅国の王位に着いたという内容にその源流があろう。これは日本の「百合若大臣」において、部下の裏切りによって無人島に流し捨てられた百合若が鷹の運ぶ手紙によって無事、故郷に帰り裏切り者を退治して再び日本国の将軍になったという内容ときわめて似通っている。ひとつ違うのは脱解神話の場合は鷹ではなく、鵲となっている点である。上記の①〔鵲の知らせと箱の中の童子漂着〕や⑦〔王位継承と昔氏由来〕において、新羅の海岸に漂着した彼は鵲の鳴き声によって居場所がわかり、また鵲によって櫝を開くことができたので、鳥の字だけを省略して姓を昔氏としたとあるように、彼の使いの鳥は鵲であった。鵲は昔から喜びを知らせる、喜びを運ぶ吉祥鳥とされた。朝早く鵲を見たり、鵲の鳴き声を聞いたりすると良いことが起きると信じた。『東国歳時記』（一八四九年）には、正その際に鵲の鳴き声を聞く声でその年の吉凶を占う「聴識風俗」というものがあったが、その際に鵲の鳴き声を聞くと、その年は大吉とされた（『韓国文化象徴辞典』東亜出版社、一九九四）。『三国史記』巻六新羅本紀文武王二年条には「南川州（利川）から白鵲を献上した」とあり、新羅時代でも鵲は吉鳥として認識されたのである。中国においても鵲は離れた男女の再会を取り持つもの（牽牛織女のための塡河の役目）と考えられており、また喜びの知らせをもたらすものとされている（金関丈夫『前掲書』）。以上のことから鵲の登場する新羅国の脱解神話は「百合若大臣」の一類話として認められるものである。だとすると、韓国の「百合若大臣」の歴史は、古くは新羅時代まで遡ることができよう。北朝鮮のシャーマンは、巫病の中で野原をさ迷いながら、鉄で作られた巫具類を土の中から見つけ出して神体として祀る伝統があったが、上記の脱解王神話において、脱解が土の中から炭と砥石を掘り出すのは、北朝鮮や済州島のシャーマンが土の中から神体となる鉄の巫具を掘り出すものに対応し、それを見つけ出した脱解が争いで勝利し、王様として認められたというのは、巫病の試練を克服した者が親シャーマンから鉄の巫具を継承して新しいシャーマンとして認められることに響く。このように脱解王はシャーマンとしての性格が濃厚であるが、脱解王の誕生説話から推測すれば彼は鉄を司る鍛冶屋であり、彼の使いの神は鵲で、彼の王権は伽耶国の始祖・金首露王と同じように鍛冶文化に大きく支えられるものであった。

主な参考文献

徐大錫『韓国神話の研究』（ソウル集文堂、二〇〇一年）
李ヨンヒ『鉄を持った者が権力を掌握する』（ソウルヒョンアム社、二〇〇九年）
三品彰英『増補日鮮神話伝説の研究』（平凡社、一九七二年）
金関丈夫『木馬と石牛　民俗学の周辺』（角川書店）
福田晃・金賛會・百田弥栄子編『鉄文化を拓く　炭焼長者』（三弥井書店、二〇一一年）
福田晃「放鷹文化の精神風土―交野・為奈野をめぐって―」（『説話・伝承学』第二〇号、二〇一二年・二〇一三年）
玄容駿『済州島巫俗資料事典』（ソウル新丘文化社、一九六七年）
金ホンソン「巫俗と政治―鉄乞い・鉄降り・師弟継承権を中心に―」（比較民俗学会編比較民俗学』二六輯）
文ムビョン「済州島の巫祖神話と神クッ」（ソウル大学比較文化研究所『比較文化研究』第五号、一九九九年）
「洛東江河口乙淑島―東洋最大の渡り鳥の渡来地」（https://bric.postech.ac.kr/species/bird/map/b17.html）
李秀子『韓国文化研究叢書　済州島巫俗を通じてみた大クッの十二祭事《こり》の構造的原型と神話』（ソウル集文堂、二〇〇四年）
張籌根『韓国の民間信仰』（論考篇）（金花舎、一九七六年）
依田千百子「朝鮮の鍛冶伝承」（摂南大学国際言語学部編『摂南大人文科学』第三号、一九九六年三月）
金思燁訳『完訳三国史記』、『完訳三国遺事』（明石書店、一九九七年）
韓国文化象徴辞典編纂委員会『韓国文化象徴辞典』上・下（ソウル東亜出版社、一九九二年・一九九五年）

中国の「百合若大臣」を考える

中国舟山群島の人形芝居「李三娘（白兎記）」紹介
——「百合若」との類似について——

馬場英子

中国の鷹と鍛冶
——彝族の鷹文化——

百田弥栄子

中国舟山群島の人形芝居「李三娘（白兎記）」紹介
――「百合若」との類似について――

馬場英子

中国浙江省舟山群島で演じられる指遣い人形芝居「李三娘（白兎記）」の梗概を紹介する。

舟山の人形芝居は、「講史（歴史語り）」の伝統を受け継ぐ語り物で、高さ二・五メートル、幅一メートルほどの小さな舞台で、伴奏二、三人を伴い、人形遣いの主演が一人で即興で唱《うた》い語る。

「白兎記」は、明の四大南戯の一つとして名高い演目であるが、舟山の「李三娘」は、宗族を意識した家庭劇というより、金の「劉知遠諸宮調」を継ぐ、五代後漢初代皇帝劉知遠の一代記に、その妻李三娘の苦難の物語をからませたものである。裕福な育ちの妻と貧賤出身の夫という身分違いの結婚に始まり、妻一族の蔑視を逃れての、夫の（化け物退治）、「投軍（志願従軍）」、貧窮の中でひたすら夫を待つ妻、戦勝するも帰郷を阻まれ異郷にとどまる夫、長期にわたる離散の末の大団円という、民間に語り伝えられた劉知遠と李三娘の物語が、舟山の「李三娘」である。特に後半、劉知遠が翡翠公主（華北を舞台の話に安南国公主とする荒唐無稽はおいて）に捕らえられるエピソードが加わるのは、京劇「武家坡」などで知られる薛平貴と王玉釧の物語と並ぶ、中国の「百合若」型の話としての面目躍如というところか。

舟山で上演され、親しまれてきたこの「李三娘」は、どのような経路をたどり、現在の姿になったのか、いまだ不明である。戯曲のように文学作品として注目されることもなく、文字資料として残されることもなかった。一方、人民共和国建国後も上演内容について個別に「迷信」として断罪されることもなかったようで、援助者としての土地神、天子になる宿命を示す龍の出現など、人々の信仰を反映した伝統的な語り口をよくとどめている。

二〇〇四年に舟山を代表する人形芝居一座の侯家班（主演侯雅飛）に一日二段、三日間、計約十六時間で上演してもらった全六段について、それぞれ人形の登退場に沿った場面割に従って紹介する。

第一段　妖怪を退治して宝を得る

1.（道行き）劉知遠が、黒ベレー帽のような奴才帽（乞食帽）に黒装束という落魄の出立ちで登場。「文武の才がありながら登用されず、貧乏に苛まれ、城隍廟で、気息奄々となっていたところを、金持の李百万に救われ、屋敷に引き取られた。お嬢さんの三娘が強盗黄洋山にさらわれそうになったのを助けたのがきっかけで、李百万に見込まれ、李三娘の夫に迎えられた。婿として、長男の李洪信と財産を折半するように、という話であったが、舅夫婦が急逝すると、兄の李洪信は財産を独り占めにした上、三娘に離婚して金持と再婚するように迫る。三娘は承知せず、今は夫婦で墓地に仮住いし、三娘の糸繰り麻縒りで暮している。町で、何とか仕事を見つけて妻を助けたい」。

2.（李の屋敷）兄の李洪信が登場。「父が妹三娘を「窮鬼（貧乏ったれ）」劉知遠に娶わせてしまった。劉知遠を追い出し、妹を金持ちと再婚させたいが、自分は頭が働かない。悪知恵に長けた妻の刁氏を呼ぼう」。

刁氏登場。「李家荘に人食い妖怪の出る十ムーの西瓜畑がある。劉知遠にやる、と偽って、妖怪に「窮鬼」を食わせてしまい、三娘の方は、十人娶っても息子のできない六十三歳の金持ちに妾にやってしまえば家柄も釣り合う」と言って退場。

李洪信は、下男の李福（阿福）を呼ぶ。「三娘夫婦は気骨があるから招んでも来ないだろう」と渋る阿福に、「ごまかしてでも劉知遠を連れて来い」と命じる。

3.（道行き）劉知遠が仕事探しに失敗して嘆いているところに、阿福登場。「兄夫婦が心配している」と偽ると、劉知遠は騙され、ついて行く。

4.（李の屋敷）李洪信登場。阿福が登場し、劉知遠を連れてきたと報告、「窮鬼」と呼ばないように注意する。

劉知遠登場。瓜畑をもらえると聞いて喜び、拝礼すると、李洪信はくらくらする。劉知遠退場後、再び阿福登場。「瓜畑に偵察に行け」と命じられた阿福が「劉知遠は皇帝になる相をしている」と言うが、李洪信は「貧乏人の相だ」と言う。

5.（墓場の小屋）李三娘、黒っぽい服で登場。「赤貧洗うが如し。金持の娘で、学問も修め、夫劉知遠とも仲睦まじい。しかし両親の死後、兄夫婦は財産を独占し、自分を別の男と結婚させようと企むので、二人で家を出た。夫は、私の稼ぎに頼る暮しを恥じている」。

劉知遠登場し、瓜畑の件を話す。李三娘は「兄の陰謀だ」と暴くが、劉知遠は「民のために害を除く」と、引き止

劉知遠と李三娘

める妻を振り切り、妖怪退治に出かける。
6.（瓜畑への道行き）劉知遠登場、妖怪退治への意気込みを述べる。
7.（瓜畑）西瓜精登場。「八百年修行し、李家荘で九十九人食った、百人になれば西王母に会いに行く。西瓜に化けて待ち伏せしよう」。
劉知遠登場。「妖怪のかわりに西瓜を見つけた。断り無しに食べて良いか迷うが、見回しても誰もいない。野生の西瓜だ、食べよう」と切りつけると、西瓜精が本性を現し、両者戦う。西瓜精は、占って劉知遠は紫微星が下凡した化身で、皇帝になる運勢を持つ、と知るが、かまわず襲いかかり、劉知遠を倒す。

太白金星が登場し、「劉知遠を助けよ」と西瓜精を兵書宝剣と化し、「紫微星、劉知遠目覚めよ」と唱える。再生した劉知遠は、兵書宝剣を発見。兵書を開くと文字が現れ、「将来、二国の皇帝になる運命、軍に投じるべき」ことを知る。
8.（墓場の小屋）李三娘登場。夫の無事を竈神に祈っていると、劉知遠登場。三娘は、兵書により夫の運命を知り、夫が軍に入ることに同意。夫婦別離に際し、三娘は妊娠を報告。
9.（道行き）劉知遠は、兄夫婦に、身重の妻三娘の世話を依頼しに行くことにする。
10.（李の屋敷）李洪信登場。西瓜畑の陰謀の結果報告を待つ。李福登場し、「劉知遠は妖怪を倒し、宝剣と兵書を手に入れて、片を付けに訪ねてくる」と報告。
劉知遠登場。「軍隊に入りに行くので、身重の妻、三娘の世話を頼む」と言って退場。

刁氏登場。西瓜精作戦の失敗を聞くと、「忘恩不義の劉知遠が乱暴狼藉を働いたと偽って、好漢の柴徳忠に劉知遠を追わせ、殺させればいい」と提言。

李洪信は李福に、下人を集めて、家をめちゃくちゃにするよう命じる。

第二段　軍隊に入りに行く

1.（寿星橋の柴の屋敷）柴徳忠登場。「天涯孤独の身、出世は望まず、虐げられたものを助ける好漢でいたい」。李福が登場し、「李洪信が劉知遠にひどい目に遭わされた」と訴える。柴は「李洪信は李百万の息子なら立派な人だろう」と助っ人に行くことを承知する。

2.（李の屋敷）李洪信登場。「窮鬼（劉知遠）は軍に入りに行ったが、もし出世したら、仕返しに来るだろう。妹の三娘に子が生まれたら、この家の財産も「劉劉李李」誰のものかわからなくなる。乱暴狼藉を働き、恩人の金を奪ったと偽り、好漢を雇って、さっさと始末してしまおう」。

李福登場。柴徳忠を連れてきたことを報告。

柴徳忠登場。荒らされた部屋を見て、ころりと騙され、「生首か血のついた刀を証拠に持ってくれば三百両」の条件で、劉知遠を追う。李洪信は、「好漢は単純だ、妻の提案でうまくいった」とほくそ笑む。

3.（道行き）柴徳忠登場。「忘恩負義の劉知遠を殺してやる」と鋼刀を携え、追いかける。

4.（あずまや）劉知遠登場。「瓜畑の戦いのせいか、急に疲れが出た、あずまやで休もう」と荷を下ろして座り、そのまま眠りこむ。と、風が起こり、劉知遠を守護するかのように龍が現れる。

柴徳忠登場。「劉知遠、覚悟！」と、斬りかかるが、三度とも石の腰掛を斬りつけ、刃がかける。不思議に思い、劉知遠を呼び起こし、話を聞く。柴徳忠は騙されたことに気づき、二人は義兄弟の契りを結ぶ。一緒に軍に入ることにするが、柴徳忠は、まず「約束の三百両を奪ってきて路銀にしよう」と、劉知遠を待たせて、李洪信のもとに戻る。

5.（道行き）柴徳忠、鋼刀を携え登場。自分の足に切りつけ、刀に血塗って劉知遠殺害の証拠とする。

6.（李の屋敷）李洪信登場。「劉知遠が殺されたとわかれば、輿で妹を迎えに行き、妹をなだめて、身分のつりあうところに嫁にやろう」。

柴徳忠登場。刀の血を証拠に劉知遠殺害を報告。李洪信が舐めるとしょっぱい。動物の血は味が無い、と言うから本物と信じるが、金を要求されると、「妹婿を殺されて払えるか」と居直る。柴が逆上し、李を刀で押えつけると、妻刁氏があわてて登場。急いで金を渡す。

柴徳忠は、「劉知遠殺害はうそで、実際は義兄弟の契りを結んだ。この金を路銀に軍に入りに行く、出世して戻ってくるから覚悟しろ」と捨て台詞で去る。

李洪信と妻は、劉知遠の生死を論じる。刁氏は「劉知遠が万一生きていれば、半年以内に必ず李三娘に便りがある」と言う。

7.（道行き）宝剣を肩にかけた劉知遠、続いて柴徳忠が登場し、一緒に出発。

8.（王天龍陣営）将軍たちが次々登場。最後に王天龍登場。「晋の皇帝が無能で武科挙を行わないから、弟の王天虎と安南国に下ることに決めた。并州九龍山を攻略し、晋を倒す。いざ九龍関を攻めん」。一同、順に退場後、兵士が武器を操ったり束に抱えて次々舞台を横断して行く。最後に王天龍が登場し、槍を持って馬に飛び乗る。

9.（岳陣営白虎堂）岳彬ほか一同登場。最後に岳林衡登場。「元帥印を持つからには、息子岳彬ともども九龍関の要塞を守らねばならぬ」。

斥候が登場、王天龍兄弟が攻めて来たと報告。岳彬が父岳林衝に出陣の許しを願い、一同退場。最後に岳林衝が、「初戦が大事」と、自らも槍を持って退場。兵士が武器を操って舞台を横断。岳彬が騎馬で通過後、岳林衝も馬に騎乗。兵が武器を使いながら続く。

10．（戦場）両軍兵士の戦い。王天龍、続いて岳彬登場。数合戦う。岳彬が劣勢で、王天龍に追われる。岳彬に代わって父の岳林衝登場。王天龍は「共に晋に謀反しよう」と誘うが、岳は王を「売国奸臣！」と罵り一騎打ち。形勢不利と見た岳林衝は、九龍関の城門を閉ざして「免戦牌」を掲げることにして退場。岳彬、兵が後に続く。王天龍登場。「免戦牌を掲げるなら、九龍関を兵糧攻めだ。占拠した乱石山を黄龍山と改名し、兵をねぎらおう」と言って退場。兵が続く。

11．（白虎堂）岳林衝登場。朝廷に援軍を要請する文書を認め、千里馬将軍を呼ぶ。将軍登場し、文書を受け取り退場。岳林衝は、援軍が来なかったらどうするか、息子岳彬を呼び、相談する。岳彬登場し、愛国英雄を募ることを提案。岳林衝は、英雄募集の触書を認め、兵士を呼んで掲示するように命じる。

12．（并州の町）二人の兵士登場。英雄募集の触書を貼り、英雄が現れるのを待つ。

13．（王陣営）王天龍登場。斥候登場し、岳陣営が英雄募集を始めたと報告。王天龍もまねて、触書を認める。兵士は「奸臣のところに来る英雄はいないから無駄だ」と忠告するが、「人それぞれだ」と言われて、掲示しに行く。

14．（并州の町）二人の「宝徒（王天龍軍の小兵）」が登場、触書を貼る。

15．（道行き）劉知遠と柴徳忠が登場、「并州は目の前、軍に投じる機会が近づいた」。

第三段　内外呼応して勝利する

1.（并州）劉知遠登場。「城門は閉ざされ、軍が結集していて、参軍のチャンスだ。なんとしても官職を得、妻李三娘の恩に報いよう」。柴徳忠登場し、二人が歩いて行くと、「王天龍が謀反し、岳林衡元帥父子は九龍山で敗れた。朝廷の援軍が来ないから、英雄を求む」という触書を見つける。劉知遠は「二人で行こう」と言うが、「王天龍が英雄を求める」という触書を見つけた柴は「王天龍の元に行く」と言う。劉が「裏切り者」と罵ると、柴は「偽の参軍だ、王天龍を倒すには、内外呼応作戦しかない。自分は敵陣にもぐりこむ、劉知遠が岳軍で重用されて劉の字の旗を掲げたら、それを合図に協力して攻めよう。功を立てて李三娘の恩に報いるのだ」と言う。二人は約束して別れる。

2.（王天龍の触書の前）柴徳忠登場し、王天龍の触書をはがす。兵士が登場し、「売国奴が現れた！」と驚き、「九龍山と間違っていないか？」と確認した後、案内する。

3.（岳林衝の触書の前）劉知遠登場。触書をはがすと、兵士が登場し、「九龍山白虎堂に参軍するのか？」と確認して案内する。

4.（黄龍山）王天龍登場。兵士が登場。「参軍英雄が来た」と報告。王が覗いて見ると堂々たる好漢なので、怪しみ、将軍を召集し、試験をすることにする。

5.（王陣営）将軍たちと王天龍登場。柴徳忠登場。「河南の鄭州出身。晋皇帝が好漢を用いないから王軍に志願した」と述べる。王天龍は納得し、「武芸を見せよ」と言う。柴は武器を取り、技を披露。王は喜び、柴を黄龍山総指揮に任じ、五万の兵を任せ、斬軍剣を与える。

6. （岳陣営の外）兵士登場。「参軍英雄が来た」と報告。「案内せよ」と言う岳林衝の声。

7. （岳陣営）岳彬始め将軍らに続き岳林衝登場。劉知遠、貧乏人の黒装束に宝剣を携えて登場。岳林衝は劉知遠を文弱の徒と見る。劉は「武術は並だが兵書と宝剣がある」と言う。岳は光り輝く宝剣を見て怪しみ、劉が妖怪退治の話をすると、「うそつきのこそ泥」と決め付け、「殺せ」と指示。劉知遠は兵士に引き立てられて退場。岳彬が「証拠も無しに参軍の英雄を斬れば、軍の士気に響く」と諫める。岳林衝は、劉知遠を呼び戻すが、「重用せず、兵書宝剣は取り上げ、馬の世話と夜回りの兵卒とする」と宣告。劉知遠は泣き、兵士に急かされて退場。岳林衝は岳彬に、「兵書宝剣を携え、五万を率いて出陣せよ」と命じる。岳彬は断るが、「背けば殺す」と言われて承諾する。岳林衝は展望台（舞台右上窓）から戦を見る。

8. （出陣）舞台裏から岳彬の出陣の声。兵士に続き、岳彬が宝剣を手に登場。参軍の好漢を重用しない父岳林衝の過ちを悲しみつつ、黄龍山に向けて出陣。

9. （王陣営）王天龍登場。柴徳忠の参軍を喜んでいると、兵が登場し、岳彬が攻めて来たと報告。「柴の出陣を促すまでもない」と自ら出陣。

10. （黄龍山前山）兵に続き、王天龍は騎馬で出陣。兵士の戦い。岳彬登場。王天龍が追う。一騎打ち。岳彬は劣勢。死を覚悟するが、今一度戦うことにして退場。

岳林衝、騎馬で出陣

山頂から見下ろす柴徳忠

王が追う。

11.（黄龍山後山）柴徳忠登場。「自分は王軍で重用されるが、劉知遠はどうなっただろう?」戦の音を聞いて山頂（舞台右上窓）から見下ろすが、劉の旗は無く、岳の旗だけ。劉知遠が出陣しない理由が分からず、なお数日待つことにする。

12.（黄龍山前山）兵士の戦い。岳彬と王天龍の一揆討ち、追い詰められた岳彬は兵書を開くが、白紙。「人から奪ったものだからだ」と悟る。

13.（九龍関）岳林衝は山上（舞台上の窓）から、岳彬の危急を見て出陣を決意。兵士に続き、騎馬で岳林衝出陣。

14.（黄龍山前山）岳彬は逃げ、王天龍が追う。岳林衝が登場、王天龍と一騎打ち。岳林衝は岳彬を救いだすと、城塞に戻り、「免戦牌」を掲げる。父子並んで退場。兵士が従う。王天龍は、「柴徳忠が地理に通じたら、一気に攻め込もう」と、退場。兵士も従う。

15.（岳陣営）岳父子登場。岳彬は叩頭し「兵書は白紙だった」と報告。「英雄に兵書宝剣を返却し、重用するよう」勧める。岳林衝は承知せず、岳彬を下がらせ、朝廷の援軍を待つ。

16.（李の屋敷）李洪信登場。「劉知遠からは三ヶ月も便りが無い、殺されたのだろう。妹李三娘は志が高いから訪ねて来ず、心配だ。金持に嫁がせて幸せな日を送らせたい。妻に相談しよう」。刁氏登場。「兄が妹を攫っても罪にはならない」と言う。李洪深は、「妹を殴らない約束だぞ」と妻に念を押して、三娘を攫いに行く。

17.（道行き）李の家の下人が二人、続いて李洪信が舞台を横切る。

18.（墓場の小屋）李三娘登場。「夫から三ヶ月便りが無い」と案じる。李洪信は、舞台袖から頭を出して、様子を伺ってから登場。輿を遠ざける指示をして、小屋の戸を叩く。李三娘は兄と対面。李洪信は、「一緒に屋敷に戻ろう」と言うが、三娘が承知しないので、抱きかかえて攫う。

19．（道行き）．輿に押し込められた李三娘（下人二人が李三娘を間にはさんで登場）、李洪信が後に続き、舞台を通過。

第四段　李三娘、磨で粉を挽く

1．（道行き）舞台裏から「李三娘を輿に押し込めろ、屋敷にかつぎ込め」とどなる声が聞こえる。

李家の下人が李三娘を間にはさんで舞台を横切り、李洪信が後に従う。

2．（李の屋敷）李洪信登場。「賢い奥さんの言うとおりに、妹を攫って来た。妹が嫁に行くかどうかは、奥さん次第」。妻の刁氏登場。「李三娘を連れて来たなら、この奥さまが何としても嫁がせて見せる」。李洪信は「実の妹だ、乱暴はするなよ」と言うが、妻に「引っこんでいて」と追い出される。刁氏の「李三娘を連れて来い」という声に応じて、李三娘、登場。刁氏は「三娘はやつれはてた」と言い、「息子をほしがっている六十三歳の大地主の王と結婚せよ」と責めたてる。三娘は、「貧しいのは自分の運、それに将来、劉知遠が出世しないとも限らない」と断る。刁氏が「夫の劉知遠はとっくに殺されたから待っても無駄だ」と言うと、三娘は失神。刁氏は慌てて三娘を撫で摩って、蘇生させる。

李洪信を追いやる妻刁氏

三娘は「もはや自分の不運は明白だが、死んでも劉家の人間だ。その上、劉家の後継ぎを身ごもって6か月になる。墓小屋に帰らせて」と頼む。刁氏は「暴力に訴えても、嫁がせる」と、棒で殴りかかる。三娘が「私を殴るのが許されるのは父母だけ」と言うと、刁氏は「母代りの兄嫁だ」と殴る。三娘が倒れる。李洪信登場。さっと刁氏を止め、「実の妹が殴られると、自分まで苦しい。殴るな」と言う。刁氏は、夫を棒で殴って追い出す。

刁氏が「李三娘！」と呼ぶと、三娘は身を起こすが、あくまで再婚を承知せず、倒れる。

刁氏は「結婚しないなら、墓場の小屋には帰らせず、朝晩、薄粥だけで、昼は八角井戸から白蓮池に三百回水を運び、夜は一斗の麦を三斗三升三分に挽かせることにすれば、三日で音を上げるだろう」と考える。

三娘、身を起こす。選択を迫られ、「水汲み粉ひきをする」と言うと、刁氏は怒って、三娘をつかんで、石磨小屋に押し込める。

刁氏は李洪信を呼び出し、底のとがった水汲み桶を、特別にあつらえるように言う。三娘を休ませないためと知り、李洪信は妻のひどい仕打ちに、泣き泣き桶を買いに行く。

「家の実権は自分にある」と刁氏が得意になっているところへ桶をかついで李洪信が登場。刁氏は、「ほうびに白キクラゲと朝鮮人参のスープが用意してある」と言い、李洪信は、「妹を苦しめる」と泣き泣き退場。

刁氏は李三娘を呼び出し、桶を渡して水汲みに行かせる。

刁氏は下人の李福を呼び、「鋤をかついで白蓮池に行き、三娘を見張り、

李三娘の水汲みを助ける土地神

池が水でいっぱいになったら、堰を壊せ」と命じる。李福は断るが殴られ、しかたなく、陰で李三娘を助けることにして、退場。

刁氏は、三娘がすぐに音を上げるだろうと高をくくり、念仏を唱えに行く。

3.（八角井戸）李三娘が桶を担いで登場。不幸を嘆き、水を汲むが桶が重くて担げず、その場に倒れる。

土地神登場。「国母になる方だから助けないわけにはいかない」と正気に戻して、退場。

三娘が再び元気を奮い起こして水を汲んでいると、土地神が現れ、桶を担ぐ李三娘を運んでやる。

4.（石磨小屋）李三娘（棒を手に石磨を推す様子で）登場。石磨を推しながら五更歌を歌い、力尽きて倒れる。

土地神登場。三娘に代わって石磨を推すが、「一斗の麦から三斗三升の粉は挽けない。風を起こし、金持ちのところから集めて来よう」と、土地神の息子や孫に助太刀を頼みに行く。

鶏が時を告げ、三娘は目覚め、挽かれた粉を見て神の加護に感謝し、また桶を担いで水汲みに行く。

［岳彩珍、宝衣を与える］

5.（岳府後営）劉知遠登場、「岳林衝に用いられず、後営に落とされた」と、厳寒で風が吹きすさぶ中、見張りに立ち、凍えて倒れる。龍が現れて守る。

6.（紅楼）岳彩珍登場。「父と兄が売国奸臣王天龍に敗れても、朝廷から援軍は来ず、九龍関の兵士は苦しんでいる」と嘆く。「凍える！」と言う叫びを聞き、月見楼に見に行く。

7.（月見楼と外）（舞台、上の窓から）岳彩珍は見下ろして、倒れている劉知遠を発見し、衣を投げようとすると、灯りが吹き消され、間違って父の宝衣を投げる。土地神が登場し、下で衣を受け取り、劉知遠に着せかけて退場。

（鶏が時を告げる声）

赤い衣を羽織って劉知遠登場。「目覚めたら、ぽかぽか暖かい。天の加護だ」と感謝し、箒で雪を掃く。小兵登場。劉知遠が宝衣を着ているのを見て、盗んだと思い、岳林衛に報告に走る。

8.（岳府）小兵登場。岳元帥を呼ぶ。岳元帥登場。小兵は、劉知遠の盗みを報告。岳は将官たちを招集。

9.（白虎堂）岳彬始め将官たち、最後に岳林衛が登場。劉知遠を連れてこさせる。赤い宝衣を羽織った劉知遠が兵に伴われて登場。「衣は天から賜った」と主張。岳林衛は、劉知遠が盗んだと決め付け、「斬殺せよ」と兵に命じる。劉は縛られて退場。兵が登場、「五本爪の龍が現れて、劉知遠を斬ることができない」と報告。

岳林衛が目をやると、龍が一瞬、現れる。岳はわけがわからず、息子の岳彬に相談すると、「衣を管理している妹に聞けばいい」と言う。岳林衛は、「娘が私通して服を贈ったに違いない」と考え、二人の処刑を決める。

10.（紅楼）岳彩珍登場、「兵士は凍死寸前だった。兵をもっと大事にするよう父に頼もう」岳林衛が登場し、「宝衣を出せ」と命じる。岳彩珍は探しに行く。舞台裏から「見つからない」と言う声。岳彩珍登場し、宝衣が見つからないと報告。岳林衛は、娘が私通したと決めつけ、いきなり殴るが、娘の説明を聞いて納得し、謝り退場。岳彩珍は神に感謝。

11.（白虎堂）岳林衛登場、岳彬を呼び、劉知遠を重用したいと言う。岳彬は退場。舞台裏から岳彬が劉知遠に謝り、援助を乞い、劉知遠が承知する声が聞こえる。

劉知遠登場。岳林衛が国のために働いてくれと頼むと、三つの条件を出す。すなわち兵書宝剣の返却、十分な軍備と旗印を「岳」から「劉」字に替える。岳林衛は承知し、劉知遠退場。岳林衛はその後ろ姿を見て、国家の棟梁にふさわしいと認める。

12.（出陣）舞台裏から劉知遠の掛け声。兵士が通過。

劉知遠、正装で登場。「いざ功を立て李三娘の恩に報いん」と白馬にまたがり出陣。

13.（王府）王天龍の小兵、登場。「九龍関に若将軍が現れ、攻めてきた」と、王に報告。

14.（戦の場）王天龍、騎馬で出陣。兵士が続き、兵士の戦い。

劉知遠と王天龍が登場。一騎打ち。劉が不利になるが、天書を開くと「北山に向けて後退せよ」とある。王が追う。

15.（北山要塞）柴徳忠登場、「劉知遠はなぜまだ攻めてこないのか」。鬨の声が聞こえる。山上に登って劉知遠が来たことを確認。要塞の兵士に、偽りの参軍だったと明かす。兵士は柴徳忠に従うことにする。柴徳忠は「劉知遠に呼応して戦おう」と、出陣。

16.（王天龍陣営）北山の兵士が、王陣中に攻め込む。

劉知遠を追う王天龍の前に、突然、柴徳忠が登場し、王を打ち破り、殺す。

劉知遠登場、柴に岳陣営でのいきさつを報告し、「共に岳陣営に行こう」と言う。柴は「劉が官位を得て、李三娘の恩に報いられるよう、王天龍を倒したのは、劉知遠の手柄としよう」と言う。柴は、黄龍山の兵士に、安南国に帰るか、劉軍に加入して中国人になるか、選択させる。

17.（白虎堂）岳林衝登場。兵が登場し、劉知遠が勝利し、王天龍の首を携え、もう一人の英雄と帰ってきたと報告。

劉と柴、登場。二人は功を譲り合う。岳林衝は、劉の功を第一とし、二人を伴って晋に帰朝することにする。劉と柴、退場。

岳林衝は娘を呼ぶ。岳彩珍登場。岳林衝は娘に「共に朝廷に行き、皇帝に劉知遠との結婚の許しをもらおう」と言う。岳林衡は「功臣を伴い帰朝する」と宣言。

18.（道行き）兵士、岳彩珍（前後を下人が挟み、輿に乗っている様子）、騎馬で柴徳忠、劉知遠、岳林衡が続く。

19.（朝廷）宰相、大臣、太監、大晋皇帝石敬塘が登場。太監が「午門に岳林衡元帥が到着」と報告。岳林衡登場。勝利を報告し、二人の功臣を紹介。劉と柴が両側から登場。皇帝は劉知遠に一字親王を授ける。劉は改めて、親王の紅い帽子と服で登場し、皇帝の隣に着席。柴徳忠は九門提督となる。岳林衡は、劉と娘の婚礼について皇帝に耳打ちする。皇帝は承知する。劉は「待っている妻がいる」と嘆き断るが、「李三娘を第一夫人、岳彩珍を第二夫人にすればよい」と説得され、劉知遠と岳彩珍の結婚の儀が執り行われる。

第五段　石磨小屋で出産する

1.（晋の朝廷）劉知遠、柴徳忠ら四人と、太監を従えた大晋皇帝石敬塘が登場。皇帝は「安南国は今尚攻め込む機会をうかがう。一字親王劉知遠は、岳林衡に代わり九龍関を守り、真の平和が訪れた後、李三娘を迎えよ」と命じる。

2.（道行き）舞台裏から劉知遠の「并州に帰還する」の声。兵士、騎馬の劉知遠、柴徳忠が通過。

3.（白虎堂）劉知遠登場。李三娘を思うが、九龍関を離れられない。手紙を認め、将軍を呼び、五百両の生活費と共に託す。

4.（道行き）千里馬将軍、騎馬で通過。

5．（石磨小屋）李三娘登場。「夫劉知遠と別れて半年、おなかの子を思い、水汲み粉挽きのつらい毎日に耐えているが、夫からの便りはない。「いつ苦界から抜け出せるのか」。桶を担いで水汲みに行く。

6．（墓場の小屋の前）将軍が騎馬で登場。馬から下りて、「親王は義理堅く第一夫人を思って手紙を託されたが、小屋に人気はない」と探し回る。村人登場。「李三娘はいなくなって早や十数日になる」と言う。将軍はあきらめて帰る。

7．（白虎堂）劉知遠登場。李三娘への思いを募らせていると、将軍が登場し、三娘の行方不明を告げる。劉はショックで倒れ、将軍が介抱する。

8．（石磨小屋）李三娘登場。石磨小屋で、苦しみながら磨を推す。李洪信登場。「妻の尻に敷かれる自分だが、飢え死にしかけている妹を救おうと、冷や飯を盗んできた」と戸をたたく。三娘が「嫂さんに見つかるとたいへん」と言っているところに刁氏登場。夫を追い出し、三娘を棒で殴り、「粉を挽け、水を汲め」と命じて、念仏を唱えながら退場。

9．（石磨小屋）三娘は殴られて陣痛が始まり、助けを呼ぶが、誰も来ず、悶絶の中、出産。土地神登場し、「国母さまは皇太子を出産したが、気絶している」と正気づかせる。李三娘、正気に戻り、男児を産んだことを知るが、鋏が無いので、臍の緒を咬み切り、咬臍郎と名づける。スカートを破って赤子をくるみ、抱く。土地神登場。「李三娘は朝になれば水汲みに行かねばならず、子の命を守れない」と近くに住む竇《とう》おじに助けを求めに行く。

10．（竇おじの家）土地神登場。「竇おじさん、三娘が苦しんでいるよ」と夢で知らせる。

竇おじ登場。「天涯孤独の八十歳。李百万の世話であばら家に住み、大餅《ターピン》売りで口過ぎをする」。土地神の声を雷鳴と聞き違えて目を覚ますが、晴れているので、また寝に戻る。

土地神登場し、もう一度、竇おじを呼ぶ。

竇おじ登場。「李三娘が死にそうだと、誰かが呼んでいる。お産も近そうだ、見に行こう」。

11.（石磨小屋）竇おじ登場。（舞台裏から赤ん坊の泣き声）戸をたたく。三娘は舞台袖から登場し、竇おじに「産の穢れ」で中に入るのを止める。竇おじはかまわず入り、「刁氏に見つかったら、水汲みの留守に子どもが殺される」と警告。三娘はひざまずいて助けを乞う。竇おじは、「咬臍郎を并州の劉知遠の元に届けよう」と言う。李三娘は子の出生を証す血書を認め、その間に竇おじは、わらじと冷や飯、道中、赤ん坊に食べさせる豆乳と大餅を取ってくる。

李三娘は、なかなか子を渡せない。竇おじは、「嫂が来る」とうそを言い、赤ん坊を奪う。三娘は卒倒。竇おじは、咬臍郎を抱いて去る。三娘は、子との別れを嘆き悲しみ、并州で父子が会えるよう神に祈る。五更になり、水汲みに行く。

【竇おじが子を届ける】

12.（道行き）竇おじ、咬臍郎を抱いて登場。「この子はおとなしくて泣かない、いい子だ」。

竇おじ、赤子を劉知遠に届ける

13．（并州の城門）竇おじ登場。兵士が舞台袖から顔を出し、「戦争中だぞ」と咎めるが、竇おじが「劉知遠に子を届けに来た」と言うと、驚いて知らせに行く。

14．（白虎堂）劉知遠登場。「三娘は見つからなかった」と嘆く。兵士が「竇おじが赤子を連れて劉知遠を探しに来た」と報告。劉知遠は急ぎ、兵に案内させる。

15．（并州の城門）劉知遠と竇おじ、両側から同時に登場。竇おじは親王位についた劉知遠の姿を見て、なじる。李三娘の血書を渡す。劉知遠は兵士に竇おじを接待させる。

16．（白虎堂）劉知遠登場。血書を読む。三娘の苦難を知り、子を抱いて退場。

17．（岳彩珍の部屋）岳彩珍登場、李三娘の行方を心配していると、劉知遠、咬臍郎を抱いて登場、「すぐに李三娘を救いに行く」と言う。彩珍は「実の子以上に大切に育てる」と約束して、子を抱く。

第六段　大団円

［劉知遠、安南翡翠公主の虜囚となる］

1．（白虎堂）劉知遠登場。「竇おじが息子を連れてきた。実家で虐待される李三娘をすぐに救いだそう」。

2．（九龍関の台所）竇おじ登場。「咬臍郎を連れて来たら、劉知遠はなんと一字親王だ。一緒に李三娘を救いに行く、と言った。だが、晴れているのに、雷が鳴るのはなぜだろう」兵士登場。「雷ではない、陣太鼓だ。安南国が攻めて来た」。竇おじは怖くなって逃げ出す。

3.（白虎堂）劉知遠登場。「安南国の王天虎が攻めてきた。竇おじに待ってもらおう」。兵士が登場し、竇おじは逃げ帰ったと報告。

4.（道行き）劉知遠は騎馬で追い、竇おじは逃げる。劉知遠はあきらめる。

5.（黄龍山、王天虎陣営）将軍たち、ついで王天虎登場。「兄とともに中原を捨て安南に投じたが、劉知遠と柴徳忠にやられた。并州に攻め入り、兄王天龍の仇を討とう」。

6.（道行き）兵士が通過し、王天虎が騎馬で続く。

7.（九龍関、劉知遠陣営）舞台裏から出陣の声。兵士、続いて劉知遠が騎馬で出陣。

8.（戦い）両軍の戦い。劉と王の一騎打ち。劉知遠は宝剣で一突き、王を殺す。勝利した劉知遠は、急ぎ李三娘救出に向かおうとする。そこへ皇帝特使の丞相登場。「九龍関は柴徳忠に任せ、安南平定に出陣せよ」との「聖旨」を伝達。丞相はすぐに帰る。劉知遠は、河南行きをあきらめ、安南に向け出陣。

8.（道行き）兵士、通過。騎馬の劉知遠が続く。

9.（安南陣営）将軍、続いて翡翠公主登場。「わが父、安南王の命を受け、王天龍王天虎兄弟は中原を併呑しようと出陣したが、九龍関に劉知遠が現れ、安南軍は敗れた。黎山老母に武芸仙術を学んだ私が、十万の兵を率い中原を平定し仇を打とう」。

10.（出陣）兵士、通過。公主は騎馬で武器を持ち通過。
（舞台裏から劉知遠軍の兵が、安南軍の攻撃を報告する声）兵士、騎馬の劉知遠が続く。

11.（戦い）兵士の戦い。劉と公主の一騎打ち。戦いの最中、公主は劉に惚れ、「十八歳同士、結婚すれば、侵略しない」と言う。劉は「自分にはすでに二人の妻がいる。敵の娘とは結婚しない」と断る。公主は、黎山老母の術で兵書宝剣を奪い、劉知遠を生け捕りにする。劉知遠は縛られ、連行される。兵士は武器を収め、公主は騎馬で退場。

[「搭脚（進行役の小者）」登場。「劉知遠は公主に、十万の兵の命を担保に脅されて、黎山老母の媒酌で結婚する。公主に囲われて十五年たった」と述べる。]

[劉咬臍、母を知る]

12.（劉府）劉咬臍登場。「十五歳。父は安南から三日前に戻った。父に狩の腕を見せよう」。家来を呼ぶ。

家来登場。「劉咬臍は、岳夫人に大事に育てられて、短気だ。夫人の実子でないことは秘密だ」と述べてから、「坊ちゃん、何の御用ですか」「城外に狩に行きたい」家来は「夫人に叱られる」と言いながら、お菓子や水を用意し、角無し牛（馬）をこっそり引き出す。

13.（道行き）家来二人の後に、騎馬の咬臍郎が続く。獲物は見つからず、咬臍郎は「もっと遠くに行こう」と、先に行く。家来が追う。

土地神登場。「十五年間、李三娘が苦労している。白兎に化けて咬臍郎を連れて行こう」。ウサギが現れ、咬臍郎は、矢を射て追う。

劉咬済、李三娘に白兎の返還を求める

14．（郊外の荒地）家来二人は追いつけず、「坊ちゃんは、いずれ戻ってくる」とその場で待つ。

15．（道行き）咬臍郎、ウサギを追う。（途中、ウサギは土地神の姿になる）

16．（八角井戸）李三娘、桶を持って登場。「十五年、夫を待つ。息子も、なぜ助けにきてくれないのか」。怪しい風とともにウサギと咬臍郎登場。ウサギが井戸端の李三娘のスカートの下に隠れる。劉咬臍が「獲物を返してくれ」と頼む。李三娘が「濡れ衣だ」と言うと、怒って水汲み桶を壊す。三娘が「桶の弁償をして」と叩頭すると、咬臍郎は頭痛で立っていられなくなる。不思議に思い再度試すが結果は同じ。「なぜ水汲みをしているのか、家族はいるか」訊ねる。「無情無義の夫劉知遠と不忠不孝な子咬臍郎」と聞き、もしや母かと疑う。父に確認しようと、桶の弁償だけして急ぎ帰る。李三娘は、その姿を見て「後姿は自分似で、前から見ると夫似だ。咬臍郎か」と思うが、「自分にはそんな福分はない」と嘆く。

17．（道行き）土地神が登場、白兎になって、咬臍郎を并州に連れ戻す。

18．（并州郊外）咬臍郎の家来二人登場。咬臍郎がウサギを追って登場。家来に連れられ帰る。

19．（白虎堂）劉知遠登場。「十五年ぶりに安南から戻った。三娘が心配だ。勅命を受けたら、河南へ迎えに行こう」。劉咬臍登場。「八角井戸に行った」と話す。劉知遠は「嘘をつくな」と叱るが、劉咬臍に「水汲みの哀れな老女は誰か」と聞かれると、李三娘の血書をとりだして見せる。咬臍郎気絶。劉知遠、息子を正気づかせ、即刻、父子で迎えに行くことにする。

20．（道行き）兵士、武器を持って出陣。咬臍郎、劉知遠、騎馬で続く。

【李家荘に帰る】

21.（李の屋敷）李洪信登場。「何か外が騒がしい、どきどき不吉な予感がする」。阿福を呼ぶ。阿福登場、「洪水ではなく李三娘のだんなが軍を率いて迎えに来ました」と報告。刁氏登場、夫婦でおののいていると、兵士が現れ二人を縛って引き立てる。

【磨房で夫妻が会う】

22.（石磨小屋）劉知遠登場。「李三娘を訪ねに来た」。三娘登場。「あなたには岳彩珍と翡翠公主がいる」とそっぽを向く。劉が謝り、咬臍郎登場し、母に拝礼。

【金鑾殿に登る】

23.（李家荘）劉知遠と李三娘の前に、李洪信夫婦がひきたてられる。劉は殺そうとするが、三娘の命乞いで、二人は許される。
欽差大臣が登場。皇帝石敬塘の譲位を伝達。李三娘が朝陽正宮、岳彩珍が桃園西宮、翡翠公主が貴妃、咬臍郎を東宮太子に、竇おじを長寿王に、柴徳忠を親王に封じる。めでたし。

付記：本稿は『中国近世文芸論』二〇〇九、東洋文庫刊「舟山の人形芝居―侯家班上演の李三娘（白兎記）」の「李三娘」梗概部分をほぼ踏襲するものであることをお断りする。

中国の鷹と鍛冶
——彝《イ》族の鷹文化——

百田弥栄子

はじめに

武神であり鍛冶の神である八幡神の縁起を説く『宇佐八幡縁起』は、鷹と鍛冶にかかわる伝承を語っている。大神比義が行ってみると、八頭の翁が金色の鷹に変じ、自ら鷹になったことを示して金色の鳩となり、「我は八幡大神」となのると黄金の鷹となって松の枝にとまった、そこに鷹居社をつくり八幡神を祀ったという縁起である。一方、この鳥を聖なる白鳥とする事例や、「金屋子神祭文」のように白鷺とするものもある。しかもこれが複合して魂の鳥・白鳥を追う鷹の物語に展開する。もの言わぬホムツワケ再生譚がそれである。このような物語はいずれも鍛冶文化にかかわる放鷹伝承であり、それが物語として展開したのが「百合若大臣」である、と福田晃先生は説かれる。

その詳細は福田先生の多くのご著作に譲って、ここで私は中国に目を向けたい。中国で放鷹と言えば、西北では柯《キ》尓《ル》克《ギ》孜《ス》族や哈《カ》薩《ザ》克《フ》族、西南では納《ナ》西《シ》族、東北では満族などが今なお盛んに鷹狩を行っている。私が研究領域としてきた西南部では、彝族も濃厚な鷹文化を伝える民族として知られている。たとえば赤黒黄三色の漆器の、その斬新な配色にまず驚かされるが、器の脚が〝鷹の脚〟（鷹爪杯）であることに気づくと、彝族と鷹との尋常ではないかかわりに興味そそられるのである。

中国の歴史学会では、彝族は北の氐羌《ていきょう》に淵源をもつというのが最も支持されている見解で、滇《てん》（雲南省）や川《せん》（四川省）、黔《けん》（貴州省）、桂《けい》（広西壮族自治区）という広い地域に、それも高地に八百万人近く居住している。そのため歴史的や地理環境などによって数十の自称他称があり、支系も多い。そのそれぞれが文字と経典をもち、高度な文化と強力な政治力をもって、古来からこの地域に歴史的に絶大な影響を与えてきた民族である。そこで「鷹と鍛冶」というテーマに関して、この彝族を中心に見ていくことにしたい。

なお、雲南省を表す「滇」は鷹の意であるとの由。

鷹と洪水神話

彝族の経典と民間の伝承の中の洪水神話をみると、彝族と彝族系の民族の多くは「若者天女婚型」を語っている。その発端は、耕作している三兄弟のところに翁（実は天神、もしくは天神の使者）が来て、「じきに洪水が襲ってくる、畑を耕して何の役に立つ。長兄は金舟（櫃）、次兄は銀舟、末弟は木舟を造って乗り込め」と教える、というもの。もちろん金銀の舟は水底に沈み、木の舟に乗り込んだ末弟だけが、水面を漂う。この世にただ一人生き残った末弟は、天女を妻に迎える。

木櫃に籠って茲峨尓尼《ツオルニ》山（昭通一帯と思われる）まで漂っていった末弟・都姆武武《トムウウ》は、洪水を漂ってくる蛇や鷹、カエルなどをつぎつぎ舟に助け上げて友達になる。洪水が退くと大地に人は末弟一人だけで、他には誰もいない。そこで天女に求婚しようと、天神・恩体古茲《エンティクズ》のもとに鷹と蛇を遣いに出す。恩体古茲は快く思わず、毒蛇が恩体古茲（もしくは公主）の手をかじって戻って来る。手は腫れて痛くてたまらず、天神は公主と末弟との婚姻を承知する。末弟はこんどはカエルを天に遣わして傷口を治す。長女は金の支度金を、次女は銀の支度金を要求し、末娘が平装で良いというので三女をもらう。

結局、鷹は蛇を背に乗せて、次にはカエルを乗せて、天地の間を行ったり来たり。天神と若者との仲立ちを務めて「若者天女婚」を成就させる。こうして彝族に子孫が増え、さらには人類が繁栄するという物語。

これは四川省凉山彝族自治州（大凉山）一帯の洪水神話である。なお木櫃が漂い着いた昭通は、雲南省が貴州省、四川省の方へ張り出した地域で、「始祖が初めに住んだ地」。だから死者の霊魂が帰る祖地と伝える彝族もいる。

雲南省に移れば、「鷹は彝族の護り神」という「兄妹婚型」の洪水神話が伝承されていた。

天龍は地龍との闘いで常に負けるので、洪水を起こして人類を滅亡させようと画策する。これを鷹が察知し、急いで人々に知らせようとあちらこちらと飛び回る。ところが誰一人この忠告を信じない。鷹は心根の良い兄妹を見つけ、一本の羽毛を与えて植えさせる。すると羽毛からヒョウタンの苗が生え、大ヒョウタンが生る。この時、洪水が襲う。兄妹はヒョウタンに籠り水のまにまに漂う。後に一羽の鷹が飛来して、洪水の中からヒョウタンをつかみ出して兄妹を救う。こうして人類が増える。

という神話や、楚雄、紅河の洪水神話では、

洪水が退くと、兄妹の籠ったヒョウタンは、高い懸崖にひっかかっていた。一羽の鷹が飛来してヒョウタンを平地につかみ降ろした。こうして兄妹は救われた。

と語っている。彝族には百を越える支系があるため、四川省の彝族と雲南省の彝族とでは大きな差異があるにしても、始祖はこうして鷹に救われた。鷹は始祖の加護神であった。

また彝文経典『天生地産』は、

わたしは聞いたことがある。天にはあと半分がある、あと半分は未完成
わたしは聞いたことがある。天のあと半分は鷹が作った

と唱う。そもそも鷹は天を造ることにも功績があった。

雲南省楚雄州に流布している創世史詩『梅葛《メイコー》』は、その初め、天地が造られた頃、天に九個の洞があって、どんなものも成長できなかった。一対の鷹が天に飛んで洞を埋めた。こうして植物が成長しはじめた。人類も繁栄した。

と唱っている（〝梅葛〟は彝語の音訳で歌の一つの節のこと。〝梅葛節〟という旋律で唱われる）。こうして鷹は天地の創造に貢献し、彝族の始祖の絶対絶命の危機を救い、人類の繁栄を保証するのである。

この洪水神話は重要な儀礼や婚礼の場で、畢摩《ピモ》という巫師（シャーマン、宗教司祭者）によって唱い語られる。

鷹とシャーマン

畢摩《ピモ》は彝文による経典に精通している最高位のシャーマンで、地域によって唄耄、筆姆、白馬、白毛、比目、岳母、不么、筆磨、などと表記されるも、今日では畢摩が多く使われている。ピモは彝文字を知り、祖先の歴史や村の歴史、家の歴史などのすべてを知る。葬儀や指路（後述）、作祭、作斎、送霊、禳災、祈福、招魂、合婚、選日、占卜、それに裁判などを主管して、村人の生活、人々の人生に深くかかわる、村随一の文化人、教養人である。といっても、日常は生産労働をこなしながら、お呼びがかかると行ってシャーマンの仕事を務めるのである。

このピモにまつわる物語にも鷹が活躍する。

洪水が氾濫している時、天が三人のピモに彝文経典を持たせて、人々を救えと地上に派遣した。ピモたちはそれ

ぞれ黄牛にまたがり、経典を牛の角に掛けて大海を渡った。とうとうとした流れに、牛角に掛けた経典は水に濡れてしまった。大地に着いたピモは洪水を退かせると、濡れた経典を青樹の枝に広げて乾かしておいた。すると青樹の液で半分破れてしまい、さて誦経しようとすると枝にくっついて剥がれなくなってしまっていた。ピモはそもそもは天にいて、天から派遣された神人であった（黄牛は天から地上までピモと経典を携えてきた伴侶だから、ピモの多くは黄牛の肉は食べないという）。ピモは誦経する時には、祭場に青樹の枝を何本も挿していくが、それはこの時に失ってしまった半分の経典に当てるという意味があるのだそうである。そして、これには、

枝の上に経典を広げると、中空を飛翔していた鷹が、半分ほど破いてしまった。

という異伝もある。そこでピモは、誦経の際に被る笠帽の縁に、一対の鷹の爪を掛けて、鷹爪で失われた半分の経本に充当させている。

彝族の経典はピモが天から携えてきたものだから、天書とされる。平素、ピモは経典をうやうやしく木箱にしまい、高楼に供え、毎日敬虔に香を焚き、法術を行う前にまず経典を祀る、こうしてはじめて経典の効力が発揮される。代々のピモの家にはこの経典を納める専用の木箱がある。木箱の正面には「知識神は養育し、見識神は守備する」という彝文が彫られ、両側には鶴と鷹が彫られて、「白鶴は天を知る」（知天白鶴）と「黒鷹は神に通じる」（通神黒鷹）と記されている。古くなった経典は、焼いてしまったり汚してしまったり、他人に譲ったりしてはならない。

さて、死者の霊魂は三つに分かれる。一つは墓地に、一つは家（庭など）の祭壇に祀る神物の中に（その土地の人々が祖先がその中から誕生したと信じている竹やヒョウタンなど）、そして最後の一つは始祖が最初に住んだ祖地（たとえば昭通）に集うと信じられている。これらをピモがとどこおりなく進めるのだが、とりわけ三つ目は、霊魂を祖先が数千年かかって今住む村までたどって来た道筋を逆にたどり、始祖たちが集まり住んでいたとする伝説の祖

地まで無事に送り届けるというもの。これを「指路」とか「開路」とかいい、『指路経』にその道筋が明記されている（『指路経』は葬送儀礼で朗唱する経典）。この責務はすでに書かれている地名や祖地がどこにあるのか不明の土地もあって、困難を極める。

このようなピモの重大な責務は、鷹の加護がなくてはとうてい成し得ない。諺に、

東のピモ、西の鷹神

というように、鷹神はピモの護法神であり、ピモの法力の源泉であった。

ピモは「ピモは鷹が変じた」「ピモは鷹の子」と自称し、「彝巫神鷹」と呼ばれることもある。鷲鷹は彝族の祖霊の化身であるともいい、鷹氏族は「死後霊魂は鷹祖について行く」ともいう。天空を飛翔する鷹は、天地の間の使者で、天地のすべてを知る。

それでピモは「指路」を行う時、祭場の地面にたくさんの枝を挿す方法で路程を示して、死者の霊魂に祖先の足跡と遷徙《せんし》の後をたどるようにと諭し、そして

ここからは、我は司祭ではない、神鷹が汝の主祭である、汝は青鷹に託せ。

と言い含める。彝族の祖霊の化身とされる神鷹は、死者の霊魂に寄り添って無事に祖地に送り届ける、とされる。

たとえば雲南省弥勒県西山一帯に居住する彝族支系の阿細人《アシ》の祭祀詞『指路経』には、弥勒県西の阿細寨鎮より東に二里のところに、滇起代山がある。昔は「鷹が旋回する山」とされた。山全体がうっそうとした森林で、白鷹、黒鷹、紅鷹、黄鷹が飛び交い、雲間に飛びあがり、山頂に立ち、壮観だった。この景色はすでに失われているが、名声は伝わっている。そこで死者の霊魂はこの世を離れる時には必ず滇起代山に立ち寄る。

という一節がみえる。

鷹と馬

彝族の社会は、秦漢の前から茲《ズ》(君)、莫《モ》(臣)、畢《ビ》(師)の三位一体で成っていたという。茲は最高支配者、酋長であり、莫は謀議に参画する臣、軍事もしくは武士集団、畢は祭祀もしくは祭祀に従事する者のことで、それはそのまま彝族社会の支配階層を形成していた。ちなみに第四位は格(工、匠、冶金を管理)、第五位は各(商売)、第六位は魯(農民、牧民)、もしくは格(工匠)、魯(平民)、者(奴隷)で成る六位一体の社会であった。

この「茲、莫、畢」は『策尼勾則』『物始紀略』などによってみれば、内実は「鶴、鵑、鷹」に代表され、

鶴は君、鵑は臣、鷹は師、民衆は群鳥

と説明される。鶴は天の命を受けて天下の職権を管理し、鵑(杜鵑、ホトトギス)は鶴君長の命により、春耕の季節には耕作、種まきをうながす任を負う。「鵑は臣」は「雁は臣」ともあった。そして鷹(師)は杜鵑と一緒に鶴君長を助けて、天の意向を人類に橋渡しする。鷹師の力量は非凡で、〝鷹の翼と鷹の尾は太陽と月の光を遮断する〟ほど。場合によって、「鷹は太陽」とも。「鷹覆天脊」というように、鷹は太陽を象徴する。鷹はその翼のひと仰ぎで強風を起こし、つむじ風を起こす。鍛冶に必要な風である。

天地の出来事をすべて知る鷹は、「鴿鷹は、馬の足跡を見ることが出来る」とも信じられている。鷹は、

祖先の牧の馬を追い、祖先が休息したところを追って、祖先の事跡を訪ねて行くことができる

と、赫章本の経典にあった。赫章は貴州省西北の畢節地区にある地名で、かの夜郎《やろう》の根拠地の一つと目されている。夜郎の「精兵十万」の勇名は世に轟き、前漢の武帝が南越の反乱にその力を借りたほど。夜郎国は金銀鉱山や耕牛、

戦馬の産地として名高かった、という土地柄である。

さて、祖先は荷物を馬に積み、馬にまたがって移動し、良い土地を見つけて定住し、牧を営んで馬を放牧した。後にまたまた荷物を馬に積み、馬に頼って遷徙し、……、こうして数千年点々と繰り返し営まれた「牧場」を、鷹は的確に知る。それは祖先がたどってきた長い道のりの全行程に当たる。死者の霊魂を無事に祖地に送り届ける困難な「指路」の任務は、こうして鷹神によって果たされるのである。

前述の「ピモが〝指路〟を行う時、祭場の地面にたくさん枝を挿す」は、ピモの指路や招魂、送霊、祭祖、卜占、駆鬼、禳解などの祭祀儀礼に欠かせないわざで、枝は天の星に見立てられる。一本の神枝は天の一個の星を代表し、あらゆる星はすべて鷹が指揮する。鷹は星群を指揮して銀河を行き、この世に来てピモのために厄祓いをする。ピモは経を念じつつ祭場に死者それぞれの霊魂にふさわしい星座と、その儀礼に定められた星座の位置に枝を挿していく。

そこで、

ピモになるのは難しいが、それよりも難しいのは神枝を挿すこと

という諺がある。祭場に「枝を挿す」では済まなくて、ピモが植樹し、森を出現させるという所もある。日本の馬飼や鷹飼の人々にも北辰信仰をみることができたように。

そのピモの法服をみれば、法帽（ピモ帽）は斗笠のように竹籤を編んで作る。帽子の高さ約二十センチ。式次第によっては帽面に黒い綿羊のフェルトを加える。帽頂に竹製の〝菩薩筒〟をはめ、内に菩薩を象徴する木人もしくは竹人を置き、黒白黄赤緑五色の糸でくくり、糸の端を筒の外に垂らす。同時に彝文を刺繡した絹織物品を掛け、絹のリボンと鷹の爪を両側に垂らす。鶏の翼の羽毛を挿した竹籤で編んだ斗笠を底に固定し、同時に両側に鷹の爪を吊して〝鵬程雲間〟を表す地域もある。鵬鳥はピモを教化する神鳥だから。

法鈴（銅鈴）はピモの法威を助け、人と神と鬼の間の消息（便り、音信）を伝える。最も重要な法扇は竹木製で、木（銅製）の柄には虎と鷹などの図案が浮き彫りされている。有力な祭司は虎（豹で代替）と鷹の爪を佩帯する。「私は虎鷹の子孫であって、生涯人のために雄々しく邪悪を成敗する」という印である。神棚には木彫の鷹を供えるピモもいる。神の化身たる鷹は邪を鎮めるから、鷹爪杯ですら避邪駆魔の力がある。

ピモの祖先は伝承によると天から使わされた神人であり、ピモが鷹と深い繋がりがあって鷹神と尊崇しているが、彝族の人々もピモに負けず鷹に感謝と尊敬の念をもち、鷹神として崇めているのも、民間伝承や彝族の人々との会話から推し量ることができる。

鷹が棲息する岩、樹林、それに村はずれの大樹古木には霊性があるから、安易に侵犯してはならない、というのも、人々の胸の内にある。

『祭奠鷲鷹』は「一に日月神を祀り、二に祖先魂を祀り、三に鷲鷹神を祀る」に続いて鷲鷹祭祀の儀式過程を詳細に描き、かつて彝族の先民が行った人の屍体を切り刻んで鷲鷹に与えた古俗（天葬）を伝えている。「祭鷲鷹を誦経し、鼓を叩いて神鳥を送る。鷲鷹は我が祖霊、神鳥は我が祖魂、鷲鷹は我が祖魂、諸神があなたをお迎えする」と謳うのである。天葬も鷹神に対する深い崇敬の現れであった。

彝族には、鷹が飛んでいって停まった所に村をつくり、火葬地も鷹が停まったところを選ぶという古俗もあった。或いは楚雄の彝族は「母を祀る場所は鷹が羽根を休めた所」という。鷹は彝族の祖先の化身であるから。彝族の創世史詩『勒俄特依《ルオタイ》』にも「鷹は祖先神、雄鷹は子孫を加護する」とあるように、鷹はピモだけのものではなかった。

なお、「涼山、哀牢山系、烏蒙山系や金沙江、南盤江、紅河などの流域」、この地域は、「我が国の〝産鷹衍鷹栖鷹〟の重要な区域の一つ」とあったが、それはそのまま彝族の居住する地域と一致する。なおいえば、有用鉱物の鉱脈や丹生などの産出地とも重なる。

神鷹と雷神

ここでピモの法帽を「鶏の翼の羽毛を挿した竹籤で編んだ斗笠を底に固定し、同時に両側に鷹の爪を吊して〝鵬程雲間〟を表す。鵬鳥はピモを教化する神鳥だから」という記述に注意すると、鶏は鳳凰、鵬であるという観念があるようである。もちろんここで言う鶏は、ピモの経文によると、家鶏（養鶏の鶏）ではなく、原鶏（野生の鶏）のこと。

彝族のなかで、鷹と馬と鶏のうちどれが「原生のトーテム」かについて、少しの論争があったが、創世史詩『勒俄特依』に基づけば一も二もなく鶏に軍配が上がったという。天地開闢の時、鶏は爪で銅鉄の玉と銅鉄の粒をはじきだして日月星々に化えたと記述されているからである。鷹と馬の働きは、鶏には及ばなかった。彝族の研究者は「彝族は鶏を最も霊気があり最も霊験あらたかな禽鳥と見ている」と分析されるが（それは彝族に限らない）、このような鶏がピモを教化するという。「鷹の母は岩下の母鶏」ともいう。

話を元に戻すと、「鶴は君、鵲は臣、鷹は師、民衆は群鳥」のうち、「鶴は君」では、たとえば「鶴は衆飛禽之首、高尚と廉潔の象徴」で、「鳴き声は九皋の彼方、天まで聞こえる」という。鶴の白く美しい姿や、たくましく遠くまで通る声は、正しく「鶴は君」にふさわしい。彝族阿細人の祭祀詞『指路経』には「祖先乗鶴去」、祖先をその背に載せて来るほどの力量をもつ。

さて、彝文典籍『恒几抽卓雅』には、「鶏と鶴は同族、鶏の指路は実際上は鶴に代わって指路していること」とある。「鶏と鶴は同族」だから、鶴が死者の霊魂を指路するというものの、実質的には鶴に代わって鶏が指路している。前述までは鷹が指路するとあったが、「白鶏視其与鷹同一族」とあるように、鶏は鷹とも同族なのである。

その上「鷹は鶏を源とする」(鷹源于鶏)とまでいい、鷹は鶏と同族ながら、鶏すなわち鵬は鷹の源というのである。

「鷹の源は鶏」という観念があれば、話は早い。鶏神は神話伝承世界ではかくかくたる鍛冶の首、雷神であるのだから。

神話伝承は祖先の智恵を潜ませた思索的で深淵な世界から発信されたもの。祖先の心は天より高みに上り、海の底よりも深きに達し、宇宙の果てまで自在に飛翔するもの。したがって祖先の心を描くとすれば、広大無限な球形を成していよう。そこには一つの曼荼羅が構築されているのである。この世界を私は敬意をもって「伝承曼荼羅」と呼んでいるが、この球形の曼荼羅を束ねているのが、オンドリ・メンドリの姿をした雷神(天神)である。この鶏身の雷神を、私はやはり敬愛をこめて〈オンドリ雷神〉と呼ぶことにしている。なにしろ太陽を呼び出したご褒美にもらった鶏冠が印象的な上に、強力な陽神なのだから。雷神たる〈オンドリ雷神〉は鍛冶神、それならば鷹神も鍛冶神。

この〈オンドリ雷神〉は立体球形の曼荼羅の核心にいて、その全能の力量と哲学とをくまなく放射し、すべての神々を曼荼羅の駒絵の中に固定している。

雷神は斧の一振りで天地を開き、金銀銅鉄で日月と天を支える柱を造った最強の鍛冶神である。けれども雷神がこの世を司っている所以は、そのような説明ではおさまらない。雷神は、

この世は心清らな働き者で満たされるべきもの

という哲学をもち、

そんな世の現出こそが真の豊饒である

という理念をもっているからである。〈オンドリ雷神〉は〈哲学雷神〉であった。

このような雷神を核心とした世界観は、それこそが祖先の究極の願いであったことだろう。祖先は雷神の心に添い、哲学に適う人たらんと励み、雷神の理念を自分たちの理念たらんと願った。

もとより雷神が最強の鍛冶神であれば、伝承曼荼羅は濃厚な鍛冶色に染められているはず。歴史上現れたさまざまな文化も、おしなべて〈オンドリ雷神〉の大いなる鍛冶の力量の上に成り立つ文化にほかならない。したがって伝承曼荼羅は鍛冶曼荼羅といいかえることもできる。

人々はこの〈オンドリ雷神〉に、死者の霊魂を託した。〈オンドリ雷神〉は「指路」の途中に出没するさまざまな妖怪変化を、一声で退却させることができる。彝族に限らず、ほとんどの民族に「指路」を鶏神に預ける葬送習俗をみることができる。

このような〈オンドリ雷神〉の、伝承曼荼羅の核心にいて、神々をコントロールする様などについては、ここで詳細に述べる紙幅はない。拙著『中国の伝承曼荼羅』『中国神話の構造』や幾つかの拙文をご参照いただければ幸いである。

一九三〇年代後半に涼山を調査された馬長寿先生の『涼山羅彝調査報告』によれば、かつて彝族の貴族の家に男児が誕生すると、宗族親戚友人は銑鉄一塊を贈る。父親は鍛冶屋に命じてそれを融解して土中に埋める。翌年の誕生日に再び取り出して鍛造して、また土中に埋める。これを毎年続け、十余年後、十数回に及ぶ。最後に、良く斬れる百錬之鋼となる。それを少年に贈る、とあった。彝族の成年男子は常時宝剣を腰に帯びている。伝承の中で「仙鶴（雁）翅羽」（一本の羽根が剣に変じる意）と伝わり、英雄叙事詩「支格阿龍《チコアロン》」でも成長した阿龍に白い白鳥が一本の羽毛を与えると、羽毛は〝神箭〟に変じ、彼はそれで邪悪を根絶したと語られる。「鯉口を切ると百頭を断ち、抜きはらうと千頭を断つ」とたとえられ、名だたる英雄、勇者が保持する宝剣である。

〈オンドリ雷神〉は伝承では太陽であり、地上に立てばオンドリ・メンドリの姿、天にあれば雷神となる。

八幡神は「三歳の小児と現れて、竹の葉に立つ」ような〈小さ子〉であった。〈オンドリ雷神〉も卵から誕生するような〈小さ子〉である。

白き鷹

彝族は〝尚黒〟（黒を貴び）、黒鷹を崇拝するというものの（彝族の中には〝尚白〟の人々もいる）、私の注意を引いたのは、「彝音では鷹は白」（鷹彝音白）という個所である。「白」を滇（雲南省）と黔（貴州省）では〝吐〟といい、四川省の涼山では〝曲〟というが、それは「鷹」を意味する。「鷹は白、虎は黒」ともあった。白は鷹のシンボルカラーである。

大小涼山彝族では、蘇尼《スニ》というシャーマン（彝文は解さない）によって占われた火葬の後、死者の魂は一羽の白鳥となり、家を離れる時に鷹になると大吉であるとされた。白は鷹のシンボルであり、天、太陽を象徴する色である。そういえば、鶴も鳩も白い。天女は天から地上の池のほとりへ、白鳥や鶴、鳩のような白い鳥の姿となって飛来するし、龍女も白いメンドリ（少数は犬）の姿に変じて水底から現れる。伝承曼荼羅の世界である。

この鳩と鷹についても『月令章句』に、「鷹は化して鳩と為る」とあり、鷹は鳩の属なりともいっている。翻って宇佐八幡宮も金色の鷹と鳩を八幡神の化身としている。鳩は八幡神の使わしめで、石清水八幡宮は八幡様の化現する姿を聖なる鳩と観ている。

中国の「百合若大臣」にはしばしば斑鳩という鳩（キジバト）が登場する。雲南省西北部に居住する傈僳《リス》族の百合若譚の「アオバトの物語」には、

全身が翡翠のような緑色で、「春が来たよ、畑に出よう」と笛の音のような長い鳴き声で春を告げるので傈僳族に愛されている小鳥

という説明があった。日本でも翡翠色のアオバトは、深い森に棲息する留鳥で、鉱泉水や海水など塩分やミネラルを含む水を飲む鳩で、時期を選んで森から数十キロを飛んでくる山と海を結ぶ鳥、とされている。

若者天女婚型洪水神話では、若者が天神からしばしば穀物を「一粒残らず拾え」という難題を出され、「一粒足りない」と責められる場面があるが、その時、若者は迷うことなく鳩の砂嚢から一粒を取り出す場面がある。『拾遺記』巻一には「（少皞部落）以桂枝為表、結薫茅為旌、刻玉為鳩、置于表端」とある。少皞氏の〝鳩図騰柱〟（鳩のトーテム柱）は薫茅を結んで旗じるしとし、玉鳩を桂樹の枝の頂に置いて、村の入口に立てる、とある。鷹と属を同じくする鳩が一つの氏を表明しているのである。

さて、四川省と雲南省北部（大小涼山）の彝族は『勒俄特依』（歴史経典。勒は鷹雕、依は黒の意）という人類発展の歴史を唱った壮大な叙事詩をもっている。それは、阿什拉則《アシェンラゾ》（阿塞拉子、阿什拉責とも）が民間に流伝する史詩を基に整理を加えて成したものとされている。阿什拉則は今からおよそ三十代（約七五十年）前、唐代ころの大小涼山の大ピモである（著者の徐銘氏が「ピモ文化概説」を著したのは一九八九年。それから今まですでに一代二十五年を経ている）。子孫は今の大涼山の美姑に居住しているが、その書庫は〝文革〟時に壊されてしまったそうである。

阿什拉則の法術は「風を吹かせ雨を降らせ、大地に錐を挿して泉に変える」と称えられるほど高い。ピモの『請神経』では、彼の名はすべての護法神の首位に列せられる。大小涼山のピモたちは、「阿什拉則は我らの始祖、先師である、家譜をたどれば遠く拉則に至る」と伝える。私は「大地に錐を挿して泉に変える」という場面に注意しているが、これはうち続く旱魃に、大地や岩などに剣や矢を突き刺して泉を湧き出さす、多くの勇者、国王、民族英雄たち

のわざである。鍛冶曼荼羅の主要なモティーフで、このようなわざをもつ大ピモ・阿什拉則も、鍛冶文化を背景とした英雄に違いない。

この大ピモ阿什拉則については、次のような伝承が伝わっている。

阿格蘇子《アコスズ》は阿什拉則と同様に、法術はすこぶる高かった。彝族の人々は病気平癒や祖先祭祀を彼に依頼しようとしたが、高い報酬を要求された。阿什拉則は人民を搾取する彼のやり方に常々反感を抱いていたから、低報酬で応じていた。そのため阿格蘇子の広間は次第にさびれていった。そこで阿格蘇子は宴を催して阿什拉則を招き、阿什拉則の酒杯に毒を盛ることにした。ある日、阿什拉則は彼の家で食事中、激しい腹痛に襲われ、家に戻ると息子の格楚に「わたしは、阿格蘇子の手にかかった、もう長くはない」と言った。格楚は聞くなり刀の柄に手をかけて行こうとすると、父はおしとどめ、「阿格蘇子は私の死を知ると、大笑いして思わず手を嘗めるだろう。その手に毒を塗っておいたから、早晩死ぬことになる」。格楚は仇討ちをやめた。翌日、阿格蘇子は果たして毒死した。阿格蘇子の法術は阿什拉則のそれに及ばなかった。そのため、ピモの『請神経』では第三位に列せられている。

もう一つの伝説によれば、

阿什拉則は生まれつき唖（もしくは唖のように無口）だった。少年の頃、朝出て行くと帰りはいつも遅くなり、行き先も告げなかった。母は怪しみ、いったい何をしているのかと何度となく後をつけたが、途中でいつも見失った。ある日、母はこっそり彼の襟に糸を通した針をつけておいて、息子が出かけると、糸をたどっていった。糸は山に入っていく。そこで見たのは、樹上の母猿が文字の発声をすると、木の下の母鶏が黒い血を吐いて文字のようなものを書いていた。阿什拉則はそばに立って、耳でその音を聞き、手でその形をまねて書いていた。母は近寄って「毎日こんな所で何をやっているの」と叱った。阿什拉則はびっくりして、「あと数日見逃しておいてくれたなら、学び終えることができたのに」と言った。母猿、母鶏は驚いて行ってしまった。阿什拉則はすっかり落胆した。彼が次にこの場所に来た時、猿も鶏も姿を見せなかった。阿什拉則はこれまで学んだだけの文字を整理して、後世に伝えるしかなかった。彝文と彝文経典はこうして創造された。

「阿什拉則は生まれつき唖」だったと伝わる。ちなみに彝族にみられる唖もしくは〝終始無言〟で登場する来訪神（唖巴会や唖神舞など）の活動をみると、それには災厄を祓い吉祥を祈る意味があるとする。面具をつけたり乞丐のような扮装をしていたとしても、彼ら自身は人々から山神や祖先神のような聖なる神と目されるのである。阿什拉則も伝説上の大ピモで、その資格は充分にそなえていたと思われる。日本でも古い神事では無言で進行し、神事の間は絶対に口をきいてはならぬものがあると聞く。

更にもう一つは、

酋長の奴隷の阿什拉則は、牛を放牧する牧童だった。深山に牛を放牧していくと、いつも母猿と母鶏をかわいがったので、聖林に入って行くことができた。そこで母猿が字音を読むのを聞き、母鶏が字を書き留めるのを見て、一つ一つ心に刻んだ。数十日後、酋長は阿什拉則の帰りの遅いのに疑いをもち、背中に長い糸を通した針を挿しておいて、糸をたどって聖林まで追って行って叱りつけた。阿什拉則は驚き、母猿も母鶏も逃げ去った。阿什拉則はそれまで学んだ文字を後世に教授し、その上彝文とピモの経典を創造した。ピモの経典の後二頁ほどはどれも白紙なのは、彼が途中で学ぶのをやめてしまったからである。

この阿什拉則にまつわる伝承では、彼は母猿と母鶏から文字を学んで経典を伝えようと企てたが、それは神の声を伝えたいと願っての行為であったことだろう。そして阿什拉則の所在を知るために母（奴隷主）は彼の衣服の襟に糸を通した針をつけるという、「三輪山神話」の〈苧環の糸〉のモティーフが語られている。私はこの〈苧環の糸〉のモティーフは彝族に集中的に見出せることを論じたことがあるが、ここでも彝族であった。そして今日までに収集した彝族の十五を超える三輪山型神話の伝承地は、鉄銅鉛錫などの鉱脈地帯とほぼ重なっているようなのである。奈良の三輪山が鉄山であったように。

涼山彝族には阿什拉則にまつわる伝説が多い。現在の涼山彝族のピモは、家譜をさかのぼれば阿什拉則に至るという。そこで涼山彝族の伝承に〝その後〟を聞くと、

不思議な力を持つ阿什拉則は、自分の創造した彝文字と経文がまだ世に充分伝わっていないことに、常々不安を感じていた。そのため死後、美しい白鳥に変じると、彼の唖の息子・耿春の頭上を鳴きながら旋回した、と思うと樹林へ飛んで、鳴きながら葉の上に血を吐いた。そしてそれはさまざまな文字に変じたのだった。

ここでは唖は阿什拉則ではなくて彼の息子であったとしても、〝唖〟は不可欠な要素なのであろう。鷹神と深く関わるピモ・阿什拉則は、死後「白鳥に変じ」た。そして白鳥に変じた後もなお文字を伝えようとした。

この姿は垂仁天皇の成人に達してもなお物言わぬ皇子の魂を求めて、山辺の大鶴（鷹）が鵠（白鳥）をとらえて自在な物言いを果たしたという、ホムツワケ（本牟遅和気命・誉津別命）の説話に重なっていく。福田先生は「聖なる魂が憑る白鳥を追う放鷹のわざは、聖なる魂乞ひの儀礼とも判じられ」、このホムツワケの「皇子の生命は再生して、みごとに物言ふのであった」と断じられた。そしてこの「物言わぬ本牟遅和気御子の伝承が、須佐之男命のそれと重なる」点にも注目しておられるが、ちなみに須佐之男命（素戔男尊）にも本牟智和気御子にも語られる「八拳髭が胸の前に至るまで哭いた」というモティーフは、彝族の英雄叙事詩「支格阿龍」とも共通する。この「神鷹の息子」の阿龍はピモの手に余るほど泣いて泣きやまなかったり、鉄人のような妖怪や雷神とも戦ったりする、鍛冶文化

の英雄である。そして「須佐之男命の伝承が、肥河（現斐伊川）に沿った鍛冶文化を背景とすることは、多くの人によって論じられている」。

主な参考文献

吉克則伙（ピモ）口述、劉堯漢（漢族）整理『我在神鬼之間―一個彝族祭司的自述―』（雲南人民出版社、一九九〇年）
朱文旭『彝族文化研究論文集』（四川民族出版社、一九九三年）
巴莫曲布嫫『鷹霊与詩魂―彝族古代経籍詩学研究』（社会科学文献出版社（北京）、二〇〇〇年）
龍倮貴・黄世栄『彝族原始宗教初探』（遠方出版社（呼和浩特）、二〇〇二年）
王継超『彝文文献本翻訳与彝族文化研究』（貴州民族出版社、二〇〇五年）
張純徳・龍倮貴・朱琚元『彝族原始宗教研究』（雲南民族出版社、二〇〇八年）（劉堯漢先生を除いて、著者はすべて彝族）
福田晃「放鷹文化序説―もの言わぬホムツワケ再生譚―」（『伝承文学研究』第六十三号　二〇一四年他）

日本の「百合若大臣」の伝承資料

日本の「百合若大臣」伝承資料　松本孝三

対馬の神楽祭文「百合若説経」　渡辺伸夫

日本の「百合若大臣」伝承資料

松本孝三

一　日本の説話資料

《その一　文献資料》

1　『出羽国風土記』巻八（荒井太四郎編・狩野徳蔵校訂。出羽新聞社、明治十七年）（秋田県秋田市雄和種沢）

村社高尾神社

高尾神社ハ女米木村字高麗沢に鎮座す其祭神ハ詳明ならされとも其古社たるは世の普く知る所なり其縁記《ママ》焼失すること久し里老の口碑に当社は元正天皇霊亀元年百合若大臣の開基なり其縁由は怪誕なるも口碑の儘を載す霊亀の初三目鬼辰黒王と云る悪鬼当山に居て人民を害す百合若大臣当国に下向して福館に陣し悪鬼を征せんとす悪鬼或は古水に隠れ或は深叢に伏し悠忽として求め難し大臣乃ち神霊の擁護を得んと金峰山に祈誓し又山城国高雄山の神徳を仰き丹誠を抽す其加護にや忽ち一団の火雲起り草木を照して炎の如し悪鬼其形を隠すこと能ハず大臣乃ち白羽の矢を放て二鬼を射殺す其後禍あらんことを恐れて大般若経一軸を書し死骸と共に菊森に埋め其上に盤石を敷き菩提の偈を授く

又大臣此山の霊を感し翠丸と名付し最愛の鷹を放つ故に鷹尾山と号す一名菊森又金峰山と云ふ
按に里俗の説に女米木嶽は往古賊酋大瀧丸の楯籠りし処なるを田村麿に攻落され大平嶽へ逃込しを又も追討され阿仁山中へ逃入たりと云ひ又男鹿島へ遁れたるを追て討取たりと云○百合若大臣翠丸鷹の事ハ飽海郡にも出たり何れか是なるを知らす

2　『封内名蹟志』巻六（田辺希文。明和九年〈一七七二〉。『仙台叢書』第八巻。仙台叢書刊行会、大正十四年）

（宮城県岩沼市）

緑丸石《ミドリマルノイシ》

千貫嶺深山の祠西に一石あり。東西に立。緑丸は由利若の飼し鷹也。其主を慕て謫居に至り。書を主に伝ふ。死後石に化す。依て云。此地は古の元海か島なりと云。

鷹硯寺

千貫松嶺の北。武隈の西にあり。龍谷山鷹硯寺と号す。相伝。往時百合若が愛鷹緑丸の為に建る所也。大悲像あり。長谷観音と云。南北の村名も此に因て出づ。郷説曰。由利若の大人海曲欠想て。文房具の小硯を鷹翼に締て杳空に放つ。終に重きに耐ずして死す。後人山畔に葬て寺を建是なり。或説には村名の此寺に出るにあらず。康平中。頼義建レ之。長谷の仏像に換。岩窟山長谷寺と云。南北の村落は此寺号に拠るといふ。

3 『越中志徴』巻四「射水郡」（森田柿園。文政六年〈一八二三〉～明治。石川県図書館協会編。富山新聞社、昭和二十六年）（富山県射水郡小杉村三ヶ。現、射水市）

鷹寺村

小杉三ヶ村の一ヶ村にて、今は高寺とす。元禄五年の郷村名義抄に鷹寺村とありて、元禄比にては鷹寺と書ると見ゆ。此地に今鷹尾山蓮王寺と云真言の古刹ありて、昔百合若大臣鷹の為に建立せし寺なるが故に、鷹寺と呼べりと云へり。○新川郡上条郷に、高寺村と云もあり。

鷹尾山蓮王寺

真言宗の古刹なり。○貞享二年蓮王寺由来書に、当寺弘仁十三年百合若大臣建立之由由《（ママ）》伝。本尊釈迦奈良大仏六ヶ一の尊像にて、唯今殊外零露すと雖、其形于レ今安置す。御頭廻り八尺有レ之。往古者十二坊有レ之処、越後謙信乱入の時分焼失、僅旧跡存而已。縁起・記録・寄進状等無レ之云々。○宝永誌に、小杉三ヶ村領之内高寺と申所に、蓮王寺と申真言宗の寺有レ之候。此寺昔百合若大臣鷹の為に建立の寺にて、七堂伽藍・末寺も十二ヶ寺有レ之由。中古上杉謙信当国発向の《（ママ）》之時、兵火にて致二焼失一候由。今以丈六之弥陀之御ぐし、手足、並長ヶ八尺計之仁王之首も御座候。行基之作之由。右寺鷹王山と申伝候。○宝暦十四年旧蹟調査に、小杉三ヶ村真言宗鷹尾山蓮王寺と云寺有レ之。往古大織冠建立地。七堂伽藍、塔中十二ヶ寺有レ之由。弘仁年中百合若大臣みどり丸と申鷹の為に建立被レ致共申伝候。

4 『能登名跡志』巻下（太田道兼。安永六年〈一七七七〉。石川県図書館協会、昭和六年）（石川県珠洲郡小木村真脇。現、鳳珠郡能登町真脇）

鷹王山上日寺と云密寺あり。此寺昔百合若丸と云人の寵愛ありし鷹海中にて死しに、此磯に寄り其菩提の為に建し寺也と云り、本尊千手観音は春日の作にて霊像也。七ヶ年目あてに開帳あり。其時は鷹来りて棟を不去と云り。昔其鷹の骸寄し処を経塚と云て、碇島の辺りあり。

5　『紀伊続風土記』巻之七十二「牟婁郡秋津荘上秋津村」（仁井田好古等編、天保十年〈一八三九〉。和歌山県神職取締所、明治四十三年）（現、田辺市上秋津）

千光寺　鷹尾山　禅宗関山派京妙心寺末

本堂　六間五間　　鐘楼堂

村の南小名平野といふにあり古伝にいふ百合若《ユリワカ》大臣緑《ミドリ》丸といふ鷹の弔の為に当寺を建立す古は鷹尾山にありしに天正年中杉若越後守破却せり今猶堂の故址に礎石等あり七八十年前村民伽藍の敗壊せるを悲みて其椽柱等の遺材を以て当寺を山麓に建立す中興開山を快岫和尚といふとそ末寺二箇寺古牌二あり（割注あり、省略）

6　『芸藩通志』巻三十九（『芸備叢書』第壱輯。広島図書館・裳華房発行、明治四十三年）（安芸国安芸郡矢野村大坊谷。現、広島市安芸区矢野町）

『芸藩通志』は文政八年（一八二五）に完成した広島藩の地誌。全一五九巻。完成までの歴史は長く、寛文三年（一六六三）に儒学者黒川道祐が編纂した『芸備国郡志』があったが、新たにその改訂事業が文化元年（一八〇四）に始まり、文政元年（一八一八）には地誌の編輯局が設置されて領内の古文書の整理や再調査を行って完成させたものである。

　多加宮《たかの》
同村大坊谷にあり、一におたか堂と称す、文明の頃は、発喜山鷹護寺とて、別当ありしが、後宮寺ともに廃す、正徳年間、新に祠を造り、神武天皇、思兼神、菅丞相を祭る、然るに土人伝云、昔百合弱《ゆりわか》愛する所の鷹緑丸と呼しが死て後これを祭ると、旧志にも、此説を載す、江田島本浦にも、鷹明神といふあり、伝る所同じ、楽音寺古神名帳、安南郡、雄高明神あり、是等同神なりや、おもふに、当社も初は鷹を祭り、後廃するに及て、祭神を改めしにや、

7 『雲陽秘事記』（写本。著者、成立年代未詳）（島根県出雲市）

本資料は、前田淑氏「出雲の百合若伝説―『雲陽秘事記』をめぐって―」（福岡女子大学国文学会編「香椎潟」第八号、昭和三十七年十二月。後に同氏著『百合若説話の世界』所収。弦書房、平成十五年）より引用した。同論文によれば『雲陽秘事記』（別名『秘書松湖美登理』天地二冊）は、雲州松平氏の初代直政から六代宗衍《むねのぶ》までの家中の出来事を記したもので、その中に五代宣維《のぶずみ》（元禄十一〜享保十六）の時代の事として「推恵大明神由来」という一条がある。

　　推恵大明神由来
日御碕検校尊利の簾中ハ、御家老神谷備後娘にて器量万人に勝れし故御国中取沙汰隠なき依之人々簾中を見まほしとて希ハさるはなし
　或時に、此簾中も大守に御目見有けるに其あてやかなる事古の小野小町も是にはいかてまさるへきやと思はれける機量（ママ）なれは大守甚た御感心有ける　扨此時尊利検校は大守の御慰之為とて沖を通る帆掛船を留て御覧に入んと自ら装束にて庭に出秘文を唱へられけれは不思議や今まて沖を馳行船忽ち留りける　また秘文を唱へけれは此船以前の如く走り通りけるを御覧あり扨々不思議の事なりとて御感あし〱（ママ）けり　御帰城有けるか夫ゟハ大守も此尊利簾中の事の

み御心に懸りけれは御家老神谷氏を召れて其方娘事日御碕検校江嫁せしか存寄のありけれは引戻し手前に呉よと達て御所望ありける　時に備後御返答有之けるハ不肖の愚娘長袖と申なから一たん契約仕り置何の子細もなく引取事は相成申間敷候　夫とも尊利ゟ不縁に預る時は兎も角も可仕と申上られけれは大守も詮方なく先ツ夫切にて差置れけるか如何しても取戻し手に入んと被思召仰渡されけるは　日御碕検校事沖行船を差留し抔のあやしき法を行ふ事合点行かす何分ヶ様の怪しき法を行ふ者領国日御碕に差置候事不相成隠岐国へ遠島可申付との御事なれは早速日御碕江御仰渡ける故尊利検校無しつの難を受て無是非日御碕を立て籠輿に乗り松江大橋を出られける　此時簾中も共に隠岐国へ行んと契約して是も同しく乗物にて大橋迄行ける　夫ゟ尊利之乗られし輿を船に乗せ友綱を解いて漕出し簾中の乗られし乗物は其儘神谷江かき込ける　簾中も尊利と共に隠州江行んと思召処に左ハなくて引分し事深く御歎き有之　又尊利にも大守の非道を恨みなから隠州へ渡海有之ける　夫ゟ大守ハ彼簾中を召寄んと思召の処俄に長血と成れけれは暫く御見合有之ける

　時に尊利検校は隠州の国にあつて月日の立に随ひ無しつの罪を恨み其上簾中を引分け給ふ事を深く恨て高山に登りて白き幣を切海へ流し我存念雲州へ届きなは此幣立て流るへしと祈念を込め押流し〳〵雲州を恨ミ白眼み給ひ百日の間もいたされけれとも只一本も立て流るゝ幣無之尊利検校も大に力を落し扨々残念なる事かなと泣々山を下られける所二三丁も麓に至り白髪の老翁岩の上に忽顕れける　尊利に向っていいまた一念の届さるは祈念の不足也今五十日丹誠抽んてなは一念雲州へ届へしと云て掻消ことく失にけり、是ゟ又五十日斗り此荒行に懸られけり然るに廿日許も立けるか尊利流せし幣不残立て雲州の方へ流れ行ける尊利是を見て我存念の達し歓（マヽ）ひ山を下られける

　然るに嶋根郡加賀浦へしらふの鷹何国ともなく来り浦人とも是を捕へ御鷹部屋に差出候に付御鷹匠大守の御目通りへ据行けるに御側に有者の目には殊の外美敷白ふの鷹と見へけるか大守の御目にハ尊利検校白装束にて大守を白眼ミ

て鷹匠之拳に据りける　宣維公是を見給ひしか其鷹は元の所へ放つへしとの上意也けれは又加賀浦へ放ちけり北の方をさして帰りける

扨こそ是等始として或時ハ御廊下橋（ママ）に山伏顕れ又は御居間の外より震動して大守之御目を覚し川上江御出の節ハ何国ともなく白羽の矢来り御船之辺へ落なとせし事是皆尊利の一念なりとかやまた隠岐国にて尊利はたゝ御簾中の事のみを思ひ案しられける所に鷹一羽尊利之前に来りけれは尊利独言に鷹も生あるものならは此文を雲州へ遣し呉よかしと言れけれは不思議や尊利の膝の上に止ける是ゟ尊利は俄の事なれは筆紙の貯ひもなく我着られし白無垢の袖を切萱の葉にて指を切て血を出し其の血を以て文を認鷹の足に結付て能々頼れければ此鷹南をさして立行けるか又神谷の宅には尊利簾中ハ尊利の事のみ案しつゝけ側廻りの下女色々慰さみ（一字不明）いたすといへとも只鬱々として居られける時に何国ともなく鷹一羽飛下り簾中の居間の庭に下りける下女とも是を見て此鷹の足に何やら結ひ付しもの有とて手に取んとせしかとも此鷹少しも恐す身をすくめて居たりけれハ女中とも立寄此結付し物を取て簾中へ差出しけれは手に取上げ見られける処尊利ゟの文なれハ簾中大ひに歓ひ驚き共に涙をしほりかなしみ扨夫ゟ御返事を認られ筆硯も不自由なるへしと認し文に硯と筆と包み彼鷹の足に結ひ付られけれは彼の鷹は雲外遥に飛去りけるか三十六里の海上を帰り只二三丁にて此硯の重きに羽叩き海上に落て死たり尊利海辺に出て是を見られけるに簾中ゟの返事幷に硯を送りし事委細書添有けるゆへ鷹の死たるも此硯を送りし故也と深く歎しと也夫ゟ尊利三日三夜断食して死去ありける

扨大守には斯る仕事打続きける故尊利の一念を恐れ給ひ御立山に新に社を勧請あり推恵大明神霊社と崇め給ひける。是ゟ仕事無之又簾中も神谷氏にて間もなく死去ありける（以下略）

8『禅余集　全』（郷土史蹟伝説研究会、昭和六年三月）（大分県大分市金池町）

『禅余集　全』は、寛文四年（一六六四）から延宝二年（一六七四）までの間、蒋山万寿寺第四世の職にあった乾叟によって筆録されたものである。郷土史蹟伝説研究会刊本所収の解説によれば、本書は『豊府聞書』といった藩政時代の史書等の基礎を成しているという。ちなみに、明治初期成立とされる阿部淡斎著『雉城雑誌』巻七掲出の百合若大臣に関する部分を見ると、その本文の大半が『禅余集』を踏襲しているようである。

古万寿寺記

昔百合若大臣追二討蒙古一。而至二筑前洋中玄海島一。大臣強力抜群。而引二鉄弓一射二鉄矢一。蒙古大畏。皆悉北去矣。得二海中漸平穏一。而大臣始安寝矣。大臣常少二快眠一。若快眠則連三日不二醒覚一。別府太郎曽知レ之。今幸二厥安寝一。而与二弟次郎幷近臣等一策レ之。便措二大臣於島中一。直発二兵船一而回。意謂。無人島中不二久活一矣。即帰レ豊而自称。大臣已討死。平二蒙古一之功独在レ我。因恣押二領一州一。且驕奢日募。以二花鳥使一数通二大臣妃一。妃不二敢従一焉。別府大怒。令三忠太密謀。沈二殺妃於万能池一。其池多蒋生。故又云二蒋池一也。忠太以二妃事一謀二外舅門翁一。翁潜以二愛子万寿姫一更二妃之命一也。後三年。大臣遭二壱岐釣舟放レ風来一。駕レ之絶レ海回レ豊。而誅二別府等一平二其残党一。安二撫国民一。便盈二蒋池一。而為二万寿姫一建二伽藍一。因号二蒋山万寿寺一。

大臣塚幷碑文

塚在二新府東南数百歩一。高三尋。廻六十二歩。今得二昆丹山翁之碑文一。附二手下一。

豊之後州隆国府之傍。此丸山。自二往古一国人伝説。百合若大臣塚矣。維時寛永巳亥。夷則二十五日。大風頻至。塚上之松忽折矣。越丙子小春初二日。豊州府主日根野織部正藤原吉明公。命二木口成直小倉員定両臣一。令三栽二培三本之勁松一。時得二一之石棺一。敬発レ之。則霊骨及大刀甲冑亦現在矣。恭惟。大臣終焉之地。既是実証也。太守感慨之余立二碑於塚上一。使下小比丘作二之銘一祀上レ焉。厥辞曰。

霊骨昭々　既是現前　功治㆓四海㆒　名挙㆓九天㆒
蒙古不㆑来　皇風永扇　将軍塞外　世盛国全
神在㆓不昧㆒　透㆓徹漢泉㆒　虔備㆓珍羞㆒　真霊享㆑旃
積善余慶　冀子孫賢　至祝至祷　銘㆓刻石堅㆒
鶴齢千秋　松寿万年

蔣山主翁丹山宗昆謹記

別府塚

別府地名。在㆓府城西三里㆒。廼太郎次郎之居城也。而其二塚相並在㆓両処㆒。一在㆓大臣塚西二百余歩㆒。一在㆓別府北一里㆒。蓋擬㆓蚩尤㆒。而身首異㆑処乎。

鷹社

鷹社在㆓古府之西一千余歩㆒。俗云㆓御鷹宮㆒也。百合若大臣曽為㆓逆臣別府㆒被㆓遺棄㆒。而独在㆓玄海島㆒。拾㆓海苔㆒以継㆓身命㆒。據㆓巌穴㆒以攔㆓雨露㆒。其妃空在㆓豊城㆒。而与㆓侍女輩㆒疑㆓大臣之死㆒。而女子身不㆑能㆔奈㆓何之㆒。一日放㆓所㆑貯隼鷹及諸鳥之類㆒。大臣至愛之鷹云㆓翠丸㆒。放㆑之不㆓敢去㆒。却似㆑有㆑所㆑望。皆謂乞㆑食。一婢則搏㆑飯擲矣。翠丸有㆓喜色㆒。銜㆑之飛騰。向㆑西去。遂至㆓玄海島㆒。置㆓搏飯於大臣前㆒。依㆑傍而伏。大臣知㆓是翠丸㆒。而歓喜無㆑比。翅旋向㆑鷹言。搏飯婦所㆑作乎。豈一口之飯続㆓我命㆒耶。何無㆑寄㆓隻牘㆒乎。廼齕㆓破指頭㆒。血㆓書一首歌於木葉㆒。以附㆑鷹。鷹銜㆑之飛去。径回㆓豊城㆒。妃読㆓血書歌㆒。而悦㆔大臣猶存㆓于世㆒。且知㆔其地無㆓筆墨㆒。而紙墨筆硯并書牘　束㆑之繫㆓着鷹之首㆒。鷹又雖㆓欣々飛去㆒。而山杳海広。羽翅自然労。遂溺㆓死于海中㆒。久之随㆑浪。流至㆓玄海島㆒。大臣視㆓鷹死㆒。悲嘆不㆑可㆑言。尤見㆓其硯墨等重㆒。単惜㆔女人之少㆓智慮㆒而已。後及㆘回㆓豊城㆒平㆗

讎敵上。而為二翠丸一建レ社。行二祭祀一。酬レ恩也。土人相伝。有二鷹二羽一恒守レ社。今古無二増減一矣。又曽依レ栽レ松発二石棺一。有二鷹二羽一。来棲レ林。追レ之去還来。封土畢不レ知レ所レ往矣。

9　『雍正旧記』（雍正五年。享保十二年（一七二七））（沖縄県宮古郡多良間村水納《みんな》）

『雍正旧記』には「大和人」とあって、百合若大臣の名称は見られない。また、『遺老説伝』も水納島の伝説を伝えているが、「日本国人」とあってやはり同様に百合若大臣の名は見えない。参考までに、河村只雄氏「宮古文化の探究」（『南方文化の探究』創元社刊、昭和十四年）に「水納《みんな》の百合若物語」の報告があり、水納島には百合若大臣の鷹の二基の墓があるという。なお、同書は『南方文化の探究』と昭和十七年刊『続南方文化の探究』を併せ平成十一年、講談社学術文庫より『南方文化の探究』として刊行されている。

鷹の墓所之事

昔大和人只一人水納島へ致二漂来一居候処、右大和人飼立の鷹、湯の粉袋を翅に懸、飛来候。大和人袋を取、不思議の感涙を流申候。左候て大和人指先を砕、其血を以て硯筆の二字を袋に書、差帰申候。然処無レ程硯筆を翅に懸、同島石泊と申浜へ鷹は死て寄付申候。鷹生候はゞ文を以、古郷の通融可二罷成一処、右仕合にて左も不二罷成一候へば、鷹死骸を葬、嘆居申候。其後折折鷹飛来、右墓の上に舞集申候。定て其鷹之末にて、鳥類とても元祖の跡を尋可二申歟と、見る人感情を催候。尤大和人の行衛は前代にて不レ詳候事。

《その二　口承資料》

1　秋田県由利郡鳥海村〈現、由利本荘市〉（『伝承文芸』第十一号「由利地方昔話集」。國學院大學民俗文学研究会編、昭和四十九年十一月）

野村純一氏「北朔の百合若大臣（下の一）」（『昔話伝説研究』第七号。昔話伝説研究会編、昭和五十三年十一月）にも、常光徹氏が佐藤タミ女から聞き取った資料が掲げられている。また、常光徹・黒沢せいこ編『鳥海山麓のむかし話―佐藤タミの語り―』（イズミヤ出版、平成二十一年）にも再掲されている。

百合若大臣

むかしな、江戸でなにものかわからねんどもてにな、こう大きなさかんで歩くものいるけど、「げんかいヶ島に鬼人が住み、取っては食い、取っては食い取りつくしてしまうけな。よりしちどう、しりしりどう」とこうさかんで歩ぐものいる。何が、なんじゃろか。何がなん。そいでこんだもう江戸おもだったで大変だけな。みんなあつまって、

「何としたらよかろうか」と思ったって、だれも何ともしねかろう。困ってしまって、その役人だけだもん。「だれかそのげんかいヶ島の鬼人におはすんだって、だれか征伐行きた人いぬか」どって、だれも行きたくないな。これのばや、あの百合若大臣のほかえな。それ征伐行きた人いねんだっちゅうことになったどもんで、こんだ百合若大臣さ話したとこんでな。百合若大臣もよ。ほんどいい役人だんでしょ。大臣のな。したんばその行ぐどなんでも欲しいもの言うんだものな。

「なんぼでもやるし、家来でもなんぼでもいるだけやるからどうか一つお願いする」て言われて百合若大臣、

「おれいよごだば、そったの家来いらねど、二人あればいい」ってどの。

「だれにでも、そげな人っ出てこい」ということになったとこでな。ああおくびょう者だや。

「なんとか俺とこば言わねんでくればいなぁ。俺とこば言わねんでくればいなぁ」と思っての。そのだども、高けとさあがってコテッと身を出して、

「ほらその方、げんぶ、しちぶ」っての。その二人兄弟なってもな。本当の名前だれがなんだか俺わかんない。おめたさんだべんだや。さあ大変だこれ大変だえとも言わいね。みんなびっくりしたども、百合若大臣ほどの者なんでだってああいう風なおくびょう者選んで二人よったもんだろう。こんなもの親子の別れのさかずきさねばねぇ。百合若大臣は、別れのさかずきをして、そうして百合若大臣支度して、出かけようとした。鳥好きな人でうんと小鳥かっているだけどな。そいで一番のその大将小鳥は、みどりの丸という鷹だんだきょの。そんでその鳥っこさその別れ告げてな。そうしてその船さ乗って出かけて行くのよ。その百合若大臣が、その弓とな扇持ったんだけかな。そうして行く途中もおだやかでな。ほうしてこのあれずっとどごが、げんかいヶ島げらわからねえけども、遠くの方だということけて、ずっと行ったんだけどな。げんかいヶ島に行った。大きなぼんず山でな。あっちこっち木が一本、こっちの方さ一本はえてるんたもんでな。なんにも出はってもこね。

ほうしたとこでな、大きな岩穴みてんなその穴あって、ほら穴あってな。そこの坂下がってみたんばよ、大きなもので、すっかりわからねっけども、まづだれかいたんだでもの。玉くふりだものボカリボカリとまなこまで光らして、「これはいだど、鬼人でもなこれだど、どこ見たって何もいねしな。これゃ鬼人な相違ね」と思ったとこで、ども、出はってもねしな。百合若大臣様。ほな、弓射ったわけだ。それどさ。た、ブッチリあたってな。そうしてこんだ百合若大臣、何か一つ仕事して、

「こんだ大丈夫だ」と言へば、七日七夜ねむってしまう。ちゅうだもの。

「あぁゆったりした」と思っての。今度ねむり始めると雷みてないびきで、さあ大変だ。げんぶとしちぶのおくびょうもの。大臣様起こしたって起きねものはさ。七日七夜はねらねばなんとしたらえか。その鬼人だおらひっぱりだしてみたところで人や人など今ゆったら南洋の土人なんでかなんでかなんでか。今度それとこ船さつけて、おき流ししてしまったじょうの。

「なんぼ起こしたって、起きねえしな。おらな行ってしまえば、なんぼ来たってうちさもどってもきねえんだし、大丈夫だと。おらてんがいならいこれを鬼人征伐してんばな」。そう思って、その鬼人殺したもの。だの船だのお出て食物なにもおかねえで、皆もって逃げてってしまったのだけな。

そうしたところで、いままで青空でぎたぎた天気な、ほんだ急に雷なって、夕立ちザァザァザァザァと来てこらえて、七日七夜も起きねえ百合若大臣だけどもな。体もはっけ、なしもてきてたりして、げんぶもしちぶも穴の中にも自分の弓いって殺したものもいねえし、ほっからむこうの方さ見たんば、船コロコロコロコロなってずっと行くなよ。

それから大声でな。まべえまで、

「げんぶ、しちぶ」っちうけれど、だれももどってもこねえし、そらあむこうの方さドンドンとひとり穴の中さ行くことになったでしょうの。なんとも仕方ねえやろうだど思って、おれどご置ごっとおもってな。そうして夜に穴の中さはいって、

「しがらいのぼう船でも通るだいだな」と思って、山の少し高けとさあがって、こ、見《め》てるどもなにもそのこう通るものさ、ねえしな。そうしてまんず、命つなぎしていたわけだな。

そうして暮らしているうちな、もう三年もたってしまったんだけどな。げんぶ、しちぶやまんず、無事でもどって

きて、江戸さもどってきて、

「百合若大臣様は、いきなりやられてしまってな。われわれそのあれだど、こうして征伐してきたんだど」ってうそこしらえてな。そうして、たまげたこともあろうもんだな。まだそうしてたいしたいい位になってな。そうして大いばりして、暮らしていたんだけどの。

その百合若大臣の嬶は、いい嬶いるだんだけどな。そうしてこんだ嬶とこ、自分の嬶にするってそうして一つかってやるけどもなんぼしても百合若大臣の嬶は、百合若大臣が殺されておまえだんばうちにもどるわけ無ど、何がかにがだとそう思うてな。

「なんぼしても仇のげんぶしちぶの嬶にはならねえど」ってがんばってたんだけどの。

「何かかにかで困らせにゃ」と思って。そうして、こんだその嬶の鳥ことさ行ってから、

「おめだ大臣様、こうやってあんたことかわいがったけども、こんな食べ物もようでなくなったから大臣どこかに生きてたと思ったから大臣いたどさ訪ねていけど」ってへな。その鳥っこかこっておいたとこで、戸っこあけて出したば、その鳥っこな大喜びでな。ピチピチピチピチな天さ高く飛びあがって行ったわけだな。

「なんとか大臣様さ生きててくれればい」ど思っていたたどもな。ずっと、飛べ飛べ飛べ。みどりの丸さ先に行たんだ。みどりの丸な。おさむらいとこ一番大事にしてかわいがっていたんだ。

「大臣様げんかいヶ島に鬼人行ったけどももどってこねど、けんぶだいなるげんかいたまいならいでな。あれだけども、大臣は、生きてると思うから、おまえ一つ行って訪ねて来てけ」。今度、みどりの丸さ、食べものににぎりまなんでら、魚なんでらあれこれいっぺ。手紙書く時何もねえと思って紙やら硯やら筆やらいっぺつけてな。みどりの丸の体さつないで、みどりの丸はな窓の木さあがってピィピィピィとさけんで、

「それでは奥さん俺は行ってさけんできますよって」行ったぎな、タァ高く飛びあがってたんだけどな、「なんとかみどりの丸は、無事で旦那のいたどさ行って、いればいい」どそう思って、そうしたとこでな。ターといってあらませことになった時、こんだ海越えて行ぐなんだげな。雨、ガンガン降りになった時こんだ。とこにからんだ雨石もってきておもたくなったわけだ。たとえことでもちいせえものでもいっぺえつければ、みどりの丸みてんだものだってそういうもんだもんな。あまりいっぺつけられないんの。そうして、もって重たくなってな。飛べなくなって海さ落ちて。

百合若大臣、

「あぁ今まであれだけ天気になったな」と思って、高けとさあがって見てたば、むこうの方からこんだ小っさ何か来る流れて来るもな。

「何なもんだろう」思っておりて来て見たんばな。自分のかわいがっていたみどりの丸、いっぺ物つけてはぁ。

「まんずみどりの丸どご」。そうしたばそのピーピーピーピーってそのげんかいヶ島のその百合若大臣のいるところの岸にのびたかしの木かなにかんとこさあがってしゃがんでいるのよ。

「あぁ今まで鳥の音も聞いたこともねどもまんずおりゃ、みどりの丸に似たもんだな」と思ってて、やってていたんば、みどりの丸なばこうして手あげればな降りてくるなば、降りて来たんだっけなピーピーって。

「おぉみどり、みどりよ、おぉおぉ、俺とこ訪ねてきたなみどりん丸、降りやこうやってな。げんぶしちぶにおき流しかいて、三年もなるのに、いそ草取ってきて、岩の苔とってきて、生きてた。よおく訪ねてきてくれたな」って毎日みどりの丸、友達になっていたわけだ。なんとかして教《お》ひでくてかかでて教《お》ひでとこな。何も書くったって書くものもねし、いろいろ工面したあげくの末こんだかしの葉しょってな、

「げんかいヶ島に鬼人を訪ねにきて、探しにきて、げんぶしちぶにおき流しされ、磯草を取って食い、岩の苔さを取って食い、三年もすぎないのにまだぞんみんだど」。そうしてそれたたんで羽とこさはさめて、

「落さないで空さもって出ろ」って言ったんば、みどりの丸さ、

「旦那、旦那、おりゃな奥さんさもってくんど」って言ったんだ。またピーピーピーってまいあがったがな。そうして自分の家さ行ったのだけ。そうして窓の木さあがっていたばな。

「おぉみどりの丸が。行ってきたかどんなとこみつけてきたか」。なぐなっけどその鳥かどこたかどこ鳴いていたんばな。この羽のところさ書てんたものある。それみたんばな。つんでけたなで、

「うちの旦那よく生けていてくれた。三年三月つんでくでなんだ」と思うてな。

「早く早く」どってな。

それからこんなごはんでにぎりまんまにぎったり、魚を焼いたり、漬物やらあれも食わせて、これも食わせて、だってみどりの丸持って行くんだしな。それから紙からすずりから筆からそうしてそれからしょはしてやったのよ。そうしてそれだんだん雨風で重たくなって落ちてな、で、百合若大臣が、そのきっとひろいあげて、そのみどり丸とこは山の高えとこさなほっていけて（埋めて）木一本たてといたんだって、毎日みどりの丸さいけたところさ来てな。そういった一人言、その鳥っこどって食べてな。今度鳥っこさもの言って、そうしてこんだ奥さんやぐって小鳥っこもうんといろんなだけえな。うんでこんだ、

「旦那げんかいヶ島にいたとよ。生きてたと。みどりの丸たこんだいたどもな。もどってこね。食べ物だってなくなったろはと思ってな。なにもたずねてけろ」ってこんど鳥っこ入れといたその鳥かごの戸こあけたば、みんなうれしくてうれしくてこだ、パタパタパタパタパタと天さ登って行ったんだけども、そうして、また百合若大臣山のみどりの

丸の木埋えたとこそこら行ってたんば鳥っこウイと来たもの、今まで鳥こも来たことねえのに鳥っこ来たから、「オレ、鳥っこ放してよこしたんだなあ」と思ってなあ。その鳥っこだも、グルッとこう飛んで歩いて、喜んであんだんにゃ。毎日そうして鳥っこ来て暮らしてるだけの。

そうした時そのある日のことな。百合若大臣の嬶どとこ鳥できて、げんぶしちぶたびたび使いの者やるけども、なんばやってもげんぶたいうこと聞かないわけだ。はぁこれだけやっても言うこと聞かなねえ。旦那、こんだ島流しをするということになってな。その百合若大臣の嬶とこ島流しすることになったけどの。どこかというその浜べなかってだらなあ。明日との島流しすんで、まだ今日は、この浜べの小屋っこさここさ泊めることになってな。そしたんば、そこに住む爺と婆《ば》んばと娘といたんだけど、そうしたとこんで、その爺と婆んばどって、

「まずな、何よくねえことしたんでら、しらいけどあのいい嬶よ。島流しされるのは、また気の毒なことだなあど」って。そっちさ二人で話ししてたと。したば娘聞いてよ。

「かわいそうだな。何にも悪いことさねかろうどもなあ」なんて言って、

「おれ身がわりになってやる。かわいそうだ」とその娘なあ。この身がわりになれるじゃないかの。そうしてこんだ、百合若大臣のことから話ししたらば、こういうわけだどってな。そいでこんだば、

「身がわりになってやるあげ、おめえおれかわりになって行てくれんばいい」。髪もこうして娘の髪みたいにしな。面《つら》のあたりも汚ねくて、着物は、こんないい着物着てたんば、その娘きて娘の指に悪い着物ば知らねえふりしてな。駒鳥みてえにしてな、いたったぞの。

したらそのぉ、

「まだ決心つかないか」との、来たわけだ、その役人たちで。

「さあて強情なおなごでだぁ。これでもあいだか。今日こそ島流しだぞぉ。島さいけばだれもいねぇ人もいねぇところさ行って、かずしんでしょましんでしまうんだ。あの天下さまのいうこときかねんば、天下の奥方でりっぱにいてそうしているんだいいこと知らず」とて、ウン船さの方へガリガリとしたてて、その船さのせてつれて行ったわけだ。そうしてその人のいねえ。なにかというなめこあるで今なら波あるからども、その時には、波もなにもねえんだ。そういうろざしおで戻りかじだけをな。

その時のげんかいヶ島の百合若大臣が、たけとさあがってたんば、船っこ見つけたわけだ。いままでなの、船っこ小さい船っこと大きい船っこ船っこのかげもみたことねえども、

「あらぁ、船っこだぁ。たしかに船っこだぁ」と思ってなあ。そうしてこんだ、

「待てぇ」とさかだして、待つもさねえがら、海さ飛びこだなよ。

「でんしょうこんたい神宮八幡大菩薩春日大明神」だっけな。「この度《たび》一度《たび》助けたまえ」ときて、そうしてその海さ飛びこんで、ぬきてきて泳いで行ったなぁ。

「あぁどこの船っこだよ。ほらあど」って、海の怪物なんでら山の怪物だんでら、まっ黒面《つら》の髪ボウボウたんねんも、水着もやってない裸でな。体なんて毛だらけだ。まっ黒い陽にやけて毛だらけだ。これをのりくれば、あぁらおかねえ。船さたぐってこんだ船からつき落とそうとしたんば、ゆり若大臣は、

「あやしいものではないど。百合若大臣このとおりだど」って船さ乗ってしまってよ。

ほれだなんとも変なわけだその二人やうだな。そうしてその小屋このどさ行ったあんだけの。そうしてその爺と婆んばといたとこんでな。そこでこんだまず助けらひて、はなからっていって、まんずあの黒ん黒んぼとつけてそうして、そのじゃだあげたとこんで暮らしていたとこんで、まんず天下様で天下様でげんぶだしちぶだどで天下になって

いばってるな。なんと自分だばり大将で人のことといじめて、誰も好きな人もいねんだけをの。天下様だけな。あのかまの下たけのぞたってという話、あれも天下の人なば行ぐ人いねどって話してたんだけど、それ百合若大臣が聞きつけてえな。あぁおめだ、おめだ、爺さんお婆さん、今こういう話したきゃ天下に話題なったんば、天下様ではなあ。あの今から三年からもならあ、あのげんかいヶ島に鬼人征伐に行ってそうして大将になって天下になっていばっているんだぞなぁ。遠くの家でってあんまり人いじめるどってだれも黒んぼ黒んぼデンデラ釜の下。

「俺行くどって、俺行ってつとめてくるど」って、いったんだけな。ン、容易なことでない天下様にやらあまりがあっと見てみれ。それじゃあな荷包み大きいけんども知らんよ。黒んぼあたってたところ見て、他の人どって話して、「あのぉ黒んぼ海から来た黒んぼ、足の下にぼんぢんでもんある。これはただのことではねえ」と。そこの人何をいうてんだかわからねえけども、そしてその爺さ世話で百合若大臣げんぶのいた大きな屋敷にな。釜の火たきにつとめたわけだ。

したとこである日のことそのげんぶが弓いるのに、そうして山さいく時な、

「旦那、旦那どこさおでかけだ」たば、

「そこの山でまどさこさえて弓の稽古だ」と。

「弓矢持ったか」と言ったんば、

「この野郎、人馬鹿にして、黒んぼのくせに弓持ったかって、俺の弓はな、あの昔の百合若大臣使った弓で、誰もそのあるひねえ弓だど。たいした大きい弓で」なんて、

「俺弓も見たことねえ。弓稽古したとこも見たことねえ。俺とこお伴につれてってくれど」ってでうの。だぁ。「行こど」ってな、百合若大臣どこ誰も百合若大臣だと言わねんだ。知らねかろうど、黒んぼと名づけていた。

「しろとこおともについてこなど」って。そうして百合若大臣な。

「旦那、旦那、百合若大臣てなんだっていんば、大したんだろう」。そうしただら、

「弓だってそういうあたりめえの持つ弓より、いい弓もってるから馬だってみんないいだろう」

「いんだ、いんだ」

「なんとうにかぎるっておっかねえ馬だ。だれもあれひねんではなれたとこさ馬小屋っこはいてそこさ連《っ》ねでおくだ」言ったんだけどな。そうしてこんだ弓の稽古するとこさ、くついて行ってな。百合若大臣みてた何もあてても何にも出来ねえんだ。げんぶさしちぶも百合若大臣笑たなおかしくてな。

「なんだだんな、あんたってそこにちゃんと的こさえておいて、そこさ当てれねえでおら情ねえ」

「このやううんがなにして来て、んだからやってみれ」

「その弓貸してくれど」ってな、
ほんだこんだ百合若大臣の使った弓だろし、その大きな大した弓、その百合若大臣こういう弓さなば、扇もってるはずなったばな。これこのとおり日の丸のりっぱな扇でな、それこしてさったけの。こんだその弓射ったな一回で、その的の真ん中さプッンと射ったんだけどの。げんぶもしちぶもびっくり仰天しては、

「はあん」と言うも何もしね。あいた口がふさがんねえといったもんでなびっくりして。こんだその馬小屋から取ってきて、馬ひとかじりするさだけどつねえだ。馬なその百合若大臣のとこ見て、

「おにかげ」とつけといたんだけど。その馬の名前な。

「こらこら、かげかげ、もっぺんひろげてかげかげ、おれは百合若大臣だ、今もどったど。げんかいヶ島に鬼人を征伐に行って、げんぶ・しちぶに沖き流しさいて。たんねんに岩の苔さとって食い、磯草取って食い、今まで生ぎし

のんでだんだ」どな。したば、その馬な言うことわかったち、頭さげて前ひざ折って涙ボロリボロリとこぼしたんだけど、ほの時、その馬さとびのってよ。その弓の矢背負て扇ひろげて、

「百合若大臣は、こうしてげんぶ・しちぶに沖き流しされて三年三月そのげんかいヶ島にいて、岩の苔ら取って食い、磯草取って食いきたど」ってな。たかびたてまわってあるいたんば、げんぶしちぶびっくりしての。ほの山の岩かげから落ちたり、谷そこで落ちたりあれしてな。死んでしまったんだけど。

そうしてこんだ百合若大臣様無事に戻ったことわかってな。そうしてこの百合若大臣やまたもとのとおりの大臣になって天下様になってならしてもらってなって、そうしてこんだ百合若大臣のかかや、こんだそこの浜べのじいだばんば達には、助けらいていたんだけど、それもどって、娘も島流し身がわりになった、島流しなった娘もそれとこ家来つかって、呼び戻してな。そうしてその娘やまたその家来の大臣の家来の嫁になってな。一生安楽に暮らしたという話だ。

（語り手　秋田県由利郡鳥海村上平根　佐藤タミ）

2　長崎県壱岐郡勝本町〈現、壱岐市〉（勝本町文化財調査報告書第一集『勝本町の口頭伝承』。勝本町教育委員会、昭和五十四年）

壱岐の百合若伝承についてはすでに折口信夫氏の「壱岐民間伝承採訪記」（『折口信夫全集』第十五巻　民俗学篇1．中央公論社、昭和三十年）が知られる。内容的には、壱岐を鬼の棲む島と見立ての百合若による鬼退治や食べ物の世話をする子鬼の存在、鬼に関する民俗など類似点もあるが、なお全体として異同も見られる。

百合若大臣の鬼退治

壱岐の島は、その昔、悪毒王と名のる鬼の大将が治めていたという。この悪毒王のもとには五万の鬼がいたと伝え

る。

そのころ、都にまで壱岐の鬼の悪さが聞えるほどに、壱岐の鬼は悪かったのだという。そして、ついには、都の百合若大臣という、若くて美しくて、力もちの武者が壱岐の鬼退治に向われた。

壱岐に上陸した百合若大臣は、うわさ以上に強い若武者で、壱岐の鬼どもは百合若大臣の前では手も足も出なかった。

しかし、大将の悪毒王だけは別で、勇敢に百合若大臣と刃を交じえた。とうとう、この悪毒王も百合若大臣の刀で首を切られてしまった。すると、悪毒王の首は空高くまいあがり、どこかへ消えてしまった。

百合若大臣は智恵のある人で、さては鬼め、首をつなぐ薬をとりに天へ登ったな、と思い悪毒王の胴体を、すこし離した岩かげにかくしてしまわれたという。そして、百合若大臣は胴体がもとあった所に仁王立ちして空をにらんでいた。

百合若大臣が思ったように、空のかなたから悪毒王は首つなぎ薬を口にくわえて帰ってきた。しかし、もとの所にあるべきはずの胴体がない。近くを飛びまわって胴を捜したが、ついに見つけきらなんだ。

悪毒王は、もはや、これまでと、首つなぎ薬を百合若大臣に投げつけ、兜に咬みついて命がとぎれたという。

このありさまを、天上に逃げのびて、おそるおそる見ていた鬼の家来どもは、下の方から聞えてくる百合若大臣の声を聞いた。その声は、

「枯木に花が咲いた時と、煎豆に芽が出た時に限って降りてこい」と言っていた。

それ以来、毎年、草木が芽ぶく桃の節句の頃になると、天に追われた五万の鬼どもは、昔住みなれた壱岐の島に降りようと身がまえているのだという。

そのために、壱岐の島の人々は、鬼が降りてこないようにと、鬼凧あげをするのだといいます。

壱岐の島の人々のあげる鬼凧には、悪毒王が百合若大臣の兜に咬みついた絵が描かれています。これを見た鬼どもは、その昔、あんなに強かった鬼の大将が殺されたことを思い出し、おじけづいて、けっして壱岐の島には降りてゆかないということです。

百合若大臣と子鬼

ババ（祖母）から聞いた話。

天ヶ原（東触）の先に、海につきでた黒瀬滝がある。この滝（断崖）にひわれ（割れ目）がある。

このひわれは、百合若大臣の下駄のあとだという。壱岐の鬼退治にこられた大臣は、黒瀬の断崖を下駄ばきのまま登られたという。大臣の下駄は鉄でできていたともいう。

壱岐の鬼退治をされた大臣は、一匹の子鬼を招使《（ママ）》いとしていた。この子鬼は、フウタン（ほほ）にミナ（小さな巻貝）を入れて、ぬくめて（あたためて）百合若大臣にさしあげていた。このミナを大臣は「うまいうまい」と言ってたべた。

黒瀬滝の頂上に鬼のせっちん（便所）があったという。石で長方形の箱がつくられていたという。このせっちんは子鬼用のためか小さかったという。

大臣が都へ帰られる時、だれも船に乗せようとしなかったという。この時、「俺の船にのれ」と言った漁師がいた。大臣は大そうありがたがって、船が男岳山の下の所を進んでいる時に、その漁師に「ここで漁をすれば必ず大漁になる」と言ったという。

漁師は、大臣の言葉を長いあいだ忘れていた。ある時、偶然にも大臣の言った場所に船が流れてしまった。男岳山の姿を見た漁師は、大臣の言葉を思い出し、釣糸をたれた。すると、おどろくほど大きな魚がたくさん釣れた。

この猟師は、この場所を人々に教えた。人々は、この場所を魚釣山とよぶようになったという。

（語り手　長崎県壱岐郡勝本町東触　豊坂文雄）

3　鹿児島県甑島郡下甑村〈現、薩摩川内市〉（荒木博之編『甑島の昔話』三弥井書店、昭和四十五年）

百合若物語

昔、百合若上人の《（が）》嫁じょう《（さん）》ば《（を）》、もとっといやったちゅうでえ《（もっていられたところが）》、ほうしたちゅうでえ、鬼ヶ島《しめ》え行かったちゅうでえ、ほかあ《（そこは）》、ほの、百合若上人ば先《さき》いねえて《（になして）》行かにゃあいかんち、行きやったちゅうでえ、鬼ど《（ども）》ば、ほの、舟子《かこ》どが《（どもが）》、鬼《おに》ゃあ、たいがい殺《これ》えてしめえやったちゅうばって《（けれど）》、ちんば鬼が一匹残ったちゅうもんばねえ《（ということだよ）》。

ほうしたちゅうでえ、雨太郎、雲太郎ちゅうとどが《（というものどもが）》、大将になって、百合若上人ば、そけえ置《え》えて、舟ば押し出えて、百合若上人の《（が）》、

「んばあ《（あれえ）》、もう、ちょうしもうた」ち。そけえ、ちんば鬼の行《い》たて、

「お前《まい》いにゃあ、かせあぐっど《（食べさせてあげるよ）》」ち、いうて、磯の物《もん》ば、良かもんの分は、

「上人、お前《まい》、食《き》いやれ。おらあ、お前の食《く》たあとの分ば食うでえ」ちいうてちんば鬼が、せらったちゅうわ。

ほうしたちゅうでえ、雨太郎と雲太郎が、

「百合若上人は鬼から食《か》まれやったっ」ち、いうて、ほこ《（そこ）》の跡《あた》あ、雨太郎の取って、雲太郎《ら》あ、一の臣下《け》えなって。せらったちゅうばって、嫁じょうの《（が）》百合若上人の夢ば見らったちゅうもん。

ほうしたちゅうでえ、魚取《ゆお（とる人が）》いの、鬼ヶ島え行たて、

「あいや、舟の来とるが、この舟え《（ふねに）》便《びん》すう」と思《おむ》うて、百合若上人の、ほの、舟着場《ちきべ》え出やったちゅうでえ、魚取いの人《ふと》の、

「鬼が島え、鬼《おに》ゃあ、おらんと聞いといばって、鬼のおる」ち、

「鬼じゃあなかでえ、連《ち》れてたてくれえ」ち、いわったちゅうでえ、

「ほんならあ乗れ」ち、ほうしたちゅうでえ、ちんば鬼が泣《ね》えて、

「ちんば鬼、わらあ《（お前は）》、おれよ。おいが、わが家《い》い戻い着《ち》けば、いっきい《（すぐに）》舟仕立ててくっでえ、この舟にゃあ、わらあ乗せんたってえ」

ほうしたちゅうで、魚取いの、舟子《かこ》どに、

「がんじがらめえ、ほの、百合若上人ばきびれ《（くくれ）》」ち、きびらったちゅうでえ、舟が動かんちゅうもん。

「ちっと、ゆるめてくれんか」ち、ほの舟子どがゆるめたちゅうでえ、ほんに、舟が行き出えて、

「ましっとゆるむれば、わらあ《（お前は）》早かばって」ち、したちゅうでえ《（そうしたところが）》、ゆるめてくれて、……。

ちんば鬼が、

「あよう、百合若上人、おいも乗せてくれえ、乗せてくれえ」ち、いうたちゅうが、一番岩のちょんば《（突端）》ねえ乗って、海《うみ》い、ごんぶと入《へ》って、ちんば鬼《おにゃ》あ死んで、ほして、百合若上人は、もとのわが家《い》やった家《え》え下人に使われて、嫁じょうが、

「この下人は、どこみても、おいが見れば、百合若上人に似とったが不思議やなあ。おいげの《（自分の家の）》百合若上人にゃあ、欠け歯のあったっじゃが」ち、思《おん》うばっち、その下人の、決《け》して歯ば見せんたっちゅうでえ、嫁じょうが、飯ば

ちっと炊《て》ええて《（おい）》、飯鉢《めしばち》ゃあ頭《あため》えかぶって、汁鍋《すいなび》ゃあ、左手え持って、右ん手え杓子ば持って、

「もうなかあ《（ないよ）》、もうなかあ」ち、踊《おど》いばしたちゅうでえ、

「みんな一緒え《いっしえ》、めしげえ踊いばすっどっ《（注）》」ち、いうて、嫁じょうの《（が）》、下人の笑わっとば《（われるのを）》、見らったちゅうでえ、

ほんに奥歯《おくべ》え、欠け歯の見えて、

「んん、こらあ、ほんに百合若上人やなあ」と思うて、ほうしたちゅうでえ、ほうしてもいわれんわけやった風で、

……。

ほの弓のご覧のあしたがあって《（天覧の弓の試合があすあることになって）》、その下人が、

「こんどの弓《ゆみ》ゃあ、西さめえ《（西の方に）》行くなあ」ちいわれば、西さめえ行《い》たて、

「こんどの弓ゃあ、逆かぐいすっど《（反対にいくよ）》」ちいわれば、逆かぐいして、ほの下人のいうごと《（ように）》なったちゅうでえ、

「ほんならあお前、引いてみれ」ち、ほうして、弓ば引かれば引っ張るひこ《（だけ）》、こちっ、ち、折れちゃあ《（ては）》して、

「こらあ、むつかしか《（てごわい）》奴や。昔の百合若上人の引こういやった弓ば持ってきて、引かせて、みろうわい」ち、四人《よったい》で荷《い》のうてきたちゅうでえ、ほいば見て、にっこと笑《われ》えやったちゅうが、

「これこそ、わがもん」ち、笑うて、弓ば引きやったちゅうでえ、もとの百合若上人にないやった《（なりなさった）》ちゅうでえ、ほん時《とき》い、雨太郎と雲太郎は生きておられじん、切腹して死んで、ほん時い、ほの、嫁じょうが、もうなか、もうなか、ちゅう踊いばしたとの《（したことが）》、ほしこ《（それだけ）》ですんで、ほらもう、もとんごとないやったち。

（注）めしげえ踊いは飯貝踊りの訛り、つまり、しゃもじ踊りである。

（語り手　鹿児島県甑島郡下甑村手打　小川つる）

4　鹿児島県大島郡知名町（岩倉市郎編『沖永良部島昔話』知名町教育委員会発行、昭和五十九年）

昭和十一年、喜界島出身の岩倉市郎氏によって沖永良部島の昔話調査がなされ、昭和十五年民間伝承の会から『おきのえらぶ昔話』として出された。岩倉氏は、難解な方言による原話を、聞きながら直接標準語に訳すという速記術の方法を使って昔話を記録、その際特殊な語彙や特徴ある話法のみ語られたままの方言で筆記したもののようである。

百合若大臣

百合若大臣（Yuiwaka-tējin）は眠れば一七日も眠り続け、起きれば一七日も起き続けるという人であった。江戸へ船旅の途中、アガレムナシマ（東方の無人島）に漂流した。大臣の一番供は陸へ上って島を調べて、大勢の供人を船から下した。そうして「皆も陸で遊べ、大臣と自分は暫く寝るから」と言う。暫くすると又一番供は「皆が騒ぐとゆっくり寝られないから、今度は船で遊べ」と言って皆を船へ帰し、やがて大臣が眠ってしまったので、その腹帯と刀を取って船へ還り、そのまま船を走らせて島へ帰った。そして大臣の妻に、「大臣は無人島へ漂着して死んだ。死ぬ時自分の妻はお前に与えるから一緒に暮してくれと遺言された」という。妻は、「あれ程の人がただ死ぬという事はない。死んでも魂は生きている筈だ。私は大臣の葬式をして帰って来た」と言って承知しない。他の家来たちも「せめて三年の忌晴《イミハレ》を待っては如何です」と言うと、一番供は、「お前達は物を言うな」と言って、大臣の妻を自分の妻にした。

大臣は非常に立派な馬を持っていた。一番供がその馬に乗るようになると、馬は気が荒くなって遂には手に負えなくなった。それで黒金の厩を造ってその中に押込めた。

百合若大臣は七日の間無人島に眠り続けて、目を醒ました処が供は一人も居ず、島にも人は無く火の気もない。大臣は毎日海のスビ（貝の一種）を拾って、脇差で肉を抜いて食って、長い間島に暮した。そのうちにこの島の沖を大きな船が通った。大臣が頻りに手招きすると、船の人々がそれを見つけた。一人の者が言う。「この島に人がいる筈はない。鬼ではないか」。すると一人の知者が、「いや頻りに頭を下げ下げしているから人間に相違ない。船を着けて櫂の先に米粒を三粒つけて差出せば、人間ならそれを取って口に入れ、いつまでも噛んでいる。鬼なら丸呑みにしてしまう」というので、船を島につけて見た。見れば成程山髷に被われて人間とも思われなかったが、櫂に米粒をつけて差出すと、それを取っていつまでも噛んでいるので、船の者は天馬を下して大臣を助け上げた。

島へ帰ると大臣は自分の家の東隣の家へ行って、「馬の草刈りべか庭掃きべにしてくれ」と頼んで、その家の草刈りべになった。外の下人たちは大臣の身姿を嘲っていたが、一度草刈りにやったところがその早いのに愕いてしまった。次の日大臣は近所隣の七人の草刈べと一緒に草刈りに行った。そうして皆に向って、「お前達は生えている草を拾い刈りをしていては半日もかかるだろう。自分が草を打出すから、（打出すの意は詳かならず）銘々の分を一籠刈って、それから自分のために一籠ずつ刈ってくれよ」と言って草を打出したら、皆は大喜びで忽ちの間に自分達の草を刈って、そうして大臣の分をも一籠ずつ刈った。大臣は毎日七籠の草を朝昼夕方の三度担いで帰った。その話を主人が隣の大臣の一番供に話したら、「是非その草刈りべを自分に譲ってくれ」という。「それはできません」というと「是非とも譲ってくれ」と言うので、それでは本人の望む通りにしようとて、大臣に聞いたら、行ってみますと言うので、大臣は自分の家の草刈りべになる事になった。

大臣は自分の家へ行くや、馬を見せて下さいと言って厩へ行った。「その馬は近寄ると食いつくから注意せよ」と言うのも聞かず、厩へ入って馬の耳に口を当てて「お前は元の主人を忘れたか」と言うと、馬は逆立てていた毛を伏せた。大臣は馬を曳いて庭へ出た。「この馬の鞍を借して下さい」と言うと、四人の者が鞍を担いで来た。大臣はそれを片手で馬にかけて、「鞭を借してくれ」と言う。今度は二人で鞭を担いで来た。大臣はそれを小指で摘んで取って、馬に乗って庭の東西を三度乗り廻した後、鞍を外して母屋と中屋の間に投げつけ、馬は厩に入れ、今度は「弓を借して下さい」と言う。弓を持って来るとそれを取って「この家の御主人のお皿物に丁度良い鳥がいますから、射ち取りましょう。雌の鳥は退ぞけ、雄の鳥は出でよ」と言うと主人（一番供）が出て来て、「どれどれ鳥は何処にいるか」と言う。大臣は一矢で彼を射殺して、家へ上ったら事情を知った妻が小座で息も出来ないばかりに泣いている。大臣は妻から事の次第を聞いて、「お前は男に力が及ばなかったためである。元の夫婦になって暮しをしよう」と言って、再び睦しく暮したという事である。

（語り手　鹿児島県大島郡知名町久志検　差司窪盛）

5　沖縄県八重山郡竹富町（福田晃・真下厚・狩俣恵一・仲盛長秀・花城正美編『竹富島・小浜島の昔話』南島昔話叢書9。同朋舎出版、昭和五十九年）

本書には方言と共通語が対訳で示されているが、ここでは対訳された方を掲げる。なお、小林美和氏「沖縄地方の百合若大臣—竹富島の伝承と奄美・沖縄伝承圏—」（福田晃編『沖縄地方の民間文芸〈総合研究Ⅰ〉』三弥井書店、昭和五十四年）に、昭和五十一年八月の調査当時、同じ語り手によって共通語で語られた本文が紹介されている。

ある男の仇討ち

ええ、ずっと大昔のこと。ある城元に頭役《かしらやく》がいらっしゃって、臣下どももたくさん使っていたが、頭役はどうしても隠居しなくてはならないということになったそうな。しかし、次の頭役は、まだ誰なのか、まだ決まらなくて、同様な、二人（の頭役候補）がいたので、この二人の中から、頭役は誰と命じようと、また、みんなに認めさせようと思っていたそうな。どうしても頭役を早めに決めなくてはならないとは思っていたが、いちおう、この二人の観光旅行が終わってから、頭役は誰と命じよう、ということになったそうな。

ずっと以前は、馬艦船《まーりゃんせん》といって、帆船ですね、帆船で観光をして、その頭役候補二人と、臣下たちもたくさん乗って出かけたのだが、ちょうど、もう、水不足になって、水がなくなったので、どうしても俺たちは水がなければ、国へ帰ることはできないとなったので、この頭役（候補）の二人が、

「それでは、お前たち臣下どもはそこにいなさい。俺たち二人が出かけて、あの島へ行って、水を探して来るから」と言ったそうな。

そして、小さな船で、サバニで、船頭を一人乗せて、水を探しに出かけたそうな。出かけて行って、

「さて、お前はそこから回りなさい。船頭は船に残りなさい、俺たちが回って来る間は。お前はそこから回り、俺はここから回って探そう。そして探すことができたら、その時はいっしょに（船に）乗って、国元へ帰ろう」と言って、回って来て、回って来たんだが、水は見つからなかったそうな。水は見つからなかったが、どうしても水を探さなければ、俺たちは国へ帰ることができない、ぜひとも、もう一度この付近を、探してみようということになって、また両方に分かれたそうな。

ところが、一人の侍の企みは、この人がいなければ、俺は頭主《かしらしゅ》だ、頭役になるのは決まっていると思って、野心のある侍は、悪い心を持った侍は、あらかじめ、船頭にちょっと話しかけておいた。

「俺は、早く戻って来るから、その人を残して来るから、俺が早く来たら、ボートは出しなさい。本船へ向けて出発しよう。そして、その一人は、そこへ置いて行こう」と。そして、その人を置き去りにして小船に乗り、本船へと出発してしまった。

「おうい、ここは無人島だから、一人では住めない。ぜひ乗せてくれ。乗せてくれ」と叫んだが、わざわざ、この

企みによって置き去りにしたので、乗せずに出発し、とうとう本船へと行ってしまった。これは、仕方なく、無人島ではあるが、なんとか生活をして、命をながらえていたそうな。今日、明日と、蕃柘留や果物などを食べて、五、六日、一週間と、ずうっと、果物ばかり食べていたので、身体は、衰弱する一方で、大変なことになったと心配し、ぜひ命だけは助からなければならないが、俺を助けてくれる神様はいないのだろうかと思っていると、ある日の朝、鳩が自分の前の方に、サーと飛んで来た。この鳩が、その人が飼っていた鳩が、手紙を首に下げて降りて来たので、この鳩は、俺が飼っていた鳩だと気がつき、すぐにつかまえて、足をサッと、縛っておき、その手紙を首からはずして読んだ。それは、妻からの手紙（であった）。

『あなたは、この世の中にいますか。いますなら、飼っていた鳩に、手紙を持たせて便りを下さい。すぐにでも返事は、今日のうちにも便りを下さい』という手紙が来た。手紙を見て、ここには筆もない、鉛筆もない、何も書くものはないんだが……、仕方ないなあ、と思って、自分の手の先を切り、血を出し、その手紙に（血で）染めて送ろう、確かにそれで、（無事に）いると証明しようと、その妻から来た、その手紙に、それを染めて持たせて、早朝だったので、持たせて、その日は暮れて、また命は生きながらえることができたと、その夜は床についたそうな。

国ではもう、妻は鳩の手紙を見て、自分の夫が生きていることを知ることができた。しかし、もしそのことを他人に知れたら、大変なことになるだろうと思い、三人ばかりの家来を使って、妻は彼ら三人を使って夫を迎えに行かせたそうな。

家来たちに迎えられて帰って来ると、ちょうどその日は弓の試合の日であったそうな。昔は先祖代々から、譲り受けた弓が各家にあったそうな。しかし、この侍が帰って見ると、あの敵が弓を取り上げてしまった後だったそうな。

島へ上陸して来ると、妻や子は、

「今日は弓の試合の日ですが、あなたの弓は没収されてしまった。今日の試合に勝つことができたら、あなたは頭《かしら》主《しゅ》になれるのに」と話し、残念だと思っていたのだが、残念だと思っていたのだが、この侍は、「ようし」と言って、その試合場へ出かけて行ったそうな。

ちょうどその試合場では、この侍の家から持って来た弓をみんなで、引き競べをしていたそうな。しかし、誰も引くことができない。このように取って引くのだが、力を込めて引くのだが全く引けない。そうしている時、髭もぼうぼうで、着物もぼろを着た、その侍がやって来て、

「俺にもこの弓をまず引かせてくれ」と言って来たそうな。

初めは、こんな乞食追い払ってしまえと、大変であったが、頭主が、

「まず、引かせてみよ」と言われたので、この侍は、弓を手に持って、

「ウォー」と叫んで、グーンと弓を引いたそうな。そして、また弓を引いて、頭役に向かって言ったそうな。

「あなたは俺を知っているはずだ。無人島に残された俺を知っているはずだ」と言ったそうな。

それで、この敵の悪だくみは発覚され、この敵は殺されて、その侍が頭主になったそうな。

（語り手　沖縄県八重山郡竹富町　加治久政治）

対馬の神楽祭文「百合若説経」

渡辺伸夫

解題

朝鮮半島と九州の間に位置する長崎県対馬には、中世から近世の藩政期にかけて法者（ほさ・ほうしゃ・ほっしゃ）発者とも、あるいは両部習合神道の験者とも称する天台密教系の宗教者がいて、神主・神楽師・祈祷師としての役割を担いながら、さまざまの活動を行っていた。

対馬の法者について言及する場合、必ず引用される文献史料に、御郡奉行を務めた平山東山編『津島紀事』がある。対馬における法者の起源を平安時代の浄蔵貴所とし、さらに法者について次のように述べている。原漢文を書き下し文に改めて示す。括弧内は割注。

> 子孫八坂氏は世々修験となって其の業を為す者、府鄙に数人有り。天正中に其術を競い、其の派を争ふ。故に天正十六年戊子九月、八島左馬助《さまのすけ》と井田左馬太夫《さまのたゆう》と派を分かちしめて、然る後に八島は神道に復す。故に井田（子孫蔵瀬を以って氏となす）。法者の儕《ともがら》を主轄《しゅかつ》す。

法者の子孫八坂氏は代々修験者となって、その一派が府内と田舎に数人いた。天正年間に法者の間で派閥争いが起り、その結果、天正十六年九月、八島左馬助と井田左馬太夫の二派になった。八島は神道に従事し、井田（のち蔵瀬）が法者頭となって、法者集団を支配した、というものである。

しかし、この説は平山東山の誤解である。紙数の関係で詳しい説明は省略するが、右の一節は、天正十六年に二派となった八島左馬助と井田左馬太夫が、それぞれ両八幡宮（現・木坂の海神神社と厳原八幡宮神社）の神楽師棟梁職となった一件を示したもので、井田左馬太夫の子孫が蔵瀬氏になることも、法者頭になることもなかったのである。

対馬の府内（城下。現在の厳原町）と田舎（豊崎・佐護・伊奈・三根・仁位・与良・佐須・豆酘の八郷）には、それぞれ神子と法者が居住して、諸社の祭に勤仕して神楽を行っていたが、彼らを統括差配していたのが法者頭の蔵瀬氏である。前述の浄蔵貴所を先祖として、代々飯田氏を名のった。江戸時代前期には府内の井田と飯田の二氏が法者頭だった。このことはほとんど知られていないが、元禄三年に井田氏が法者を止めて、神職となったことにより、はじめて法者頭が飯田氏に統一された。元禄十一年に飯田氏は蔵瀬氏に改めている。

対馬の法者の祈祷師としての活動は実に多彩で、雨乞い・晴乞い・鉦祈祷（安産祈祷）・ほたけ祭（荒神祭）・土用祭、浦祭・病人祈祷・先祖祭など諸々の祈祷を行っていた。対馬島民の生活に寄り添いながら信仰面で大きな役割を果たした。法者の行う祈祷は、いわゆる弓祈祷で、弓を篠竹で打ちならして、さまざまな祭文を誦むものであった。

ここに翻刻紹介する「百合若説経」は、対馬市豊玉町仁位、和多都美神社前宮司の国分文一氏所蔵の写本一冊である。内容的には前半部の宝競べの段、申し子の段、忍びの段（上記の段名は便宜的に仮称）のみで、後半部を欠き完本ではないが、対馬における百合若関係の唯一の伝本である。また、奥書の慶安五年は、対馬の法者祭文類の中では、古写本に属している。国分家は代々、法者家、命婦家で、つい近年まで国分永代さんが命婦の舞を舞っておられた。

さて、「百合若説経」がどのような祈祷の中で誦まれたのか、明記したものはない。諸祈祷の中で説経風祭文が誦まれたのは、「かみ（新神《さらかみ》供養《くよう》）」である。霊祭神楽ともいうべき先祖祭に催された。国の祈・迎え六道・野返し・送り六道などの祭文があり、目連尊者の母浄台女御の堕地獄と目連の異界巡りを主題とする「願物」「願物語」「星物語」や雀孝行を主題とする「一盛長者の鳥の由来（仮題）」などの説経風祭文が長々と誦まれた。「山入《やまいれ》祈祷」も先祖祭の一つとされるが、ここでは大祝詞・小祝詞・使者迎・五臓申上・林の本地・八千糈の申上・人形祭文などが誦まれた。舎利倉家本の寛延三年「山入座法」の中に、「役之行者説経」とあり、説経が明記されているのが注目される。さらに同書の「七鬼神引道之大事」には、七鬼神を勧請し、大祝詞・小祝詞・使者迎・弓の本地・申上五臓などが誦まれた後に「説経は七流れ也。田村・行者・勧喜・無明王を説くなり」とある。ここにも説経が見えている。「田村」は坂上田村麿の鬼退治、「行者」は先の「役之行者説経」であろう。役の行者が鬼界ヶ島で、人間に障碍をなす鬼たちをミサキ送りするという筋立てである。「勧喜」「無明王」は未詳で、祭文の伝本も発見されていない。「百合若説経」は、この説経七流れの中の一つではないかと推測されるが、今のところこれ以上のことは何も分からない。後考を俟ちたい。

翻刻

書誌

写本一冊、国分文一氏所蔵（長崎県対馬市豊玉町仁位）、縦二六・七センチ、横二〇・五センチ、全二八丁、行数・片面八行。

外題　表題・内題なし。内容から察して「百合若説経」の前半部である。

書写年代　奥書に「慶安五年／卯月吉日書之　国分弥兵衛」とある。

凡例

一、丁付を示した。丁数および各丁の表（オ）と裏（ウ）を（　）内に記した。
一、本文は追い込みとし、丁ごとの改行はしなかった。
一、本文中の「サシ」「ふし」「〽」の朱筆の節付けは、そのまま記した。
一、原本では（2オ）に二ヵ所訂正箇所があり、当該箇所の左傍に「ヒヒ」、右に小さく訂正の語句が記してある。翻刻文では原本の「ヒヒ」をそのまま付し、当該箇所の下に訂正の語句を本文と同じポイント活字で〔　〕内に示した。
一、朱記の読点「゛」はそのまま記したが、（13オ）の途中から未記入となる。読解の便宜のため、読点の代りに一字分を空けた。

本文

抑《サシ》むかし゛天ちくに゛長者おゝしと申せとも゛二百よ人の長者゛大和国に゛長者おゝしと申せとも゛六十よ人の長者あり゛まつひんかしに゛あさ日長者゛南にハさいまの長者゛にしニハさい国長者゛きたにハ゛きた国長者とて゛長者のなかれもなゝながれ゛貧者のなかれも七ゝながれ゛されは゛かのまんの長者と申たハ゛大中有徳の゛長者にてこそおハし　」（1オ）ます゛ま《ふし》つひかしに゛金はやしも゛千はやし゛玉のはやしも七ゝはやし゛南に゛あかかね林も゛千はやし゛玉の林も七ゝはやし゛西に゛白かね林も゛千はやし゛玉の林も七ゝはやし゛きたに゛くろかねはやしも゛千はやし゛玉の林も七ゝはやし゛それのミならす゛四方に゛八つなミの゛くらおそ゛立られた゛ひかしに゛七なかれ゛八つなミハ゛方によそへてとミのくら゛南に七ゝなかれ゛八つなミハ゛方に　」（1ウ）よそへて゛なミのく

ら〻西に〻七ゝなかれ〻八つなミハ〻方によそへて〻ほうさうのくら〻きたに〻七ゝなかれ八つなミハ〻方によそへて〻すミのくら〻中わうに〻七ゝ《（くらべ）》なかれ〻八つなミハ〻月見殿《との》にハ〻花ミす《ヒヒ》〔との〕〻くるまやすめ〻ミす《ヒヒ》〔との御せん〕ちやうたいまて〻つくりこもらせたまひて〻ゐいくわにさかへて〳おハします　さ《サシ》るほどに〻まんの長者の〻宝ヲ〻ものによく〳〵たとゆれは〻七日ゆく〻はまのまさ」（2オ）こハつくすとも〻万の長者の〻たからにおいてハ〻いかゝつくしかたしときこへける〻されハ万の長者ハ〻心の内におほしめす〻是よりも〻東におハします〻あさ日長者ハ〻貧《ヒン》なる長者にておハしませは〻たから捴とて〻文をまいらせて〻たから捴にかけおとし〻大和ノ国の物わらいに〻わらわせはやとおほしめし〻やかて御ふミ〻こまかにあそはして〻朝《ふし》日長者のた」（2ウ）てゐそ〻つかわし〳給ひける　あ《サシ》さ日長者ハ御らんして〻仰にハ〻ひんハ諸道のさまたけや〻万の長者より〻たからくらへとて〻御ふミたまハり候へとも〻一度のへいしを申さねは〻七代までも〻くちなきむしと〻生れんことこそむねんなれ〻いかにや〻右衛門之允ようけたまハれ〻我か十疋のめいはに〻白くらおかせ〻白さハさゝせて〻ひゐい山につれまいり〻十人の若君を申くたし〻我きミ」（3オ）将軍につれ参り〻かすの宝に〻こきやく申て〻たからに宝を〻くらふへしとそ御定有〻右衛門允〻此由をうけたまハり、あかんハ君のせんしなれハ〻十疋のめいはに〻白くらおかせ〻白さわさゝせ〻ひゐい山にそまいりける。此由を申けれは〻十人の若君立ハ。此由きこしめし〻御よろこひハかきりなし〻若君立の〻其日のしやうそくにハ〻はたよりあわせのもミ小袖〻ミなしろおつてめされてハ〻」（3ウ）ひせいかうの大口に〻まのおのゐほし〻かけ〻おとかいさかりにきりりとしめ〻我も〳〵と〻馬ひきよせて　うち《ふし》めして〻朝日長者の〻たてゐそいそかせ〳たまひける　ほ《サシ》となく〻あさひ長者の〻たてゐそつきたまふ〻あさひ長者ハ〻此由御らんして〻御よろこひハかきりなし〻やかて十人の若君立を〻くるまさに〻なミいせ申仰ニハ〻いかにや〻十人の〻若君立よきゝたまへ〻御身立を〻是まて申こと〻へちの」（4オ）しさいにてましまさす〻大和国〻

万の長者より゛たからくらへとて゛文をたまハり候へとも゛一度のへいしを申さねハ゛七代まても゛口なきむしと゛生むことの口おしさに゛御身立をハ゛我君将軍に゛つれまいり゛かすの宝に゛こきやくして゛宝にたからを　く《ふし》らふるへしとそ〳〵仰ける　其《サシ》時十人の若君立ハ゛此由きこしめしおうせにハ゛はやく゛つれまいらせたまへ゛それをいかにと申に゛十人の　」（4ウ）　子ハ゛五人ハひんに候へし゛又五人ハ゛うとくに候へシ゛其時ハ゛うとくなる兄第よりして゛ひんなる五人の身を゛うかへんことハよもあらし゛はやくつれまいらせたまいて゛いかほとにも゛こきやくめされて゛たからに宝を゛くらへたまへとありけれハ゛朝日長者ハ゛なのめならすによろこひたまいて゛十人の若君立を゛ゆんてめてに　う《ふし》ちつれて丶゛将くんの大りに゛まいらせ〳〵たまいける　此《サシ》由を申させ　」（5オ）　たまへは゛将くんきこしめし御定にハ゛さも有ならハ゛十人の若君立をハ゛はや〳〵゛つれくたらせたまへ゛これよりして゛くるま十りやうにつミあけて゛かすの宝をまいらせんと有けれハ゛朝日長者ハ゛なのめによろこひたまいて゛御ふミこまかにあそはして゛万の長者の゛所につかわしける゛ふミのもんこにハ゛明日八ちやうか原に゛出させたまへ゛たからに宝を　く《ふし》らふへしとそ〳〵か丶れける　万《サシ》　」（5ウ）　の長者ハ゛此由御らんして゛あさ日長者ハ゛いかほとのたからを゛もちてましませハ゛我か宝に゛くらふるへしとハのたまふらん゛それにつけても゛宝くらへにかけおとし゛大和国の゛物わらいになさんと゛心の内におほしめす゛さるほとに゛かの八ちやうか原と申ハ゛たても八里゛よこも八里の原なれハ゛八ちやうか原とハ申也゛此原を万の長者ハ゛一ちやうはかり引のけて゛銀金を゛きりいしに　」（6オ）　しかせたまひて゛其上にハ゛めなうのいしすへに゛すいしやうのはしらを立゛けたうつはりにハ゛きん〳〵しつほうをちりはめて゛うへにハ゛しよつかうのにしきをはり゛とこにハ゛にしきのしとミをしき゛うんきんへりに゛かうらいへり゛むらさきへりのた丶ミをしき゛中座あまりの所にハ゛とらへよう゛らつこのかわ共を゛一枚ませにしかれたり　心《ふし》ことはも〳〵およはれす　さ《サシ》るほとに゛万の長　」（6ウ）　者の゛きたの御かたの゛やかたに

なおらせたまふにハまつひちよ三千人に゛かんたうの　う《ふし》わさしに゛かすのたからを゛たきもたせて゛三千人つれて゛一とうり゛其あとよりも゛ゐり女房に゛色よききる物をきせ゛三千人つれて゛一とうり゛其あとよりも゛ひちよ三千人つれて゛一とうり゛其あとよりも゛ひやうもんのこしも゛十二ちやう゛卅六ちやうの゛御こしをそろゐて゛屋」（7オ）かたになおらせたまふにハ゛長衛のもの゛三千人そろゐて゛一とうり゛其あとよりも゛こかねしやうそくの゛太刀をはきたる物゛三千人つれて゛一とうり゛弓に取てハ゛ぬりこめ゛とうまき゛いとつゝミ゛しけとう゛はすくろ゛むらしけとうに゛しらきの弓゛うつほにとりてハ゛鳥けさるのかわ゛さねうつほ゛あかほろかけて゛一とうり゛其あとよりハ゛りき者に゛長刀もた」（7ウ）せて゛一とうり゛其あとよりも゛れんせんあしけの馬に゛きんふくりんの゛くらをしき゛御身かるけに゛うちめして゛御馬まわりにハ゛花やかなる人〳〵を゛あまためしつれて゛八町か原の゛屋かたゐなおらせ〵たまひける　其《サシ》時朝日長者ハ゛此由を御らんして仰にハ゛いかにや゛十人の若君立きゝたまへ゛御身立を゛此ほと゛ひゐい山にのほせ申こと゛へちのしさいてなし゛たゝ」（8オ）是ゆへのことかし゛たいこの上すハ゛たいこをうち゛ふへの上すハふへをふき゛しやうか゛三かにふりつゝミ゛まいの上すハ゛一つにハ゛神ほうらく゛二つにハ゛御ほうらく゛三つにハ゛君の御世の゛ひさしかるへき゛くわけんのまいを゛まわせたまへと有けれハ゛十人の若君立ハきこしめし゛なのめならすによろこひたまいて゛はたよりハ゛あわせのもミ小袖゛ミなしろおつてめされてハ゛」（8ウ）ひせいかうの大口に゛まのおのゐほし゛かけ゛おとかいさかりに゛きりりとしめ゛十疋のめいはに打《ふし》めして゛八ちやうか原の゛屋かたになおらせ〵たまいける　十《ふし》人の若君立ハ゛たいこの上すハ゛たいこをうち゛ふへの上すハ゛ふへをふき゛つゝミの上手ハ゛つゝミをうち゛しやうか三かに゛ふりつゝミ゛一はんにしんほうらく゛二はんに゛御ほうらく゛三にハ゛君の御世の゛ひさしかるへき゛くわけん」（9オ）のまいおそ〵まいたまふ　万《サシ》の長者のけんそくともハ申やう゛我か君の゛万の長者の゛たから物をは゛朝夕おかミ奉

る゛あのあさ日長者の゛十人の若君立のめされける゛十二のぎがくを゛おかミ申さんとて゛万の長者の゛けんそく共ハ゛ミな〳〵゛あさ日長者の゛まくやにか丶りてミへにける゛其あとに゛万の長者の゛ふう婦の人の゛屋かたにましますを゛物によく〳〵たとゆ　」（9ウ）れは゛むかし神のすミあらしたる゛ふるやしろに゛ほそん二たい゛つくほんたるにことならす゛それによつて万の長者ハ゛宝くらへにまけさせたまひける゛あさ日長者ハ゛十人の若君ゆへに゛宝くらへにかちたまいて゛あさ日長者ハゑ《ふし》いくわさかりと〳きこへける　其《サシ》時万の長者の御定にハ゛こん日のたからくらへに゛まけたることの口おしさよ゛いか丶わせんとそおほしめす゛其時君　」（10オ）将くんの御定にハ゛いかに万の長者き丶たまへ゛なんちハ゛なんまんくわんの゛たからをもちたる共゛又すせん人の゛けんそくをもちたるとも゛一人のすへの世をもたされは゛なんちよりあとにハ゛人のたからとなるへきなり゛三かいのしゆしやうハミな゛すへの世をもたさる事をかなしミて゛きよ水゛はせのくわんおんにまいり゛立て申せハ゛立なから゛いて申せハいなから゛子たねをたまハるなり　」（10ウ）なんちハ゛かほとおうかりけるたからを゛清水はせのくわんおんにまいらせて゛一人のすへの世を゛い《ふし》のりてミよとそ〳仰ける　万《サシ》の長者ハ此由きこしめし゛けにもかうよとおほしめし゛大和国にハ《ふし》あらすして清水まふてを〳めされける　さ《サシ》るほとに゛万の長者の御定にハ゛いかにやきたのかたよき丶たまへ゛女人ハ゛五性三しゆにゑらはれて゛つミのふかきとうけたまハる゛しやうめんよりハ　」（11オ）かなふまし゛うしろ戸より゛まいらせたまへと有《仰ける》けれは゛万の長者ハ゛しやうめんよりまいらせたまいて゛ほつしよはらりとうちまきて゛しゆすさよ〳〵とおしもミて゛南むやきミやう長来゛大じ大ひのくわんせおん゛万の長者か゛ふう婦の゛こんとのまいりにハ゛ふくおもとくおも゛ほしからず゛た丶一人のすへの世を゛さつけて゛たひたまへと゛きせい申させたまいて゛一七日の゛まいりを申させ　」（11ウ）たまへとも゛御むさうさらに〳なかりける゛其《サシ》時万の長者の仰にハ゛かくてつれ〳〵あらんより゛神や仏に゛立願申゛一人のすへの世を申ならハ゛かくにてかなうま

し゛いかにやはせのくわんおん゛きこしめせ゛男子にても候へ゛女子にても候へかし゛すへの世をつくへき゛子たねをさつけて゛たひたまへまつ〳〵かけ物にハひ《ふし》ちよ三千人そろゐて゛かんたうのうわさしに゛数のたからを」（12オ）いれ゛たきもたせ゛日に七度ツヽ゛七年もたせてまいらせん゛それもふそくにましまさは゛ひちよ三千人そろゐて゛日に七度ツヽ゛あかの水を゛はこはせて゛まいらせん゛それもふそくにましまさは゛金しやうそくの゛太刀を゛三千人にはかせて゛日に七度つヽ゛七年かけてまいらせん゛長衛三千ほんそろゐて゛三千人にもたせて゛七年もたせまいらせん゛これにても御りし」（12ウ）やう゛ましまさすハ゛あや千たん゛にしき千段゛御戸ちやうの゛御れようにまいらせん゛それもふそくにましまさは゛あけ三才のこまを　千ひきそろゐて　くれないのいとにて　かミをまき立させ　とねり千人　との原千人三千人に　ひかせてまいらせん　それもふそくにましまさは　しろぬの千段ハ　はへぬの、御れよう成　それもふそくにましまさは　しろよね千こく」（13オ）見こくの御れようにまいらせん　くろよね千こくハ　はへまきの御れようにまいらせん　とう明の御れようにけしのたね千石　こまのたね千石まいらせん　又れうそく千貫ハ　むまれ来らんすへの世の　御れようなり　あをきねかわくハ　すへの世をつくへき子たねを　さつけてたひたまへと　きせいふかく申させたまいて　二七日のさんろうめされけれ共」（13ウ）へ御むさうさらになかりける　さ《サシ》るほとに長者こころにおほしめす　日に一千度のこふりを取　身をきよめ　すへの代を申さはやとおほしめし　ミたらい川にくたりたまいてミたまへハ　川上よりゆふりの花一よふなかれてくたりけるを取もとり　清水にまいりたまいて御定にハ　それかしにこそ子たねをたまハらす候共　かのゆりノ花にまんしゆをそへて　一人のすへの世をたま」（14オ）ハり候へと有けれは　其夜の御むさうに　くわんおんハ　六十はかりのらうそうとへんしたまひて　御ころもをめされて　すいしやうのしゆすをつまくり　いかに万の長者よ　うけたまわれ　御身に子たねをとらせんとて　ひんかしハこまのひつめのかよわんほと　南ハろばのかよわんほと　たつぬれと　御身にとらせん子たねハ　さらにな〳〵かりける。されともありかたきり　」（14ウ）　しやうによつて　におひほうしゆの玉を　一つたまハらするなり　これうけ取てきたの方の　ゆんてのわきに　むすひとめさせたまふと　御むさうさたかにかうむりて　万の長者の御定ニハ　いかにやきたの御かたきこしめせ　神より御むさうたまハれは　ミかくら申て　けかふ申とうけたまハる　佛より御りしやうたまハりて　ひさしくとうりふ申せハ　めしかへさるゝとうけたまハる　」（15オ）　いさや下かう申さんとて　ふう婦共にうちつれて　下《ふし》かう申させ〳〵たまいける　さるほとに仏よりもたまわる　子たねなれは　何かわうたかい有へきそ　いくほとなくして　月のくわつすいとゝまりたまいて　十月半と申にわ　御さんのひほをとき玉ふ　さて取あけてミたまへハ　玉《ふし》をのへたる〳〵ことくなる　若君にてこそおハします　廿五日に花屋かた　卅三日ひあわせ　百日に一日　」（15ウ）　たらさる其日をハ　も《ふし》ゝかいわひと〳〵めされける　御名おは何と申へしと有けれは　万の長者の御定にハ　たまさかゆふりの花に　万しゆをそゑて　たまハりたる子にてましませハ　ゆり若殿とそ申ける　かの若君のせい人めすことを　物によく〳〵たとゆれは　ゆふへうへたるあをやきの　あしたの露にほころひて　九しやくをのふるにことならす　七才と申にハはしめて御　」（16オ）　はかまめされてハ　ゆり若の大臣殿とそ申ける　七さいの年より小弓あそひをめされけるか　すゝきの御たらしにおはなの御てうつをたてまつれハ　是ハ男子のひくへき弓かとて　二つにひ《つミ》きおり　二方へすてさせ玉ひける　又二人はりにつくり奉れハ　是も男子のひくへき弓かとて　三つ四つにひきおりて　四方へなけさせ〳〵給ひける　其時ゆり若殿御定　」（16ウ）　にハ　我かもつへき弓ハ　百人はりにかなしんとうハそわしらすと有けれハ　それハいとやすき御ことなりとて　百人はりのかねの弓ニかなしんとう一手奉れハ　是こそもつへき弓そとて　まつ矢あてをとわせたまいける　是より東方てんハなんまん里かとといたまへハ　東方天ハ六万六千六百六十六里の道とそ申ける　南方天ハなんまん里かととわせたまへハ　七万　」（17オ）　七千七百七十七里の道とそ申ける　又西方てんも北方てんもと

わせたまひける　是よりも中わうてんハととわせたまへは　十一万八千里の道とそ申ける　其時大神殿ハ　是こそ矢やてにたかいたるとて　よつひきちやうとはなしたまへハ　此矢か夜の間にこくうをとひかけり　五天ちく金剛王のつほの内なる松木にこ《ふし》そ〳〵とまりける　其時金剛王ハ御らんして　」（17ウ）是こそ大和国万の長者の申子のゆり若の大臣殿御てうつとて　御ほうてんにおさめたまいける　さるほとにゆり若の大臣殿ハ　弓おはふくろにおさめたまいける　かくて日数をふるほとに　御年十五と申にハ　恋路にまよわせたまいける　ならひの国のしよ大明の姫君立をしのひよせてミたまへと　心にあいにたる女房ハ一人もましまさす　かす〳〵の女房立ニ　」（18オ）さま〳〵のなんをつけてきらわせたまひける　せいのたかきおは　見山木のさうとてかへさる、　せいのひくきをは　ひんくのさうとておくらる、　かんさしのなかきをハ　しやしんのさうとてかへさる、　かミのミしかきおは　うつらのさうとておくらる、　色のしろきおは　二相いろミさめするとかへさる、　色のくろきをは土色けすらしきとておくらる、　此　」（18ウ）内に一人も心にあいたる女房《ふし》ハまし〳〵まさす　扨もあるひるまのつれ〳〵に　御そはなる女房立をめしよせて御定にハ　我かつまにさたまるへき人ハ　我か君将軍の照日の宮ハそわしらす　なんち我か君将軍にまいりて此事を申候へと御定有　其時女房申ける　君の仰ハさることにて候へとも　御身のち、万の長者のためにハ三代の君にておハします　」（19オ）御身のためにハ四代の御主にてましませハ　日月ちにおち　世ハまつ世にいたるとも　四代の下人にわちきりの道ハ候まし　さやうのことかもれきこへて有ならは　日に一ツつ、廿日に廿のつめをも　お《ふし》こされへしとそ申ける　其時大臣殿ハきこしめし　それ女ハまりにたとへて有けれは　あかりさかりハなきそとよ　さもあらは我とまいらんとて　三尺　」（19ウ）三寸の御こし物に七尺三寸の太刀をはきたまひて　おにかけとゆふ馬に打めして　我たておはさるのこくに立たまふか　将軍のたてにハいぬいのこくにそ付たまふ　馬を御もんのわきにつなきおき　もんのはん衆にむかつて仰にハ　いかにや御門のはん衆よき、たまへ　いなか侍の御はんに

さゝれて候へとも　ひまに取ミたし　たゝいままいりて候そや　門をひらきてたひた(「まへ」脱カ)」(20オ)　明日ひきて物申さんと御定有　もんのはん冢も　心ありまの人なれは　門《ふし》をひらきていれ申ける　其時大臣ハなのめならすによろこひたまいて　かなたこなたを立やすらいたまいてミたまへは　南おもてのひろゑんに　八十斗のにこう一人ゑんきやうたうしておハします　大神此由御らんして仰にハ　いかににこうきゝたまへ　御身にたつね申へきしさいあり　いなかさふらいの　」(20ウ)　御番にさゝれて候へとも　ひまに取ミたし　たゝいままいりて候なり　しせん夜まわりなとのとき　とれか君の御たいり　とれか照日の御前のたいりとそんせすしてハ　くわんたいなとも申へし　おしへさせたまへに《ふし》こうと仰ける　其時にこふこたへて仰にハ　よくも御たつね候物かな　是より東にあたりて　あふら火千すゝきほのかにあかして　すミゑの　」(21オ)　本そん七ふく一ついはらりとかけ　殿原あまたなミいてらんふくわけんに碁すくろくひわ琴をきんして　かちのおとのひまなきハ　君将くんのたいりなり　又いぬいの方にあたりて

らつそく十二丁ほのかにあかし　すミゑの本尊三ふく一ついはらりとかけ　十二人の女房立かはらりとなミいてゑかき花むすひたんしやくを取　」(21ウ)　ちらし　ほけ経のしよほん第一のひほをとき　南無妙法れんけ経とあそはしけるハ　てる日の御前のたいりなり　しせん夜まわりなとの時　くわんたいなとをめさるゝな　い《ふし》なかの殿とそ仰ける　其時大神此由きこしめし　照日の御前のたいりにさしかゝりミたまへは　ひとへに天人のやうかうも　かくやとミへていつくしや　とれか照日の御前　とれか　」(22オ)　女房立とさらに見わくるかたそなし　され共ひたりざこそあかり座よとおほしめし　ひたり座をミたまへは　ひたり座にこそおハしませ　大神殿ハ御らんして　あめと成てふりいらん　風となりて吹いらんとハおほしめせとも　八条のから戸もミなきぶ〳〵とおとされける　大神ハよしや心ゑたりとて　とらかしのふをむすんてかけさせたまへハ　彼とら　」(22ウ)　かしのふかかゝりて　照日の宮も十二人の女房立も　ふ《ふし》らり〳〵とねふりける　其時照日の宮の仰にハ　今夜ハなにとしたるやうに物うさふしてま

ねふたうして　よいのきやうしゆにあいつへしうも候わんと御定有　其時十二人の女房立も仰にハ　身つから共も物うさうしてまねふたうして　よいの行しゆにあいつへしうも候わん　御いとまをたまハり候へかし　」（23オ）　今夜ハミすにおさまりて　明日ハとく参りて　きやうしゆにあいたてまつらんとそ申されける　さもあらはいそきミすにおさまりたまへ　明日ハとくまいりて　行しゆにあわせたまへと有けれは　其時十二人の女房立ハ　八条のから戸をひらき　我も〳〵とひとま所に入たまふ　大臣ハなのめならすによろこひたまいて　しらはりしやうそくめされてす　」（23ウ）　いしやうのしゆすをつまくりたまいて　本そんの御前に　か《ふし》んきんしてこそおハします　其時照日の宮ハ此由を御らんして　まうふさと云つるきを二三寸ほとぬき出し　身つからかたいりにハおつとのすかたハかなふまし　おにか鬼神かそこ立のけ　立のきたまわん物ならは　たゝいませ《ふし》うめつせんとそ御定有　其時大臣殿御定にハ　それかしハ照日の宮の　」（24オ）　あさゆふの行しゆのこへのきとくにより　天人のやうかうにてましますそいそき〳〵きちやうにおさまりたまふへし　明日ハとく行しゆをめされ候へ　行しゆのこへのきとくにより　天にしやうかくならんと御定有　女人ハむねにちへありて　心にちへのなきとハこれとかや　やかてきちやうにおさまり給ひける　大臣うれしくおほしめし　十二丁の　」（24ウ）　らつそくを十一まてこそしめされた　一つをはのこしおき　こすへはるかにとほしつゝ　照日の御前のきちやうに　しのびいらせたまひける　照日の御前ハうちおとろき　まうふさのつるきを三寸はかりぬきくつろけ　鬼か鬼神か　ちきにめつしてのくるへしとそ御定有　大臣此由きこしめし　いかに照日宮きこしめせ　我ハこれ大和の国万の長者　」（25オ）　の申子にゆり若の大臣にてましますか　七さいの年より廿一と申にハ　おくりむかへの女人のかすゆるに　二百人とそきこゑける　いまたさたまるつまもましまさすして　照日の宮をこひ奉て　これまて参りて候そや　一夜の恋をやめてたひたまへと有けれは　照日のミやの御定ニハ　いかにやゆり若の大臣ならはうけたまハれ　なん　」（25ウ）　ちかちゝの万の長者こそ三代の下人なり　な

んちハ四代の下人にてましませは　日月ハちにおち　世ハまつせにおよふとも　四代の下人に契の道ハよもあらしそこ立のけと有けれは　大臣此由きこしめし　扨ハわるく申たるよと心へておもひなをし御定有　いや〳〵さにてハましまさす　某か母ハはせのくわんおんにてましますちゝは正八まん　」（26オ）にてましますそ　今夜一夜の恋をやめてたひたまへと有けれは　女人のちへのすくなさよ　八幡大ほさつと申たハ　ちゝ将軍のためにハうぢ神ニておハします　又はせのくわんおんハ　ミつからか念し仏にてましませば　今夜の恋をやめてまいらせんとて　それより御てと御手を取くミて　られうの袖をひきかさね　一つ御さへうつらせたまいて　」（26ウ）ひよくれんちのかたらいわ　あさからすこそきこへける　されは三かう四かうの夜もあけ　五かうの天もはれゆけは　照日の宮の御定にハ　天人のやうかうにてもおハしませ　又やまとの国万の長者か子にても候へかし　明日将くんにもれきこへなはひにも水ニもなさるゝへし　いそきかへらせたまへ　又天人のやうかふならは　ともに天にしやうかくな《ふし》らんと御定　」（27オ）ある　其時大臣ハ照日の宮をかたくるまにのせ奉り　もんのはん衆にハとろかしのふをかけさせたまいて　もんよりほかに出させたまいて　鬼かげにめさせまいらせて　大和の国万の長者のたて衆そつかせたまひける　是そいわひのはしめとて　しろきへいしにしろき酒　山かいのちんふつに国土のくわしをとゝのへて　一そくたもんよりあいて　あけてもい　」（27ウ）わいの御さかもり　くれてもいわひの御さかもり　御酒もりハひまもなし

さても大臣殿とてるひのミやの御中を　ものによく〳〵たとゆれは　天にあらはひよくの鳥　ちに又あらはれんちのゑた　五道りんゑのあなたより　りんゑしやうしのこなたまて　ち草のいろハかわるとも　かわらましとわわりなくちきらせたまひける　さてもその　」（28オ）のちハ御子あまたまふけたまひて　すへはんしやうとそきこへける

慶安五年

卯月吉日書之　国分弥兵衛」（28ウ）

韓国の「百合若大臣」の伝承資料

韓国の民間説話
「百合若大臣」の代表的例話

金 賛會

成造本解（成造神歌）

金 賛會

韓国の民間説話「百合若大臣」の代表的例話

金　賛會

一　ノギル国正命水

秦聖麒『神話と伝説』（済州民俗博物館併設済州民俗研究所、一九五九）所収

昔、ある所に一人の寡婦が住んでいた。寡婦には息子二人がいたが、長男は嫁を迎え、別の所で暮らし、次男と一緒に生活していた。ところが母親は病気で寝たきりとなり、弟は兄を訪ねて相談した。以外にも兄は（母の病気について）無関心であった。「死のおうが生きようが私は知らない」という態度であった。仕方なしに弟は占い師を訪ね、相談をした。占いでもするしか方法がなかったからである。占い師は（母の病気は）ノギル国を尋ね、正命水を手に入れ飲まなければ治らない病気だと占いの結果を教えてくれた。弟は掴みところがわからなくて困っていた。「ノギル国って聞いたこともないところだ」と。彼は再度兄を訪ねて相談した。（兄は）「この馬鹿なやつ。ノギル国がどこだと思って言っているのか」。「一緒にノギル国に行って来よう」という弟の誘いに、兄はいきなり怒りだした。弟は

呆れてしまった。「では兄ちゃんは行けないということですか」「そうだ、おれは行けないよ」。「お母さんが病気のため亡くなられても関係ないということですよね」。「そうだよ。自分の命までかけて薬を探し求めに行くのは嫌だよ」。弟は（もう兄と一緒に行くのは）断念した。これ以上説得してみても意味がなかったからである。彼は村の長老たちを訪ねて「ノギル国はどこですか」と聞いてみた。（そこは）「三か月十日を船に乗って行かなければならないところだ」と教えてくれた。彼はどんなことがあっても、お母さんを生かさなければならないという一念で、その遠い場所を探して行くことにした。

幸い彼には少しずつ貯めて置いたお金があった。そのお金で船を借りた。船が故郷を離れてから間もなく、口を大きく開けて呑みこもうとして船に飛びかかってくる魚のような怪物に出逢った。彼は慌てふためいた。しかし、心を落ち着かせ船を停めた後、祈りを捧げた。「昇ってくる日光菩薩さまよ、沈んでいく西光菩薩さまよ、天の玉皇上帝さまよ、龍王婆さまよ、皆、私の心を静めて下さり、どうか護ってください。母の病気が酷くなり、ノギル国に薬を求めて行く途中です。薬を得て、母に渡すまではどうか助けて下さいませ」。目を開けた。すると怪物は見えなかった。それだけではなく、ちょうど吹いてくる順風にのり、船は順調に海上を滑りだして行くのであった。そのためか、予測とは違って船は発ってからわずか十日でノギル国に着いたのであった。正命水を売っている薬屋もすぐに探すことができた。その上、薬屋の主人はまるで待っていたかのように薬を調剤してくれた。そして言うには、「この薬を持ち帰り、もしお母様が亡くなられていたら三服を飲ませ、生きておられるなら六服のすべてを飲ませなければならないのよ」と、親切に教えてくれた。弟は何回も（感謝の）言葉を申し上げた後、故郷に帰るため船を浮かべた。何日間の航海の末、遠くに故郷が見えてきた。ところが弟の船に向かって一隻の船が早いスピードで近寄ってくるのではないか。よく見ると兄が船の甲板の上に乗っていたのであった。両方の船は向かいあって停まった。兄は弟に薬をくれと言ってきた。弟は先日の兄の言葉を思い出して断った。（すると兄は）「私たち兄弟が一緒にノギル国を探して行き、薬を得て帰ってきたと、村人に行った方が評判が良いだろう。勿論母も喜ぶだろうし」。心の優しかった弟は兄に薬を渡した。しかし兄は、薬をもらうやいなやいきなり弟に飛びかかってきて、両目をえぐり抜き、船の底に穴をあけた。痛みのため、苦しげにうめく弟は、船とともに沈んでいった。兄は船が完全に沈むのを見てから、船の舳先を故郷に向けた。彼は堂々と母のもとに行った。「お母様、私たち兄弟がノギル国に行って薬を得て戻ってきました」。（すると母は）「こんなお母さんのために…。ところで弟は今どこにいるの？」。「私より少し遅れて来ています。もう着くはずです」。彼はそれらしき言葉でお母さんを騙した。一方、弟は破れた船から離れ落ちた板に身を載せ、当て所もなく漂流していた。何日間を漂流したのかわからなかった。（その時、乗っていた）板が何かにぶつかるような気がした。彼は注意深く周りを観察した。砂と岩があるのを肌で感じた。陸地に違いなかった。彼は陸地に這いあがった。手の感触だけに頼って前に進むと、彼の耳元に風のため、竹が擦れる音がした。彼は竹のある方に進み、竹で簫の笛を作った。簫の笛を吹くと、その音に魅かれ、周りからたくさんの人が集まって来た。彼は事の事情を周りの人に話した。可哀そうに思った周りの人は、彼を護ってあげることに決め、食事や寝床を用意してくれた。ところで不思議なことが起きた。毎晩ミミズクが飛んできて一翼は敷き、もう一つの翼は伸ばして彼に寝床を用意してくれるのではないか。ミミズクは翌日急いで（どこかへ）飛んで行った。この事実を知った村人は、彼は天から送られて来た人であると、ひそひそと話していた。その日も人々は集まり、簫の笛を聞いていた。その時であった。どこかでグーグルグーと鳩の鳴き声が聞こえてきた。彼は簫の笛を吹くのを中断した。「外に出てだれか鳩を探してくれませんか。耳慣れた鳴き声で、故郷から尋ねて来た鳩の鳴き声のような気がします」。その話を聞いたある村人が外に出て鳩を探した。鳩の首には紙切れが付いていていた。その人が紙切れを持って来ると、弟は嘆いた。「何の罪があって母からの手紙も読むことができないのか」。弟は悲しみをこらえて、両手の拳で目を叩いた。その瞬間、彼の眼は再び見えてきた。鳩はまだグーグルグーと鳴いていた。彼が（母への）返事を書いて鳩の首に付けてやると、鳩はふわりふわりと空を飛んで行った。いつかは（故郷に）帰っていくという内容の手紙であった。ところでその国の王女が彼の噂を聞いて呼んだので、彼は宮殿に向かった。彼の簫の音は王女を魅了させた。王女は父王に彼と結婚したいと懇願した。すると父王は王女の願いを聞きいれ、二人は結婚式をあげた。ところで彼が（母宛に）書いて送った帰郷日になった。彼は妻になった王女を連れて数々の財宝を載せた船に乗って故郷に向かった。一方、正命水を飲んだ母親の病気は全快した。しかし帰って来ない下の息子のことで心配が止まなかった。そんなある日、一羽の鳩が息子からの手紙を運んできた。母は一安心した。寝ても覚めても息子が帰って来る日のみを待っていた。長男は急に明るくなってきた母の様子を不思議に思った。そこである日、母が家を留守にした際、針箱を開けて見ると、中から思ってもいなかった弟からの手紙が見つかった。兄からみれば良い知らせではなかった。何をしてでも弟を始末しなければならないという一念だけであった。弟が帰ってくるという日になった。兄は村の強者どもを連れて船に乗った。弟が故郷に着く前に始末してしまいたいという策略からであった。やがて弟の乗った船が見え始めた。二隻の船はだんだん近くなってきた。弟は兄がその船に乗っているのが見えた。怒りよりは嬉しさが先立った。しかし船体がぶつかると、兄の船からは元気旺盛な若者たちがどっと押し掛けてきて、弟の船を襲撃するのではないか。戦いが起きた。このようなことを少しも予測していなかった弟は衆寡敵せず困窮に陥った。その時、どこかで七羽の鳩が飛んできた。鳩たちは体に付けてきた砂を兄の船に撒き散らした。その船に乗っていた強者どもは、砂が目玉に刺さり、目を開けられなかった。目の見えない盲人と喧嘩するようなものであった。弟の陣営は簡単に相手を退けることができた。兄まで強者どもと一緒に運命を共にしたことは残念なことであった。弟の船が故郷に着くと村人ら全員が喜んで迎えに出てくれた。彼は本当に久しぶりに母と涙の対面ができたという。

（一九五六年四月、済州道西帰浦市中文洞中文里　金チャンヒ氏口述）

二　不老草を採りに行った弟

任晳宰『昔話選集　第三巻』（ソウル教学社、一九七五）、同氏『もう一度読む任晳宰の昔話　第五巻』（ソウル翰林出版社、二〇一一）所収

昔ある所に、兄弟が年老いた寡婦の母と一緒に住んでいたが、母が病気になり、いろいろと薬を使ってみたが、病は一向に治らず、段々悪化していくだけでした。優れた医者がいると聞いて連れて行って診てもらうと、三神山の不老草を求めて呑めば効き目があるかも知れないが、これ以外の薬ではどうしても治せない病気だと言いました。

この話を聞いた弟は何があろうが三神山に行き、不老草を求めて帰ってくると心に決め、家を発ちました。すると兄も一緒に付いて行きたいと言い出しました。彼らは三神山がどこにあるのか、どれくらいの距離なのかわからなかったが、ただ母の病気を治したいという一念で家を発ったのでした。何日間を歩き、たくさんの山を越え、たくさんの川を渡り、また広い海も渡りました。

ある日、足も痛くなり、ある木の下で休んでいました。その時、空から五、六羽の鶴が首を長く伸ばして飛んで行くのでした。その鶴の鳴き声が自分に付いて来いというように聞こえてきました。そこで兄弟はその鶴が飛んでいく方向へ付いて行きました。山を越え、川を越えて行くと、海が現れました。鶴はその海を渡って行くのでした。兄はそれを見て、「私はもう付いて行けない。お前一人で付いて行って不老草を求めて来なさい」と言い出しました。そ

こで弟は一人で海を渡って行きました。弟は海を渡ったが、鶴がどこへ行ってしまったのか見えませんでした。しばらくあちらこちらをさ迷ってから、山の中で小さい藁葺きの家を見つけました。

弟はその宿に入って、「三神山はどこですか」と聞くと、（一人の）お婆さんが出て来て、「ここがその三神山なのよ」と言いながら、たいへんな親孝行の人ではないと、簡単には来られる場所ではないと言いました。弟は「母の病気を治すために不老草を採りに参りました」と言いました。このことを聞いたお婆さんは、自分に付いて来いと言いながら、深い山あいに彼を連れて行きました。そこにはあらゆる草と花がたくさんありました。弟は綺麗な水が流れる岩間に育つ、花のようで葉っぱのようにも見える不思議な草を見つけて、「おそらくこれが（探している）不老草ではないか」と呟きながら、真心を込めてその草を採りました。お婆さんはそれを見て、「親思いの人ではないと不老草がどれなのか見分けが付かないもの。あなたは教えてもいないのに不老草がどれなのかわかるのは、はたして天が生んだ息子に違いない」と言いました。弟はお婆さんに「ありがとうございます」と、何度もお礼を言い、（不老草を持って）家に向かいました。その時、以前現れた鶴がまた飛んできて道案内をしてくれました。

弟は不老草を大事に持って、鶴に付いて行きました。行く途中に海が出てきて船に乗って向こう側の丘に着くと、兄が待っていました。兄は弟を見ると、「お前は何でこんなに遅く帰って来たのか。お母さんは病気がさらに酷くなり亡くなられたよ。お前は親不孝の息子だ」と言いながら、不老草を奪い、弟の目を指先でえぐり抜いて見えないようにし、海に押し投げして帰ってしまうのでした。

兄は弟より奪った不老草を家に持ち帰り、母に自分がこのように不老草を得て帰って来たと言いながら、弟はどこかへ逃げてしまったと嘘を付きました。

一方、弟は海の波に乗って当て所もなく流れて行きました。何日間を流れて行ったのか、やっとある所に着きました。弟はそこの丘に上がり、両手で触りながら道に従って行きました。途中、ある葦原（竹原）に入りました。弟はその竹原で竹一本を切り、簫を作って吹きました。その簫の音がどれだけ哀れな音色であったのか、人々があちらこちらから集って来ました。弟が簫を上手に吹くという噂がこの世に広まって行き、宮殿の中の王女の耳にまで入りました。王女はその簫の音が聴きたくて弟を宮殿に招き入れました。王女は彼の笛の音を聴き、何度も吹くようにと頼みました。そこで弟は毎日簫を吹き、王女を楽しませてあげました。

一方、母は不老草を呑んで病気は治ったが、下の息子が帰って来ないので悲しい日々を送っていました。ある日、下の息子が飼っていた雁に、「お前はこの手紙をお前の主人に伝えておくれ」と言いながら、一通の手紙を足に結んで飛ばしました。

雁は飛んでいき、下の息子のいる宮殿に入り、その手紙を落して、カリカリカリと鳴きました。弟はその鳴き声を聞いて、「私が飼っていた雁の声が聞こえる」と言い、嬉しくて（声をあげて）叫びました。王女はあの雁が手紙を運んで来たのだと教えてくれました。弟は、「どんな手紙だろう」と言いながら、王女の手から手紙を受け取りました。そして手紙を読もうとすると、目がぱっと開きました。手紙はお母さんから送られたものでした。

弟は、お母さんが亡くなられたと言った兄が嘘を付いたことを知りました。そこですぐ母のもとに飛んで行こうとしました。しかし王女は弟の心が優しくて、孝行心がこの上もなく厚く、（さらに）簫の名人であったので（彼を）帰すのが嫌でした。そこで「お母さんをこちらに迎えて来よう」と言いました。弟もその提案が正しい気がしたので人を送って母を迎えて来ました。そして弟は王女と結婚してお母さんと一緒に幸せな暮らしをしたそうです。

成造本解（成造神歌）

金　賛會

解説

韓国の百合若大臣の「成造本解」は、陰陽道家の流れをくむ巫覡（盲覡）が伝承するもので、家を新しく建てた時と引っ越しをして家主が建築神である成造神を新しく迎え入れるときや家内の安泰・無病息災と幸運・財運を祈願する巫祭において唱えられる祭文である。「成造本解」は、成造という王子が部下達の裏切りによって無人島に島流しされるが、鳥の助けによって故郷に帰り、裏切り者を退治した後、成造神（建築神）として現れるもので、東アジア地域の「百合若大臣」との関連や鷹狩りなどの放鷹文化を考える場合、とても重要な伝承である。

凡例

一　本資料は、孫晋泰氏『朝鮮神歌遺篇』（郷土研究社、一九三〇）所収の「成造神歌」を抄出して紹介するものである。

二　本資料はすでに孫氏による日本語訳がなされているが、日本語としては不適切な表現や意味が通らない箇所がたくさん見られたので、韓国語の原文を見ながら改めて翻訳し直した。

三　翻訳に際して、漢字は現行のものに改めた。

四　通読の便を図るため、筆者による句読点や括弧、傍線を付した。

本文

忽然、天地開闢の後、三皇帝のその時代に、天皇氏初めて生れ、木徳によって王となり、日月星辰が照臨して、日と月とが明るくなった。

地皇氏次に生れ、土徳によって王となれば、草と木とが生え出でた。

人皇氏更に生れ、兄弟九人が九州を分掌し、人間を治める時、人世の文物を設けた。

燧人氏後に生れ、（初めて）樹を擦って火を出し、人に火食を教えた。

有巣氏更に生れ、木を構えて巣となし、木の実を取って喰う時、木を構えて家となし、雪や寒さを凌いだ。

軒轅氏後に生れ、高山の木を伐って、三四隻の船を造り、万頃蒼波に浮かばせて置き、億兆の蒼生を統率し、罟《あみ》を結んで網を造り、魚の捕ることを教えた。

神農氏続いて生れ、歴山の樹を伐って、鋤と犂とを造り、農業の法を教え、百草を（自ら）嘗めて薬を作り、治病の事を司った。

伏羲氏は聖君なので、滄海のような（広く深い）知識で河図と洛書を解き出だし、定期的に市を設け、万物の売買を教え、始めて八卦を画して、陰陽を教える時、男子の娶妻法（妻を娶る法）と、女子の出嫁法を、礼法として説き教え、夫婦に定めた。

女媧氏後から生れ、五色の石を美しく磨き、それを持って開いた天を埋めた後、女工の諸技を教え、男女の服制を設けた。法主氏は法を定め、陶唐氏は歴書（暦）を出し、春夏秋冬の四季と冬蔵秋収（秋に収穫して冬のために貯蔵すること）を教えた。孔子さまが出生して、詩書百家・三綱五倫・仁義礼智・善悪班常・有識無識を教えた。

その時、その時代の成造の本はどこであろう。中原の国でもなく、朝鮮の国でもなく、西天国こそその本であった。成造の父親は天宮大王、成造の母親は玉真夫人、成造の祖父は国盤王、成造の祖母は月明夫人。成造の外祖父は浄飯大王氏であり、成造の外祖母は摩耶夫人であり、成造の夫人は桂花夫人ではないのか。

成造の父親の天宮大王の年は三十七で、成造の母親の玉真夫人の年は三十九であった。夫婦の年が四十近くなったが、膝下に一人の血筋も無かったので、夫婦は常に嘆いていた。ある日、卜師（占い師）を招いて占ってみると、その卜師が占って言うには、「三十前の子供は運命によって得るものであるが、四十前の子供は善い心で修業の功を積み、仏前に祈祷すれば、男の子を得て、富貴を極めることができるであろう」と言う。夫人はそれを聞き、あらゆる祈願をなさる時、高山の松竹を伐り、天門に祈祷し、祭場に禁土（黄土）を撒き、金銀彩鍛を備えて、車に高く積み、雲門寺を尋ねて行った。至誠を籠めて祈りを捧げ、名山大川の霊神堂と、古廟叢祠の石假山、諸仏の菩薩と弥勒の前に、至誠を籠めて願をかけ、七星仏功、羅漢仏功、百日の山祭り、帝釈仏功、大海毎に竜王を祭り、天祭堂では天を祭り、すべての尼僧が袈裟を施し、茶具を施し、燃燈を施し、すべての路地に家を建て、行路（道に捨てられた）死者の葬式世話、貧しき人のお産の時にワカメと食料を施し、竈王世尊・后土神霊・堂山・処容・地神に祭を捧げ、至誠を尽くして祈ったところ、心を籠めた塔が毀れる筈が無く、力を籠めて植えた樹が倒れる筈がない。

大王と夫人が吉日を撰び、洞房花燭の夜を過ごす時、初更に夢を見れば、二羽の黒い鳥が青虫を銜え、枕の左右に坐っているように見え、三房の菊花が枕の元に咲いて見える。二更に夢を見れば、紫微星を守る三台六星が夫人の前に降り、金盤に三つの赤い珠を転がしているように見える。三更に夢を見れば宮中の部屋の中に五色の雲が集って入り、一人の仙官が黄鶴に乗ったまま彩雲に包まれ、宮殿の門を大きく開いて、夫人の側に坐りながら言う。「夫人よ驚き給ふな、私は兜卒天宮の王なのだ。夫人の功徳と至誠が至極なる故、天皇それに感動し、諸仏の指示により、子供を授けに参りました」。

日月星辰の精気を受け、童子一人を設け、夫人に授けて言うには、「この子の名は安心国と名づけ、別名は成造とせよ」。（夫人が）限りなく喜ぶ時、無情な風の音に、夫人が深寝入りした後、忽然と夢から覚めて見れば、仙官は姿も無く、蝋燭のみ明るく照らしていた。夫人が夢の事を国王に報告すると国王も喜んだ。（中略）果たしてその言葉のように、その月より妊娠の兆しがあり、一、二か月で露を結び、三、四か月には人の形ができ、（中略）夫人の混迷中に金光門が自然に開き、赤ん坊を産み落とせば、女の子であっても嬉しいのに、玉のような貴公子であった。夫人が正気を取り戻して衾枕（寝具）に寄り添って赤ん坊の様子を察すれば、顔は冠玉の如く、風貌は杜牧之に似ていた。

夫人は大きく喜び、人相見を急いで呼んで、赤ん坊の相を見てもらうと、（人相見は）階下の地に（顔を）伏して（最高級の）黄毛の筆を持ち、紅い硯に墨を擦り、雪花のような上質の白簡紙に「初中末年の富貴功名、興亡盛衰、吉凶禍福」と、詳細に記録するのであった。その紙に書かれてあったのは、「天庭高ければ少年に功名を成さん。準頭高ければ富貴功名疑いなし。両眉間が深ければ前妻を虐待せん。日月角が低ければ二十前の十八の年に無山千里の無人の所なる黄土島に三年間、島流しされん」。人相見はこのように占った後、占いの文書を夫人に捧げれば、夫人はそれを見て、肝臓も断たんばかり悲しく泣いた。（中略）我が子の名を定める時、この子の名を安心国と定め、別名は成造と名づけた。

成造は無病成長して、日就月将（日進月歩）して育ち、二歳の時に歩みを覚えて、歩いて行けないところ所がなく、三歳の時には言葉を覚えて蘇秦や張儀のような（流暢な）会話力を持ち、四つの時には礼を習って孝悌忠信の範を示し、五つの時には書堂に入塾すれば、師曠のように聡明であった。歳月が流れるように、成造は何時の間にか成長して十五歳となった。詩書百家や万巻書籍などすべてに通じ、知らないものがなかった。ある日、成造は、「男が世間に生れ、如何なる功績を立てて、千秋に輝ける名を壁上に遺すことができるであろうか」と、ふっと考えた。

その時の地下宮を見渡せば、鳥獣も物を言い、鳥や鵲は役人暮らしをし、木も石も歩いていた。衣服の木には衣服が実り、米の木には米が実り、麺類の木には麺類が実り、あらゆる物が実ったので、世間に生れた者は（一人も）貧しい者がいなかった。人間として生れて命を繋ぐには、（食べ物は）豊かであったけれど、家がなかったので林の中で生活し、六月の炎天の熱い日と白雪寒風の寒い時には難儀して（その寒さを）避けていた。（そこで）成造さまは、「我、地上に降り、空山の木を伐り、人間のために家を作り、寒熱を避けさせ、尊卑の区分を教えれば、成造の輝ける名、何万年にも伝わるだろう」と思い、父母両位の前に進み、人間に家が無くて可哀そうだと告げれば、父母両位がそれをお許しくださったので、許しを得て地上に降り、無住空山（主人のいない空いた山）に至った。種々の木が立ち並んでいたが、一つの木を眺めれば山神が居座って住んでいたのでその木は使えず、また一つの木を眺めれば（村の守護神の住む）堂山を護る木であったのでその木も使えず、また一つの木を眺めれば烏鵲が巣を構えていたのでその木も使えず、また一つの木を眺めれば（国を護る）国師堂の木であったのでその木も使えず、一株の木も使えそうなものがなかった。（そこで地上に）木の無い事情を歴々と記した上告文を作り、手に持って天に再拝し、その恩恵に感謝申し上げ、天上玉京（天上の玉で飾った都）へ高く飛び、玉皇さまの前に伏して上告文を捧げれば、玉皇さまは上告文をご覧になり、成造の行為に心から感心し、帝釈宮に命じ、三斗五升七合五勺の松の種を賜ったので、成造さまはその松の種を受け取り、地上に降りてきて、無住空山に到り、あちらこちらに蒔いて置いて国に帰ったが、かれこれ三年が経ち、成造は十八の年となっていた。（中略）

（成造は皇輝宮の桂花姫を迎え）花燭洞房（の新婚部屋）で百年の契りを結び、その夜を過ごす時、天の定めも利にならず、御縁も薄かったせいか、桂花氏を疎んじることが甚だしかった。

その時、成造さまは酒色に放蕩し、花柳界に身を沈め、国事を顧みなかった。四、五カ月が経った頃、朝廷の奸臣らは（その由を）榻前（王様）に進言した。（中略）（大王は）成造を急いで呼び、「流配地に発てよ」と促したので、成造さまは仕方なく父王の命により、（母親の居る）南別宮に入って行き、母上に別れを告げて言うには、「親不孝なる安心国（成造）は父上の前で罪を犯して、無山千里も離れた無人島なる黄土島に三年間島流しされ、もう発ちます。母上さまは尊体恙《つつが》なく、元気にいらっしゃってください。幸い小生が無事に帰ることができるなら、大王と大妃に仕え、百歳まで孝養したいが、もし小生が黄土島で死ぬならば、今日が母子間の永遠の別れになります」と、声をあげて悲しく泣いた。（中略）

（無人島に流された成造は）、涙を友とし、鳥や獣を友達にして一日・二日、ひと月・ふた月。一年があっという間に経ち、二年間の流罪を務め、歳月の流れは早く、三年の刑期も瞬く間に過ぎた。今日は（国から）消息が来よう。明日は釈放の知らせが来ようかなと、故国のことを（懐かしく）思いつつ、父王からの消息を待ち、鬱々と暮らす中、早や四年目を迎えようとするが、知らせは一切来なかった。（中略）長い月日の間、火食を食べなかったため、（成造の）全身には毛が生え、動物であるか、人間であるかの区別さえ難しくなっていた。（中略）

　その時、成造さまは故国を思い出して、「哀れに泣く杜鵑の鳥よ。私もここで死んだらあのような魂となるであろう」と、一人で悲しく泣いていた。その時（飛んで来る）青鳥を眺めて、「懐かしき青鳥よ。どこへ行って今帰ってきたのか。人跡の絶えたこの島に、春光を尋ねて来たなら、我が一封の文を持って、西天国に帰り、（御宮の）明月閣に届けてくれないか。明月閣の桂花姫は我と百年の契りを結んだ間なのだ」と、（青鳥に）言葉を託して置き、便りを書こうとしても紙も筆も墨もなかった。破れかけた官服の帯の端を千切り取って前に置き、薬指を噛んで血を出して血書を書いた。（中略）青鳥にこの便りを託せば、あの青鳥の様子を見よ。便りをそっと嘴に銜え、両羽を羽ばたきながら、西天国に向かって、空高く飛び上がり、万頃蒼波の海を難なく越え、都の大道上に飛び入り、明月閣に向かって翔々と飛んで行った。（中略）（桂花姫が言うには）去年の秋に別れた王師堂前のあの燕は、今春の三月三日の吉日に、昔の主人を（忘れず）尋ねてくるのに、哀れなる成造さまは、黄土島に流されてから今は早や四年が過ぎているのに、何のため（御宮の）明月閣には帰って来られないだろうか」と、涙を流して悲しく泣いていたら、（ちょうど）西王母の青鳥が空で鳴くのであった。桂花夫人はそれを見て「鳥よ。青鳥よ。お前は有情な鳥なので天下を周遊し飛び回る中、黄土島に入り、わが君なる太子の成造が死んでいるのか、生きているのか、生存存亡を調べて私に知らせてくれないか」。言葉が終わらないうちに青鳥は、口に銜えていた手紙を夫人の膝下にそっと落して飛び去った。夫人は不思議に思い、手紙を拾って開封して見れば、我が夫君の筆跡に相違ないけれど、流れる涙が前を遮り、読むことができなかった。（中略）その時、天宮大王は龍床に座り、諸臣を集め、国事を論議していたが、酷く泣く声が聞こえてきたので、「これはどんな泣き声なのか」。（すると）老臣が頭を地に伏して言うには、「黄土島に流罪にされた太子より書簡が届きました」。大王はそれをお聞きになり、急いで書簡を持って来させ、その書簡を見れば、字ごとに哀れさが籠っていた。大王は心が痛み、涙を流しながら自分の行為を悔い、奸臣たちを流罪に処した。（そして）禁府都事に命じて、左右の丞相（大臣）をお供して、黄土島にいる太子・成造の流刑を解除して迎えて来るように」と、緊急命令をお出しになると、禁府都事はその命を受け、最高の大工を呼んで大木を伐り出し、長さが八十九間のある船を作り、純金色の錦の帆を掲げ、二十四名の船員たちと船頭のかしらに命じて、「黄土島はどこなのか。急いで船を向けよ」。船頭のかしらが命を受け、帆柱の先に国旗を掲げ、船員たちを催促して、黄土島に向かう際、風も穏やかに吹き、波も静かであった。

その頃、太子の成造氏は青鳥に手紙を託してから、桂花夫人よりお返事の書簡が来るのを朝な夕な待っていたが、全く覚えのない一隻の軽広船が国旗を高く掲げ、海原に泛々と浮んでどこかへ向かって行ったので、成造さまはそれを見て、「おお、懐かしき船よ。通り過ぎの船なのか、商いに行く商船なのか」。（中略）船員たちが（成造を見ると）姿は獣のようであるが、声は間違いなく人間であった。「お前は獣なのか、人間なのか」。成造さまが答えるには、「これ見よ、船員たちよ。私は他ではない西天国の成造であるが、父王の前で罪を犯し、流罪に処されて二、三年ほど過ごす間、火食を食わなかったため、全身には毛が生え、別人のように見えるけど、私も間違いなく人間なのだ」。その時、母の玉真夫人は成造の釈放されたことをお聞きになり、二、三年間深い病に襲われたことも数カ月の間で全快し、高い玉瓊楼に登り、成造が帰って来るのをお待ちになり、やがて成造が南別宮に入ってくるので、夫人は急いで楼閣から降り、成造の手を取って二、三年間苦労したことについて、いろいろと慰めた。母上に大体のことを語った後、その晩の三更の時刻に、成造さまは（妻の居住する）明月閣に尋ねて入り、桂花夫人と三、四年間の積もった愛情を交わした。会話を交わし、鴛鴦の枕と翡翠の衾（布団）の中で雲雨の情を交わし、万端の愁懐を慰め合いながら、その夜を過ごす時、兜卒天宮の産神さまが成造の家に降りてきて、十人の子供を授けた。長男誕生、次男誕生、三男誕生、四男誕生、五男が誕生すれば、間違いなく五人の男の子が誕生したことになる。長女誕生、次女誕生、三女誕生、四女誕生、五女が誕生すれば間違いなく五人の女の子が生まれたことになる。（このように）男女十人の子供が（生まれ）、すくすくと育ち、月日が経つにつれ成長していった。（中略）

（成造が七十歳になった時）「私の幼少の頃、天下宮に登って行き、松の種をもらって（地上に）植えたのが、年を数えて見れば、四十と九年が過ぎているのだ。その間、どの木が成長して森をなしているのだろう。見物のついでに見て回り、家などを作って見よう」。成造さまが五人の息子と五人の娘と（合わせて）十人を連れて地下宮に降り、終南山に登って木々を調べる時、倭ツツジとツツジ、枝の垂れた長木やら、腰の曲がった古木やら、「客舎青々柳色新たなり」の柳木やら、材質の固い斧折、君子節（君子の義理）の松木やら、日出峰の扶桑木やら、月中の桂木やら、杜松の香木と、品質の良い梧桐やら、陰陽相沖の杏子木、柏子木、石榴木などが生い茂って立っているが、「（伐採する）道具がなかったのでその木々を誰が伐ることができるだろう」。

　成造は一計を講じて、十人の子供を召し連れて、川辺に下り、左の手には瓢杓を持ち、右の手には小瓢杓を持って、初めの鉄を淘い採れば、沙鉄であったので役に立たず、二度目に淘い採ったら、上鉄が五斗、中鉄が五斗、下鉄もまた五斗であった。上等の大鞴《ふいご》と、中等の中鞴と、小等の小鞴と、三座の鞴を据え置き、様々な道具を作り出す。大斧、中斧、小斧やら、大手斧、中手斧、小手斧やら、大鋸《のこぎり》、中鋸、小鋸やら、大釘抜、中釘抜、小釘抜やら、大鑿《のみ》、中鑿、小鑿やら、大金椎《つち》、中金椎、小金椎やら、大刀、中刀、小刀やら、大鉋《かんな》、中鉋、小鉋やら、大錐《きり》、中錐、小錐やら、大金尺、中金尺、小金尺やら、鍬《くわ》、手鍬、鎌などの道具と、大中の釘、小釘まで、あらゆる道具を作り揃え、各々その用途を定め、大工を選んで、家を作らせる時、三十三名の大工達が金の斧を肩にかけ、大等の大木を伐り、中等の中木を伐り、小等の小木を伐り、太い木は細めに切り、細い木は太めに切って家の木材として作った後、酒果脯醢を揃えて、天地神明を祭り、上等の木材では宮殿を、中等の木材では官舎を、残った木を選び出して、富貴貧賤の民らに家を作って授けたが、家の敷地を選定して、（敷地の）龍頭の所を平らげ、鶴頭の所を尾とし、働く人を総監督し、雉頭の石は除け、鍤頭の土を平らに均し、一軒の家を作り始める。（陰陽）五行に従って礎石を置き、仁義礼智の柱を立て、三綱五倫の棟を上げ、八罫に従って椽木を掛け、九宮（九つの方位）に従って牌栱を掛け、八条目（八徳目）の梁を載せ、六十四罫の法で平板を載せ、三百八十四爻の法で瓦を葺き、河図落書の散材を編み、日月の窓戸を開け、太極の丹青を施し、陰陽を持って戸板を組み、万巻の書を積む板の間を造り、五十土で壁を塗り、五彩（五色）の映窓（引き戸）を付け、高台広室の高き家に、得男得女と富貴功名。惜しみなく作ってお与えになる。三八木で東門を建て、二七火で南門を建て、それから成造さまは佩鉄（羅針盤）を取りだして、二十四方を調べ、東の方を眺めれば青龍山が応じて火災の神を良く防ぎ、黄租《もみ》・正租・豆・黍・粟、倉庫に満ち溢れるだろう。南の方を眺めれば朱雀山が応じて官災口舌の禍を防ぎ、三政丞（三人の大臣）・六曹判書（六曹の長官）と朝官（朝廷の臣下）・士大夫（両班）が生まれるだろう。西の方を眺めれば白虎山が応じ、白虎は山の神なれば、この家を造って授ければ、男の子は成長して知識が豊かになり、政府の大臣となる。女の子は成長して淑女の節義を守り、他家に嫁げば貞烈夫人となろう。北の方を眺めれば玄武山が応じて、失物損財を防ぎ、金銀銭と田畑が年々増えて、「財を生むこと水の如くして、取れど尽きず、使えど渇せず、所願成就するだろう」。

このように成造さまは、家と敷地を褒め称えた後、立春書を書いて（家の柱に）貼り付けて、「開門万福来、掃地黄金出、天増歳月人増寿、春万乾坤福満家、堯之日月、舜之乾坤、堂上鶴髪千年寿。膝下児孫万歳栄」。上梁文に記すのは、「応天上之三光、備人間之五福」。立春書を貼り付けた後、成造さまは立柱成造神になられ、妻の桂花夫人は身柱成造神になられ、成造の五人の息子は五土神になられ、成造の五人の娘は五方夫人になられた。その時、大工の頭は龍鱗鳳甲の冑を被り、長槍を高く執って千個の災い、万個の厄、百個の怯殺、五方の害殺を防いだ。

成造さまは、善良な聖徳と神霊なる名鑑（識見）を持って人の世に降りられ、億兆蒼生（数多い民）に家を作って授けられたので、（その）徳は河や海のようで、（その）功績は泰山のようだ。成造さまよ。謹んで祈願申し上げますのでどうぞ上梁（棟木）に降臨なさいませ。

中国・アジアの「百合若大臣」伝承資料

中国彝族の英雄叙事詩「支格阿龍」
——神鷹の息子の系譜——　百田弥栄子

ネパール・マガール族の始祖神話
「カールパキュー物語」　川喜田二郎 採集
百田弥栄子 要約

ウズベキスタンの語り物ドストン
「アルポミシュ」　ハルミルザエヴァ・サイダ

中国彝族の英雄叙事詩「支格阿龍」

――神鷹の息子の系譜――

百田弥栄子

中国では蔵族《チベット》の「格薩尔《ケサール》王」と、新疆オイラト蒙古（新疆蒙古族オイラト人）の「江格尔《ジャンガル》」、新疆柯尔克孜族《キルギス》の「瑪納斯《マナス》」が〝三大英雄叙事詩〟と呼ばれている。いずれも英雄（氏）の名を冠したもので、「格薩尔」は蒙古族の地域では「ゲセル」という音になる。妖怪を退治したり、異族と土地や塩、水、鉱山をめぐって覇を競ったり、さらわれた母（妻）を救出したりする場面などが、英雄の高い理想と共に、民族の豊かな旋律で歌われる。西蔵、内蒙古、新疆、青海、甘粛、四川、雲南という広大な土地で、白馬《バイマー》蔵人、嘉絨《ジャロン》蔵人、土《トウ》族、裕固《ユイクー》族、普米《プミ》族なども加えて、今なお多くの歌手によって歌い継がれているのである。それが遊牧の民、尚武の民の伝統であった。

伝統といえば、その波瀾万丈な物語に埋もれがちだが、鷹との深い絆も認めることができる。「格薩尔王」は、母が七羽の黒鉄鷹と人頭大雕を産み、次いで格薩尔が誕生すると、兄たちは「火急の時にはかけつけるぞ」といって去る。観世音菩薩は「鷹は格薩尔である」と告げ、格薩尔は自ら「わたしは鉄鷹である」と名のる。「江格尔」には、乾燥した草原をさすらう江格尔に、神馬が「早くお乗り、雄鷹！」と呼びかける。江格尔は鷹の息子であった。「瑪納斯」にも、子のない父が天に祈ると一羽の鷹が飛んできて手に停まり、鷹の脚を縛るという夢を見、ほどなく妻が身ごもって瑪納斯が誕生する。瑪納斯は幼児期は鷹の雛に、成年期は雄鷹にたとえられ、死後、鷹が飛び去ったと描写される。するとこれら三大英雄叙事詩は「神鷹の息子」たちの物語であった。

実はこの鷹の息子たちには、実在したモデルがあったという研究も進んでいる。

この「神鷹の息子」の系譜は、前述〈中国の「百合若大臣」〉で多く紹介した西南部にも認めることができる。そこで西南部の有力な種族集団である彝族の英雄叙事詩「支格阿龍《チコアロン》」を紹介したい。西南部、華南部の滇川黔桂（雲南省・四川省・貴州省・広西壮族自治区）一帯に居住する彝族の「神鷹の息子」の物語である。

四川省では「支格阿龍」の他に「支格阿魯」「支呷阿魯」「支呷阿尓」など、貴州省では「支嘎阿魯」「直括阿龍」、雲南省では「支呷阿魯」「支呷阿尓」「阿魯挙熱」「阿棵」などのように表記される。支格は彝語で巨大、偉大、すばらしいの意で、地域によっては馬桑の枝の意、地名であるとするところもある。阿は接頭語、挙は鷹、熱は息子の意で、魯は龍と同義。阿魯は支格阿魯の幼名とも。また短く「阿龍《アロン》」「阿尓《アル》」とも呼ばれている。このような多様な呼称は、ひとえに地域差による。なにしろ彝族は歴史的な要因や地理環境などから、大きく六つの方言区があり、百余りの自称他称があり、支系も多い。山一つ越えれば言葉が通じないという世界で、解釈を一つに限定することは難しい。

英雄「支格阿龍」の物語は、創世史詩『勒俄特衣《ルオタイ》』（古代の歴史、創世記の意。勒は鷹もしくは雕、俄は黒、龍に関する本の意とも。特衣は経典）という、天地開闢、人類万物創造から説き起こす彝文の経典（長編神話叙事詩）の十二章から十四章の中で、謳われている（掲載の章は各地の経典に拠る）。彝族の人々はこの「支格阿龍」の部分を抜き出して、畢摩《ビモ》という最高位の宗教司祭者（巫師）が儀式で朗唱し、民間説唱芸人が祭りや婚礼で唱い、あるいは多くの語り部が神話伝説故事として語りついでいる。〝民間芸人〟とは村の歴史、伝承などに精通して村人の尊敬を集める知識人、文化人のことであり、〝神話〟としたのは、支格阿龍が実は彝族の数千年前に実在した始祖であり王であったと信じられているからである。支格阿龍は彝族武僰《ウポ》氏の第三支、父子連盟の第七代で、『彝族源流』や『西南彝志』の記載から推すと、今から少なくとも四千年余り前、金沙江両岸の滇黔川三省が接近している一帯で活動していたとする。支格阿龍は多くの彝族を統一した古代の賢人、文化知識を掌握した布摩（シャーマン）である。天文学者、暦術家として天地を測量し、星座を識別し、暦を作った一方で、洪水を治め、農耕牧畜を奨励し、彝文を統一し、八卦を定めた、などの業績をあげた人物であるという（時代的には三大英雄叙事詩の英雄たちよりも遙かに古いとされる）。

「支格阿龍」は伝承地域が広く彝語（彝文字）も地域によるために、多種多様な韻文の訳本があって私の手に負えないが、それでも大筋はとらえることができる。そこで散文の額尔格培（彝族）口述、新克捜集の大小涼山彝族神話故事『支呷阿魯《チコアル》』（挿絵は何昌林。一九八二年　四川民族出版社）を参照しつつ、紹介することにしたい。実際は三日三晩かかる長い英雄叙事詩である。

私が彝族の方々に「鷹のお話を」とお願いすると、決まってこの阿龍の物語が話された。「神鷹の息子」は今もなお彝族の人々とって親しく誇らかな物語なのである。

「支格阿龍」

四対八羽の神龍鷹

古い昔、天に龍の群が飛翔していた。そのうちの一匹が身ごもって地上に降りた。この母龍が大地で最初の龍である。龍は岩間や林、川へと一代一代移動して、最後の一代の龍が滇（雲南省）の梭落まで来た。そこはとても美しい土地で、龍は美しい娘を産んだ。彼女は人類の始祖母となった。彼女の子どもたちは娘ばかりが生まれ、一代一代婚姻をした。

毎朝辰の刻、特に龍月龍日の龍の刻に、四対八羽の神鷹が四方から飛来する。それで人々は神鷹に〝龍〟をつけて〝神龍鷹〟と呼んでいる。

蒲家の末娘・莫列伊

地上の東西の真ん中に杉の木に覆われた大山があって、舒祖《シュズ》山と呼ばれていた。この舒祖山に出自家柄が古く、悠久な原籍を持つ歴とした蒲《プ》姓の一族が住んでいた。なんでも白雲が黒雲に嫁した最初の世代から一代一代婚姻し、八代目の娘が耿《コン》家に嫁ぎ、九代目の耿家の娘が蒲家に嫁ぎ、三人の娘が生まれた。十代目の長女は蒲媒姫瑪といって姫《チ》家に嫁ぎ、次女は蒲媒達果といって達《タ》家に嫁いだ。末娘の蒲莫列伊《プモリエイ》（薄靡列日）は父母の掌中の珠で、それは大事に育てられた。

夜明けに飛来する神龍鷹

神鷹の三滴の血

十六歳の蒲莫列伊は美しく糸撚り機織が上手な娘に成長した。毎日杉の大木の下で腰機を織りながら神龍鷹節を口ずさんでいた。龍月龍日龍の刻に、四方から飛来した四対八羽の神龍鷹が舒祖山の濃霧黒雲を払い、青空を高く舞っている。蒲莫列伊は西から飛来した大黒鷹にみとれた。すると大黒鷹の方も蒲莫列伊を見つめた。瞬間、大黒鷹は急降下し、鷹の体から三滴の鮮血（水滴）が娘の黒髪、腰帯、プリーツスカートに一滴づつ落ちた（鷹の黒い影が覆った）。蒲莫列伊は急に不安になり、腰機の紐を解いて、慌てて家の中にころがりこんだ。

シャーマンの託宣

蒲莫列伊は体から力が抜け、やっとのことで畢摩《ビモ》の家に行った。畢摩は不在で、弟子（息子）がいた。末娘が来意を告げると、弟子はしばらく経本をひっくり返し、頁をめくっていたが、そのうちに蒲莫列伊を見てほほえんだ。「おめでた」と書いてあった。末娘は驚きと恥ずかしさであたふたと家に駆け戻った。

支格阿龍の誕生

七ヶ月後（九月九日後）、家の中の尓底合喜（東南）で男児が生まれた。赤児は母乳を飲もうとせず、泣くばかり。蒲莫列伊がどうあやしても泣き止まず、泣き声はますます大きくなっていった。近隣どころか九里の外まで聞こえ、舒祖大山じゅうを攪乱した。

蒲莫列伊は困り果てて畢摩を訪ねると弟子がいた。弟子はまた櫃から経典を取り出し、ぱらぱらとめくって黒字を示した。「この赤児は大変な業を背負っている。赤児の誕生した年月日、時刻と方角、みな最悪だが、救いがあるのは龍年龍月龍日龍刻と龍の方位だ」と告げ、名前はつけたかと聞いた。もしもまだなら、出生した龍年龍月龍日龍刻と龍の方位にちなんで「支格阿龍」としたら良いといったが、泣き続ける支格阿龍のしまつは経典をひっくり返しても分からなかった（支格阿龍は鉄卵を食い鉄水（山芋）を飲んだ。鷹の食べる物を食べ鷹の着る物を着て、鷹を父とした。石の食べ物を食べ飲むものを飲んだ）。

支格阿龍の泣き声は木刻（西）の母妖魔の特比阿慲《トビアモ》の安眠を妨げた。妖魔は息子の特比惹《トビロ》に「蒲莫列伊と支格阿龍をさらって来い」と命じた。特比惹が母子をつかんで洛覚瓦峨《ルオジュエワオ》の懸崖に通りかかった時、蒲莫列伊はそっと支格阿龍を岩の果てに置いた。支格阿龍は洛覚瓦峨の岩のあたりでますます火がついたように泣き、万丈の懸崖の下に転がった。

出生の真実

支格阿龍は万丈の懸崖をころがり落ちた。この激しい転倒でぴたりと泣きやみ、岩の間の洞に滑り込んで静かになった。洞の入口を大きな三つ石が塞いでいた。支格阿龍が小さな手で石にさわると、「今日は良き日、英雄の支格阿龍がおいでだ」という石の声が聞こえた。支格阿龍は石の言葉を完全に理解し、ここに落ち着くことにした。

一歳の支格阿龍は岩の外に出た。羊を放牧する人が荊竹の弓と蓑茅の矢を支格阿龍に与え、使い方を教えた。支格阿龍はヒバリを一矢で射落とした。牧人は驚いて名前は、幾つ、父母の名は、などと聞いたが、何一つ答えがない。牧人は不機嫌になった。

洞に戻った支格阿龍は、洛覚瓦峨の岩に聞いてみた。岩は「お前は神龍鷹の息子で、名は支格阿龍、母は蒲莫列伊という。お前は生まれたとたんに昼夜泣きわめいて、妖魔の特比阿慲を驚かせ、母子は捕らえられた。この洛覚瓦峨の懸崖は神龍鷹がいつも羽根を休める場所だ。途中ここを通った時、お前の母はお前をそっと岩近くにおいて、神龍鷹にお前を託した。わたしは神龍鷹の（母方）オジ、お前はわたしの外孫。だからお前を助けた。今はちょうど一歳になる」。支格阿龍は「母はどこに連れ去られたのか」と聞いた。「木刻の方（西）だ」と岩。支格阿龍は必ず母を救い出し、妖魔をやっつけると心に決めた。

二歳になると、鍛冶屋が銅弓鉄矢を支格阿龍に与え、使い方を教えた。支格阿龍は山中のノロや鹿、ツキノワグマなどを獲ったから、鍛冶屋は彼をかわいがった。いつかの牧人に出会い、腰から竹弓草矢を取り出して見せた。牧人は見違えて、「幾つになった」と聞いた。「三歳。支格阿龍といいます」と答えて、かつての非礼を詫びた。

三歳になると、百発百中の英雄支格阿龍の名は音に聞こえた。

再び龍年龍月龍の日に

二度目の龍年龍月龍日龍の刻の日、支格阿龍は十三歳になった。彝族のどの若者よりも上背があって逞しかった。頭に英雄髷を結い、足は三尺三寸、サルワ（マント）は山風を起こし雲霧を押しのけ、肩から銅弓鉄矢を掛けている。英雄支格阿龍はどこに行っても熱狂的に迎えられ、心からのもてなしをうけた。

この頃、天に六個の太陽と七個の月が出現した。支格阿龍が洛覚瓦峨の岩に立って六日七月を睨んでいると、牧人と鍛冶屋が射落としてくれと頼みにきた。支格阿龍は銅弓鉄矢を肩に、高い山めざして出立した。

日月を射た支格阿龍

支格阿龍は高山に登り、ひょーっと三矢を放ったが、雲間にも入らず消えてしまった。

太陽と月の近くまで高く伸びている吉矢《チシ》（馬桑樹）に登った。ところが矢はとんでもない方向へ飛んだ。支格阿龍は怒って、「この伸びきらないやつめ」と払った。それ以来馬桑樹の腰は曲がって幹は伸びず、枝葉が茂るだけになったので、高木の名鑑から外された。

索瑪《スオマ》（杜鵑花。シャクナゲ）をみつけてその上から射ると、矢は見えなくなった。支格阿龍はいらだって、「きれいなだけで伸びきらないやつめ」となぎ払った。今も索瑪は花ばかりで枝は少なく、とても木材にはならない。

支格阿龍は仕方なく瑪波《マボ》（竹）に登って射た。細く長い竹は支格阿龍の体重を支え切れず、力いっぱい弓を引くと、竹は大きく揺れて射るどころではなかった。支格阿龍は銅弓で竹を一撃し、「良心のないやつだ」といった。それで竹はいつも頭をたれている。

それから九十九か所を巡ったが、失敗ばかり。支格阿龍は天と地の中心を探して、覚土木古《ジュエトゥムク》をみつけた。覚土木古には突尓波山《トゥールボ》がそびえている。支格阿龍は山頂に登り、更に杉の木を梢まで登って、ひょーっと射た。六個の太陽と七個の月は、一つまた一つと射落とされていった。一個づつ残った太陽と月は怖くて怖くて、雲間に隠れた。

支格阿龍はようやく気が晴れて、「見上げたやつだ。お前は永遠に人々のための棟木と梁の木材になれ」と杉の木を称えた（この射日射月の段は天寿を全うした老人の葬儀にあたって、白事唱節で、長刀を持ちサルワというマントを羽織って、酒を飲みつつ舞い唱われる。非常に力強い儀式歌である）。

日月を招く支格阿龍

天に日月がなくなると、地上は突然の漆黒の闇になった。囲炉裏や竈のたきつけもなくなった人々は、日月をすべて射落としてしまった支格阿龍を恨んだ。牧人の鞭も響かず、鍛冶屋も鉄を打てず、小鳥は飛べず、魚は泳げず。皆で支格阿龍のところに押しかけた。

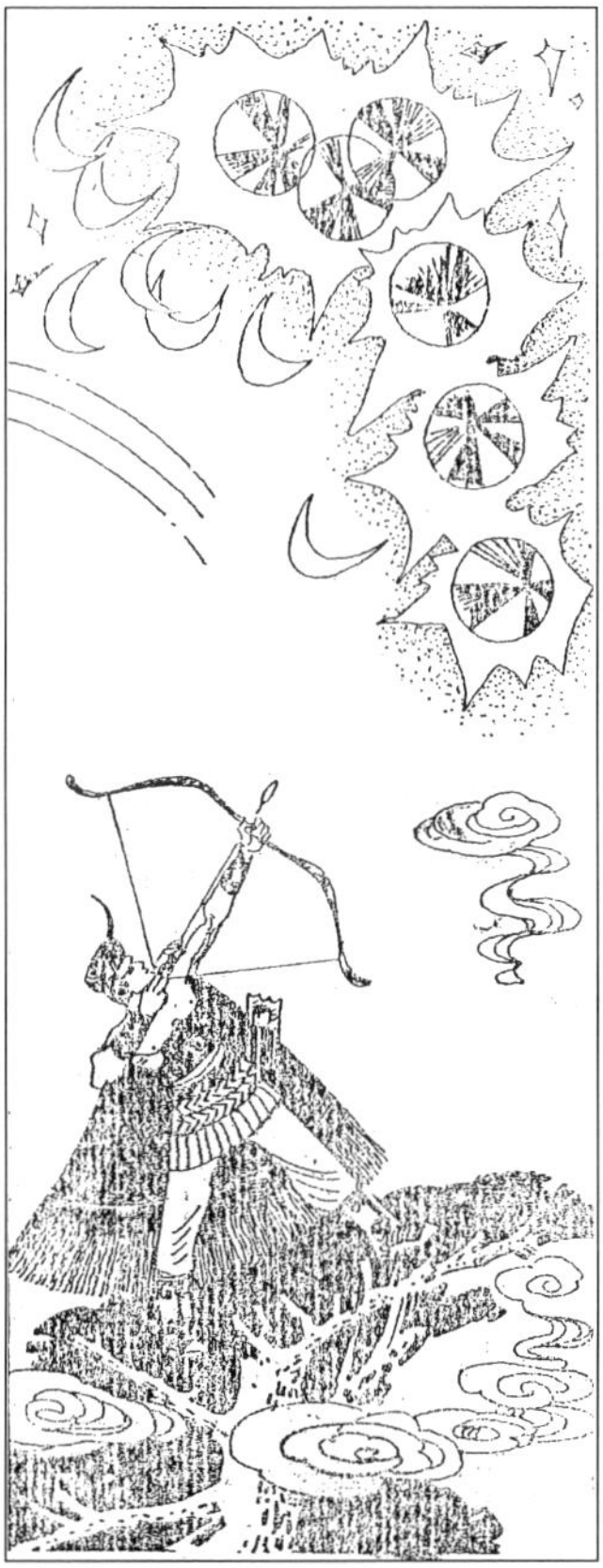

太陽を射る阿龍

支格阿龍は切羽詰まり、覚土木古の山頂に行った。白いオンドリをみつけて殺そうとした。ところがオンドリは、「暴挙を重ねるな」と一喝すると、首を長く伸ばし、全身の力を振り絞って声をひっぱり、顔を真っ赤にし、東へ向かって三度長く長く叫ぶと、天の二つの灰雲と黄雲が少しずつ分かれ、その向こうから日月がこわごわ顔を出した。「白いオンドリ、わたしたちを何故呼び出したの」。オンドリは、「地上の人々は畑仕事ができず、水汲みも薪刈りもできず、動物たちも早晩死んでしまう。草木も枯れ死ぬだろう。早く出てきなさい！」。日月は怒りで真っ青になり、「それならなぜ支格阿龍はわたしたちを射たのか」。「お前たちが一度に六個、七個と出たからだ。地上のあらゆるものが干上がって死んだ。支格阿龍はみんなを助けるためにそうしたのだ。みんなのためにだ。すばらしい男ではないか」と、白いオンドリはいった。

「それならなぜ事前に相談がなかったのか」「それは支格阿龍の過ちだ。だからよく叱ってやった。あの時彼はお前たちとどうしたら交渉できるのかわからなかった」「今あなたはわたしたちと交渉しているではないか」「支格阿龍はわたしを殺してお前たちへの詫びにしようとしたから、わたしが自分でこうして叫び出したのだ。もしもお前たちが出て来なかったらわたしは殺されるところ。お前たちは私の命も救ったのだ」。太陽と月はようやく青空に顔を出した。いやいやながらみんなの前に現れた。

血をすすって同盟を結ぶオンドリ

太陽と月が現れると、地上はたちまち光明に満ちた。一切が正常に戻り始めた。ところが太陽と月は支格阿龍の矢が怖くて、二人一緒に出て一緒に帰って行く。九日間出ると九日間の闇が続く。そこで支格阿龍は彼らに順番に出てもらうよう白いオンドリに交渉に立ってもらうことにした。

白いオンドリは自分の頭上の赤い鶏冠を鋭利な刀で九つに刻み、したたった九滴の血を九つの酒甕に入れ、その酒をすすって誠意を表した。こうして盟約が整った。この世は昼と夜とが正常に巡り、自然現象の一切も自然の法則に則って繁茂した。

人々は支格阿龍は英雄だと声をそろえて賞賛した。覚土木古地方の人々は山中のあの牧人とあの鍛冶屋に頼んで、九十九の牧場の九十九の馬の群から一頭の赤毛の神馬を選んでもらって、支格阿龍に贈って感謝した。

雨水を求める支格阿龍

支格阿龍は神馬にうち乗って、見送りの人々に分かれを告げた。その時、谷間の羊の群れが突然騒ぎだした。牧人にどうしたのかと聞いても、牧人は顔に憂いをにじませるだけだった。

この時、人波みの中にいたお年寄りが進み出て、「羊たちが群れを乱すのは、谷間に水がないから。フイゴから空気がもれるのは、鍛冶屋が泥で補い、犁の刃を鍛える時間が長くなったから。小鳥たちが川辺に群がって鳴くのは、流れる水がないから。みなさんが口をつぐんでいるのは、お前様が更に働きすぎて倒れてしまうのを、恐れるからだ」といった。支格阿龍は恥ずかしそうに、「本当に悪かった。水がないとは思わなかった」というと、馬の首を巡らし、手を振ってでかけた。

支格阿龍は大地の中心の覚土木古で大岩にむけて矢を放った。そこからみるみる清泉が湧き出した。支格阿龍は喜び、跌失石克《ディエシシコ》の山里に着いた時、小雨が降ってきた。

母を捜す支格阿龍

覚土木古の突尓波山に戻ると、待望の大雨で、人々の暮らしはようやく安定していた。そこで魔王の特比阿麼に拐かされた母の蒲莫列伊を救い出そうと決心した。

ある日、尓曲博息《アルチュイポシ》に通りかかり、一軒の家で休ませてもらった。囲炉裏端に坐っていた老人が薪を足し、心から歓迎してくれた。けれどもずっと話し込んだのに、食事が出ない。老人は「お客人、お許しください。この土地では、午後になると臼を回せない、回したとたんに雷に撃たれるのです。もう大勢打たれた。我が家でもこの老骨一人に

雷神を捉えた阿龍

なってしまった」。支格阿龍はびっくりし、その雷はどこにいるのかと聞くと、老人は、「典《ティエン》棵洛各《コルオコ》（黒雲の上の意）に住んでいる。名は蒙直阿普《モンチアプ》という」。聞くなり支格阿龍は神馬にうち乗った。

蒙直阿普は体を折り曲げ、口をフイゴにし、指を鉄挟みに、拳固を鉄のハンマーに、膝を台座にして、犂の刃のような鉄器を打っていた。「人間どもが夜間に臼を搗くから、うるさくて眠れない額特古茲《オトクツ》（天を管轄する神の意。神鷹であるとも）に、対抗する武器を作れと命じられた。これで打てば大地はひっくり返り、岩は崩れ、人は死に、鉄ですらこなごなになる。銅を打った時だけ貫通せずに銅の上を滑っていく」という。

支格阿龍は「わたしが怖がるとでも思ったか」。蒙直阿普はぎょっとして支格阿龍を見て、「よろしい、龍の日、お前は一つに大穴の中に立ってはならない、二つに大岩の下に立ってはならない、お前は平坦な空き地の真ん中に立っていろ。お前の骨がどれほど硬いかみてやろう」。支格阿龍は神馬に乗って尓曲博息へ飛び帰った。

雷神を降参させた支格阿龍

尓曲博息に戻ると、支格阿龍は蒙直阿普の言葉をよくよく考えた。雷はあの鉄器は銅を貫けないといった、それなら銅で食い止められるかも知れない。そこで山里に銅匠を招き、自分の体を図って銅の蓑衣と銅の帽子、銅の網をかぶせた籠、銅の縄を打ってもらい、加えて九尺の長い胴のさすまたも打ってもらった。

支格阿龍は尓曲博息で平地を探し、その真ん中に三本の棠梨樹の棒を挿し、九つの鉄鍋をその棒に被せた。龍の日に、銅の帽子を被り、銅の蓑衣をつけ、左手に銅の網を被せた籠を、右手に銅のさすまたを握った。強風が吹き、雷が遠くからあっという間に現れた。

支格阿龍はさっと九個の鉄鍋の下に潜り込んだとたん、ゴロゴロという大音響がして、頭上に被っていた九個の鉄鍋が粉々になった。蒙直阿普は支格阿龍の銅の帽子を打った拍子に勢いあまり、両足がつるっと滑ってそのまま銅の網を被せた籠に転がり込んだ。支格阿龍はさっと網の口を引き、銅のさすまたで押さえて、阿普を銅の網覆いのある籠に閉じ込めた。そのまま地面に引きずって、銅のさすまたを高く掲げ、容赦なく打ちすえながら、「この悪党め、まだ人を打つ気か」。この時、銅の網籠の中の蒙直阿普は、「いったいお前さんは誰かね。わしをこんな目に遭わせて」。支格阿龍は笑って、「まさか支格阿龍を知らぬわけではあるまい」。すると蒙直阿普は驚きのあまりぼんやりした。日月を射たというあの支格阿龍か、自分が勝てる相手ではない。こう思うと、銅の網籠の中で跪き、「英雄支格阿龍よ、これからは言いつけ通りにするから、放免してくれ」と、必死に嘆願した。

雷神が告げた処方

その時突然山里の人々がいつも罹っている、処方も治療も難かしい奇怪な病気のことを思い出した。この蒙直阿普が処方を知っているかも知れない。そこで尋ねた。「蒙直阿普、これから病気の処方についていくつか聞きたい。偽りがないと知ったら放してやろう。偽りだったら、この銅の網のなかで死ぬだけだ。まず、腹が痛くなったら、どんな薬があるか」。蒙直阿普は、「腹が激しく痛かったら、薬はない、頭髪を数本燃やし、その匂いを嗅げば、腹痛は治まるだろう」。「目に炎症が起きて赤く腫れて痛い時は、どうしたらよいか」。「澄んだ泉をみつけ、ほとりでかがり火を起こし、大石板を真っ赤に焼いて、羊油、頭髪、山椒の三つを石板にくべ、病人は上着で顔を覆い、目を立ちのぼる青煙でいぶせば、良くなるだろう」。支格阿龍は「黄癬は」「下痢性の伝染病は」「年寄りの咳を止めるのは」「マラリヤは」と、つぎつぎに聞き、蒙直阿普はいちいち答えた。

支格阿龍は蒙直阿普がおとなしくなり、答えは迷いなく明快、言葉はなめらかで明瞭、声も穏やかで落ち着いているので、銅の網籠を覆っていた銅の紐を少しゆるめ、やさしく聞いた。「冬に足の裏にひびが入って血がでて、歩けなくなったら、どう治すか」。「咪斯《ミス》（草の名）の根をよく搗きつぶして、ひびわれに埋めこめばよい」。

ここで支格阿龍はふいに山里で一番大変な病のことを思い出した。「ハンセン病はどうだ」。蒙直阿普ははっと息を呑んだ。この病気は天王の額特古茲が放った不治の病だ。もしも処方を教えたら、処罰を受ける。打ち殺されても言うものか。支格阿龍は網籠を覆う紐をしっかり摑んで打った。打っても打っても答えはない。蒙直阿普は息も絶え絶えになって、「やめろ、これ以上打つなら、銅網籠の底が破れる」。支格阿龍はびっくりして網籠を挙げると、網口の銅縄をしめるのを忘れていた。蒙直阿普はその間に滑り出て、さあーっと矢のように天に昇って行った。支格阿龍は大声で叫んだ、「癩病を治す薬は、まだ言っていないぞ」。蒙直阿普は空から、あわただしく「抜哈《ボハ》だ」と言うと、姿が消えた。「抜哈」は蟒蛇のこと。それで山里の人々はハンセン病予防のために、蟒と蛇の骨を身につけている。

打たれて体中傷だらけの蒙直阿普は、天王額特古茲の元に急ぎ、「ああ、額特古茲様、支格阿龍めにひどい目に遭わされました。今後人を打たぬと約束しなかったら、命はありませんでした」と訴えた。額特古茲は聞くなり、「だめだ、夜間、臼を搗く者はこれまで通り打て」と怒ったものの、額特古茲にしても支格阿龍が怖いので、手出しができなかった。それからは尓曲博息の人々は夜間大いばりで臼を搗いても、もう雷に打たれることはなかった。もしも雷に打たれたとしたら、その人は親不孝者であり、悪事を働いた悪人ということになる。

巨蟒を退治した支格阿龍

支格阿龍は早々に尓曲博息を後にして、母が捕らわれている木刻の地へ向かった。迭《ディエ》坡《ボ》火《フォ》洛《ルオ》博《ポ》西《シ》（大山の麓の意）まで来ると、空が暗くなってきたので、とある一軒の家に行った。囲炉裏の客座に坐ると、婦人は悲しそうに、「心苦しいのですが、夕食は差し上げられません。この地方では、夜に火を焚けないのです。煙が立ち昇ると、山の抜哈（蟒蛇）がやって来ます。わたしの父母、長男、末娘、それに子どもたちの父親、みんな食べられてしまいました」と言って激しく泣いた。

支格阿龍はまずこいつを片付ける方が先だと決めて、「その蟒はどこにいるのですか」と聞くと、「この大山の中腹の抜哈脚（蟒の洞の意）です」。支格阿龍はただちに神馬で抜哈脚に向かい、みごとに退治した。

宝針を得た支格阿龍

婦人の再三の引き留めを振り切り、支格阿龍は母の救出に向かった。実は婦人はアヒルをごちそうしようと思っていた。その夜、父母と三羽の子アヒルたちは互いに自分が先に殺されようとかばい合った。支格阿龍は鷹の息子、翼のある水鳥の言葉がわかった。夜明け、アヒルをしめようとする婦人に固辞し、婦人はいっそう支格阿龍の人柄に感動した。神馬で

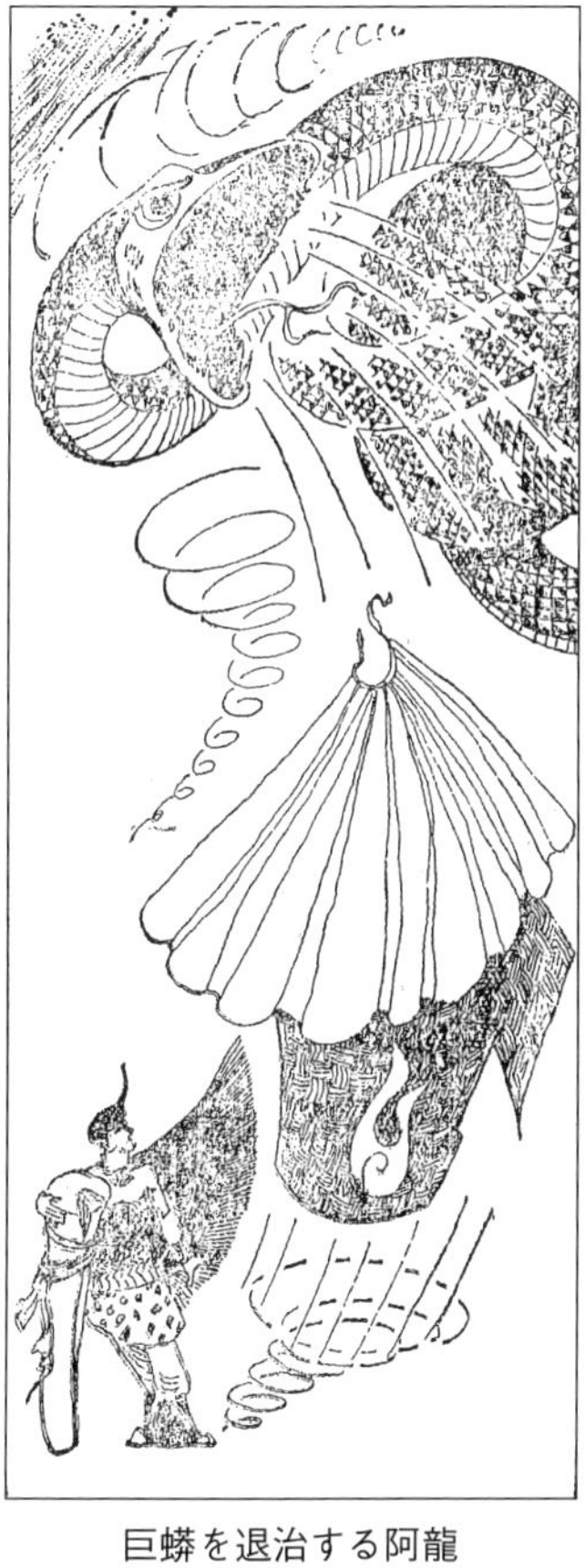

巨蟒を退治する阿龍

赤いスカートの娘と

ひょいと対岸に跳ぶと、三羽のアヒルが泳いで来て、母アヒルが神馬を停め、「こんな河は跳び越えられるが、大海に出たら海岸線を行き、登れないような懸崖に出たら回り道。どれほどの年月がかかることか」といって、宝針を差し出した。それは祖先伝来の九十九代の羽毛を精錬した針で、大海に指し示せば海水が分かれて道が現れ、懸崖に指し示せば道ができるという宝物。支格阿龍は感謝しつつ、母救出に急ぐ。

赤いスカートの娘

支格阿龍は宝針のおかげで道がはかどり、瑪楚蝶吉《マチュディエチ》（刺竹が生える所）や抒朱博尼《シュチュボニ》（杉の木が生える所）で妖魔特比阿懨の巣窟を聞きながら進む。達朱博尼《タチュボニ》（蕨蒺草の生える所）まで来ると、木刻への道を聞く人もいない。茅薊が生い茂り、乱石荒丘、まるで大地の死角に入ったような所。崩れかかった小屋から泣声。入ってみると、隅に石臼、赤いスカートの娘がいる。「木刻列施《ムコリイエシ》の人はみな特比阿懨という妖魔に食べられ、櫃に隠れていたわたしだけが助かった」。支格阿龍がその魔物を退治するというと、娘は最初信じなかったが、天の日月を射、空の雷神を降伏させ、地上の蟒を退治したと話すと、娘は「すぐ近くの木刻博俄《ムコボオ》山にいる」と教え、狩人だった父が使っていた祖先伝来の宝物を渡した。それは精巧に細工してある鉄鈎だった。

妖母を退治した支格阿龍

木刻博俄大山は一面の蒼松。この松林を抜けると杉林、更に鉄棘樹、その竹林を越えると蒼い海。支格阿龍はアヒルがくれた宝針で海が割れてできた道を進んだ。

小山の箭石が林立する中に青石を積んだ小屋があった。妖魔が娘をさらって戻ってきた。それより早く、支格阿龍は赤いスカートの娘がくれた鉄鈎を母妖魔の特比阿懡に振り出し、その舌をひっかけた。母妖魔の舌は長く長くなって、叫び声も上げられない。支格阿龍は鉄鈎の縄を緩めて、特比阿懡に母の消息を聞くと、「捕らえてきた時はやせこけていた。食べるにはもの足りないし、お前が仇討ちに来るのも恐ろしい。しばらく太らせようとしたが、昼夜泣いて泣いて、少しも太らず、今になった」。聞くなり支格阿龍は特比阿懡を案内に立たせた。石造りの黒洞に小枝のように痩せた蒼白の婦人が、蕨蒺草の上で横になって、しきりに支格阿龍の名を呼んでいる。支格阿龍は母蒲莫列伊に抱きつき、大声で泣いた。その時特比阿懡を捕らえていた縄を放してしまい、母妖魔は鉄鈎をつけたまま逃げ去った。

九尋九咫の長い髪

支格阿龍は母と覚土木古に戻ると、母につきっきり。狩に行かず、畑に行かず、食糧が不足しがちになった。母は門前の小川で髪を洗い、水底の楓の葉に自分の顔を映してすくい上げた。葉に顔が印刷されている。息子は楓葉を胸に畑に出たが、気になって耕作に身が入らない。村に妖馬が出たから退治してくれという依頼にも、妖牛が出たから退治してくれという願いにも耳をかさず、母のそばを片時も離れなかった。

蒲莫列伊は人々に災難がふりかかってもでかけないのでは、みなさんに申し訳ないと思った。その時、二人の姪が跌《ディエ》坡《ポ》火《フォ》洛《ルオ》鼠《シュー》莫《モ》（昼と夜との境界にある大海）の、ここからそれは遠い所の、海にいることを思い出した。息子はイ

長い髪のイトコ姉妹

トコに会えば、きっと結婚し、孫ができる。けれどもイトコに会いに行けといえば、よけいにここを離れないだろう。そこで「夜、畢摩《ビモ》（巫師）が、わたしの病気は一本の九尋九咫の長い髪を焼いて、その煙を嗅げばきっと治るといっている夢を見た」と話し、そのような長い髪は、跌坡火洛鼠莫の海底でみつかると教えた。支格阿龍は神馬にまたがり、弓矢を背に、宝針を持って、跌坡火洛鼠莫へ急いだ。

親戚の縁

支格阿龍は跌坡火洛鼠莫の大海のほとりに着いた。アヒルがくれた宝針を示すと、金の光がさして海水は割れ、海底に道が現れた。

海底の益利尓惹《イリルロ》（大きな紅石板）に、若く美しい二人の娘が坐っている。脚のあたりまで届く長い髪。母のいう「九尋九咫の長い髪の毛」だった。そこで娘たちの髪の毛を一本づつ引き抜いた。少し年上の娘が「どこのどなた、なぜ髪の毛を引き抜いたのか」と聞いた。支格阿龍は訳を話し、謝った。娘たちはこのりりしい若者に好感をもった。姉娘は今日はもう遅いから泊まっていけとひきとめるも、支格阿龍は母が待っているという。「それほど愛する母上は、いったいどなた」「母は舒祖山の蒲莫列伊です」。二人の娘は同時に「支格阿龍」と叫んだ。「蒲莫列伊はわたしたちのオバ（父の姉妹）です。特比阿慷にさらわれてから、あなたはわたしの父洛覚瓦峨（岩）のところで暮らした。父はわたしたちの髪が九尋九咫の長さになった時、あなたがわたしたちを迎えに来ると言った。本当にお待ちしていた。オバが病気なら、わたしたちも一緒に帰りましょう」。支格阿龍は喜び、夜のうちに出発した。急いでいたために、アヒルからもらった宝針を、大海の底の紅石板の上に忘れてしまった。

支格阿龍の結婚

九日の道のりを三日で覚土木古に戻った。母は河に身を投げていた。支格阿龍は悲しみいっぱいで、河に跳び込もうとしたところを、二人の娘にとめられた。母は支格阿龍が母一人を守るのではなく、みんなのために妖魔退治に行くように、一人前に仕事をして身をかため、永遠に英雄として立派な男になるようにと望んで、入水した。姉妹は母の息子への深い愛を思い、支格阿龍を慰めた。彼女らは双方の父母のいいつけに従って、龍の日を選んで結婚した。三人は格覚瓦峨の岩に向かい、舒祖山の空の神鷹に向かい、楓の葉の蒲莫列伊の遺影に向かって拝礼してから、夫婦になった。

結婚後、姉は跌坡火洛鼠莫の東に住み、妹は西に住んだ。夫は東西を定期的に往来し、分け隔てなく、仲良く暮らすことになった。アヒルの宝針をなくしてしまった支格阿龍のために、姉妹は九重の翼をもつ空飛ぶ木馬を作って与えた。

切断された飛馬の翼

姉妹のとりきめで、支格阿龍は十三日ごとに姉の家、妹の家と訪ね暮らして、幸せだった。姉娘の家から妹の家に向かう途中、蒙挃覚各《モンニエチュエコ》という所で、妖馬に赤児を喰われて泣いている娘たちがいた。支格阿龍という英雄に妖馬退治を断られてしまい、多くの人が命を落としたという。支格阿龍は母から離れたくなくて断ってしまったことを思いだした。

その妖馬は蒙挃薄烏《モンニエボウ》（蒙挃山）にいる。支格阿龍は妖馬退治に急行した。妖馬を捉えて鞭打つと、悲鳴を上げる妖馬にかまわず、「わたしは支格阿龍である。お前をこらしめにやってきた」といって激しく鞭打った。妖馬は逃れるすべがなく、地面に跪いて許しを乞うので、今後は子々孫々人は喰わずに草を食べ、車を引き犁をすくと約束させた。

支格阿龍は跌坡火洛（昼と夜との境界にある大海）のほとりで神馬を空飛ぶ木馬に乗り換え、海を越えて、妹の家に飛んだ。妹は十三日を三日も過ぎた、姉のところに長逗留したとかんかんだった。彼女は木馬が飛べなくなって永遠に自分の所にいるようにと願って、こっそり九層の翼のうち、二層を切った。支格阿龍は気づかず、十三日たつと姉の所に飛んで行ってしまった。ところが木馬は海に出ると、いつもと違い、かしぎ揺らいだ。

海中に沈む支格阿龍

姉娘は十三日の期限がくると、支格阿龍をせかせて妹の家に向かわせた。この時も妹の家に向かう途中、益尼洛古《イニルオク》（水牛溝）という所で、人々が逃げ惑っている。妖牛が出るから隠れなさいと注意される。支格阿龍は母のそばを離れがたくて妖牛退治を断ってしまったことを思い出した。妖牛は支格阿龍の名を聞いて逃げだしたが、阿龍は追いかけ、益尼洛古で追いつくと、角をつかんで頭を地面に押しつけ、鞭打った。妖牛は、「子々孫々永遠に吼えず、永遠に人々のために犁を牽いて耕作し、草だけを食べる」と約束した。

支格阿龍は妖牛を降参させると、跌坡火洛の海辺で神馬から木馬に乗り換え、海を渡って妹娘の家に来た。ここですでに五日遅れ、妹娘はまたまた怒った。支格阿龍が寝ている間に、木馬の翼の一層をそっと切った。空飛ぶ木馬は六層の翼が残るだけとなった。妹娘は、これで永遠にずっとわたしと一緒、と喜んだ。

期限が来ると、支格阿龍は木馬に乗り、妹娘に「こんどは時間どうりに来るからね」といった。「早く来てくださいね。木馬が海上で飛べなくなったら、すぐに戻って来るのよ」といった。

支格阿龍は大海に出て、姉娘のところに向かった。ところが波濤が逆巻くところで、木馬は突然飛べなくなった。

左右の翼は巻き上がる風波に耐えられず、しだいに傾斜し、大海の波濤の中に真っ逆さま。支格阿龍は海に落ちる寸前、「神鷹の息子が、海中で死ぬ。大空のすべての神鷹よ、わたしのために仇を討て！」と大声で叫んだ。

それは二十五歳の龍年、龍月、龍日、龍の刻の誕生日のことだった。

海に仇を討つ神鷹

大海は荒れに荒れていた。まるで支格阿龍が死んだ知らせを、天の神鷹とあらゆる鳥たちに告げているかのようだった。山里の神鷹と鳥たちは救いに駆けつけたが、支格阿龍が再び海面に漂うことはなく、永遠に海底に沈んだ。大海は山里の鷹や鳥たちと仇同士となった。毎年龍月龍日の日に、山中のあらゆる雄鷹と林の中の百鳥たちは、一斉に海に飛んだ。荒れ狂う巨浪に向かって猛然と攻撃すると、大海も天をつくような波濤で海底に巻き込もうとする。こうして勝負は今なおつかない。

大海の東西に住む姉妹たちは、支格阿龍の死を知ると、大海に向かって泣いた。姉は長いこと泣いて、涙は海に流れ、妹の居る西岸へ突進した。妹は後悔の念にかられ、長いこと泣いて、涙は海に流れ、姉のいる東岸へ押し寄せた。こうして大海の潮は、東が上がれば西が下がり、西が上がれば東が下がった。この海水の高低は、支格阿龍を偲ぶ姉妹の、流れ出る涙が形成したもの。海水を嘗めれば本当だと分かる。それはなんと豊かで深く、思い慕う情感に満ちていることか。

ネパール・マガール族の始祖神話「カールパキュー物語」

川喜田二郎 採集
百田弥栄子 要約

「カールパキュー物語」は地理学者・文化人類学者の川喜田二郎氏がネパールのシーカ村で採集されたマガール族の始祖神話。シーカ村はネパールの中央を少し西に寄った、カリガンダキ河中流域（ガンダキは大河の意）の海抜二〇〇〇メートル弱の高地にある。斜面に段々畑を築き、採草放牧地が巡り、更に照葉樹林のジャングルがとりまいているという、山腹にしがみついたような数十戸の集落である。一八〇〇メートルまで下がれば稲作を行うことができるが、ここではトウモロコシ、シコクビエ、豆類などの畑作で、牛や山羊、水牛、豚などの家畜を飼っている。飼料として樹木の飼い葉を採取する森林利用が盛んである。

北からはチベット文明（チベット仏教）が、南からはヒンズー文明が及んできているが、土着のブーメ教の神々への信仰も篤く、シャーマンによる治療儀礼や土着の精霊信仰も根強い。祖霊祀りの文化伝統も誇り高く保っている、チベット系の民族である。

「カールパキュー物語」は年一度の収穫祭と三年に一度の大祭に、氏族（父系血縁集団）の神祀りの儀礼としてシャーマンによって語られる神話である。川喜田氏は「たまたま神祀りがあったせいか、それともダサイン（ネパール最大のヒンズー教の祭り）の季節であったせいか、運良くこの神話を採集できた」との由。
出典は日本ネパール協会編　川喜田二郎氏監修のネパール叢書『神話と伝説の旅』（一九八六年　古今書院）である。なお、加藤千代氏も共著者であるが、「カールパキュー物語」は川喜田氏の分担執筆である。

昔むかし、ハンシャという父とハンシェニーという母の間に、男神カールパキューが誕生した。それから一年、チューワルという幼児の為の儀礼を行うと、カールパキューは生家を出て放浪の身となった。

ある日、結婚式の行列に出会ってそれについていった。翌朝、カールパキューは新婚の家の前に坐って、大声で泣き叫んだ。新郎新婦が出てきて、どうしたのかと聞いた。

「わたしには両親がいない」と、嘘をついた。それでこの家の牧童に雇われた。一年で羊を百頭も増やしたから、花嫁は彼の功績をたたえた。

ある日、花嫁は夫に、「ダサインの大祭におかあさんの家に行って祝福してもらいましょう」といった。夫婦の間にはまだ子がなかったからである。夫婦はおみやげを用意し、出発するめでたい日を占った。予定日に東の戸口を開けると、目に入ったのは最下層のカーストの鍛冶屋だった。翌日北の戸口を開けると、犬がいた。三日目に西の戸口を開けると、すでに昼間だった。四日目に南の戸口を開けると、マルワ鳥（山に棲む鳩に似た鳥。アオバトのことか）の群が飛来した。さあ、めでたい日がきたぞ、と夫婦は母の家へと出発した。

途中、バドラチャリー鳥（人の言葉を解す鳥）に出会ったから、彼らに、「おお、バドラチャリーよ。じきにお伺いすると両親に伝えておくれ」と頼んだ。

両親の家に着いて合掌すると、両親は額にティカ（ヒンズー教徒が額につけて祝福する印）をつけて祝福した。

子が欲しいと訴えると両親は、「（チベットの）白いヤクの尾と黒いヤクの尾をお祀りし、毎朝礼拝しなさい。毎夕、お香とランプ（ヤクのバター油で点す灯明）をお供えしなさい」と教えた。

夫婦は家に戻ると、両親に教えられた通りに儀礼を続けた。十か月が経ったころ、女児が生まれ、レイマーシニーと名づけた。この娘が成長すると、長年の奉仕に報いようと、カールパキューに妻として与えられた。カールパキューは義父に、「わたしには妻があっても、家がありません」といった。義父はそこで家族を養っていけるだけの土地も与えた。

ほどなくレイマーシニーは身ごもった。カールパキューは、「ご両親と別居して一家を構える時期がきた」と告げ、森に入った。そこで初めての男児が生まれ、ラムチャンドと名づけられた。それからつぎつぎに男児が生まれ、九人目を産むと、レマーシニーは死んでしまった。カールパキューは悲しみのあまり泣き叫び、その悲嘆の声は空に満ち充ちた。その声をガルパティとガールルという二羽の鷲が聞きつけ、レイマーシニーの両親に知らせた。両親はカールパキューを憐れんで、亡きレイマーシニーの妹のカンチ・ピムラを彼に与えた（ソロレート婚。カンチは末娘の意）。この二度目の結婚にさいして、両親はカールパキューに水を満たしたアンコーラ（水甕）とジュムロ（布巻の竹の棒）を与えた。カールパキューは義父母の度重なる温情に深く感謝した。

一家は九人の息子たちを育てつつ何年かを送った。ある日、カールパキューは「食物に心配のない土地に移住しよう」と考えて、両親の住むこの土地を離れ、ベニに着いた。そこには大きな川が流れているのに橋がなかった。カールパキューは対岸に立つスイソという木の幹を矢で射た。矢はみごとに幹の真ん中を射当てた。彼が次々に矢を射ると、前の矢の頭につぎつぎと突き刺さっていったから、矢の橋ができた。それを渡って、一家はパーンスカルカ（竹の牧場の意）という土地に着いた。そこで竹の家を建て、息子たちに狩猟や農耕、養蜂のやり方を教えた。

息子たちは野鶏を狩することになった。

亡くなったレイマーシニーが現れて、カームダヌ牛の乳やパースマティ米で息子たちを養っていた。ところがある日、欲深な息子が二人分を食べてしまった。レイマーシニーはもはや現れず、したがって息子たちは狩と農耕で暮らしていかねばならなくなった。彼らは野鶏を狩ってはそれを貯えた。ところがある晩、レイマーシニーがまた現れて、野鶏たちに手を触れた。すると野鶏は突然生き返って逃げていった。息子たちは、夜半に両親が食べてしまったのに違いないと疑った。

カールパキューは、「この土地は縁起が良くない」と妻に告げて、一家は再びクイェパニという地に移って、永い年月を過ごした。九人の息子たちは継母のピムラと結婚したかったので、父のカールパキューを殺そうともくろんだ。父を虎狩に誘って森に入ると、息子たちは勢子になって父が待ち伏せる方に追っていった。息子たちは父が大虎の餌食になればよいと期待していた。ところが息子たちが行ってみると、父は大虎を討ち取って一服していた。息子たちは驚きあきれ、父とともに家路についた。

一家は再び移動して、カーパルダーラ（ヤマモモの稔る緩やかな丘陵地の意）という土地に移った。野菜やイラクサ（若芽はよい野菜）や鹿が豊富だった。三人のシャーマンにこの地に留まるべきかと聞くと、良い返事を得たから、カールパキューはこの地に住むことにした。

息子たちは再び父を殺そうと思い立ち、父に蜜蜂の巣を百個集めたいともちかけた。父は、「では篠竹（細く裂いてより合わせて縄にする）を探して、縄梯子を作ろう」といった。九人の息子たちは森に入ってマリンゴ篠竹を探し出して、尋ねた。「縄梯子にしたいので、一緒に来てくれないか」。すると篠竹は、「鉄の時代（末世、つまり現代のこと）には人々は牛や羊を飼う。わたしは筵（竹の筵は牧畜のための仮小屋の屋根葺きの材料）になってやらねばならない。だからお前さん方について行くわけにはいかないよ」と、答えた。息子たちはデウ（神様の意）篠竹を訪ねて同じように頼むと、デウ篠竹は、「鉄の時代にはたくさんのシャーマンが現れるだろうから、わたしは太鼓のバチになってやらねばならない。だからお供はできない」。息子たちはチプレイ篠竹を訪ねて同じように頼んだ。チプレイ篠竹は、「わたしはゴート（牧童のための仮小屋）の梁や骨組みになってやらねばならない」。最後に苦篠竹を訪ねて頼むと、苦篠竹は同行を承諾してくれたので、息子たちは縄梯子を作るためにそれを持って行った。

カールパキューは息子たちに、「縄梯子の踏み台を探しに行きなさい」と命じた。息子たちはまた森に入り、プルトゥセという木に頼んだ。けれども、「鉄の時代には、人々は家を建てる。わたしは彼らのために家の梁になってやらねばならない」といって、彼らの要求を拒んだ。そこで彼らは白樺に頼み、同意を得た。

縄梯子が完成すると、カールパキューと息子たちは供物の米と徳利一杯の水、鎌、九つの冠状の突起がある鶏を携えて、とある断崖に行った。断崖の途中には蜂の巣がぶら下がっている。蜂の巣儀礼を済ませると、父は縄梯子を垂らし、長男に、「下りて行って蜂蜜を取りなさい」と命じたが、長男は恐ろしいと拒んだ。そこで次男に命じたが、次男は、「どうしてわたしにそんなことができましょう」と答えた。他の息子たちは若すぎる。そこでカールパキューは岩に徳利一杯の水と鎌、ジュムロ、お米などを供えて、「喉が渇いたら水を飲め、腹が減ったら米を食え、道を失ったら鎌を使え」と念じて崖を下りて行った。カールパキューはジュムロで火を起こし、煙で蜂をいぶし出しながら蜂の巣を一つ取った。蜂どもは烈しくブンブンうなった。彼は気を失わないように、一心不乱に蜂の巣を集めた。蜂蜜を取ると、蜂の巣は投げた。息子たちは、「おとうさん、取り終わりましたか」。「いや、まだだ」と父はいって、蜂の巣を探し続けた。そして父が「終わったよ」と叫んだ瞬間、息子たちは縄梯子を切って逃げた。長男と九男だけは一瞬ためらったが。

それから息子たちは、取り決めをした。的を射当てたものが継母ピムラを妻にすることができる、というのである。けれども十二年もの間、射貫ける者はいなかった。

一方、カールパキューはただ蜂蜜だけを食べて生き延びていた。それも十二年で尽きてしまい、それからは自分の手や足の肉を食らって生き延びてきた。彼は叫び続け、岩の表面に自分の血で息子どもの悪行を書き付け続けた。天の神のチャンティスティ神が神猿ハヌマーンを遣わした。猿は崖の上からしっぽを垂たらし、「わたしのしっぽに捕まってお上がり」といったが、ハヌマーンが自分を殺すのではないかと疑って、捕まろうとしなかった。次にたまたまやってきたカラスに、「わたしの窮状を妻に知らせておくれ」と頼んだが、カラスは彼の言葉が分からないので飛び去ってしまった。カールパキューは怒って、「糞でも食らえ」とカラスを呪った。だからカラスは今もなお、早起きして糞を食べていなければならない。三番目にアリもやってきた。カールパキューは、「どうか私の窮状を妻に知らせておくれ」と頼んだが、アリもまた言葉が分からなかったので行ってしまった。カールパキューは怒って、「糞でも食らえ」と呪った。だからアリは今もなお食うや食わずで、骨を折って働き続けなければならなくなった。

カールパキューは泣き続けた。神は霊鷲ガールルを遣わした。ガールルは、「わたしの翼にお乗り」といったが、ガールルが自分を殺すのではないかとまたもや疑って、「カリ大河（カリガンダキ河）に行って菊石（アンモナイトの化石）を持って来られるか」（カリ河の渓谷は有名な菊石の産地。神が宿る石とされ、シャーマンも神の依り代としてこの石を背負う）と要求。ガールルはそこへ飛んで行き、本当に菊石を持ち帰った。カールパキューはこうしてガールルを信頼し、ガールルは彼を翼に乗せて飛び立った。ガールルは、「どこにお前さんを降ろそうか」。

「どうか、カンチ・ビムラがいつも水を汲みに行く泉に降ろしておくれ」とカールパキューは頼んだ。ガールルは言われた通りにした。カールパキューはこの鷲に祝福を与え、カーズ・カミ・ガールルという名を贈った。更にこの宇宙に千年間生きながらえ、たとえ百マイル上空からでもあらゆる死骸を見つけられるという能力を与えた。こうしてガールルは飛び去った。

さて、ピムラは水汲みにやってきた。カールパキューは指輪をはずして水に落とした。指輪はゆっくり沈んでいき、気づいたピムラは渓流の上の方へ行って夫を見つけた。夫は幽霊のようにやせ衰えていた。カールパキューは一部始終を語り、そして妻に、「わたしは魂をあの断崖に置いてきた。徳利一杯の水と鎌をもち、泉のブーメ神を伴って、どうか魂を取ってきておくれ」と頼んだ。鎌は草を刈って道を作った。ピムラが夫の魂を持ち帰ると、カールパキューの容姿はもとに戻った。妻は早く家にもどりましょうと夫をうながしたが、カールパキューは、「夜になるまで待とう」といった。その間にピムラは夫に言われた通りにビェット竹の籠を編み、その中にお米と一緒に夫を坐らせ、籠に蓋をし、白布で包んで担いで家に帰った。

翌朝も息子たちは弓争いをしていた。「彼らはわたしを自分のものにしようと競っているのです」と妻は説明した。カールパキューは、「わたしの弓矢を持ってこい、家の壁に穴を一つあけろ」と命じ、自分の弓に矢をつがえつつ、「もしもお前が純な心を持っていれば、この矢は的を射貫くことだろう」と妻に告げた。カールパキューが壁の穴越しに矢を放つと、みごとに的を射貫いた。息子どもは誰が射貫いたのかと喧嘩を始めた。その時、長男と九男ははっと気づき、「まて、あの矢は父のらしい」。調べてみるとやはり父の矢だった。息子たちは自分たちの浅ましさにすっかり恥じ入り、改めて父を尊敬するあまり、自殺しようと森に入った。大きな焚き火をたいて、次々に跳び込んで死んでしまった。

カールパキューは彼らを探しに行って、今まさに自殺しようとする長男と九男を捕まえた。その他の息子たちに対しては憤激して、彼らを呪った。こうして三男以下にはピリンゲ（性病の一種）やカッテ、ピナース（鼻カタル）、タールソー、ルートー、ハンゲピラなどの病気がおのおのに与えられ、次男は脱穀場の神になった。こうして九男と長男は祖先神になった。

九男と長男は森に入って、そのままそこで暮らした。人々は森に入ると、いつしかこの二神に家を護ってくださいと頼むようになった。こうして炉端では長男神を、屋根の棟では九男神を祀ることがしきたりになった。九男神と長男神は人々の家を訪ねて、人々に、「いったいわたしたちに何をくれるのかね」と聞いた。人々は、「わたしどもは二つ角と九つ角を差し上げるつもりです」。謙虚な九男は長男に、「兄さんはどちらをお望みですか」。長男神は二つ角神が何かは知っていたが、九つ角は知らなかった。でも二つ角よりは大きいものだろうと思って、九つ角を所望した。ところがいよいよお供えされたものを見ると、二つ角は雄羊だった。長男神は、「九つ角はどこだ」と聞いた。それは九つの冠状突起のあるトサカをもったオンドリだった。こうして欲深な長男は小さい供犠を得、謙虚な九男は大きい供犠を得た。

したがって家々で行う儀礼も、長男神への儀礼は夜半、室内で鶏を供犠し、血は炉の火に捧げる、九男神への儀礼は朝、戸外で羊を供犠し、血は屋根の棟に振りかける、のように定まった。クラン（氏族）の祭祀は、長男神も九男神も、パレンという三人の神主役によって執り行なわれ、シャーマンが太鼓を叩きつつ各戸を回って祝福を与え、人々は九本の苦篠竹を建てる。これはカールパキューが太古の昔に縄梯子を作ったと伝わる篠竹である。その前にはチャンというハダカムギで作る醸造酒を一杯供え、ジュムロに白い御幣を立てる、となった。すべてが終了すると、全村民で供え物をおろして直会をするのである。

なお、カールパキューの父神母神のハンシャとハンシェニーは、今も西ネパールのロイコーラに住んでいる。

この神話は中国に多い兄弟対立ではなく、父と九人の息子との対立となっている。主人公のカールパキューは武芸の達人、弓の名人であり、物語は息子たちの裏切り、愛妻との離別、主人公の突然の帰還などを語っていて、百合若大臣説話の主要モティーフを備える。霊鷲が妻の死を妻の里に知らせに飛ぶ場面や、カールパキューを翼に乗せて断崖を脱出し、妻の水汲む泉に届ける場面は、「愛鳥の文使い」のモティーフに当たろう。この鷲はハゲタカではなく、ネパール周辺に多いハゲワシだそうである。

カールパキューは「両親がいない」と嘘をついてまで泣き叫び、妻が亡くなると悲しみのあまり空に満ちるほど泣き叫ぶ。あたかも哭きいさちる須佐之男命や、彝族の始祖・支格阿龍（鷹の息子の意）のような英雄神にもみまがう姿である。神話の要素の一つともいえるくどいほどの「ものの由来」「ものの初め」も語られていて、人々のカールパキューへの篤い信仰を知るのである。

シーカ村の隣りのパウダル（もしくはパクタル）村には少し異なる「カールパキュー物語」が伝わっている。始祖カールパキューはレイマシネとピミラという二人の妻を持ち、レイとの間には九人の息子があった。レイが亡くなると、カールパキューは妻を迎えたが、息子たちはこの継母を好まず、父を殺そうと謀った。長男と末弟はこの陰謀を好まず、最後に七人が死に、この二人が生き残った。次男は脱穀場の神になり、三男は田んぼの神になって、作物を害虫から守った。四男から八男までは悪い神々で、それぞれ天然痘、癩病、コレラ、黒内障や白内障、はれもの、肺結核などの神になった。末弟は長男よりすこし賢く悪知恵があった。

カールパキューへの祭祀は鄭重であった。

ウズベキスタンの語り物ドストン「アルポミシュ」

ハルミルザエヴァ・サイダ

ウズベキスタンの語り物はドストン（doston）と呼ばれている。ドストンという語はペルシア語からの借用語であり、現代ウズベク語では古典文章、並びに口頭伝承の意として使われる。一般的な昔話や伝説は普通の人によって語られるが、それに対し、ドストンは専門的な語り手によってのみ語られる。ウズベク語では、ドストンを伝承する語り手はバクシ（bakhshi）という。[1] ウズベキスタンにおけるドストン及びバクシの研究はロシア革命以降始まり、現在まで『アルポミシュ』『ヨドゴル』『ユスフとアフマド』『ムロドホン』『ルスタムホン』など、約三〇〇のドストンが記録され、フォジル・ヨルドシュ・オグリ、エルガシュ・ジュマンブルブル・オグリ、ポルカン・ショイル、イスロム・ショイルなど、三〇〇人以上のバクシの名が知られている。[2]

本稿で紹介する『アルポミシュ』は今日でも中央アジアに口頭伝承として生き残っている語り物の一つである。『アルポミシュ』はかねてから口頭で伝えられ、十九世紀末からその詞章がロシアの研究者により記録されるようになった。現在、数人の語り手から収録された『アルポミシュ』（演唱バージョン）が出版されており、一般的に読み物として嗜まれている。しかし、今日でも語り手がその内容を口頭伝承の形で伝えている地域がある。ほとんどの

『アルポミシュ』のバージョン（記録された詞章と口頭で伝わる伝承）は同じ構成・内容を持つが、その構成の枠組みの中で流動が見られる。本稿で取り上げた『アルポミシュ』のバージョンは一九二八年にフォジル・ヨルドシュ・オグリという語り手から記録され、始めて一九三九年に出版された詞章である。[3] このバージョンは今日まで記録されたものの中で一番完成度が高く、内容が豊富なものであるとされている。その内容を次のように纏められる。

昔コンググロドという部族のアルピンビイという支配者には二人の息子がいた。長男の名はボイボリ、次男の名はボイサリであった。ボイサリは一万棟もあるボイスン族の族長であり、長男のボイボリはボイスンコングロト地全体の支配者であった。

ある日、兄弟は酒盛りに来たが、その場にいた人たちはよい席に案内しなかったり、食べ残しを渡したりして兄弟を侮辱した。「ボイボリとボイサリは支配者だが、あなたの財産を受け継ぐものはいないから、このような扱いを受けている」とある人は説明した。深く傷ついた兄弟は家に帰って寝込んだ。そして、兄弟の夢の中に聖人が登場し、近いうちにボイサリとボイボリに子供が生まれると予言した。聖人の予言した通り兄弟の妻たちは間もなく子を身ごもり、9か月経つと、ボイボリには息子と娘、ボイサリには娘が生まれた。夢の中に登場した聖人は今度子供たちの誕生祝いを訪れた。彼はボイボリの息子にホキム、娘にカルディルゴチという名を付け、ボイサリの娘にバルチンオイという名を与えた。そして、ボイボリの息子とボイサリの娘を婚約させた。また、聖人はホキムの肩に触り、聖人の掌の跡は一生ホキムの体に残る黒子となった。

ホキムは祖父から引き継いだ非常に重い青銅で作った弓を持っていた。ある日、まだ7歳のホキムはその弓を取りあげ、弓の弦を引き絞って矢を放った。矢は稲妻のように早く飛び去り、ある山の頂上を打ち落とした。この事件をきっかけに、ホキムの大力の男としての名声が広まっていった。「きっと彼は将来素晴らしい手柄をたてるような大力無双の大男に成長するだろう」と皆期待し、ホキムをアルポミシュ（大力無双の大男という意）という渾名で呼ぶようになった。

数年経ち、ホキムとバルチンオイは美男美女に育った。ある日、いつも仲好くしていたボイサリとボイボリ兄弟は喧嘩をしてしまった。そのきっかけは、ボイボリがボイサリにザキャットという税金を払わせようとしたことであった。「兄ボイボリがこの土地全体の支配者であっても、なぜ私は彼に税金を払わないといけないのか。自分の兄へ税金を払うよりは別の土地の支配者へ税金を払った方がましだ」とボイサリは考えた。そして、家族とボイスン族を連れ、兄の土地でない別の土地へ移動しようと決心した。ボイサリの娘バルチンオイを始めボイスン族全員が抵抗したが、結局族長であるボイサリの意志に従い、泣きながらもボイスンコングロトを離れていった。

ボイサリとボイスン族は全ての家畜を連れ、六カ月もかかる長い旅をし、やっとコルモク人という民族が住んでいた土地に着いた。ボイスン族は非常に豊かな民族であり、数え切れない馬や羊の持ち主であった。コルモク人は農耕民族だったので、作物を植えて生活をしていた。収穫時期でなかったので、土地全面は緑で広々としていた。牧畜民族であったボイスン族は農耕文化をまったく知らず、「この緑の草原に覆われた美しい土地は家畜を放牧するには素晴らしい」と思い、自分の数え切れない家畜をコルモク人の耕地へ放した。そして、家畜はコルモク人の作物を全部踏みつぶしてしまった。収穫を踏みつぶされてしまったコルモク人の農民はパニックに陥り、トイチャホンというコルモク人の支配者の元へ向かった。彼らは「この農耕文化を知らない民族のせいで収穫できない」とトイチャホンへ訴え、トイチャホンはボイスン族が迫っているところへ軍人を送った。軍人はボイサリをテントから取り出して殴り始めたら、ボイサリはトイチャホンへ全ての事情を説明し、恩赦を訴えた。ボイサリの説明をを聞いたトイチャホンはボイスン族を許し、ボイスン族はコルモク人の土地で生活し始めた。

コルモク人の土地にスルハイルという老女がいた。この老女には七人の息子がいた。コルモク人の土地に九十人の大力無双の大男がいたが、スルハイル老女の息子はそのうちでも一番強い者であった。ある日、スルハイル老女はボイスン族から少しでも税金をもらおうと仲間を連れ、ボイスン族が泊っているところへ向かった。行く途中スルハイル老女は末っ子のコラジョンに出会った。コラジョンは「あなたは何か悪いことを心がけているだろう。家に帰れ」とスルハイル老女を家に帰らせようとした。しかし、スルハイル老女は「ボイスン族にはバルチンオイという美女がいる。バルチンオイをコラジョンと結婚させたいので、ボイスン族が泊っているところへ求婚しに向かっている」と答えた。スルハイル老女はボイスン族が泊っているところへ着いたら、犬に襲われ、ぼろぼろな状態になってしまった。やっとボイサリの妻がスルハイル老女を犬から助け、テントの中へ案内してもてなした。そして、スルハイル老女はバルチンオイが実際に美女であると確信し、バルチンオイを自分の息子と結婚させたいと言い出した。しかし、ボイサリの家族はバルチンオイに既に恋人がいるときっぱりと断った。

家に帰る途中スルハイル老女はまた息子コラジョンに出会った。スルハイルは邪悪な老女だったので、「コラジョンとバルチンオイを婚約させ、その印としてバルチンオイの頭に布を被せて来た」とコラジョンを騙した。コラジョンは喜び、ボイスン族が泊っているところへ急いだ。しかし、コラジョンはいくらバルチンオイのテントの前に馬を走らせても、誰も迎えに出て来なかった。しかも、バルチンオイのお伴はコラジョンを嘲笑い、コラジョンは仕方なく家に帰った。しかし、家に帰ったコラジョンは「私はボイスン族の娘バルチンオイと遊んで来た」と自分の兄弟を騙した。それを聞いた六人の兄弟は「私たちはバルチンオイを自分の妻にしたいのに、なぜ一番若いあなたはバルチンオイに求婚して来たか」と怒り、コラジョンを散々殴った。

七人兄弟のうちの一人であるコカマンはある日狩猟に出かけた。狩猟から帰る途中ボイスン族が泊っているところへ立ち寄った。そして、彼は「バルチンオイに飲み物を頼んでみよう。馬乳酒を出して来ると、彼女と結婚する。水を出して来ると、彼女と結婚できない」と考え、バルチンオイに飲み物を頼んだ。バルチンオイはコカマンの考えを察知し、水を出した。コカマンは「ボイスン族を皆殺しにし、バルチンオイを強引に連れて行く」とバルチンオイを脅した。それを聞いたバルチンオイは「そうしたら、私の恋人が走って来てコルモク人を皆殺しにする。もし彼が来なかったら、私自身が男装してコルモク人を皆殺しにする」と言い、コカマンの自尊心を傷つけた。女性からひどい扱いを受けたコカマンは家に帰り、兄弟にバルチンオイから侮辱を受けたと訴えた。しかし、兄弟は「あなたは兄弟から隠してバルチンオイを自分の者にしようとしている」と今度コカマンを散々殴った。結局一番上の兄コカルドシュは「ある女性のためにこのように殴り合ったり、争ったりしてはいけない。バルチンオイが我らのうち誰か一人を選んで結婚するか、全員の妻となるか分からないが、何れにしても私たちコルモク人の者になる。全員でボイスン族が泊っているところへ行き、私たちの意志を伝えよう」と兄弟を仲直りさせた。兄弟は揃ってバルチンオイのテントへ向かった。

七人の兄弟はボイサリ族が泊っているところに着いたら、「我らのうち誰か一人と結婚させるか、全員と結婚させるか決めよ」とボイサリに求めた。ボイサリは朝まで考えさせてくれるように頼んだ。ボイサリはボイスン族と相談したら、ボイスン族の一番偉い人は「我らは全員ボイサリに導かれて故郷を離れてしまった。娘バルチンオイをコルモク人と結婚させないと、我らはひどい目に遭うに違いない」と答えた。バルチンオイはコルモク人と話させてくれるように父ボイサリに頼んだが、ボイスン族はバルチンオイのせいで皆殺されてしまわないかと心配し、「バルチンオイのテントを離れたところに移動してほしい」と求めた。

次の日七人の兄弟は離れたところへ移動されたバルチンオイのテントの前に着いたが、バルチンオイは迎えに出て来なかった。散々待たされたあげく、兄弟はバルチンオイを強引にテントから出して来るようにコカマンを送り込んだ。しかし、いくら待ってもコカマンがテントから戻って来なかった。兄弟は全員揃ってテントの中へ入ったら、バルチンオイがコカマンを床に投げ落とし、その上に乗りかかっていることを見た。バルチンオイは兄弟に半年考えさせてくれるように頼んだら、兄弟は賛成した。バルチンオイは急使を通じてホキム－アルポミシュの元へ助けを求める手紙を送った。

バルチンオイの急使は長い旅の末にボイスンコングロトに着き、ボイボリにバルチンオイの手紙を渡した。ボイボリは「手紙をホキムに見せたら、きっと息子はバルチンオイを助けようとコルモク人の土地へ行ってしまうだろう」と手紙を息子から隠すことにした。ある日、ボイボリの娘カルディルゴチは父のテントの中からバルチンオイの手紙を見つけた。彼女は手紙をホキムに見せ、「速くコルモク人の土地に行ってバルチンオイとボイスン族を助けて帰れ」と兄を促した。ホキムがコルモク人の土地へ出発しようとしていることを知ったボイボリはクルトイという牧人を訪れ、「息子へ馬をあげてはいけない」と彼に命令した。後にホキムはクルトイにいい馬をくれるように頼んだが、クルトイはホキムを殴ったり、罵ったりした。結局ホキムは怒って馬をくれないとクルトイを殺してしまうと脅したら、クルトイは「群れから一番いい馬を選んであげる」と約束した。ホキムは馬を捕まろうとしたら、三回連続で同じ馬が捕まった。捕まった馬は強い馬には見えなかったので、ホキムは落ち込んだ。しかし、クルトイもカルディルゴチも「この馬は強い馬には見えないが、実際に素晴らしい馬だ」とホキムを説得した。ホキムはこのボイチボルという馬に乗り、コルモク人の土地へ向かって出かけた。

二週間経つと、ホキムはある墓地に着いた。ホキムは墓地に泊ろうと墓地に葬られている人たちの魂に訴えかけ、彼らの許可をもらおうとした。そして、実際に幽霊であった二人が出かけて来てホキムを墓地へ案内した。寝込んだホキムの夢の中にバルチンオイが登場し、ホキムを誘惑しようとした。しかし、ホキムは誘惑に負けず、バルチンオイをコルモク人から助けると約束した。その夜バルチンオイもホキムが登場する夢を見た。次の日コルモク人の土地へ近づいて来たホキムは数人の牧人に出会った。牧人の中にコイクバットという牧人がいた。牧人は「この人はバルチンオイの恋人だろう」とホキムを家に誘ってもてなした。ホキムは寝込み、またバルチンオイが登場する夢を見た。バルチンオイもその夜夢を見たが、その夢の中に龍、鷹、虎が登場した。バルチンオイは夢の意味が分からず心配し始めたが、「この夢はホキムがコルモク人を皆殺しにし、バルチンオイを助けることを意味する」とお伴の一人が言い、バルチンオイを慰めた。

ホキムはムロドチュベという高い丘へ近づいて来た。バルチンオイを助けるべきかどうかと常に心の中で疑い続けたホキムは「馬は一気に丘へ走り上がったら、コルモク人の土地への旅を続ける。高さに勝てず、途中から戻ろうとしたら、私も諦めてここから母国へ帰る」と考えた。そして、ボイチボルを丘へ向けて走らせたら、ボイチボルは一気に丘の上に走り上がった。その日の朝狩猟に出かけたコラジョンはムロドチュベでホキムに出会った。コラジョンは夢の中である聖人にホキムの親友になるようにと言われたので、実際にホキムと知り合い、その親友となることにした。二人は話し合った結果、コラジョンはホキムの代表としてボイサリの元へ行ってバルチンオイに求婚すると決めた。そして、コラジョンはホキムの馬ボイチボルに乗ってボイスン族の泊っているところへ向かった。

ちょうどその朝六カ月の期間が終わるところであった。バルチンオイとそのお伴はホキムの馬に乗って近づいて来たコラジョンを見、「きっとホキムはコルモク人に殺されてしまっただろう」と思った。コラジョンはボイサリと話そうとしたが、バルチンオイは「父はボイスンコングロトへ親戚と会いに行ったので、半年ほど戻って来ない」とまたコルモク人を騙そうとした。そうしたら、コラジョンは彼がホキムの代表として求婚しに来たことをバルチンオイに伝えた。コラジョンの言葉を疑ったバルチンオイは「決してホキムは立派な男とは思わなかった。コラジョンと結婚したい」とコラジョンを試そうとした。コラジョンは「もしバルチンオイはコルモク人と結婚したければ、誰か別のコルモク人と結婚した方がいい。私はホキムの親友なので、バルチンオイとは結婚できない」と断った。バルチンオイはコラジョンが実際にホキムの親友であることが分かったが、「ホキムは他のコルモク人の求婚者と競争し、彼が実際に結婚するにふさわしい男性であることを証明しないかぎり彼とは結婚しない」とホキムの求婚を受けなかった。そして、バルチンオイは四つの試合が行われ、全ての試合に勝った男性と結婚すると条件づけた。第一の試合は競馬、第二の試合は弓を壊さず、遠く離れた的を射ること、第三の試合は銃でコインの真中に命中すること、第四の試合はレスリングであった。四つの試合が行われる噂はコルモク人の土地全体に広まり、支配者のトイチャホンさえ試合に参加しようとした。

最初の試合は競馬であった。ホキム自身が試合に参加せず、コラジョンが彼の代表としてホキムの馬ボイチボルに乗って試合に参加することにした。しかし、試合が行われるところへ行く途中コラジョンとボイチボルは他のコルモク人の参加者に捕まえられ、コラジョンは縛られ、ボイチボルの足は釘で傷つけられてしまった。しかし、コラジョンは解放し、途中から競馬に参加したにもかかわらず、試合の勝利者となった。それはボイチボルが普通の馬ではなく、その肩に翼が隠れている馬だったからである。競馬が一ヵ月以上も行われた。その間ホキムは毎晩ひそかにバルチンオイのテントの中へ入り込んで過ごしていた。第二の試合は弓を壊さず、遠く離れた的を射ることであった。今度ホキム自身が試合に参加した。多くの人が試合に参加したが、コカルドシュ以外誰も上手く弓を射ることができなかった。コカルドシュの矢は的に命中したが、彼の弓は壊れてしまった。ホキムの弓は青胴で作ったので、普通の弓よりも強く、ホキムは弓を壊さず的に命中して試合の勝利者となった。次の試合は銃でコインを命中することであった。また、コカルドシュは他のコルモク人よりも上手く銃を討つことができたが、ホキムは一〇〇歩離れたところからコインの真中に命中できたので、試合の勝利者となった。最後の試合はレスリングであり、試合にはコルモク人の大力無双の大男八十九人、ホキム、コラジョンが参加した。コラジョンは八十八人の大男とレスリングして全員殺してしまった。ホキムは一番強いコカルドシュとのみレスリングし、コカルドシュを殺してしまった。このように、ホキムは親友コラジョンのおかげで全ての試合の勝利者となり、バルチンオイと結婚する権利を得た。

コルモク人の土地で立派な結婚式が催され、ホキムとバルチンオイは結婚した。結婚後ホキムはバルチンオイとボイスン族を連れ、ボイスンコングロトへ帰ることにした。全員喜んで故郷へ帰ろうとしたが、未だ兄ボイボリへの怒りが治まらなかったボイサリのみがコルモク人の土地に残ることにした。ボイサリはいくら説得されても故郷へ帰らないと断ったので、ホキムはボイサリとその家族以外のボイスン族を連れ、故郷へ向かって旅立った。ホキムとバルチンオイのせいで息子全員を亡くしたスルハイル老女は復讐しようとし、ボイスン族を止めるべきだとトイチャホンを説得した。スルハイル老女に唆されたトイチャホンはホキムとボイスン族を捕まえるために軍隊を送った。ホキムとコラジョンは二人でコルモク人の軍隊と戦い、全員殺してしまった。ホキムとボイスン族は無事に故郷に帰り、未だ兄への怒りを抑えきれないボイサリのみがコルモク人の土地に残った。

ホキムはバルチンオイと結婚し、一緒に穏やかな毎日を送り始めた。しかし、スルハイル老女のホキムに対する恨みはなかなか治まらず、スルハイル老女はホキムに復讐する計画を立てた。ある日、トイチャホンへ「私もボイスン族のせいで息子全員を亡くし、あなたもコルモク人の一番強い軍人を亡くした。しかも、トイチャホンはボイスン族のせいで多くの財産も無くしてしまった。ホキムに復讐しないといけない」と言いながらトイチャホンを唆した。トイチャホンはスルハイル老女の勧めに従い、コルモク人の土地に残ったボイサリの財産を奪い取り、ボイサリを普通の牧人とした。トイチャホンから侮辱されたボイサリは隊商を通じて故郷へ助けを求める手紙を送った。手紙はボイスンコングロトに届いたら、バルチンオイは泣きながらホキムに父を助けてくれるように求めた。しかし、ホキムはボイサリを助けるためにコルモク人の土地へ行こうとしたら、ボイボリは「唯一の息子が他国で死んでしまう。コルモク人の土地へ行ってはいけない」とホキムの出発を禁止した。ホキムはどうしたらいいか分からず、散々迷ったあげく四十人の軍人を連れ、ひそかにコルモク人の土地へ出発した。

その時スルハイル老女を始めコルモク人はホキム−アルポミシュを罠に陥れようと準備していた。スルハイル老女はトイチャホンの助けを借りて立派な城を建て、四十人のコルモク人の美女とともにホキムが来るのを待ち構えていた。やっとホキムが四十人の軍人を連れてコルモク人の土地に近付いて来た。スルハイル老女は自分の顔を傷つけ、泣きながらぼろぼろの状態でホキムを迎えに出かけた。ホキムは老女の嘆く理由を聞いたら、スルハイル老女は「この土地の支配者のせいで息子を亡くし、支配者に虐げられている」とホキムを騙した。ホキムはスルハイル老女を虐げている支配者を殺してあげると約束したら、スルハイル老女はホキムと彼の四十人の軍人をもてなしてあげたいと城の中に誘い込んだ。ホキムはスルハイル老女を信頼し、老女と四十人の美女のもてなしを受けた。スルハイル老女はホキムが来ているとコルモク人へ急使を送った。暫くしたら、コルモク人の軍隊が城に近付いて来た。ホキムと四十人の軍人がコルモク人の軍隊と戦い、軍隊を打ち破った。疲れ果てたホキムと四十人の軍人がスルハイル老女の城に戻ったら、スルハイル老女と四十人の美女は彼らに睡眠剤が入った酒を飲ませ、ホキムと彼の軍人は寝込んでしまった。スルハイル老女は大きな焚火をし、ホキムの軍人を燃やし殺してしまった。ホキムを火で燃やそうとしたが、ホキムは燃えなかった。トイチャホンを始め多くのコルモク人が集まって来た。彼らは熟睡しているホキムを刀で切り、矢で射殺そうとしたが、ホキムは生まれながら特別な存在だったので、傷一つ負わなかった。それを見たトイチャホンは「ホキムは起きたら、怒ってコルモク人を皆殺しにしてしまう」と言ってスルハイル老女を責めたが、スルハイル老女は「どこか離れたところに穴を掘ってホキムをその穴の中に一人で残したら、いつか死んでしまうに違いない」と勧めた。結局コルモク人が離れた場所に深い穴を掘り、ホキムを穴の中に落とした。そして、ホキムの馬ボイチボルを捕まえ、馬の足に釘を打ち込み、縛ってしまった。このようにホキムとボイチボルは他国で捕虜生活を送ることとなった。

アルポミシュの父ボイボリにはボドムというペルシア人奴隷との間に生まれたウルトントズという息子がいた。彼はホキムの留守を利用し、コングロトの支配権を横領した。そして、ホキムの父と母を召使いにし、妹のカルディルゴチにバビルコル湖の近くでラクダを放牧させた。ウルトントズはバルチンオイを自分と結婚させようとした。バルチンオイはホキムが去ってから間もなくヨドゴルという息子を生み、息子と二人でウルトントズに悩まされていた。

ある日、深い穴の中に捕虜となっていたホキムは鷲鳥が穴の上の空を飛び回っているのに気付いた。鷲鳥は穴の中に落ちて来た。鷲鳥の翼はある猟師の矢に射抜かれており、足が折れていた。ホキムは鷲鳥の傷を癒した後に、鷲鳥を通じて親戚に手紙を送った。鷲鳥は長い旅をし、また鷲鳥の足を矢で射抜いた猟師が住んでいた山を越え、やっと手紙をホキムの妹カルディルゴチに届けた。手紙を受けたカルディルゴチはコラジョンに兄の救いを求めた。コラジョンは長い旅をし、コルモク人の土地に辿り着いたが、出発する前にホキムの居場所を確認しなかったので、すぐにホキムを見つけることができなかった。結局あるコルモク人の子供の助けを借りてホキムが捕虜となっていた穴を探し出し、穴の中に縄を投げ落としてホキムを引っ張り出そうとした。しかし、ホキムは「コラジョンに助けられたら、コラジョンは一生私を助けたことを自慢し続ける」と思い、穴の中に残って自分で解放する方法を見つけることにした。そして、仕方なくホキムを助け出すことを諦めたコラジョンに「皆にホキムが死んだと伝えてほしい」と言ったが、コラジョンは帰国して実際に起こったことを全部（カルディルゴチに）伝えた。

コルモク人の支配者トイチャホンにはタウカオイム姫という娘がいた。タウカオイム姫には子ヤギがいた。子ヤギは宮殿の庭に住み、姫に可愛がられていたが、姫は「最近子ヤギの体調がよくないので、しばらく牧人に飼ってもらおう」と子ヤギをコイクバットという牧人に送った。コイクバットは姫に惚れてしまい、いつか姫の恋人になれるだろうと夢を抱いていた。ある日、コイクバットが飼っていた群れはホキムが捕虜となっていた穴に近付いて来た。そして、姫の子ヤギは穴の中に落ちてしまった。コイクバットは穴の中にいるホキムに子ヤギを返すように頼んだが、ホキムはコイクバットが彼を助けたら、コイクバットを支配者にし、タウカオイム姫と結婚させると約束した。そして、ホキムは嫁代としてコイクバットから家畜を求めた。それ以来コイクバットは毎日ホキムがいる穴を訪れ、穴の中に家畜を落とし続けた。コイクバットの家畜はどんどん減って行き、結局牝馬一匹しか残らなかった。コイクバットは「私の家畜は全部無くなったが、あなたは約束を守ってくれなかった」と怒ったが、ホキムは「姫の嫁代にしては少なすぎる。今度商売をして嫁代を稼いでくれ」と答えた。コイクバットには何も売れる物はなかったので、ホキムは穴の中に溜まって来た家畜の骨を利用し、楽器を作った。コイクバットはその楽器を市場で売り、全部売れ切れた後、姫のお伴は「今度姫のために楽器を持って来い」と頼んだ。コイクバットはホキムの穴に戻り、ホキムにもう一つ楽器を作ってほしいと頼んだら、ホキムは特別な楽器を作り、コイクバットに「この楽器の音を姫に聞かせてほしい」と求めた。楽器の音に惹かれたタウカオイム姫はコイクバットに楽器を作った人のもとに連れていってほしいと命令した。コイクバットは姫をホキムに紹介したら、姫はホキムに惚れてしまい、ホキムに「私の恋人になれ」と求めた。ホキムは断ったが、コイクバットの勧めに従い、解放するため姫の恋人になることにした。タウカオイム姫は父トイチャホンに知らせず、宮殿と穴を繋ぐ地下道を掘らせ、毎日ホキムを訪れるようになった。地下道は非常に狭かったので、ホキムは地下道を利用できなかった。ある日、スルハイル老女は地下道への入り口を見つけ、姫とホキムの秘密を知った。そして、トイチャホンにホキムがいる穴を石で埋めさせてホキムを殺すように勧めた。それを知ったホキムは姫に「主が死んだと思って落ち込んでいるボイチボルにイシリクという草を燃やしてその煙を嗅がせたら、ボイチボルは生き返り、主を助けに来る」と言った。姫はホキムに言われた通り、馬に草の煙を嗅がせたら、ボイチボルは生き返り、ホキムを穴から引っ張り出した。解放したホキムは馬に乗り、一人でコルモク人の軍隊を打ち破り、支配者のトイチャホンとスルハイル老女を殺した。そして、約束した通り、コイクバットを支配者とし、タウカオイム姫と結婚させようとした。しかし、姫はコイクバットが醜いと泣きながら断り続けた。そして、コイクバットは偽装を脱ぎ捨て、彼が実際に外見の美しい中国の王子であることを明かした。タウカオイム姫は王子に惚れ、二人は結婚してコルモク人の土地の支配者となった。ホキムはトイチャホンに虐げられていた親戚を助け、先に一人でボイスンコングロトへ向かった。

ホキムはボイスンコングロトに着き、家に帰る途中様々な人に出会い、彼の留守の間何が起こったか聞いたが、誰にも自分の正体を明かさなかった。彼がまず出会ったのは隊商人と牧人であった。ホキムは隊商人と牧人からウルトントズと彼の仲間がボイスンコングロトを治め、ホキムの家族を虐げ、ホキムの妻バルチンオイを強引に自分と結婚させようとしていることが分かった。ホキムは次に出会ったのは、草原でラクダを飼っていた妹のカルディルゴチであった。カルディルゴチは馬に乗っている男がホキムだと思って喜んだが、ホキムは「私はホキムと一緒にコルモク人の捕虜となっていたが、ホキムではない」とカルディルゴチを騙し、どうしてもホキム自身が帰国していることを認めなかった。カルディルゴチが飼っていたラクダの群れの中にホキムをよく知っていた黒いラクダがいた。黒いラクダは主の帰国していることを感知し、興奮して遠くからホキムの元へ走って来たら、ホキムは動物には鋭い感知力があるので騙そうとしても騙せないと考えた。ホキムが次に出会ったのは、昔から彼の家族に仕えていたクルトイという牧人であった。ホキムはクルトイの飼っていた群れに近付いたら、クルトイが涙を流していることに気付いた。ホキムはその理由を聞いたら、クルトイは「若い主がなかなか帰国しないことを嘆いている」と答えた。ホキムは「やっと主が帰国したので、お礼として何かくれ」と言ったら、クルトイは「皆主が帰国したと私を騙し、お礼として何か持って帰るが、実際に主は戻って来ない」とホキムの言葉を信じなかった。ホキムは黒子となった聖人の掌が残した跡をクルトイに見せ、彼がホキムであることを証明した。そして、クルトイと服を交換し、老人に偽装して家に向かった。クルトイ老人に変装したホキムは途中でクルトイに家畜を預かっている女性に出会った。女性はホキムを家に招いてもてなしてあげようとしたが、一回小麦粉を持って来るために家を出た。ホキムは彼女の留守中に家にある食べ物を全部食べ、女性に何も言わずに旅を続けた。また、行く途中数人の女性に出会った。女性たちは大きな平鍋に食べ物を入れてウルトントズとバルチンオイの結婚式に向かっていた。クルトイ老人に変装したホキムは女性を騙して平鍋の中に入っている物を全部食べてしまった。女性たちは皆「クルトイ老人の服を着ている人は実際にホキムではないか」と疑い始めた。ホキムが次に出会ったのは、彼の留守中に生まれた息子ヨドゴルであった。ホキムはウルトントズの仲間二人がヨドゴルを殴ろうとしたところを目撃し、ヨドゴルを彼らから守ってあげた。やっと家に辿り着いたホキムは家来としてウルトントズに仕えている両親の姿を見た。クルトイ老人として結婚式でもてなしを受けたホキムはそこにいたヨドゴルに骨付きの肉を渡したが、肉を食べているヨドゴルを見たウルトントズの調理人はヨドゴルを殴ろうとした。調理人の妻は「ヨドゴルの父ホキムが戻ったら、あなたを殺す。彼が既に帰っているかもしれない」と言いながら調理人と喧嘩した。ヨドゴルはバルチンオイと会い、バルチンオイに「クルトイ老人は私を庇ってくれた。また、肉もくれた」と教えた。バルチンオイはそれを聞き、「実際にホキムがクルトイ老人に変装して帰国しているのではないか」と疑い始めた。

結婚式では弓を射る試合が行われ、ホキムは正体を明かさないまま試合に参加した。ホキムの矢は何れも的に命中したが、全ての弓はホキムの力に堪えず壊れてしまった。皆老人の力に驚いたが、クルトイ老人になりきったホキムは「昔ホキムとともに遊び、彼の青胴で作った弓を引いたら、いつも私の矢の方が遠く飛んでいった」と自慢し始めた。皆クルトイ老人に変装しているホキムを嘲笑い、「誰もホキムより上手く弓を引くことができない」と言い続けた。それにホキムは「長年湖の近くに置かれ、草に覆われてしまったホキムの青胴の弓を誰か持って来たら、それを引いてあげる」と答えた。バルチンオイはその話を聞いて息子ヨドゴルに青胴の弓を持って来るように命令した。ヨドゴルはまだ幼い子供であったが、散々悩んだあげく一般の人間には取り上げられない非常に重い青胴の弓を持って来ることができた。そして、ホキムはその弓を取り上げ、遠く離れた木の枝を打ち落した。その場にいた人は皆「クルトイ老人に変装している者は実際にホキムではないのか」と疑い始めた。弓の試合の後、即興で作った歌を交わす試合が行われ、ホキムとバルチンオイは歌を交わした。ホキムは歌を通じてバルチンオイがホキムに忠実であり、ホキムを待ち続けたことを知った。歌を聞いていた人たちは皆「クルトイ老人に変装している者は実際ホキムではないのか」と疑った。夜が明けたら、ボイチボルに乗ってホキムの服を着ているクルトイ老人が来て皆に主ホキムが帰国したことを発表した。ホキムはその場で偽装を脱ぎ捨て、親戚と抱き合い、ウルトントズと彼の仲間を捕まえるように命令した。間もなくコルモク人の土地からボイサリとその家族が帰り、家族全員が再会した。そして、ホキムの支配の元で統一されたボイスンコングロトの民族はめでたく暮し始めた。

注

1　Жирмунский В.М., Зарифов Х.Т. Узбекский народный героический эпос. М., 1947.（ジルムンスキイ、ザリフォフ、ウズベクの英雄叙事詩）

2　Мирзаев Т. Бессмертный памятник узбекского героического эпоса // Алпамыш. Т., 1998.（ミルザエフ、ウズベク英雄叙事詩の不死の名作）

3　Ўзбек халк ижоди. Кўп томлик. Алпомиш: Достон.-Т., Адабиёт ва санъат нашриёти, 1979.（ウズベク民族文化、アルポミシュ、ドストン、文学と美術出版）

あとがき

明治三十九年（一九〇六）に坪内逍遥は、『早稲田文学』（同年一月号）に、「百合若伝説の本源」と題する論考を発表する。それは「舞の本」以来の「百合若大臣」が、ホーマーの『オディッシー』（『ユリシス』）ときわめて近似しており、この「百合若物語は『オディッシー』の梗概せしものたること些《いささか》も疑ふべきにあらぬ」と主張したのである。しかも大正十一年（一九二二）の『中央史檀』（同年七月号）には、先の論考に対する津田左右吉の異議に対して、いちだんと詳しく両者の近似をあげ、「いづれ是等の話は最初ポルトガル人が持って来たものには相違ないが、（中略）最初からちぎれちぎれに語り伝へられ、さうして次第に広まったものかも知れない」と説いている。ところが、この坪内逍遥の主張は、「百合若大臣」をわが国固有の文学・芸能と考えてきた国文学・芸能学を専攻する学究に大きな刺激を与えるのみならず、伝説研究をめざす民俗学徒にも、容易にこれを受け入れる人々が現われている。しかも右の坪内説にしたがって、それは室町期の宣教師によってもたらされたものと推する学究も近年にまで存在していた。

しかるに、民族学者・金関丈夫氏は、昭和三十年に『木馬と右手—民族学の周辺—』を公刊、そのほかに「百合若大臣物語」「中国の百合若」「続中国の百合若」が含まれていた。そこでは、中国の京劇「薛平貴《シエピンクエイ》」、戯曲「白兎記」などをあげ、「賢愚経」「報恩経」の善事または喜友太子譚を含めて、「日本への伝播は、かかるインド文学の東漸の余波ではなく、（中略）古代文学発展以前の、東西共通の民間説話の一として、同一のモチィフが、ギリシャにもインドにも日本にも普遍し、それぞれ細部の変化を含みつつ、独自に展開をとげたものと見るべきであろう」と考えられた。また文化人類学の大林太良氏も、昭和五十三年『フォクロアー』第三号に「百合若伝説と内陸アジア」の論考に、トルスタン、ウズベク族の英雄叙事詩『アルパミシェ』を紹介され、「百合若伝説の系統論は、内陸アジアにも考慮に入れることの必要」を説かれている。さらに川喜田二郎氏は、昭和五六年に、ネパール叢書『神話伝説の旅』の中で、ネパールのマガール族の祖先神話「カールパキュ物語」をあげておられる。それは「百合若大臣」の主要モチーフを備える物語である。(本書「中国アジアの「百合若大臣」の伝承資料」参照)

一方、昭和四十一年より、わたくしどもの伝承文学研究会・関西部会は、幸若舞曲・全曲の輪講を開始、昭和五十二年より三カ年にわたって、〈文部省研究費助成〉「幸若舞曲の総合調査とその研究」(代表吾郷寅之進)によって、その動態的調査(福岡県瀬高町・大江幸若舞)から各地に散在する幸若舞曲資料の収集を進め、さらにそれらを総括し、昭和五十三年から平成十年に及んで、同じく文部省研究成果刊行費によって「幸若舞曲研究」全十巻・別巻一冊(代表は吾郷寅之進、および福田晃)を公刊した。それは各巻、論攻編・注釈編・資料編を収めるもので、そのなかで幸若舞曲の生成から上演の歴史まで、おおよそ明らかにしている。しかもその第十巻には「百合若大臣」の注釈を含み、そこでは本曲がポルトガル宣教師の来日以前に存在していたことを証したのである。

さて本書において日本学の福田は、「百合若大臣」の深層に、自然界の主なる鷹が文明を切り開いた鍛冶文化を導入、その自然と文明とを〈信仰〉が紡《つむ》ぐ様相のあることを説いている。韓国学の金賛會は、それをより具体的に、韓国文化のなかで明らめている。中国・アジア学専攻の百田弥栄子は、それが多様な姿をもって、諸民族の間に伝承されてきたことを証している。しかして今は、「百合若大臣」という根っこを同じくする物語が、それぞれの民族社会のなかで、各自にみごとな伝承の花を咲かせていることを確認する。そしてわれわれは、せっかちに伝播の道筋をたどるのではなく、ゆるやかに文明の流れを見据え、もうしばらくは英雄叙事詩「百合若大臣」の星々をユーラシア・

北方民族の宇宙の彼方に、探し求めることとしている。

　最後に本書刊行の企画についてふれる。われわれは、先の共編著『鉄文化を拓く　炭焼長者』（平成二三年、三弥井書店）の刊行と相前後して、本書の刊行にとりかかった。それから平成二十年一月、立命館アジア太平洋大学教授・金賛會が代表となって、文科省・科研費助成を得て、「日韓文化の比較――東アジアの百合若説話と文化交流――」の研究会（於同大学）を開催、百田弥栄子（中日文化研究所教授）をはじめ、韓国側の研究協力者（四名）参加のもと、福田晃（立命館大学名誉教授）が「東アジアのなかの文化伝承――「百合若大臣」と八幡信仰――」と題して報告、二日間にわたって、各研究者のコメントのもと、学生も参加して、質疑・応答をおこなっている。また研究者一行は、その後、宇佐市・大分市・豊後大野市におけるフィルド調査を試みたのである。また同年八月の伝承文学研究会大会（於キャンパスプラザ京都）のシンポジウムは、「東アジアの百合若大臣」をテーマとして開催、「日本の百合若大臣――八幡信仰をめぐって――」（福田晃）、「韓国の本解『成造クッ』をめぐって」（金賛會）、「中国の兄弟譚をめぐって」（百田弥栄子）と題して報告、須田悦生氏（静岡文化芸術大学教授）、阿部泰郎氏（名古屋大学教授）のコメントのもと、小林健二氏（国文学研究資料館教授）の司会で、活発に討論をおこなっている。つまりこの二度にわたる研究会・シンポジウムの成果がもととなって、本書の刊行は企画されたのである。勿論、本書の執筆者には、これ以外に、改めてご寄稿を依頼申し上げている方々もある。本書の公刊にあたり、二度にわたる研究会・シンポジウムに参加された皆さんにお礼を申し上げるとともに、新たに執筆に加わっていただいた各位に感謝申し上げる次第である。

　加えて今回も本書の公刊をお引き受けいただいた三弥井書店（社長・吉田栄治氏）に謝意を申し添える。また編集担当の吉田智恵さんには、次の企画『ユーラシアに拓く英雄叙事詩』公刊についても、ご支援いただくことを改めてお願いする。

平成二十七年八月

編者　福田　晃

金　賛會

百田弥栄子

伝承文学比較双書〈刊行の趣旨〉

およそ伝承文化の研究には、その民族に属する者が、自らの精神の内面にそって進展させようとする立場がある。その属する郷土学として出発した日本民俗学は、右の立場に拠ったものと言える。一方、その属する民族を超えて、普遍的な立場において進めるべきとするのが、民族学であり文化人類学である。柳田国男の主張する民俗学は、その批判に十分こたええないで、民俗学研究所は解散することになった。その両者の矛盾を超えようとするのが比較民俗学である。しかしそれは、果たして可能かどうかは問題である。その比較の基軸を、日本の民族におくのか、それとも他民族におくのか、それが曖昧である。

わたくしどもは、たまたま他民族の文化にふれるとき、日本のそれとの違いは勿論、その同質的なものに驚きを感ずる。それは近隣の民族に対するとき、いちだんと強く実感させられる。そしてそれは、日本文化の独自性の再認識を迫るものでもある。しかもそのささやかな比較は、自らの文化研究を深化させる第一歩になるにちがいないと思わせる。

当シリーズの「伝承文学比較双書」は右のような実感をもとに、伝承文学研究の深化を試みるものである。それは日本の伝承文学を民族を超えた広がりのなかで考究しようとするものであるが、その基軸を日本民族におきながら、他民族、特に隣接の諸民族のそれとの比較において試みるものであり、当然、それぞれの諸民族の研究者との共同のなかでその達成をはかるものである。すなわちそのような方法において、伝承文化の研究の普遍化を志すものである。

多くの研究者の賛同を得て、その研究が進展することを強く望むものである。

平成二十二年一月

刊行委員
福田　晃（代表）
金　賛會
徳田和夫
真下　厚
美濃部重克
百田弥栄子

執筆者紹介

藤井佐美（ふじい・さみ）

1967年生まれ。現在、尾道市立大学准教授。博士（文学）

〔主要著書・論文〕『真言系唱導説話の研究』（三弥井書店、2008年）、「荘厳唱導と法会の場『説経才学抄』の供具説話」（『中世文学と隣接諸学 8　中世の寺社縁起と参詣』、竹林舎、2013年）。

馬場英子（ばば・えいこ）

1950年生まれ。現在、新潟大学教授。

〔主要著書・論文〕『中国昔話集』1.2（共著、平凡社、2007年）、「中国の炭焼長者伝承考」（『鉄文化を拓く 炭焼長者』三弥井書店、2011年）、『浙江省舟山の人形芝居—侯家一座と「李三娘（白兎記）」—』（編著、風響社、2011年）。

松本孝三（まつもと・こうぞう）

1949年生まれ。現在、大阪大谷大学非常勤講師。

〔主要著書〕『民間説話〈伝承〉の研究』（三弥井書店、2007年）、『語りの講座　伝承の創造力—災害と事故からの学び—』（共編著、三弥井書店、2015年）。

渡辺伸夫（わたなべ・のぶお）

1942年生まれ。椎葉民俗芸能博物館神楽研究所。

〔主要著書・論文〕『椎葉神楽—山の民の祈りと舞い—』（共著、平川出版社、1966年）、『椎葉神楽発掘』（岩田書院、2012年）。「『生まれ清まり』の儀礼と歌謡」（『神楽　歴史民俗論集 1』名著出版、1990年）。

ハルミルザエヴァ・サイダ

1983年生まれ。現在、法政大学大学院博士課程に在学中。

〔主要論文〕「日本とウズベキスタンの語り物に関する比較研究—『平家物語』と『アルポミシュ』を中心に—」（『第 8 回国際学術会議「文明のクロスロード—ことば・文化・社会の様相—現代的諸問題と伝統文化」報告書』、130-136頁、2011年 9 月）、「『アルポミシュ』の起源に関する新仮説」（『「人・もの・知の往来—国際比較日本文化研究の可能性を探る—」シルクロード国際研究フォーラム報告書』、138-145頁、2014年 9 月）。

編者紹介

福田　晃（ふくだ・あきら）
1932年生まれ。現在、立命館大学名誉教授。文学博士。
〔主要著書〕『昔話の伝播』（弘文堂、1976年）、『南島説話の研究』（法政大学出版局、1992年）、『神語り・昔語りの伝承世界』（第一書房、1997年）、『日本民話を学ぶ人のために』（共編著、世界思想社、2000年）、『神語りの誕生―折口学の深化をめざす―』（三弥井書店、2009年）、『沖縄の伝承遺産を拓く』（三弥井書店、2013年）、『昔話から御伽草子へ』（三弥井書店、2015年）、『諏訪信仰の中世』（共編、三弥井書店、2015年）。

金　賛會（きむ・ちゃんふぇ）
1959年生まれ。現在、立命館アジア太平洋大学教授。博士（文学）。
〔主要著書・論文〕『本地物語の比較研究―日本と韓国の伝承から―』（三弥井書店、2001年）、『鉄文化を拓く炭焼長者』（共編、三弥井書店、2011年）、「韓国の洪水説話―沈んだ島伝説を中心に―」（『昔話―研究と資料―』42号、2014年３月）、「苧環型蛇婿入譚の祖母嶽伝説と韓国―鉄文化の視点から―」（『日本近代学研究』第48輯、2015年５月）

百田弥栄子（ももた・やえこ）
1944年生まれ。現在、中日文化研究所教授。
〔主要著書・論文〕『中国の伝承曼荼羅』（三弥井書店、1999年）、『中国神話の構造』（三弥井書店、2004年）、『中国のグリム童話』（三弥井書店、2015年）、『中国少数民族の婚姻と家族　上中下巻』（厳汝嫻主編、江守五夫監訳、共訳、第一書房、1996年）、「伝承曼荼羅にみる難題の機能」（『中日文化研究所所報』第10号、2011年）、『鉄文化を拓く炭焼長者』（共編、三弥井書店、2011年）、『古事記の起源を探る 創世神話』（共編、三弥井書店、2013年）。

鷹と鍛冶の文化を拓く　百合若大臣

平成27年10月29日　初版発行

定価はカバーに表示してあります。

発行者　吉田栄治

印刷所　藤原印刷

発行所　三弥井書店

〒108-0073　東京都港区三田3-2-39
電話　03-3452-8069　振替東京8-21125

ISBN978-4-8382-3291-8　C0021